城市物流竞争力系列智库成果

中国城市物流竞争力报告 2024

新时代物流提质降本增效与"十五五"现代物流强市战略

同济大学中国交通研究院
新驰管理咨询(上海)有限公司　著
中交兴路车联网科技有限公司

人民交通出版社
北京

内 容 提 要

《中国城市物流竞争力报告》是同济大学中国交通研究院、新驰管理咨询(上海)有限公司联合发布的城市物流主题系列智库研究成果,以我国346个城市(含4个直辖市、15个副省级城市、277个地级市、30个自治州、8个地区、3个盟,以及9个省直管县级市)为对象,通过构建10个二级指标、37个三级指标组成的城市物流竞争力评价指标体系,对2023年全国所有城市的物流竞争力进行了量化评价。

《中国城市物流竞争力报告(2024)》的年度主题为:新时代物流提质降本增效与"十五五"现代物流强市战略,针对全面建设社会主义现代化国家新时代对物流现代化的发展要求,深入探讨城市物流提质降本增效和现代化物流强市的时代命题。本报告分为综合篇、地区篇、城市篇、专题篇、国际篇、展望篇等六大篇,共二十二章,涵盖新时代城市物流发展的使命要求、城市物流竞争力榜单、重点城市群地区与典型省域物流竞争力解析、典型城市物流竞争力量化评价、城市物流领域热点深度分析、物流枢纽城市国际经验参考以及"十五五"城市物流发展趋势展望等核心内容。

本报告可作为地方政府和物流行业主管部门量化评估区域物流发展状况的依据,也可为各类物流和制造企业的经营和投资提供决策参考。

图书在版编目(CIP)数据

中国城市物流竞争力报告. 2024：新时代物流提质降本增效与"十五五"现代物流强市战略 / 同济大学中国交通研究院,新驰管理咨询(上海)有限公司,中交兴路车联网科技有限公司著. — 北京：人民交通出版社股份有限公司, 2024.11. — ISBN 978-7-114-19826-7

Ⅰ. F259.22

中国国家版本馆CIP数据核字第20248654RV号

Zhongguo Chengshi Wuliu Jingzhengli Baogao (2024)——Xinshidai Wuliu Tizhi Jiangben Zengxiao yu "Shiwuwu" Xiandai Wuliu Qiangshi Zhanlüe

书　　名	中国城市物流竞争力报告(2024)——新时代物流提质降本增效与"十五五"现代物流强市战略
著 作 者	同济大学中国交通研究院 新驰管理咨询(上海)有限公司 中交兴路车联网科技有限公司
责任编辑	李　娜
责任校对	赵媛媛　卢　弦
责任印制	张　凯
出版发行	人民交通出版社
地　　址	(100011)北京市朝阳区安定门外外馆斜街3号
网　　址	http://www.ccpcl.com.cn
销售电话	(010)85285857
总 经 销	人民交通出版社发行部
经　　销	各地新华书店
印　　刷	北京科印技术咨询服务有限公司数码印刷分部
开　　本	787×1092　1/16
印　　张	23.5
字　　数	510千
版　　次	2024年12月　第1版
印　　次	2024年12月　第1次印刷
书　　号	ISBN 978-7-114-19826-7
定　　价	158.00元

(有印刷、装订质量问题的图书,由本社负责调换)

编 委 会

主　任：李兴华

副主任：王　洧

主　编：林　坦

成　员：彭晨鹏　张昕源　徐静怡　陆圣斓
　　　　何　澜　张郑涵　唐俊焱　张　帅
　　　　马亦心　郭赟韬　成　诚　唐鹏程
　　　　张晓光　金　晖　韩先科　杨　超
　　　　杨　健　李月华

Preface 前言

开启全面建设社会主义现代化"物流强市"新时代

党的二十大胜利召开,标志着我国开启了全面建设社会主义现代化国家、以中国式现代化全面推进中华民族伟大复兴的新征程。物流是实体经济的"筋络",一头连着生产,一头连着消费,是延伸产业链、提升价值链、打造供应链的重要支撑。建设社会主义现代化物流强国不仅是社会主义现代化国家的重要组成部分,也为中国式现代化提供物质基础和服务保障。中国式物流现代化将在全面建设社会主义现代化国家新时代新征程中发挥更加重要的先导性、基础性、战略性作用。城市是中国实现高质量发展的最主要引擎,也是中国式现代化创新发展的最活跃单元。现代物流是城市日常运转的压舱石、城市高质量发展的晴雨表、城市产业特色的放大器、城市绿色转型的加速器、城市能级跃升的辐射源,城市物流新质生产力发展潜力巨大。面对逆全球化思潮抬头、国际冲突频发等复杂严峻的国际环境,以及国内经济增长下行、债务风险加大、消费需求不足等艰巨繁重的改革发展稳定任务要求,提升城市物流能力正成为我国城市高质量发展和高安全运行的内生要求。因地制宜打造现代化物流强市正成为新时代提升城市发展能级的新抓手,部分城市已将"物流强市"战略作为城市发展的主导战略,全面建设社会主义现代化"物流强市"的时代号角正在吹响。

国家战略将构建现代物流体系提到前所未有的新高度

习近平总书记高度重视现代物流和供应链发展。习近平总书记多次深入物流市场和企业考察调研,从国家战略高度和发展全局发表了一系列重要讲话,作出一系列重要指示批示。2020年9月,习近平总书记主持召开中央财经委员会第八次会议时强调,构建新发展格局,必须把建设现代流通体系作为一项重要战略任务来抓[1]。2022年4月,习近平主持召开中央财经委员会第十一次会议时强调"加强物流等产业升级基础设施建设",把物流上升到

---

[1] 《习近平主持召开中央财经委员会第八次会议强调 统筹推进现代流通体系建设 为构建新发展格局提供有力支撑》,《人民日报》2020年09月10日。

产业基础设施的新视角❶。2024年2月,习近平在主持召开中央财经委员会第四次会议时强调,物流是实体经济的"筋络",连接生产和消费、内贸和外贸,必须有效降低全社会物流成本,增强产业核心竞争力,提高经济运行效率❷。习近平总书记关于现代物流的重大判断和最新指示,为现代物流高质量发展指明了方向。

  党和国家重大文件多次突出强调现代物流在重大战略中的突出作用。党的二十大报告在"加快构建新发展格局,着力推动高质量发展"中提出"着力提升产业链供应链韧性和安全水平""建设高效顺畅的流通体系,降低物流成本"等具体任务。2024年中央经济工作会议再次强调"有效降低全社会物流成本"。党的二十届三中全会通过《中共中央关于进一步全面深化改革、推进中国式现代化的决定》,要求:降低全社会物流成本;支持有条件的地区建设国际物流枢纽中心和大宗商品资源配置枢纽。2022年9月,国务院办公厅发布《"十四五"现代物流发展规划》,作为现代物流领域国家层面发布的第一个五年计划,再次明确了"现代物流在构建现代流通体系、促进形成强大国内市场、推动高质量发展、建设现代化经济体系中发挥着先导性、基础性、战略性作用"。2024年11月,中共中央办公厅、国务院办公厅印发《有效降低全社会物流成本行动方案》,提出5个方面、22项具体行动任务。

  社会主义现代化物流强国建设新时代全面开启。党的十八大以来,我国现代物流实现了跨越式发展,现代物流规模效益持续提高,物流资源整合提质增速,物流结构调整加快推进,对国民经济发展的支撑保障作用进一步增强。根据世界银行(World Bank)2023年发布的最新一期《物流绩效指数》报告,我国2023年物流绩效指数(Logistics Performance Index,LPI)综合得分大幅提升,排在全球第19位,创历史新高。但是面向高质量发展新要求,我国现代物流"大而不强"的问题仍十分突出。与世界物流强国相比,在国际多式联运通道建设、供应链物流数字化、国际物流绿色可持续发展、国际供应链风险评估等方面仍存在明显差距。建设现代产业体系要求提高现代物流的战略引领能力,新一轮科技革命同样要求加快现代物流技术创新与业态升级。习近平总书记的重要指示和国家重大战略的最新部署,要求全面推进社会主义现代化物流强国建设,从畅通全社会循环、提升流通效率和健全统一大市场的新视角出发,进一步深化现代城市物流的理论体系,按照产业链、供应链、价值链的发展要求,深入推进现代物流模式创新和产业升级,突出强化物流在现代化产业体系中的先导性、基础性、战略性地位和作用。各级政府也在加快推动落实物流发展重大战略,31个省(自治区、直辖市)2024年的政府工作报告中,共有30个省(自治区、直辖市)提到了"物流",重庆、安徽、四川、湖南、天津等省份提及次数更是在10次以上,旨在大力推动区域物流业高质量发展。

---

  ❶ 《习近平主持召开中央财经委员会第十一次会议强调 全面加强基础设施建设构建现代化基础设施体系 为全面建设社会主义现代化国家打下坚实基础》,《人民日报》2022年04月27日。
  ❷ 《习近平主持召开中央财经委员会第四次会议强调 推动新一轮大规模设备更新和消费品以旧换新 有效降低全社会物流成本》,《人民日报》2024年02月24日。

构建新发展格局对城市物流体系提出开放融合的新任务

新发展格局重塑城市发展评价体系。改革开放以来,我国充分利用充足的劳动力优势和庞大的国际市场机遇,积极融入经济全球化进程,形成了以国际大循环为主体的发展格局,为经济腾飞作出了巨大的贡献。我国年均经济增速超过9%,融入全球价值链程度不断加深,中国制造占全球制造业附加值的30%、占全球进出口份额的23%。但是,以国际大循环为主体的发展格局也造成了区域城市发展机遇不平等、区域收入差距扩大等突出问题,对外贸易依存度超过60%,在当前的国际环境下,以国际大循环为主体面临的产业链供应链断链风险挑战越来越大。因此,我国提出推动形成"以国内大循环为主体、国内国际双循环相互促进的新发展格局"的长期战略调整。在新发展格局战略部署下,区域一体化和产业高级化水平将大幅提升,同时经济发展的出发点和落脚点、中心和重心转向了国内大循环。构建新发展格局,有助于拓展不同类型城市尤其是中西部城市参与全球物流发展的广度、深度和韧度,提高国内城市的开放水平和枢纽地位,也从产业升级、效率提升、创新驱动、现代治理等多方面对系统推进城市物流高质量发展提出更高要求。

开放融合成为新时代城市物流体系的新要求。新发展格局下参与全球竞争,并不意味着出口加工模式的升级版,而是要将庞大的内需市场培育成全球市场,进一步提高我国产业链供应链的安全韧性水平和国际主导能力,而这一关键在于实现经济循环流转和产业关联畅通。物流在双循环发展格局构建过程中发挥着扩大循环总量、提高循环速度、降低循环成本、提升循环能级等重要作用。城市是供应链的组织中心和产业链的聚集枢纽,是现代物流业发展的重要基础设施和空间载体。尤其是我国拥有100万以上常住人口的大规模城市数量众多,城市生活物流年需求量基本在300万t以上、年快递量在1亿件以上,物流活动的交通量约占城市交通量的15%、能耗则占城市交通全部能耗的30%~40%,生产物流服务能力则是城市招商引资和产业链安全稳定的重要支撑,物流业增加值占城市生产总值的比重一般在5%~15%。2023年,我国常住人口城镇化率达66.16%,人均国内生产总值达到89358元。随着以人为本的新型城镇化战略深入推进以及人均收入水平的稳步提升,城市在现代物流体系中的"中心地"和"增长极"地位更加突出,城市物流将成为带动所在城市融入国内统一大市场的门户接口和国内国际双循环的旋转中枢。为此,浙江、江苏、河南、河北等省份纷纷以省域产业转型升级推动经济高质量发展,武汉、郑州、西安、昆明等城市结合区域禀赋,提出建设国际性或区域性物流中心的城市发展新定位。按照大通道、大枢纽、大口岸、大物流、大平台一体化协同发展趋势,持续建设完善国家开放大通道物流基础设施,着力在通道实体化运营、强化组织运营能力、促进物流业和制造业深度融合、促进物流大市场统一和优化营商环境等方面推动资源整合和服务能力提升,促进物流发展由"上规模"向"提质量"转变,成为新时代城市物流枢纽能级提升的新要求。

抢抓时机构建城市物流开放便捷通道新格局。"十四五"以来，我国现代物流发展取得了积极成效，对国民经济发展的支撑保障作用显著增强，物流业降本增效取得一定进展。然而，与美国、德国、日本等发达国家相比，我国物流"成本高、效率低、能力弱"的问题仍较为突出，与现代化经济体系建设和人民群众的物流需求还不适应。与此同时，伴随着区域一体化和基础设施互联互通的深度发展，城市间的发展格局正在进入"流动空间"基础上的城市网络时代，节点城市中战略要素资源的流量、流速与质量决定了该城市在整个城市网络中的角色地位。因此，中心城市均在谋划深度参与供应链网络分工，以物流枢纽建设为抓手更好地服务供应链流动和价值链管理。新加坡、中国香港、迪拜等航运中心积极推动向全球供应链管理中心的转型升级，建设具有全球或者区域影响力的国际物流枢纽城市，突出枢纽的国际服务功能及与后方城市联动的区域化建设，培育相互协作的全球性物流枢纽。部分国内省份和城市抢抓构建新发展格局、物流延链补链强链新机遇，强化区域性国际开放物流大通道和物流枢纽建设。西部陆海新通道在"13+2"省区市共同建设下，经过7年的建设与发展，覆盖了全球123个国家和地区的514个港口，已经成为推动形成"陆海内外联动、东西双向互济"对外开放格局的重要抓手和促进西部地区经济增长、深化国际合作的关键举措，西部陆海新通道沿线的重庆、宜宾、防城港等城市物流竞争力排名持续提升，城市物流枢纽能级持续放大。云南省锚定"3815"战略发展目标，立足面向印度洋国际陆海大通道建设，积极打造物流强省，加快发展枢纽经济，提升现代物流对产业链、供应链的嵌入度和塑造能力。河南省加快现代物流强省建设，推动河南省交通区位优势向枢纽经济优势转变，依托物流枢纽大力发展航空经济、陆港经济、临港经济，加快把河南打造成全国乃至全球举足轻重的现代化、国际化、世界级物流枢纽基地。

统筹发展与安全对城市物流韧性提出更加严峻的新要求

"高度不确定性"是当前城市物流发展面临的突出挑战。气候变化、地区冲突与百年变局叠加，外部环境的复杂性、严峻性、不确定性上升，全球供应链加速进入VUCA（易变性、不确定性、复杂性、模糊性）时代已成为国际共识，造成国际供应链波动甚至中断的风险不断加大。党的十八大以来，发展和安全的关系已经被置于同等重要的位置，安全是发展的保障，发展是安全的条件，安全与发展深度融入总体国家安全观与高质量发展战略之中。党的二十大报告则用专章部署国家安全体系和能力建设，强调统筹好发展和安全两件大事，把维护国家安全贯穿国家发展各领域和全过程，实现高质量发展和高水平安全良性互动。在自然灾害、地区冲突等高频高损冲击成为"新常态"的背景下，提升区域物流供应链韧性逐渐成为国际共识。美国、日本等发达国家积极打造韧性交通体系，我国《"十四五"现代物流发展规划》提出要"提升现代物流安全应急能力""强化现代供应链安全韧性"。

提高城市物流韧性成为统筹发展与安全的新举措。随着我国经济加快融入全球市场、

"走出去"步伐进一步提速,城市物流在保供聚群稳链强产的作用将更加突出,越来越多的企业认识到供应链韧性的重要性,将其作为物流供应链规划与挑战的考虑因素之一,持续加强供应链安全风险监测、预警、防控、应对等能力建设,发展应急物流,为维护全球产业链供应链韧性与稳定贡献中国智慧和力量。但是,近年来局部极端气候和突发事件频率越来越大,造成京津冀、长江中游城市群地区,以及武汉、郑州、重要口岸城市等物流通道和枢纽失效甚至瘫痪,凸显出我国区域物流体系的脆弱性,暴露出我国城市韧性物流体系在发展理念、测度评价、适应冲击、能力恢复等方面的建设严重滞后,经济损失和社会代价严重,亟须完善城市物流枢纽韧性在测度分析和风险量化方面的短板。提升城市物流韧性能力,更加关注物流活动与ESG(Environmental,Social and Governance,环境、社会和公司治理)体系的可持续发展,通过设施专业化、装备模块化、服务便捷化、数据标准化等多种模式,打造可持续和气候友好型物流解决方案,抵抗或者规避风险带来的破坏或者损失,保障物流网络基本功能不中断,提高物流服务的稳健性、冗余性、应变性、恢复性,将成为城市物流体系的基本要求。

打造现代化"物流强市"将成为提升城市发展能级的新抓手

发展物流枢纽经济成为新时代城市高质量发展的必然选择。物流作为分配的重要手段和流通的重要形式,是畅通供应链、支撑产业链、创造价值链的重要支撑。随着国家综合立体交通网络的完善,国际国内物流大通道越来越便捷,地区之间的交通发展差距不断缩小,而依托健全的物流服务网络发展枢纽经济正成为未来城市发展的主导策略。截至2023年,全国公路里程543.68万km,公路密度56.63km/百km²,位居世界第一位。其中,高速公路里程18.36万km,国道通车里程达到38.40万km,已覆盖99%的城镇人口20万以上城市及地级行政中心,重点城市群内主要城市间基本实现2h通达,贵州、陕西、宁夏、广西、重庆等西部省(自治区)已实现县县通高速,区域交通基础设施发展的平衡性和均等化水平显著增强。《交通强国建设纲要》提出,到2035年基本实现"全球123快货物流圈",即货物国内1天送达、周边国家2天送达、全球主要城市3天送达。而国内货物1天送达的目标正在逐步实现,新疆也正式成为"包邮区"。中东西部地区城市根据自己的区位和产业特色,在完善的综合立体交通网络基础上架设物流新通道,不断完善现代物流体系,发展外向型经济、吸引特色产业聚集,正在成为新的主导战略。

多个城市纷纷提出打造现代化"物流强市"战略。随着我国全面开启从"物流大国"迈向"物流强国"的新征程,各省市也陆续制订了"十四五"现代物流或相关规划,并提出加快打造物流强省、现代物流枢纽等目标。2022年7月,中共河南省委、河南省人民政府印发了《关于加快现代物流强省建设的若干意见》;2023年3月,河北省人民政府办公厅印发《河北省加快建设物流强省行动方案(2023—2027年)》;2024年5月,云南省发展和改革委员会、云南省工业和信息化厅等四部门联合印发《关于新发展格局下打造物流强省发展枢纽经济的意见》。

深圳、郑州、临沂、金华、邯郸、江门、廊坊等城市纷纷提出"物流强市"战略,并出台专门的支持政策。2023年,深圳市城市物流竞争力指数排名全国城市第2位,已率先获批建设融合港口型、空港型、商贸服务型、生产服务型为一体的国家物流枢纽城市。2023年,深圳市物流业增加值3522.35亿元,占深圳生产总值比重达到10.18%。深圳市正加快建设具有全球重要影响力的物流中心,立足低空经济、智能网联、智慧物流等新的产业增长点,因地制宜发展新质生产力,力争全市物流业增加值2025年突破4000亿元,百亿级物流供应链企业突破30家。保定市人民政府印发《加快建设物流强市行动方案(2023—2027年)》,提出加快构建开放共享、安全高效、集约协同、绿色智慧、保障有力的物流产业体系,优化物流发展环境,推进物流产业转型升级,到2027年进入全国物流强市行列,物流供给能力和服务质量达到全国一流水平。面向新时代推进中国式物流现代化的发展要求,打造现代化"物流强市"的战略序幕已经缓缓开启。

新质生产力为城市物流能级提升提供新机遇。贯彻中央财经委员会第四次会议关于"必须有效降低全社会物流成本"的指示精神,各级政府和部门积极推进推动"降本提质增效"的相关举措,如交通运输部联合组织开展交通物流降本提质增效专项行动,全力推进交通物流结构性、系统性、制度性、技术性、综合性和经营性等六个方面的降本提质增效。横向对标来看,虽然我国单一运输方式和运输组织环节已经实现了极大优化,但整体物流降本增效仍有较大的提升空间,尤其是存在着国际物流与国内物流脱节、企业物流与社会物流脱节、干线运输与末端配送脱节、各种运输之间转运脱节等问题,使得转运时间长、衔接成本高。而随着数字经济的深化发展,物流新技术、新模式、新业态踊跃创新,成为新质生产力的重要标志性场景。人工智能技术已经深度应用到物流各个领域,低空物流落地场景不断丰富,依托线上线下协同的供应链一体化服务平台,物流业与制造业深度融合,成为有效降低全链条物流成本的关键途径。大力发展物流新质生产力,持续通过物流技术创新以及数字化转型、智能化改造和绿色化提升,推动物流枢纽能级提升,对于推进城市物流降本提质增效将发挥重要作用。

《中国城市物流竞争力》系列报告持续深化研究中国式现代"物流强市"的时代命题

诺贝尔经济学奖获得者斯蒂格利茨(J E Stiglitz)把中国的城镇化与美国的高科技并列为影响21世纪人类发展进程的两大关键因素。但是,面向全面建设社会主义现代化国家、以中国式现代化全面推进中华民族伟大复兴的时代要求,我国城市物流发展的规划理论、量化模型、评价方法等方面严重滞后于区域经济高质量发展需要,亟须加大理论创新力度和完善评价指标体系。《中国城市物流竞争力报告(2024)——新时代物流提质降本增效与"十五五"现代物流强市战略》(以下简称"本报告")在《中国城市物流竞争力报告(2020)——"双循环"新格局下的内陆枢纽崛起》《中国城市物流竞争力报告(2021)——疫情冲击下的城市物流韧性经受考验》等前期系列成果的基础上,立足新发展阶段,贯彻新发展理念,构建新发展格局,统筹发展和安全,以推动城市高质量发展为导向,按照全面性、统一性、时效性的原则,持续深化城市物流研究方法论,推动新发展格局下的城市物流作用机理创新及发展量化评价应用,既是综合立体交通规划理论创新的重要内容,也是支撑区域经济高质量发展的必然要求,有助于深化城市物流现代化的认识,支撑"物流强市"建设。在丰富中国式现代化背景下的城市物流体系重构理论基础上,本报告将持续深化研究中国式现代"物流强市"的时代命题,研究特色主要体现在:

(1)本报告持续完善城市物流评价坐标系。物流数字化转型和物流数据要素挖掘使得评价城市物流的物流结构、货物流量、货种货类等物流发展格局的维度越来越丰富。但是,现有基于统计数据的物流评价指标体系难以完整准确评价微观视角下的城市物流发展变化。随着产业数据的丰富以及大数据方法的成熟,依托城市经济指标、结构化数据以及微观定性指标等多维多源数据准确评价城市物流高质量发展能力已经具备数据可行性,可以从微观视角动态量化分析新发展格局下的城市物流动态变化,更好地服务城市政府科学决策。本报告基于吸引力和辐射力两大维度,对省域和城市物流竞争力的类型进行了划分,有利于找准物流发展的优势和短板,因地制宜地制定差异化发展策略。

(2)本报告持续丰富城市物流量化演进图。通过城市物流竞争力的长期追踪评价可以了解特色城市发展的历程,更可以为城市物流发展决策贡献力量。本报告利用相对稳定成熟的城市物流竞争力评价指标,选定37个三级评价指标体系并收集指标数据,对我国346个城市(含直辖市、副省级城市、地级市、自治州、地区、盟,以及部分省直管县级市)2023年度的城市物流竞争力进行量化分析,并通过2020年度、2019年度城市物流竞争力指数的连续变化情况,梳理中长期城市物流发展能力的变化趋势,为地方政府和物流行业主管部门精准评估区域物流发展现状、优势短板、未来潜力提供量化依据。

(3)本报告持续研判城市物流未来策略。2024年,各级政府陆续启动物流相关"十五五"规划前期研究工作,对于未来形势研判和物流趋势展望将成为提出"十五五"物流发展思路的重要依据。面向"十五五"时期,畅通道、建枢纽、降成本、强链条、优服务、保安全等仍是区域现代物流体系的发展重点,物流数字化转型和智慧物流发展仍将是行业热点。与此同时,物流资源整合、低空物流经济、数据要素挖掘、平急两用和军民融合等新兴业务迅猛发展,为城市物流新质生产力发展提供新的落地场景。本报告将解读最新的行业趋势和发展热点,梳理最新的国际城市物流发展经验,提出不同视角下的城市物流发展重点,推动我国城市物流差异化定位与多元化发展,探讨我国城市物流与经济发展、政府支持的互动关系,为国内城市物流枢纽高质量发展提供专业化参考。

总之,《中国城市物流竞争力》系列报告提供一个完整的城市物流高质量发展理论体系和量化评价数据集合,使得城市物流发展既可以循序改进,也可以横向对标。无论是评价物流能力的虹吸和溢出效应、识别省内城市物流发展的竞合关系,还是优化城市群物流竞争力的提升路径、借鉴国内外典型城市的物流发展历程,都可以基于《中国城市物流竞争力》系列报告进行深入探讨,为展望和构思城市物流未来的发展路径与策略提供借鉴参考,为城市物流竞争力的提升提供更有系统性、科学性、前瞻性的量化观察和方向建议。

本报告主要数据和素材来自地方各级人民政府 2024 年政府工作报告、国家和各城市统计局发布的《2023 年国民经济和社会发展统计公报》以及各地货运物流发展统计公报、"十四五"交通运输和物流业专项发展规划和相关总结,部分大数据通过地图网站、地方政府网站、统计公报、统计年鉴等公开渠道整理获取。除非特别说明,本报告内容不含中国香港特别行政区、澳门特别行政区和台湾省的情况。

由于学识和时间有限,且受数据可得性、指标覆盖性和评价方法影响,报告中难免存在不足之处,请广大读者批评指正。期待未来能与更多伙伴、同仁携手,共同助推我国城市物流发展能力的显著提升。

编 者

2024 年 11 月

Contents 目录

第一篇 综 合 篇

第一章 2023年我国物流业发展回顾 ················ 2
第一节　2023年我国物流发展经济环境分析 ················ 2
第二节　2023年我国物流发展政策环境分析 ················ 6
第三节　2023年我国物流运行情况分析 ················ 9
本章参考文献 ················ 13

第二章 城市物流竞争力榜单 ················ 14
第一节　城市物流竞争力排名 ················ 14
第二节　城市物流竞争力分项指标排名 ················ 22

第三章 城市物流竞争力（2023）述评：中国式"物流强市"建设新时代 ················ 25
第一节　中国城市经济发展新特征 ················ 25
第二节　中国城市物流发展新格局 ················ 30
第三节　中国城市物流竞争力年度对比：中国式"物流强市"建设新时代 ················ 35
本章参考文献 ················ 44

第二篇 地 区 篇

第四章 新格局下的省域物流竞争力与物流强省建设 ················ 46
第一节　中国省域物流竞争力层次划分 ················ 46

第二节　中国省域物流竞争力对比分析 ································ 49
　　本章参考文献 ·· 60

第五章　**长三角城市群物流竞争力分析** ································ 62
　　第一节　长三角城市群物流发展总体情况 ································ 62
　　第二节　长三角城市群物流竞争力分析 ···································· 65
　　第三节　趋势和展望：建设下一代全球物流高地 ······················· 74
　　本章参考文献 ·· 77

第六章　**西部陆海新通道沿线城市物流竞争力分析** ············· 79
　　第一节　西部陆海新通道物流发展总体情况 ····························· 79
　　第二节　西部陆海新通道核心覆盖区城市物流竞争力分析 ········· 85
　　第三节　趋势与展望：打造双向开放的国际物流大通道 ············ 94
　　本章参考文献 ·· 97

第三篇　城　市　篇

第七章　**新时代"物流强市"建设与城市能级提升** ················ 100
　　第一节　新时代城市物流发展面临的机遇与挑战 ····················· 100
　　第二节　新时代城市物流能级提升的思路转变 ························ 110
　　第三节　新时代"物流强市"战略的实施重点 ·························· 113
　　本章参考文献 ··· 119

第八章　**深圳市城市物流竞争力分析** ································· 121
　　第一节　城市发展总体情况 ··· 121
　　第二节　深圳市物流竞争力专项分析 ····································· 124
　　第三节　趋势与展望：建设下一代国际物流中心 ····················· 128
　　本章参考文献 ··· 130

第九章　**成都市城市物流竞争力分析** ································· 132
　　第一节　城市发展总体情况 ··· 132
　　第二节　成都市物流竞争力专项分析 ····································· 135
　　第三节　趋势与展望：建设泛欧泛亚国际物流门户 ·················· 138

第十章	**大连市城市物流竞争力分析** ··· 142
	第一节　城市发展总体情况 ·· 142
	第二节　大连市物流竞争力专项分析 ·· 144
	第三节　趋势和展望：打造国际物流中心 ·· 149
	本章参考文献 ··· 151

第十一章	**兰州市城市物流竞争力分析** ··· 152
	第一节　城市发展总体情况 ·· 152
	第二节　兰州市物流竞争力专项分析 ·· 155
	第三节　趋势与展望：打造国家综合交通物流中心 ····························· 158
	本章参考文献 ··· 160

第十二章	**昆明市城市物流竞争力分析** ··· 162
	第一节　城市发展总体情况 ·· 162
	第二节　昆明市城市物流竞争力专项分析 ··· 165
	第三节　趋势与展望：打造区域性国际物流枢纽 ································ 168
	本章参考文献 ··· 171

第十三章	**鄂州市城市物流竞争力分析** ··· 172
	第一节　城市发展总体情况 ·· 172
	第二节　鄂州市物流竞争力专项分析 ·· 175
	第三节　趋势与展望：打造国际航空物流枢纽 ··································· 179
	本章参考文献 ··· 182

第四篇　专　题　篇

第十四章	**中国城市物流竞争力专项榜单** ··· 186
	第一节　经济视角：谁是最具发展潜力的物流城市 ····························· 186
	第二节　市场视角：谁是受企业欢迎的物流城市 ································ 191
	第三节　政策视角：谁是受政策支持的物流城市 ································ 194
	本章参考文献 ··· 200

第十五章	城市物流新质生产力与数字化转型	202
	第一节　新质生产力的提出及内涵	202
	第二节　城市物流新质生产力的内涵和要点	205
	第三节　我国城市物流新质生产力的整体现状	209
	第四节　城市物流新质生产力的发展对策	212
	本章参考文献	214

第十六章	区域物流韧性分析：以京津冀雨洪灾害为例	217
	第一节　京津冀区域物流特征	217
	第二节　京津冀区域城市物流竞争力	223
	第三节　京津冀区域物流分布格局：区县视角	225
	第四节　"23·7"雨洪灾害对京津冀区域物流的冲击复盘	229
	第五节　区域物流系统韧性提升策略	244
	本章参考文献	247

第五篇　国　际　篇

第十七章	LPI视角下全球国际物流发展分析	254
	第一节　LPI内涵及总体得分情况	254
	第二节　我国LPI得分情况及经验借鉴	262
	第三节　LPI视角下国际物流发展的主要趋势	265
	第四节　提升我国国际物流绩效的对策建议	266
	本章参考文献	267

第十八章	国际物流城市发展经验：新加坡	269
	第一节　新加坡基本情况	269
	第二节　新加坡物流发展历程	273
	第三节　新加坡物流发展特色	276
	本章参考文献	280

第十九章	国际物流城市发展经验：迪拜	284
	第一节　迪拜基本情况	284
	第二节　迪拜物流发展历程	287

	第三节 迪拜物流发展特色	290
	本章参考文献	292
第二十章	**国际物流城市发展经验:卢森堡**	293
	第一节 卢森堡基本情况	293
	第二节 卢森堡物流发展历程	295
	第三节 卢森堡物流发展特色	297
	本章参考文献	300
第二十一章	**国际物流城市发展经验:亚马逊+菲尼克斯**	302
	第一节 菲尼克斯基本情况	302
	第二节 亚马逊基本情况	303
	第三节 菲尼克斯物流发展历程	306
	第四节 "亚马逊+菲尼克斯"物流发展特色	308
	本章参考文献	309

第六篇　展　望　篇

第二十二章	**"十五五"中国城市物流发展的展望与对策**	312
	第一节 中国城市物流业的发展趋势展望	312
	第二节 "十五五"提升城市物流枢纽地位的对策建议	314
	本章参考文献	316

附　录

附录一	**中国城市物流竞争力评级指标与方法**	320
	第一节 城市物流竞争力的内涵	320
	第二节 城市物流竞争力评价指标	322
	第三节 城市物流竞争力评价方法	328
附录二	**中国城市物流竞争力2023年度榜单**	335
	榜单一 2023年中国地区生产总值前50位城市	335
	榜单二 2023年中国地区生产总值增长率前50位城市	337

榜单三	2023年中国快递业务量前50位城市	339
榜单四	2023年中国国际快递业务量前50位城市	341
榜单五	2023年中国常住人口前50位城市	343
榜单六	2023年中国综合交通覆盖人口规模前50位城市	345
榜单七	2023年中国铁路班列数发车前50位城市	347
榜单八	2023年中国国内航班数起飞前50位城市	349
榜单九	2023年中国国际航班数起飞前50位城市	351
榜单十	2023年中国机场货邮吞吐量前50位城市	353
榜单十一	2023年中国港口外贸货物吞吐量前50位城市	355
榜单十二	2023年中国主要物流政策支持城市分布情况	357

第一篇 综 合 篇

第一章　2023年我国物流业发展回顾

2023年,是全面贯彻党的二十大精神的开局之年,是实施"十四五"规划承上启下的关键之年。面对异常复杂的国际环境和艰巨繁重的改革发展稳定任务,我国经济社会发展稳中有进,高质量发展扎实推进,现代化产业体系建设取得重要进展,全面建设社会主义现代化国家迈出坚实步伐。

第一节　2023年我国物流发展经济环境分析

一、经济发展总体回升向好

经济规模稳步增长。2023年,全年国内生产总值超126万亿元,比上年增长5.2%,经济增速相较于上年加快了2.2个百分点。从全球范围内看,我国经济增速在世界主要经济体中保持领先,快于美国2.5%、日本1.9%、欧元区0.5%的经济增速,我国对全球经济增长贡献率为32%,远高于印度的15%和美国的11%。国内生产总值及增长率变化如图1-1所示。

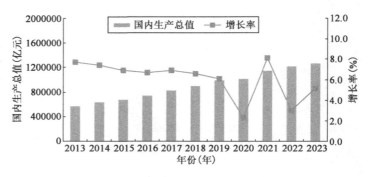

图1-1　2013—2023年国内生产总值及增长率变化图

资料来源:国家统计局。

产业结构持续优化。2023年,全国第一产业增加值89755亿元,比上年增长4.1%;第二产业增加值482589亿元,增长4.7%;第三产业增加值688238亿元,增长5.8%。如图1-2所示,三次产业结构的比重由2013年的10.0∶43.9∶46.1升级为2023年的7.1∶38.3∶54.6,第三产业占比继续维持在50%以上。第一产业、第二产业、第三产业对国内生产总值的贡献率分别为5.9%、33.9%和60.2%,第三产业对经济的贡献率创历史新高。

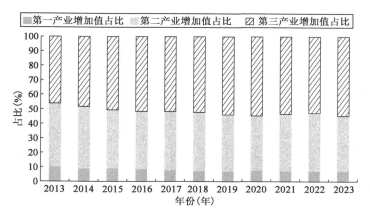

图1-2 2013—2023年国民经济三次产业结构变化图

资料来源：国家统计局。

经济增长呈现波浪式发展。2023年，一季度、二季度、三季度、四季度国内生产总值同比增长分别为4.5%、6.3%、4.9%、5.2%，环比增长分别为2.2%、0.8%、1.3%、1.0%，全年经济发展呈现前低、中高、后稳态势。

二、消费反弹主导经济增长

消费成为经济增长主动力。2023年，最终消费支出、资本形成总额、货物和服务净出口分别拉动国内生产总值增长4.3、1.5和-0.6个百分点，对国内生产总值增长的贡献率分别为82.5%、28.9%和-11.4%，如图1-3所示，最终消费支出对国内生产总值增长贡献创新高。

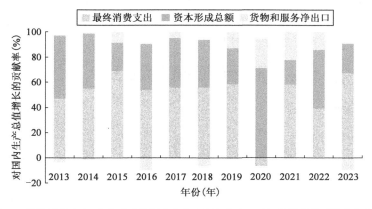

图1-3 最终消费支出、资本形成总额和货物和服务净出口对经济增长的贡献率变化图

资料来源：国家统计局。

消费规模再创新高。2023年，全年社会消费品零售总额超47万亿元，比上年增长7.2%，如图1-4所示。其中城镇消费品零售额40.7万亿元，比上年增长7.1%，乡村消费品零售额6.4万亿元，比上年增长8%。自2023年5月份起，乡村市场销售增速持续高于城镇，县

乡消费市场加快发展。

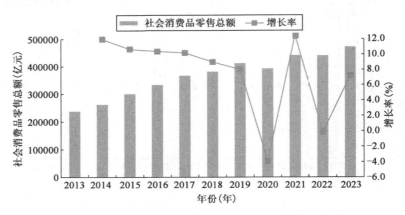

图1-4　2013—2023年社会消费品零售总额及增长率变化图

资料来源：国家统计局。

多元业态发展向好。服务消费快速反弹,2023年,全国服务零售额比上年增长20.0%,高于同期商品零售额增速14.2个百分点。文旅市场快速恢复,2023年,国内游客出游总花费4.91万亿元,比上年增长140.3%,国内出游人次48.91亿,比上年增长93.3%。线上消费较快增长,2023年,实物商品网上零售额比上年增长8.4%,比上年加快2.2个百分点,占社会消费品零售总额的比重为27.6%,较上年提升0.4个百分点。

三、对外贸易实现企稳复苏

整体规模稳步上升。2023年,全年货物进出口总额417568亿元,比上年增长0.2%,如图1-5所示。其中,出口237726亿元,增长0.6%;进口179842亿元,下降0.3%。分季度看,2023年第一、二、三、四季度货物进出口总额分别为9.69万亿元、10.26万亿元、10.76万亿元、11.05万亿元,进出口规模实现逐季提升。

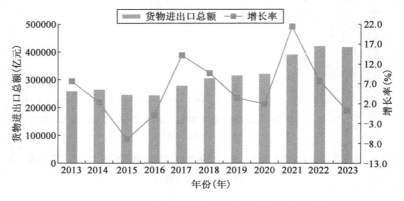

图1-5　2013—2023年货物进出口总额及增长率变化图

资料来源：国家统计局。

共建"一带一路"国家进出口额占比提升。2023年,我国对共建"一带一路"国家进出口额194719亿元,比上年增长2.8%,占进出口总值的46.6%,比去年提升1.2个百分点。其中,出口107314亿元,增长6.9%;进口87405亿元,下降1.9%。东盟连续4年保持我国第一大贸易伙伴地位,2023年贸易规模达6.41万亿元。

外贸结构持续升级。2023年,我国电动载人汽车、锂离子蓄电池和太阳能电池等"新三样"产品合计出口1.06万亿元,首次突破万亿大关。我国太阳能电池出口量占全球总量的80%以上、锂离子电池出口量占全球总量的50%以上、电动汽车出口量占全球总量的20%以上。跨境电商进出口2.37万亿元,比上年增长15.3%,占同期我国货物贸易进出口总值的5.7%,比重提升0.8个百分点。

四、新质生产力点燃新引擎

2023年9月,习近平总书记在黑龙江考察调研期间首次提到"新质生产力"[1]。通过持续加大对新质生产力的培育和应用,新质生产力已经成为激发传统行业增长、引领新兴产业发展的新引擎。2023年,全年研究与试验发展(R&D)经费支出33278亿元,比上年增长8.1%,如图1-6所示,与国内生产总值之比为2.64%。国家科技成果转化引导基金累计设立36只子基金,资金总规模624亿元。我国成为世界上首个国内有效发明专利数量突破400万件的国家。

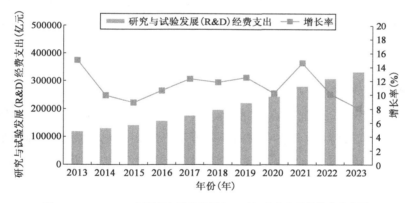

图1-6 2013—2023年研究与试验发展(R&D)经费支出及增长率变化图
资料来源:国家统计局。

新兴产业成长壮大。2023年,装备制造业、高技术制造业增加值分别增长6.8%、2.7%,占规模以上工业增加值比重分别为33.6%、15.7%。新能源汽车、太阳能电池(光伏电池)、服务机器人、3D打印设备产量分别增长30.3%、54.0%、23.3%、36.2%。战略性新兴服务业企业营业收入比上年增长7.7%。高技术产业投资比上年增长10.3%,其中,航空、航天器及设备制造业,计算机及办公设备制造业,电子及通信设备制造业投资分别增长18.4%、14.5%、11.1%。

---

[1] 《习近平在黑龙江考察时强调 牢牢把握在国家发展大局中的战略定位 奋力开创黑龙江高质量发展新局面》,《人民日报》2023年09月09日。

第二节　2023年我国物流发展政策环境分析

一、物流战略地位持续提升

2022年5月，国务院办公厅印发《"十四五"现代物流发展规划》，明确到2025年，我国将基本建成供需适配、内外联通、安全高效、智慧绿色的现代物流体系。《"十四五"现代物流发展规划》作为我国现代物流领域第一份国家级五年规划，强调了现代物流的先导性、基础性、战略性作用，具有重要里程碑意义。2024年2月23日，中央财经委员会举行第四次会议，研究有效降低全社会物流成本问题，会议强调，降低全社会物流成本是提高经济运行效率的重要举措。我国全面开启从"物流大国"迈向"物流强国"的新征程，各省（自治区、直辖市）也陆续制订了"十四五"现代物流或相关规划，并提出加快打造物流强省、现代物流枢纽等目标。2022年7月，中共河南省委、河南省人民政府印发了《关于加快现代物流强省建设的若干意见》；2023年3月，河北省人民政府办公厅印发《河北省加快建设物流强省行动方案（2023—2027年）》；2024年5月，云南省发展和改革委员会、云南省工业和信息化厅等四部门联合印发《关于新发展格局下打造物流强省发展枢纽经济的意见》。

二、物流枢纽城市加快建设

2022年6月，财政部、交通运输部联合发布《关于支持国家综合货运枢纽补链强链的通知》，提出自2022年起，将用3年左右时间集中力量支持30个左右城市（含城市群中的城市）实施国家综合货运枢纽补链强链。截至2023年底，已累计下达120亿元资金，支持两批共25个枢纽城市，推动实施300个左右货运枢纽项目和100余个集疏运项目建设。2023年7月，国家发展和改革委员会（以下简称"国家发改委"）发布2023年国家物流枢纽建设名单，沧州港口型等30个国家物流枢纽入选。从2019年以来，已累计发布5批国家物流枢纽年度建设名单，总计125个国家物流枢纽实现31个省（自治区、直辖市，含新疆生产建设兵团）全覆盖。2020年7月，国家发改委印发《关于做好2020年国家骨干冷链物流基地建设工作的通知》，公布2020年北京、武汉、郑州等17个国家骨干冷链物流基地建设名单。2022年，天津、长沙、成都等24个国家骨干冷链物流基地纳入年度建设名单。2023年、2024年分别有25个、20个国家骨干冷链物流基地纳入名单。4批次共计86个国家骨干冷链物流基地覆盖31个省（自治区、直辖市，含新疆生产建设兵团）。

从国家物流枢纽、国家骨干冷链物流基地到国家综合货运枢纽补链强链，围绕区域协调、产业融合、民生保障等，优化物流基础设施体系空间布局，提升城市枢纽地位和竞争力，打造物流枢纽城市,正在成为现代物流业高质量发展的重要空间载体。

三、物流资源加速集聚整合

2021年底,经国务院批准,中国物流集团有限公司正式成立,新一支物流"国家队"诞生。中国物流集团由国务院国资委代表国务院履行出资人职责,中国铁路物资集团有限公司和中国诚通控股集团有限公司物流板块的中国物资储运集团有限公司、华贸国际物流股份有限公司、中国物流股份有限公司、中国包装有限责任公司4家企业专业化整合成立,并同步引入中国东方航空集团有限公司、中国远洋海运集团有限公司、招商局集团有限公司作为战略投资者,注册资本300亿元。在物流"国家队"资源整合的示范效应影响下,一些省份也在陆续成立省级的物流集团,作为推进省域物流体系现代化建设的主平台。近年来陆续成立的省级国资委直管物流类国企如表1-1所示。

近年来成立的省级国资委直管物流类国企　　　　表1-1

集团名称	整合时间	整合对象	战略愿景	核心业务
海南省物流集团有限公司	2022	新成立	畅通岛内岛外物流通道、降低海南物流成本	保税仓库经营、国内货物代理、无船承运、运输场站经营、园区管理服务等
重庆物流集团有限公司	2023	重庆交运集团、重庆国际物流集团、重庆港务物流集团	具有国际竞争力的综合性现代物流集团	对外开放通道、物流枢纽资源、铁公水多式联运、城乡三级物流、物流现代服务、大数据平台
宁夏物流集团有限责任公司	2023	新成立	煤炭化工等能源供应链	铁路专用线建设及运营管理、道路普通货物运输、供应链管理服务等
广西现代物流集团有限公司	2021	广西物资集团、广西供应链服务集团、西环保产业投资集团、广西桂物机电集团、广西物流职业技术学院等	物流资源要素整合和广西大宗商品供应链平台、现代汽车生活服务品牌、生态环保投资运营平台	智慧物流、冷链物流、跨区域(跨境)物流
贵州现代物流产业(集团)有限责任公司	2018	贵州省物资集团、贵州省商贸投资集团	建成具有国内竞争力的现代物流企业	现代物流产业、现代农业产业、大宗生产资料供应链集成服务
甘肃省国际物流集团有限公司	2018	甘肃省物产集团、甘肃省民航物流公司、兰州港投公司、兰州新区商投集团所属综保区公司、路港物流公司等	现代物流综合服务方案集成运营商、供应链物流组织者	班列运营、多式联运、冷链物流、航空货运、保税物流、商贸流通、智慧物流、资本运作

续上表

集团名称	整合时间	整合对象	战略愿景	核心业务
新疆商贸物流（集团）有限公司	2023	新疆综合保税区、乌鲁木齐国际陆港区等商贸物流产业资源	"西部一流、全国领先、国际竞争力强"的"智慧型、科技化、绿色化、国际化"大型综合性现代商贸物流产业集团	大宗商品供应链集成服务、多式联运物流体系、智慧仓储物流、供应链金融服务、数字科技创新
四川省商业投资集团有限责任公司	2016	粮油集团、物资集团、长江集团、外贸集团、物流股份等整体并入四川省商业投资集团	国际领先、国际一流的综合商业投资控股平台	现代供应链集成服务、医药健康、食品饮料及配套保障业务
陕西省物流集团有限责任公司	2021	陕西省物产集团、陕西煤业化工集团、陕西盐业等权属企业	打造千亿级智慧化国际物流服务商	现代物流、大宗贸易、城市矿产、交易平台、供应链金融、科技研发
河北省物流产业集团有限公司	2006	河北物产集团等	建设现代供应链集成服务领军企业和智慧物流龙头企业	大宗商品流通、现代物流、再生资源、产业投资

在新一代技术革命时代，物流与科技的深度融合以及资本层面的合纵连横正在促进新一轮物流资源整合高峰。整合国有物流资源成立省级的物流集团，以物流基础设施、仓储物流、国际货代、大宗商品、数字物流以及供应链服务等领域为主导，成为各省份整合优势资源、优化产业结构、降低物流成本的重要抓手。通过整合同类物流资源、延伸上下游业务，培育具有全球竞争力的现代物流企业，有利于提升整体物流运作效率，构建国内国际双向物流供应链，保证我国的产业链安全韧性水平。

四、两业联动实现深度融合

物流业与制造业融合创新发展是实现经济高质量发展与物流业提质增效的关键，2020年《推动物流业制造业深度融合创新发展实施方案》发布以来，物流业制造业正在从"两业联动"走向"深度融合"。党的二十大报告提出，要着力提升产业链供应链韧性和安全水平。我国供应链创新与应用试点政策从试点到示范，截至2023年底，共确定了30个全国供应链创新与应用示范城市、250家示范企业，在推动供应链物流协同联动和跨界融合形成了一批典型经验。2023年9月，国务院国资委、工业和信息化部共同组织中央企业开展产业链融通发展共链行动。2023年11月，全球首个以供应链为主题的国家级展会——首届中国国际供应链促进博览会在北京举办，围绕"链接世界 共创未来"主题，形成《全球产业链供应链互联互通北京倡议》。

五、物流业态创新深入推进

2023年12月，国家数据局等17部门联合印发《"数据要素×"三年行动计划（2024—2026

年)》,物流行业数字化转型加速推进,人工智能、数字孪生、无人驾驶等新技术在物流仓储、运输、配送等领域得到广泛应用,低空物流在医疗、快递等领域应用场景不断丰富。2023年2月,美团城市低空物流解决方案通过中国民航局审定,全年无人机配送超22万单,覆盖办公、社区、高校、景区、市政公园、医疗等多场景。2023年6月,经国际标准化组织批准,创新物流技术委员会成立,秘书处设在中国。2024年5月,ISO/TC 344(国际标准化组织创新物流技术委员会)正式成立,现有参与成员国13个、观察成员国12个。

第三节 2023年我国物流运行情况分析

一、物流市场规模稳步回升

物流规模保持温和上升。2023年,全国社会物流总额为352.4万亿元,比上年增长5.2%,增速相比2022年提高了1.8个百分点。从构成看,2023年,农产品物流总额为5.3万亿元,比上年增长4.1%;工业品物流总额312.6万亿元,比上年增长4.6%;单位与居民物品物流总额13.0万亿元,比上年增长8.2%;进口物流总额18.0万亿元,比上年增长13.0%。农产品、工业品、消费、进口物流需求均保持稳定增长,工业品物流总额占社会物流总额的88.7%,保持主导地位。单位与居民物品物流总额占社会物流总额的3.7%,相比2022年占比提高了0.4个百分点。高端制造、电商物流等新业态领域物流规模保持较快增长。中国社会物流总额及增长情况如图1-7所示。

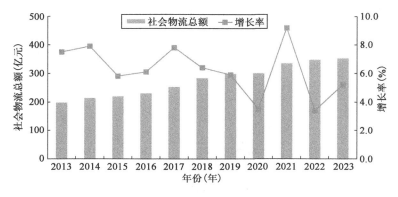

图1-7 中国社会物流总额及增长情况

资料来源:中国物流与采购联合会。

行业景气指数稳中有升。2023年,我国物流业景气指数全年平均为51.8%,高于2022年3.2个百分点。中国仓储指数全年平均为51.5%,高于2022年2.1个百分点,仓储物流行业向好走势明显,处于扩张区间。中国电商物流指数全年平均为110.1点,相比2022年提高4.2个百分点。中国物流行业指数变化情况如图1-8所示。

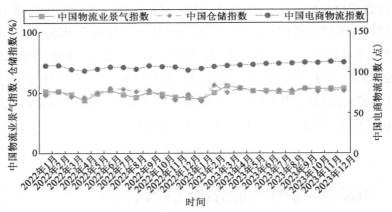

图1-8 2022—2023年中国物流行业指数变化图

资料来源：中国物流与采购联合会。

二、物流运行效率持续改善

社会物流总费用与国内生产总值比值保持稳定。2023年社会物流总费用与国内生产总值的比值为14.4%，比上年下降0.3个百分点，如图1-9所示。从构成看，运输费用9.8万亿元，保管费用6.1万亿元，管理费用2.3万亿元，运输费用、保管费用、管理费用占社会物流总费用的比重分别为53.8%、33.5%、12.6%，物流费用构成保持稳定。

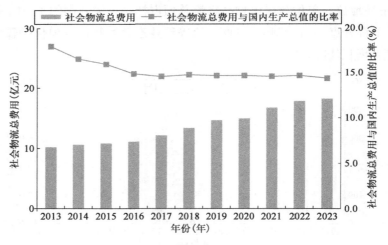

图1-9 2013—2023年中国社会物流总费用变化情况

资料来源：中国物流与采购联合会。

网络货运推动物流降本增效。根据交通运输部网络货运信息交互系统统计，2020—2023年，我国网络货运市场迅速扩张，如表1-2所示。截至2023年12月底，全国共有3069家网络货运企业（含分公司），是2021年的1.6倍，接入社会运力798.9万辆，是2021年的2.2倍，接入驾驶员647.6万人，是2021年的1.7倍，全年共上传运单1.3亿单，是2021年的1.9倍。

我国网络货运发展情况　　　　　　　　　　　　　　表1-2

指标	2021年	2022年	2023年
网络货运企业（含分公司）（家）	1968	2537	3069
整合社会零散运力（万辆）	360	594.3	798.9
整合驾驶员（万人）	390	522.4	647.6
运单量（万单）	6912	9401.2	13000

资料来源：交通运输部网络货运信息交互系统。

三、物流服务供给量质齐增

营业性货运量再创历史新高。2023年，我国全年完成营业性货运量547.47亿t，比上年增长8.1%。从不同运输方式看，铁路全年完成货运总发送量50.35亿t，比上年增长1.0%；公路全年完成营业性货运量403.37亿t，比上年增长8.7%；水运全年完成营业性货运量93.67亿t，比上年增长9.5%，完成港口货物吞吐量169.73亿t，比上年增长8.2%，完成集装箱吞吐量3.10亿TEU，比上年增长4.9%；民航全年完成货邮运输量735.38万t，比上年增长21.0%，全年民航运输机场完成货邮吞吐量1683.31万t，比上年增长15.8%；邮政全年完成快递业务量1320.7亿件，比上年增长19.4%，连续十年稳居世界第一。

运输结构持续优化。2023年，全国港口完成集装箱铁水联运量1018.36万TEU，增长15.9%。西部陆海新通道沿线省份平台企业运营的铁海联运班列、跨境公路班车（重庆、四川）、国际铁路联运班列（重庆、广西、四川）运输集装箱共计61.52万TEU，比上年增长7%，货值643.26亿元，比上年增长16%。高铁物流步入新阶段，利用整列动车组开展高铁快运批量运输试点，首个高铁快运物流基地——广元高铁快运物流基地投运。鄂州花湖机场作为我国首个专业性货运枢纽机场，2023年4月，实现国际货运航班首航，7月，实现顺丰转运中心全面启用，全年累计完成货邮吞吐量24.53万t（其中国际4.63万t）。

四、物流市场主体活力迸发

截至2023年底，我国A级物流企业达到9600家，是2020年的1.4倍。综合50强物流企业2023年物流业务收入合计21169亿元，综合50强物流企业门槛74.3亿元。民营50强物流企业2023年物流业务收入合计0.98万亿元，民营50强物流企业门槛15.5亿元。两项榜单涉及的头部物流企业物流业务收入合计2.3亿元（剔除重复企业），占2023年物流业总收入的17.2%，物流服务业务涉及大宗商务、快消品、国际物流等多个领域，服务区域涉及全球200个国家。我国物流企业发展情况如表1-3所示。

我国物流企业发展情况　　　　　　　　　　　　　　表1-3

指标	2015年	2018年	2020年	2023年
A级物流企业（家）	>3000	>5000	>6800	>9600

续上表

指标	2015年	2018年	2020年	2023年
5A级物流企业(家)	>210	>290	>360	>400
综合50强物流企业物流业务收入(亿元)	7807	9833	11000	21169
综合50强物流企业物流业务收入门槛(亿元)	22.5	29.6	37.1	74.3

资料来源：中国物流与采购联合会。

物流投资稳健发展。2023年，我国物流行业共有13家新上市/交表企业，其中综合物流领域10家、物流智能信息化领域3家。仓储物流行业共发行REITs基金三支，2023年初，嘉实京东REIT顺利发行上市，中金普洛斯REIT和红土盐田港REIT于年中完成首次扩募。

五、物流基础设施日臻完善

截至2023年底，我国综合立体交通网总里程超过600万km。我国铁路营业里程达15.9万km，其中高铁超过4.5万km，占铁路营业里程比重为28.3%；全国公路通车里程543.68万km，其中高速公路达18.36万km，占公路总里程比重为3.4%；内河航道通航里程12.82万km，其中三级及以上航道通航里程1.54万km，占航道总里程比重为12.0%；港口生产性码头泊位达22023个，其中万吨级及以上码头泊位达2878个；定期航班通航机场、定期航班通航城市分别提高至259个和255个，其中年旅客吞吐量千万人次及以上的运输机场数量达38个，货邮吞吐量万吨及以上的运输机场达到63个。我国交通基础设施发展情况如表1-4所示。

我国交通基础设施发展情况　　　　　　表1-4

指标	2010年	2015年	2020年	2023年
铁路营业里程(万km)	9.12	12.1	14.6	15.9
高铁营业里程(万km)	0.51	1.9	3.8	4.5
公路里程(万km)	400.82	457.73	519.81	543.68
高速公路里程(万km)	7.41	12.35	16.10	18.36
内河航道里程(万km)	12.42	12.70	12.77	12.82
万吨级及以上泊位数(个)	1661	2221	2592	2878
定期航班通航机场(个)	175	206	240	259
定期航班通航城市(个)	172	204	237	255

资料来源：交通运输部官网。

2023年3月，交通运输部、国家铁路局、中国民用航空局、国家邮政局、中国国家铁路集团有限公司联合印发《加快建设交通强国五年行动计划(2023—2027年)》，明确了未来五年加快建设交通强国的思路目标和行动任务。交通强国建设进入新阶段，我国交通基础设施规模进一步提升，"6轴7廊8通道"主骨架基本形成，覆盖了全国超过80%的县(市、区)，服务了全国90%左右的经济和人口。基础设施智能化数字化建设步伐加快，智慧高速试点示范建设应用效果初显,已建成和在建自动化集装箱码头规模均居世界首位,长江经济带船舶岸电使用量同比增长66%。

本章参考文献

[1] 中华人民共和国国务院办公厅.国务院办公厅关于印发"十四五"现代物流发展规划的通知[J].中华人民共和国国务院公报,2023,(01):47-60.

[2] 国家统计局.中华人民共和国2023年国民经济和社会发展统计公报[EB/OL].(2024-02-29)[2024-08-06].https://www.stats.gov.cn/sj/zxfb/202402/t20240228_1947915.html.

[3] 中华人民共和国中央人民政府.政府工作报告——2024年3月5日在第十四届全国人民代表大会第二次会议上[EB/OL].(2024-03-12)[2024-08-06].https://www.gov.cn/yaowen/liebiao/202403/content_6939153.htm.

[4] 何黎明.我国物流业2023年发展回顾与2024年展望[J].中国流通经济,2024(3):3-8.

[5] 郑栅洁.国务院关于《中华人民共和国国民经济和社会发展第十四个五年规划和2035年远景目标纲要》实施中期评估报告——2023年12月26日在第十四届全国人民代表大会常务委员会第七次会议上[J].中华人民共和国全国人民代表大会常务委员会公报,2024,(01):124-136.

[6] 中国物流与采购联合会.第六次全国物流园区调查报告[J].中国物流与采购,2023,(04):34-38.

[7] 国家发展和改革委员会."十四五"现代流通体系建设规划[EB/OL].(2022-01-13)[2024-08-06].https://www.gov.cn/zhengce/zhengceku/2022-01-24/5670259/files/fc791db5595f4b3494ff1c24250649f3.pdf.

[8] 中国物流与采购联合会.2023年中国物流行业十件大事[J].中国物流与采购,2024,(01):11.

[9] 中国物流信息中心.恢复向好质效提升——2023年物流运行情况分析[J].中国物流与采购,2024,(05):24-26.

[10] 交通运输部.2023年交通运输行业发展统计公报[EB/OL].(2024-06-18)[2024-08-05].https://xxgk.mot.gov.cn/2020/jigou/zhghs/202406/t20240614_4142419.html.

[11] 国家邮政局.2023年邮政行业发展统计公报[EB/OL].(2024-05-10)[2024-08-06].https://www.spb.gov.cn/gjyzj/c100276/202405/ff1ab12da9d74425b7ddef9e38de8916.shtml.

第二章 城市物流竞争力榜单

2023年度,我国城市物流竞争力前5强的城市依次为上海市、深圳市、广州市、北京市和重庆市。其中,上海市是我国城市物流竞争力最强的城市,其物流吸引力和物流辐射力均排名国内城市第1位。本章列出了我国2023年度城市物流竞争力前100排名的指数得分和排名,以及排名100位之后的城市区间排名,并列出了排名前50城市的10个二级分项指标排名,见表2-1~表2-5。

第一节 城市物流竞争力排名

(1)2023年度我国城市物流竞争力排名(1~100名),见表2-1。

2023年度我国城市物流竞争力排名(1~100名) 表2-1

城市	城市物流竞争力指数	排名	近3次排名变化图	城市物流吸引力指数	排名	城市物流辐射力指数	排名
上海	71.74	1	——	77.37	1	67.51	1
深圳	52.62	2	＼	56.49	3	49.71	2
广州	51.39	3	＿／	59.15	2	45.56	3
北京	41.63	4	——	52.75	4	33.28	6
重庆	38.33	5	——	49.70	5	29.78	11
武汉	37.34	6	＜	45.95	6	30.88	9
天津	36.88	7	＞	44.95	7	30.81	10
成都	36.43	8	——	42.81	8	31.64	7
杭州	36.36	9	＼／	40.21	10	33.47	5
青岛	35.41	10	／＼	37.26	11	34.03	4
苏州	33.71	11	＼	42.44	9	27.15	14
郑州	31.89	12	／	35.10	14	29.48	12
宁波	31.38	13	＜	36.15	13	27.79	13
西安	30.83	14	＼／	30.35	18	31.19	8
南京	30.05	15	／	36.71	12	25.04	15

续上表

城市	城市物流竞争力指数	排名	近3次排名变化图	城市物流吸引力指数	排名	城市物流辐射力指数	排名
长沙	24.93	16		28.52	22	22.23	17
合肥	24.76	17		31.51	16	19.69	23
厦门	24.68	18		29.54	19	21.03	19
东莞	23.14	19		33.43	15	15.41	36
济南	22.76	20		25.64	25	20.59	20
福州	22.69	21		26.81	23	19.59	24
唐山	21.88	22		18.29	50	24.58	16
无锡	21.35	23		29.19	21	15.46	35
泉州	20.97	24		31.16	17	13.31	46
大连	20.93	25		22.07	31	20.07	22
烟台	20.89	26		23.33	30	19.06	25
金华	20.47	27		29.47	20	13.71	42
沈阳	20.23	28		25.63	26	16.17	31
太原	19.70	29		18.78	48	20.39	21
石家庄	19.50	30		21.77	32	17.80	26
舟山	19.14	31		21.75	33	17.19	27
贵阳	18.75	32		21.41	35	16.76	28
南昌	18.31	33		21.51	34	15.90	34
芜湖	18.27	34		23.73	28	14.16	41
昆明	18.23	35		21.09	37	16.08	32
徐州	18.07	36		20.55	39	16.21	30
日照	17.90	37		13.39	73	21.29	18
南通	17.89	38		24.96	27	12.58	55
佛山	17.71	39		25.91	24	11.54	64
常州	17.54	40		19.68	44	15.93	33
嘉兴	17.05	41		23.40	29	12.27	60
长春	17.05	42		19.99	43	14.84	38
哈尔滨	16.67	43		19.62	45	14.45	39
温州	16.44	44		20.68	38	13.25	47

续上表

城市	城市物流竞争力指数	排名	近3次排名变化图	城市物流吸引力指数	排名	城市物流辐射力指数	排名
南宁	16.26	45		20.36	41	13.17	50
潍坊	16.23	46		21.11	36	12.56	56
连云港	15.76	47		14.62	66	16.63	29
宜昌	15.43	48		18.75	49	12.93	51
临沂	15.27	49		20.47	40	11.36	67
淮安	15.09	50		20.03	42	11.39	66
珠海	14.98	51		16.69	53	13.70	43
岳阳	14.50	52		17.23	51	12.45	59
惠州	14.06	53		19.06	47	10.29	88
兰州	13.74	54		15.77	59	12.21	61
廊坊	13.68	55		11.61	95	15.24	37
荆州	13.63	56		16.92	52	11.15	71
洛阳	13.37	57		13.55	71	13.24	48
乌鲁木齐	13.29	58		19.07	46	8.95	135
鄂州	13.18	59		12.89	79	13.40	45
邯郸	13.04	60		13.21	75	12.92	52
铜陵	12.75	61		16.61	54	9.85	99
襄阳	12.74	62		12.70	82	12.76	54
镇江	12.73	63		12.59	85	12.84	53
济宁	12.73	64		15.24	62	10.84	77
阜阳	12.68	65		14.63	65	11.21	70
保定	12.60	66		16.09	57	9.99	95
呼和浩特	12.57	67		16.32	55	9.75	103
湛江	12.57	68		12.63	84	12.52	58
泰州	12.13	69		10.06	122	13.68	44
台州	12.11	70		15.07	64	9.88	98
池州	12.08	71		15.15	63	9.78	102
赣州	12.07	72		15.77	60	9.29	123
海口	12.05	73		10.52	113	13.19	49

续上表

城市	城市物流竞争力指数	排名	近3次排名变化图	城市物流吸引力指数	排名	城市物流辐射力指数	排名
咸阳	12.01	74		9.08	141	14.22	40
扬州	11.89	75		11.05	102	12.53	57
黄石	11.76	76		14.08	69	10.02	94
银川	11.62	77		14.21	68	9.68	109
湖州	11.54	78		13.13	76	10.34	87
安庆	11.51	79		12.88	80	10.48	80
盐城	11.47	80		11.13	101	11.73	62
九江	11.44	81		11.62	94	11.30	69
南阳	11.43	82		12.07	89	10.95	76
绍兴	11.42	83		16.12	56	7.89	179
淄博	11.39	84		11.76	92	11.12	72
商丘	11.23	85		12.29	88	10.43	83
衡阳	11.00	86		10.11	120	11.67	63
淮南	10.98	87		13.36	74	9.19	126
宣城	10.89	88		14.47	67	8.20	155
宜春	10.83	89		10.21	118	11.30	68
六安	10.81	90		13.54	72	8.75	141
营口	10.75	91		10.80	106	10.71	78
上饶	10.72	92		10.19	119	11.11	73
安阳	10.58	93		9.43	136	11.44	65
中山	10.53	94		12.91	78	8.73	143
揭阳	10.52	95		10.89	104	10.25	90
鄂尔多斯	10.43	96		12.95	77	8.53	150
秦皇岛	10.40	97		10.08	121	10.64	79
菏泽	10.37	98		10.40	116	10.35	85
德州	10.33	99		11.28	99	9.61	112
宿迁	10.27	100		12.39	87	8.67	145

注：近3次排名变化图为2019年、2020年、2023年的物流竞争力排名变化。

(2) 2023年度我国城市物流竞争力排名（101~200名），见表2-2。

2023年度我国城市物流竞争力排名（101~200名） 表2-2

城市（按拼音顺序）	排名	城市（按拼音顺序）	排名
蚌埠		铜仁	
包头		威海	
亳州		西宁	
沧州		湘潭	
常德		孝感	
郴州		新乡	
大同		信阳	
东营		邢台	
防城港		许昌	
贵港		宜宾	101~150
桂林		榆林	
怀化		运城	
黄冈		枣庄	
江门		漳州	
焦作		长治	
聊城	101~150	周口	
临汾		株洲	
柳州		驻马店	
娄底		遵义	
泸州		安顺	
漯河		宝鸡	
马鞍山		北海	
绵阳		毕节	
南充		滨州	
平顶山		承德	151~200
钦州		赤峰	
清远		滁州	
衢州		达州	
汕头		德阳	
宿州		抚州	
泰安		广元	

续上表

城市 （按拼音顺序）	排名	城市 （按拼音顺序）	排名
鹤壁	151~200	萍乡	151~200
衡水		莆田	
呼伦贝尔		濮阳	
淮北		三明	
黄山		三亚	
吉安		韶关	
吉林		邵阳	
锦州		十堰	
晋城		遂宁	
晋中		渭南	
荆门		乌兰察布	
开封		咸宁	
乐山		新余	
丽水		益阳	
六盘水		鹰潭	
龙岩		永州	
南平		张家界	
内江		张家口	
宁德		肇庆	

（3）2023年度我国城市物流竞争力排名（201~300名），见表2-3。

2023年度我国城市物流竞争力排名（201~300名）　　表2-3

城市 （按拼音顺序）	排名	城市 （按拼音顺序）	排名
安康	201~250	丹东	201~250
鞍山		恩施土家族苗族自治州	
巴中		广安	
百色		汉中	
朝阳		河源	
潮州		葫芦岛	
崇左		佳木斯	
大庆		景德镇	

续上表

城市 （按拼音顺序）	排名	城市 （按拼音顺序）	排名
酒泉	201~250	资阳	201~250
拉萨		自贡	
来宾		巴彦淖尔	
吕梁		白城	
茂名		白山	
眉山		保山	
梅州		本溪	
牡丹江		昌吉回族自治州	
攀枝花		大理白族自治州	
盘锦		儋州	
齐齐哈尔		定西	
潜江		阜新	
庆阳		固原	
曲靖		哈密	251~300
三门峡		海东	
汕尾		河池	
朔州		贺州	
随州		黑河	
天门		红河哈尼族彝族自治州	
天水		鸡西	
通辽		嘉峪关	
吴忠		金昌	
梧州		喀什地区	
锡林郭勒盟		克拉玛依	
湘西土家族苗族自治州		丽江	
忻州		凉山彝族自治州	
延安		辽阳	
延边朝鲜族自治州		临沧	
阳江		临夏回族自治州	
阳泉		陇南	
玉林		平凉	
云浮		普洱	

续上表

城市 （按拼音顺序）	排名	城市 （按拼音顺序）	排名
黔东南苗族侗族自治州	251~300	铜川	251~300
黔南布依族苗族自治州		吐鲁番	
日喀则		乌海	
山南		仙桃	
商洛		雅安	
神农架地区		伊犁哈萨克自治州	
四平		玉溪	
松原		张掖	
铁岭		昭通	
通化		中卫	

（4）2023年度，我国城市物流竞争力排名（301~346名），见表2-4。

2023年度我国城市物流竞争力排名（301~346名）　　表2-4

城市 （按拼音顺序）	排名	城市 （按拼音顺序）	排名
阿坝藏族羌族自治州	301~323	果洛藏族自治州	301~323
阿克苏地区		海北藏族自治州	
阿拉善盟		海南藏族自治州	
阿勒泰地区		海西蒙古族藏族自治州	
阿里地区		和田地区	
巴音郭楞蒙古自治州		鹤岗	
白银		黄南藏族自治州	324~346
博尔塔拉蒙古自治州		克孜勒苏柯尔克孜自治州	
昌都		辽源	
楚雄彝族自治州		林芝	
大兴安岭地区		那曲	
德宏傣族景颇族自治州		怒江傈僳族自治州	
迪庆藏族自治州		七台河	
东方市		黔西南布依族苗族自治州	
抚顺		琼海	
甘南藏族自治州		石河子	
甘孜藏族自治州		石嘴山	

续上表

城市（按拼音顺序）	排名	城市（按拼音顺序）	排名
双鸭山	324~346	五指山市	324~346
绥化		武威	
塔城地区		西双版纳傣族自治州	
万宁市		兴安盟	
文昌市		伊春	
文山壮族苗族自治州		玉树藏族自治州	

第二节 城市物流竞争力分项指标排名

2023年度城市物流竞争力排名前50位的分项指标排名，见表2-5。

2023年度城市物流竞争力排名前50位的分项指标排名 表2-5

城市	物流吸引力指数					物流辐射力指数				
	发展潜力指数排名	市场规模指数排名	枢纽布局指数排名	营收环境指数排名	绿色低碳指数排名	地理区位指数排名	市场覆盖指数排名	智慧物流指数排名	通达性指数排名	国际物流指数排名
上海	1	1	1	1	6	54	1	6	1	1
深圳	2	3	9	4	34	71	3	44	9	2
广州	3	4	6	2	16	51	4	22	3	3
北京	5	2	10	3	113	22	5	60	11	5
重庆	4	5	8	10	54	44	16	13	7	4
武汉	9	13	2	5	37	1	2	18	16	9
天津	18	10	3	6	38	64	28	2	5	18
成都	8	7	4	8	113	122	6	7	17	8
杭州	7	9	11	12	44	66	8	16	34	7
青岛	16	12	13	13	43	109	19	21	4	16
苏州	6	6	7	16	84	123	15	12	6	6
郑州	12	16	5	11	113	2	7	35	23	12
宁波	10	15	17	9	22	126	20	33	8	10
西安	24	20	12	17	113	18	10	5	38	24
南京	17	14	21	7	13	14	12	14	15	17

续上表

城市	物流吸引力指数					物流辐射力指数				
	发展潜力指数排名	市场规模指数排名	枢纽布局指数排名	营收环境指数排名	绿色低碳指数排名	地理区位指数排名	市场覆盖指数排名	智慧物流指数排名	通达性指数排名	国际物流指数排名
长沙	15	17	16	24	88	17	9	26	57	15
合肥	25	18	14	21	33	5	17	37	40	25
厦门	90	26	27	15	23	173	14	26	28	90
东莞	14	11	24	37	24	129	61	224	36	14
济南	28	24	18	18	113	35	11	48	37	28
福州	30	35	34	26	26	90	25	4	26	30
唐山	40	32	50	39	113	174	50	25	2	40
无锡	20	21	23	14	49	117	32	33	32	20
泉州	19	19	29	46	10	167	40	44	49	19
大连	54	41	40	32	36	240	21	60	13	54
烟台	34	36	39	28	41	190	41	107	10	34
金华	32	8	31	22	113	101	37	60	97	32
沈阳	44	29	15	20	113	217	18	55	50	44
太原	80	57	32	27	113	96	36	1	73	80
石家庄	66	22	26	48	113	9	26	8	45	66
舟山	144	139	70	49	1	221	73	129	12	144
贵阳	52	27	30	33	109	80	29	11	29	52
南昌	65	48	20	36	68	46	27	48	44	65
芜湖	95	74	49	51	3	87	47	3	51	95
昆明	149	28	19	47	113	206	23	39	35	149
徐州	27	33	51	35	58	26	31	31	42	27
日照	211	117	69	100	42	42	146	129	14	211
南通	23	34	53	42	12	128	44	80	53	23
佛山	11	25	33	40	39	182	91	129	41	11
常州	38	51	71	64	27	97	33	37	25	38
嘉兴	51	38	42	45	21	127	65	224	46	51
长春	46	39	28	56	113	247	13	94	27	46
哈尔滨	187	47	25	29	96	265	22	55	22	187
温州	41	31	44	19	113	164	34	158	54	41

续上表

城市	物流吸引力指数					物流辐射力指数				
	发展潜力指数排名	市场规模指数排名	枢纽布局指数排名	营收环境指数排名	绿色低碳指数排名	地理区位指数排名	市场覆盖指数排名	智慧物流指数排名	通达性指数排名	国际物流指数排名
南宁	163	40	37	25	65	191	30	67	75	163
潍坊	75	30	22	74	67	125	67	48	39	75
连云港	57	62	57	52	113	69	108	48	21	57
宜昌	140	80	52	59	19	75	54	60	47	140
临沂	70	23	43	23	113	130	102	48	65	70
淮安	53	86	74	77	8	62	89	26	83	53

第三章 城市物流竞争力(2023)述评:中国式"物流强市"建设新时代

2023年,是全面建设社会主义现代化国家、以中国式现代化全面推进中华民族伟大复兴新征程的开局之年。我国不同类型、不同规模的城市积极统筹高质量发展和高水平安全,稳步推进改革发展稳定各项工作任务,经济社会发展主要目标任务圆满完成,物流高质量发展扎实推进。随着城市经济的稳步提升,部分城市的经济实力已经进入中等发达城市建设的新阶段,以中国式现代化为指引,全面推进中国特色社会主义现代化强市建设成为城市发展的新目标。现代物流作为城市经济高安全运行和高质量发展的支撑性行业和先导性、基础性、战略性产业,在建设中国式现代化城市的地位将会更加突出。与此同时,城市物流竞争力格局也呈现进一步分化的新特征,需要不同规模、不同特色的城市因地制宜,建设符合自身能力要求和城市发展定位的中国式现代化"物流强市"。

第一节 中国城市经济发展新特征

一、以人为本的新型城镇化深入推进

以人为本的新型城镇化战略持续推进。国家印发实施《国家新型城镇化规划(2021—2035年)》,推动城市发展必须由"外延式扩张"为主向"内涵式发展"为主转变。常住人口城镇化率从2012年的53.10%提高至2023年的66.16%,近10年累计1.65亿农业转移人口在城镇落户,"十四五"规划提出常住人口城镇化率提高到65%的目标已经提前实现。城镇基本公共服务覆盖范围显著扩大,"两横三纵"城镇化战略格局基本形成。

城市群一体化发展明显加快。京津冀协同发展、粤港澳大湾区建设、长三角一体化发展有序推进,成渝地区双城经济圈建设快速发展,长江中游、北部湾、关中平原、兰州—西宁等城市群建立省际协调机制,一批现代化都市圈逐步培育,城市群集聚人口和经济作用持续显现,以县城为重要载体的城镇化建设深入实施,城市数量增加至685个。2024年8月,国务院出台《深入实施以人为本的新型城镇化战略五年行动计划》,提出坚持以人为本、遵循规律、分类施策、集约高效等原则,经过5年的努力,常住人口城镇化率提升至接近70%,明确部署了新型城镇化的"四大行动",以城市群为主体的城镇化空间格局将更加完善。我国常住人口城镇化率变化如图3-1所示。

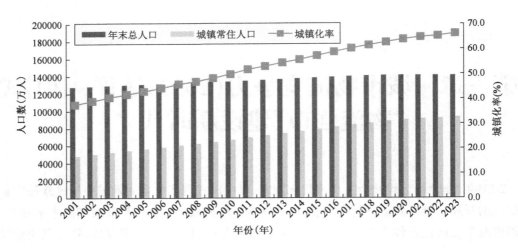

图3-1　2001—2023年我国常住人口城镇化率变化图

资料来源：国家统计局。

二、城市经济发展动力加速换挡升级

城市经济发展动能提质增效。随着我国由高速增长阶段转向高质量发展阶段，城市经济的增长速度也逐渐放缓。2023年，我国城市生产总值的平均增长率为5.3%，基本与国内生产总值增速保持一致，但是与高速增长阶段相比下滑明显。346个城市中，增长速度最快的城市为12%（三亚市），增速超过10%的城市有8个，增速超过5%的城市有216个，落后于全国经济平均增速的城市有130个。部分城市仍然维持中高速增长，但是大部分城市都处于提质换挡期。

新旧动能转换加快推进。城市加大力度推现代化产业体系发展，完整产业体系和全链条产业链更加巩固，实体经济不断壮大，制造业增加值占GDP比重提升至27.8%，占全球比重稳定在30%左右。战略性新兴产业持续发展，数字经济与先进制造业、现代服务业深度融合，战略性新兴产业增加值年均增长15.8%、占GDP比重超过13%，新兴产业发展动能增强，"北上深广杭"集聚超六成独角兽企业，北京数字经济、杭州"三新"经济增加值占地区生产总值比重均超过40%，西安、济南、郑州、合肥、昆明等城市新能源汽车零售额增长50%以上，深圳市的电动汽车、锂电池、光伏产品等"新三样"出口快速增长。产业发展向中高端稳步迈进，助推城市经济高质量发展。我国城市生产总值增长率分布区间如图3-2所示。

三、城乡常住人口持续中心城市集中

城际人口流动更加便捷。我国城市户籍制度改革持续深化，城区常住人口300万以下城市的落户限制基本取消，城区常住人口300万以上城市的落户条件大幅放宽，超过1亿农业转移人口和其他常住人口在城镇落户，城镇化空间格局持续优化，城市群主体形态更加巩固，都市圈建设步伐加快。随着人口总数连续两年出现负增长，城市也在加大对于人才落户的支持力度,广州、深圳、珠海、东莞等地放宽落户限制或引进技能人才落户。

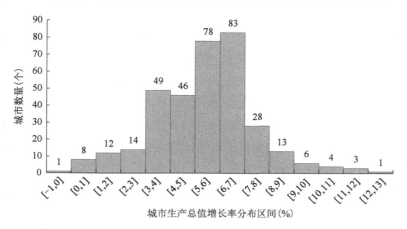

图 3-2 2023 年我国城市生产总值增长率分布区间图
资料来源:国家统计局。

人口更加向大中城市聚集。重庆、上海、北京、成都、广州、深圳、武汉、天津、西安、郑州、苏州、杭州、石家庄、临沂、长沙、东莞、青岛等 17 座城市的人口超过 1000 万,人口位于 500 万以上 1000 万以下的城市共有 72 个,人口位于 300 万以上 500 万以下的城市共有 88 个,人口位于 100 万以上 300 万以下的城市共有 123 个,100 万以下人口的城市共有 44 个。城市平均人口规模为 404 万人,中位数是 200 万~300 万人规模,主体为百万人口大城市。纳入本书考察范围的 346 个城市中,2023 年人口负增长的城市共有 207 个,人口保持稳定或者正增长的城市有 139 个,合肥、郑州、杭州、成都等新一线城市省会城市人口增长总量最多。人口规模越大的城市,人口越呈现正增长,反映了人口持续中心城市集中的趋势。我国城市人口规模与城市人口增长率的关系如图 3-3 所示。

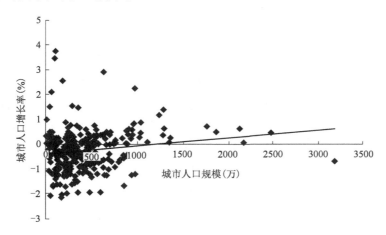

图 3-3 2023 年我国城市人口规模与城市人口增长率的关系图
资料来源:国家统计局。

四、极端灾害频发影响城市安全运行

极端自然灾害对于城市安全运行产生严重冲击。随着全球气候变暖,近年来自然灾害的频率和强度增加,极端高温、持续强降水、雨雪冰冻灾害对城市安全韧性提出挑战。国家防灾减灾救灾委员会评定的2023年全国十大自然灾害中,有3起与超大特大城市有关,造成多人伤亡和较大经济损失。2023年7月底,受台风"杜苏芮"等多重因素影响,特大暴雨突袭京津冀地区,引发了海河上游流域60年以来的最大洪水灾害,并对京津冀区域物流网络产生了重大冲击。2024年初,湖北、湖南低温雨雪冰冻灾害,造成了春运交通受阻、电力供应中断等问题,给生活和生产带来了极大不便。

全面推进韧性城市建设成为共识。提升应对极端天气灾害的免抵御力、适应力、恢复力,维持城市的动态安全与可持续发展,已经成为现代城市高质量发展和高水平安全的重要举措。北京、上海将韧性城市建设纳入城市总体规划,北京市先后出台《关于加快推进韧性城市建设的指导意见》《北京市韧性城市空间专项规划(2022年—2035年)》等政策文件,把构建安全可靠、灵活转换、快速恢复、有机组织、适应未来的首都韧性城市空间治理体系作为发展目标。《上海市城市更新行动方案(2023—2025年)》提出"坚持集约型、内涵式、绿色低碳发展,提高城市治理能力和治理水平,牢牢守住超大城市运行安全底线,提高城市韧性"。广州、重庆将韧性理念纳入城市基础设施发展"十四五"规划,成都、广元、丽水、长宁、中新天津生态城5个城市(城区)入选联合国"创建韧性城市2030"项目。"平急两用"公共基础设施建设在北京、上海、武汉、杭州等超大特大城市陆续推进,城市基础设施生命线安全工程、气候适应型城市建设试点等韧性城市提升项目也陆续启动。

五、城市经济发展分化问题依然突出

城市经济格局持续分化发展。各城市发展不平衡不充分问题依然比较突出,总体上看,超大城市、特大城市、大城市、中小城市规模差距巨大,超大特大城市经济运行总体回升向好,正在建设具有全球影响力的世界城市。2023年,城市生产总值超过3万亿元的城市有上海、北京、深圳、广州、重庆等5座城市,另有苏州、成都、杭州、武汉等4座城市的地区生产总值也超过2万亿元,地区生产总值超过1万亿元的城市共有27个,合计占全国生产总值的40.16%,集中度进一步提升。346个城市平均经济规模为3613亿元,中位数是1000亿~2000亿元,主体为中等规模城市。2023年,武汉完成地区生产总值20012亿元,完成了突破2万亿元GDP的目标,烟台、常州也完成冲刺万亿元GDP的目标。与此同时,中小城市集聚产业和人口不足,潜力没有得到充分发挥。全国有88个城市的经济规模在1000亿元以下,主要分布在中西部地区。东西部地区城市差距逐步放缓,而南北方地区城市差距在不断加大,南北差距将会大于东西差距成为我国区域发展不平衡不充分的主要矛盾。我国城市经济规模分布区间如图3-4所示。

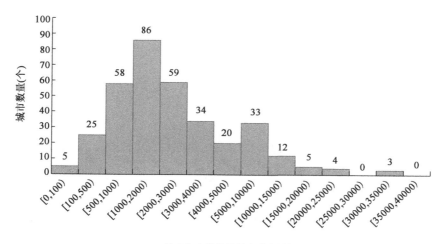

图3-4 2023年我国城市经济规模分布区间图
资料来源：国家统计局。

六、特大城市率先进入中等发达阶段

区域中心城市经济运行总体回升向好。党的二十大开启了全面建设社会主义现代化国家的新征程，提出到2035年，人均国内生产总值迈上新的大台阶，达到中等发达国家水平。按照世界银行关于中等发达国家的评价标准，人均生产总值的门槛为2万美元。超大特大城市围绕强化中心城市核心功能，在优化城市空间格局、引领带动城市群发展取得一系列重要进展成效，成为中国式现代化的先行区、聚焦点。2023年，我国人均生产总值达到1.27万美元，超过世界人均生产总值水平，达到中等收入水平。虽然全国人均生产总值距离中等发达国家的门槛水平还有一定差距，但是部分中心城市已经率先进入中等发达阶段。2023年，全国人均生产总值超过2万美元的城市共有32个。从城市经济总量来看，有7个城市的地区生产总值已经超过3000亿美元，上海和北京两座城市的经济规模超过6000亿美元，分别位列全球城市的第5位和第7位，相当于比利时或者瑞典的经济总量，成为中国式现代经济强市的发展标杆。根据全球化及世界城市研究网络（Globalization and World Cities Research Network）的世界城市排名，2024年共有53座中国城市上榜，数量再创新高。但与此同时，我国城市之间、城乡之间不均衡不协调的特征仍十分突出，全国也只有北京、上海、江苏等11个省份的人均GDP超过全国平均值。即便是在这11个省份内部，广东省21个地市中人均GDP超过全国平均水平的不过5个，山东省16个地市中也只有6个市的人均GDP超过全国平均水平。我国城市按美元计算的人均生产总值分布区间如图3-5所示。

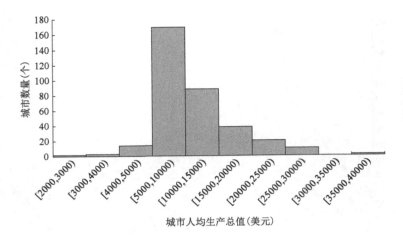

图3-5　2023年我国城市人均生产总值分布区间图

资料来源：国家统计局。

第二节　中国城市物流发展新格局

一、中国城市物流综合竞争力

（一）综合物流竞争力指数

2023年度，346个城市物流综合竞争力指数最高的依然是上海市，得分为71.74，综合竞争力指数超过80的城市依然空缺，说明我国城市物流水平仍有很大的发展空间。综合竞争力指数位于[55,70]区间的城市同样空缺，物流竞争力指数超过50的还有深圳（52.62）和广州（51.39）两座城市，分别排名第2、3位，但是距离上海的综合物流发展水平还有一定的差距。与2020年度、2019年度物流竞争力指数相比，2023年度排名靠前的城市物流竞争力指数均有所下降，并且年度内差距进一步拉大。

从分布情况看，2023年度我国城市物流竞争力指数区间为[1.56,71.74]，城市物流竞争力指数的平均值为9.99，中位数位于[5,10]区间内，超过240座城市的物流竞争力指数低于10。为保障城市覆盖的全面性，报告将更多的地区、自治州等偏远和欠发达城市纳入分析范围，所以指数区间进一步拉大，平均取值和中位数与2020年度、2019年度物流竞争力指数相比均有所下降。同时，通过2023年度物流竞争力指数横向对比，我国城市的总体物流发展水平距离最佳实践仍有较大的差距，城市物流发展水平不充分不均衡现象突出，具有较大的改善空间。2023年、2020年与2019年城市物流竞争力指数分布区间图如图3-6所示。

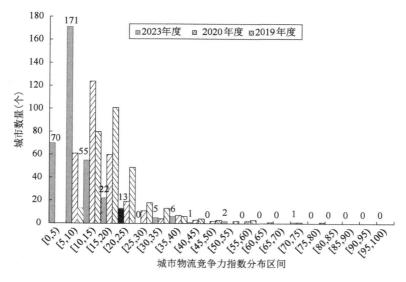

图 3-6　2023 年、2020 年与 2019 年城市物流竞争力指数分布区间图

(二)分项物流竞争力指数

城市物流综合竞争力可细分为城市物流吸引力和城市物流辐射力两个维度。其中,城市物流吸引力指数排名最高的 3 座城市分别为上海、广州、深圳,得分分别为 77.37、59.15、56.49。城市物流辐射力指数排名最高的 3 座城市分别为上海、深圳、广州,得分分别为 67.51、49.71、45.56。物流吸引力指标下的 5 个三级指数,发展潜力指数、市场规模指数、枢纽布局指数、营商环境指数最高的城市均为上海市,绿色低碳指数最高的城市为舟山市。物流辐射力指标下的 5 个三级指数,地理区位指数最高的城市为武汉市,市场覆盖指数最高的城市均为上海市,智慧物流指数最高的城市为太原市,通达性指数和国际物流指数最高的城市均为上海市,见表 3-1。

物流竞争力指数分项排名前三名的城市　　表 3-1

评价指数		2023 年度	2020 年度	2019 年度	评价指数		2023 年度	2020 年度	2019 年度
物流吸引力指数		上海 广州 深圳	上海 广州 深圳	上海 广州 北京	物流辐射力指数		上海 深圳 广州	上海 深圳 广州	上海 广州 深圳
三级指标	发展潜力	上海 深圳 广州	上海 深圳 广州	深圳 上海 广州	三级指标	地理区位	武汉 郑州 驻马店	郑州 驻马店 武汉	石家庄 武汉 合肥
	市场规模	上海 北京 深圳	上海 广州 重庆	上海 重庆 广州		市场覆盖	上海 武汉 深圳	深圳 上海 广州	上海 北京 深圳

续上表

评价指数		2023年度	2020年度	2019年度	评价指数		2023年度	2020年度	2019年度
三级指标	枢纽布局	上海 武汉 天津	上海 郑州 天津	上海 武汉 天津	三级指标	智慧物流	太原 天津 芜湖	榆林 西安 石家庄	广州 深圳 成都
	营商环境	上海 广州 北京	上海 北京 广州	上海 北京 广州		通达性	上海 唐山 广州	上海 重庆 广州	重庆 上海 天津
	绿色低碳	舟山 铜陵 芜湖	泰州 舟山 芜湖	郴州 舟山 芜湖		国际物流	上海 深圳 广州	上海 深圳 广州	上海 广州 宁波

从吸引力指标的分布情况看,2023年度我国城市物流吸引力指数区间为[3.16,77.37],城市物流吸引力指数的平均值为11.30,中位数位于[5,10]区间内,超过304座城市的物流吸引力指数低于20。与2020年度、2019年度物流吸引力指数相比,平均取值和中位数均有所下降,城市物流对于外部的吸引力普遍下滑。2023年、2020年与2019年城市物流吸引力指数分布区间如图3-7所示。

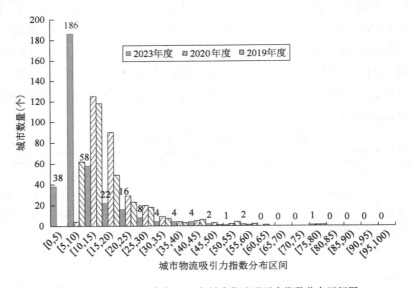

图3-7 2023年、2020年与2019年城市物流吸引力指数分布区间图

从辐射力指标的分布情况看,2023年度我国城市物流辐射力指数区间为[0.07,67.51],城市物流辐射力指数的平均值为9.01,中位数位于[5,10]区间内,超过324座城市的物流辐射力指数低于20。与2020年度、2019年度物流辐射力指数相比,平均取值和中位数均有所下降。相对来看,中国城市的吸引力稍强于辐射力,意味着绝大多数城市的物流业发展仍以

服务于本地市场为主,对于周边地区的辐射带动能力相对有限。2023年、2020年与2019年城市物流辐射力指数分布区间如图3-8所示。

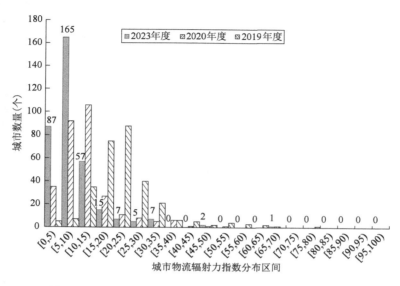

图3-8 2023年、2020年与2019年城市物流辐射力指数分布区间图

二、中国城市物流枢纽类型

(一)中国城市物流竞争力类型划分

按照城市物流评价理论体系,城市物流竞争力可细分为城市物流吸引力和城市物流辐射力两个维度。由此构建二维象限,以城市物流吸引力指数和城市物流辐射力指数的前25%分位数为划分标准,将二维象限分为四个区间。其中,城市物流吸引力和城市物流辐射力均比较强的城市为枢纽型物流城市,城市物流吸引力较强、城市物流辐射力较弱的城市为消费型物流城市,城市物流吸引力较弱、城市物流辐射力较强的城市为口岸型物流城市,城市物流吸引力和城市物流辐射力均比较弱的城市为一般型物流城市。城市物流竞争力类型分布如图3-9所示。

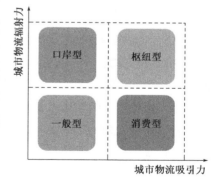

图3-9 城市物流竞争力类型划分

(二)中国城市物流竞争力类型分布

按照中国城市物流竞争力类型划分标准,我国346个城市的物流竞争力可以分成64个枢纽型物流城市、23个消费型物流城市、23个口岸型物流城市、236个一般型物流城市。其中,上海市的物流吸引力和竞争力均显著高于其他枢纽型物流城市,因此将上海市进一步定义为强枢纽型物流城市。如图3-10所示,我国绝大多数城市的物流竞争力类型为一般型,吸引力和辐射力均比较弱。

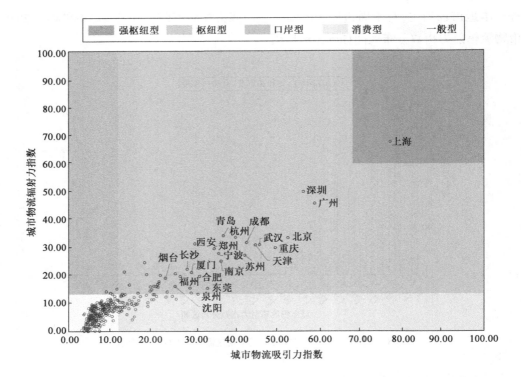

图3-10 2023年度中国城市物流枢纽类型划分

强枢纽型物流城市：上海市。城市物流吸引力和物流辐射力均排名全国第1位，属于具有国际竞争力的强枢纽型物流城市。与2020年相比，上海的城市物流吸引力和物流辐射力仍处于遥遥领先位置。

枢纽型物流城市：广州、深圳、北京、重庆、武汉、天津、成都、苏州、杭州、青岛、南京、宁波、郑州、东莞、合肥、泉州、西安、厦门、金华、无锡、长沙、福州、佛山、济南、沈阳、南通、芜湖、嘉兴、烟台、大连、石家庄、舟山、南昌、贵阳、潍坊、昆明、温州、徐州、临沂、南宁、淮安、长春、常州、哈尔滨、太原、宜昌、唐山、岳阳、荆州、珠海、兰州、济宁、阜阳、连云港、洛阳、日照、邯郸、湖州、鄂州、安庆、襄阳、湛江、镇江等64个城市。城市物流吸引力和辐射力均位于全国前25%。排名靠前的城市也正在打造具有全球影响力的国际物流枢纽。

消费型物流城市：乌鲁木齐、惠州、铜陵、呼和浩特、绍兴、保定、贵港、赣州、防城港、池州、台州、宣城、银川、黄石、包头、六安、淮南、鄂尔多斯、中山、钦州、江门、清远、宿迁等23个城市。城市物流吸引力位于前25%，城市物流辐射力落后于全国前25%。

口岸型物流城市：商丘、南阳、淄博、九江、廊坊、盐城、扬州、营口、海口、菏泽、宜春、上饶、衡阳、秦皇岛、泰州、蚌埠、安阳、咸阳、驻马店、桂林、信阳、新乡、铜仁等23个城市。城市物流吸引力落后于前25%，城市物流辐射力位于全国前25%。

一般型物流城市：其余共236个城市，城市物流吸引力和辐射力均落后于全国25%的城市。

第三节 中国城市物流竞争力年度对比：中国式"物流强市"建设新时代

一、中国"物流强市"榜单及分布

参考中国社会科学院（GUCP）发布的"全球城市竞争力报告"、GaWC发布的"全球城市分级排名"、A. T. Kearney发布的"全球城市报告"、日本森纪念财团都市战略研究所（MMF）发布的"全球城市实力指数排名"等全球城市研究报告，本报告将城市物流竞争力指数排名前30位的城市定义为"物流强市"。2023年度的"物流强市"城市分别为：上海、深圳、广州、北京、重庆、武汉、天津、成都、杭州、青岛、苏州、郑州、宁波、西安、南京、长沙、合肥、厦门、东莞、济南、福州、唐山、无锡、泉州、大连、烟台、金华、沈阳、太原、石家庄。与2020年度物流竞争力指数排名相比，前5位城市基本没有变化，武汉和天津的城市排名互换，青岛的城市物流竞争力排名大幅提升5位、首次位列全国前10位，苏州、郑州、西安、南京、无锡、沈阳等城市物流竞争力排名有所下降。烟台、太原首次进入"物流强市"榜单，昆明、佛山则跌出了新一线物流城市榜单。2023年度、2020年度和2019年度中国"物流强市"榜单见表3-2。

2023年度、2020年度和2019年度中国"物流强市"榜单 表3-2

城市	2023年度 物流竞争力指数	排名	2020年度 物流竞争力指数	排名	2019年度 物流竞争力指数	排名
上海	71.74	1	73.43	1	75.64	1
深圳	52.62	2	55.60	2	58.62	3
广州	51.39	3	55.20	3	61.86	2
北京	41.63	4	46.05	4	57.15	4
重庆	38.33	5	45.43	5	56.02	5
武汉	37.34	6	40.45	7	53.70	6
天津	36.88	7	40.84	6	50.99	7
成都	36.43	8	40.36	8	49.28	8
杭州	36.36	9	39.10	10	43.24	11
青岛	35.41	10	35.06	15	40.11	14
苏州	33.71	11	39.36	9	39.92	15
郑州	31.89	12	38.70	11	47.79	9
宁波	31.38	13	35.43	14	42.01	13

续上表

城市	2023年度 物流竞争力指数	排名	2020年度 物流竞争力指数	排名	2019年度 物流竞争力指数	排名
西安	30.83	14	37.60	12	39.35	16
南京	30.05	15	36.48	13	46.20	10
长沙	24.93	16	33.20	16	42.90	12
合肥	24.76	17	31.36	17	36.23	17
厦门	24.68	18	30.91	18	35.07	20
东莞	23.14	19	29.98	20	31.29	28
济南	22.76	20	28.60	22	35.46	18
福州	22.69	21	28.77	21	35.29	19
唐山	21.88	22	25.94	26	23.51	60
无锡	21.35	23	30.01	19	33.85	21
泉州	20.97	24	25.83	27	32.46	25
大连	20.93	25	25.63	29	32.97	24
烟台	20.89	26	23.60	36	27.64	41
金华	20.47	27	26.92	24	26.37	46
沈阳	20.23	28	26.58	25	32.25	26
太原	19.70	29	22.78	37	29.43	35
石家庄	19.50	30	27.60	23	31.25	29

我国30座"物流强市"包括4个直辖市、13个副省级城市、6个省会城市和7个地级市。4个直辖市均进入城市物流竞争力前10名,上海市、北京市、重庆市、天津市分列第1、4、5、7位。副省级城市中,城市物流竞争力排名前5位的依次是深圳、广州、武汉、成都和杭州,长春和哈尔滨的城市物流竞争力未能进入前30名。非副省级的省会城市中,城市物流竞争力排名前5位的依次是郑州、长沙、合肥、福州、太原。地级市中,城市物流竞争力排名最高的是苏州市,另外还有东莞、唐山、无锡、泉州、烟台等地级市位列城市物流竞争力前30名。2023年度"物流强市"前30名城市中,23座城市位于东部地区、7座位于中西部地区,18座城市位于南方地区、12座位于北方地区,港口型城市的物流枢纽地位依然突出。虽然"物流强市"城市仍以东部沿海地区的城市为主,但是在中国经济驱动方式持续转型高质量发展的形势下,在内循环为主体、国内国际双循环背景下,中西部中心城市获得利好显著,中西部地区的物流枢纽地位也将明显上升。2023年度、2020年度和2019年度中国"物流强市"榜单见表3-3。

2023年度"物流强市"城市前5位（按类型划分）　　　表3-3

城市类型	城市	2023年度物流竞争力指数	2023年度排名
副省级城市	深圳	52.62	2
	广州	51.39	3
	武汉	37.34	6
	成都	36.43	8
	杭州	36.36	9
省会城市	郑州	31.89	12
	长沙	24.93	16
	合肥	24.76	17
	福州	22.69	21
	太原	19.70	29
地级市	苏州	33.71	11
	东莞	23.14	19
	唐山	21.88	22
	无锡	21.35	23
	泉州	20.97	24
地区、自治州、盟	恩施土家族苗族自治州	6.92	210
	湘西土家族苗族自治州	6.70	220
	锡林郭勒盟	6.01	244
	延边朝鲜族自治州	5.90	247
	黔东南苗族侗族自治州	5.56	258

二、中国"物流强省"榜单及分布

物流能力是省域现代化程度和综合实力的重要衡量标志。通过将城市物流竞争力表现分为前30位、前100位及第101~346位三个级别，可以评价各省份的物流竞争力整体表现情况。从各省份城市物流竞争力的分布情况来看，中国省域物流竞争力层次可以划分为五个层级，分别称之为物流发达型省份、双中心或者一核多中心型省份、单中心枢纽型省份、物流欠发达型省份、物流不发达型省份。其中，本报告将拥有位居物流竞争力前30位的省内城市数量多于1个且物流竞争力前100位的省内城市数量（包含前30位城市）多于2个的省份定义为"物流强省"。

2023年度的"物流强省"省份分别为：江苏、山东、广东、浙江、福建、河北等省份为代表，省内物流枢纽呈现双中心或一核多中心布局，中心-外围型结构特点突出。尤其是以江苏、浙江、广东、山东为代表，省内物流市场发达，物流枢纽分布均衡，属于典型的物流发达省份。江苏省的城市经济规模和城市物流竞争力的百强率均达到了100%，物流强省地位非常稳固。总体上看，我国省域物流发展水平不均衡，总体呈现"东高西低"发展格局，中西部省份多为单中心型、欠发达型、不发达型等物流省份。随着"一带一路"倡议、西部大开发、中部高质量崛起、西部陆海新通道建设深入推进,中西部地区的物流竞争力和物流枢纽地位有望持续提升。

全面开启从"物流大国"迈向"物流强国"的新征程,现代物流体系将为构建现代化产业体系提供有力支撑。浙江、江苏、河南、河北等省份也纷纷以打造"物流强省"推动省域产业转型升级和经济高质量发展,围绕提升物流发展质量和效益,大力发展智慧物流、布局新型物流基础设施、培育壮大物流企业、推动物流业与制造业融合发展、融入区域发展格局,现代物流基础战略地位将进一步凸显。除此之外,全国有28个省份将"物流业(现代物流)"写入了"十四五"规划,反映了地方产业政策对于物流业发展的重视。

三、中国城市物流发展新趋势

(一)现代物流对于城市高质量发展的引领地位持续提升

习近平主持召开中央财经委员会第四次会议强调,降低全社会物流成本是提高经济运行效率的重要举措❶。物流降成本的出发点和落脚点是服务实体经济和人民群众,基本前提是保持制造业比重基本稳定,主要途径是调结构、促改革,有效降低运输成本、仓储成本、管理成本。随着综合立体交通网络的完善,国际国内物流大通道越来越便捷,现代物流体系的痛点越来越集中于中转和末端两个环节,而这两个环节的空间载体都是城市。以城市为切入点开展现代化物流基础设施多元化能力建设,支撑城市产业升级和枢纽能级提升,将成为构建现代物流体系、支撑新发展格局的重要抓手,对加快建设全国统一大市场、畅通全国大循环、促进国内国际双循环具有重大意义。

城市物流体系是决定本地产业发展水平的先导条件,更是放大城市特定优势功能的强力抓手。现代物流对城市产业发展的重要性主要表现在三个方面:一是作为城市高质量发展的晴雨表。物流业不仅能够创造巨大的物流业增加值,对于工业生产、固定资产投资、进出口贸易等"三驾马车"也具有显著的带动作用,相较于传统的"三通一平""五通一平"等招商引资方式,物流服务能力已经成为企业投资布局的重点关注。二是作为城市产业特色的放大器。通过发展专业化的物流服务,可以有效降低工商企业的原材料采购成本、库存成本、制造成本、销售成本等生产经营成本,从而有利于工商企业将优势资源和能力集中于核心业务,提高企业的核心竞争力。三是作为城市能级跃升的辐射源。物流能力提升为城市能级跃升和竞争力提升提供了新机遇,通过全球物流网络连接和枢纽通道发挥全球资源配置作用,现代城市物流体系进一步带动了城市辐射范围和产业的价值地位提升。对于城市物流而言,以现代化物流基础设施为引领,强化现代物流价值创造能力,将进一步发挥现代物流在产业转型升级中的加速作用。现代化物流基础设施体系城市高质量发展的开路先锋,将推进城市物流向集成产业供应链、塑造竞争新优势、实现价值创造的方向发展。

从国际经验来看,新加坡、鹿特丹依托在全球物流体系中的战略支点地位,发展成为具

---

❶ 《习近平主持召开中央财经委员会第四次会议强调 推动新一轮大规模设备更新和消费品以旧换新 有效降低全社会物流成本》,《人民日报》2024年02月24日。

有全球影响力的世界城市,我国具有全球影响力的世界物流枢纽比较缺乏且枢纽能级不足。从国内城市物流能力与经济规模的匹配程度来看,我国有32个城市物流能力基本满足当前经济发展的需求,且对于经济发展起到一定的支撑与拉动作用。但是,也有超过100个城市,物流能力滞后于经济水平,需要以经济实力为依托,集中资源加快物流能力建设,缓解物流对于经济发展的制约。我国城市物流竞争力分布不均衡,具有全球竞争力的强枢纽型物流城市较少,绝大多数城市物流竞争力偏弱,物流对城市经济发展的贡献度不足,进一步制约了现代物流基础设施升级建设。物流枢纽能级不足以支撑城市产业高质量发展,主要表现在:一是物流节点要素集聚与整合能力较弱,物流基础设施建设不协同,城市三级物流体系建设较为滞后,城乡物流一体化水平有待提升;二是供应链物流融合程度不深,城市物流与主导产业有待深度融合,尤其是主导产业的物流供应链断链、短链、弱链问题突出,冷链物流、航空物流等专业化服务能力相对滞后;三是物流科技融合潜力有待加速释放,目前我国物流行业的数字化、智能化水平还相对较低,中小物流企业信息化基础薄弱,低空物流、智慧园区等仍处于发展探索阶段。

依托物流枢纽大力发展枢纽经济潜力巨大。随着区域一体化进程深入推进,各种生产要素的跨区域流动规模将会大规模增加,产业融合与资源共享越来越明显,现代物流体系将成为城市高质量发展的核心战略资源。依托物流枢纽大力发展临空经济、临港经济、陆港经济、口岸经济等枢纽偏好型产业,通过资源重新组合提升农副产品加工、装备制造、跨境电商、金融贸易等产业的附加值水平,改变地区在区域产业链价值链分工的地位,将成为推动区域产业升级和弯道超车的重要发展策略。区域物流枢纽充分结合自身的优势和特色,一方面增强城物流的吸引力,通过成本优势、网络效应或者聚集经济,吸引原材料、劳动者、信息、资本等各类战略要素在本地集中,打造发展供应链物流产生、集中、交汇的关键地域。另一方面,增强城市物流的辐射力,通过便利的可达性和服务的可靠性,加速物流、资金流、人才流、技术流和信息流,不断提高对于周边地区的扩散效应,促进腹地经济增长。

(二)现代物流对于城市高水平安全的支撑作用更加突出

对于城市而言,城市物流是体现城市经济社会功能的不可或缺的组成部分,是保证居民最基本的生产、生活物资供应的主要渠道。百年变局叠加气候变化,世界面临的不确定性持续上升,全球产业链转移、港口大规模拥堵等加剧了全球物流体系的牛尾效应,全球产业链断裂风险加大,JIT生产模式和全球价值链加速重构,全球生产布局和网络体系受到冲击。与城市强大且健全的综合运输服务能力形成鲜明对比,突发事件下的全社会运输物流秩序混乱甚至瘫痪,再次凸显了我国交通物流体系的脆弱性。根据联合国减灾办公室的报告,全球报告的灾害数量在近20年间增加了74%,灾害事件频发成为"新常态"。中国作为受灾次数最多的国家之一,特大雨洪、极端天气等自然灾害给物流网络带来了严重的冲击和损失,物流系统的脆弱性和脆弱性暴露度日益凸显,对产业链供应链韧性和安全水平产生严峻冲击。尤其是作为干线流通与末端配送衔接、运输方式转化、供应链组织衔接的物流枢纽城市,成为我国现代流通体系建设的短板,运价波动、城配爆仓、供应链物流中断等痛点、断点、堵点问题突出。"23·7"京津冀特大雨洪灾害造成区域物流系统损失约300亿元。

高水平安全催生城市物流模式多元化发展。在大数据、云计算、人工智能等技术加持下，以服务与解决方案的落地为核心的"物流即服务"（LaaS）业务将带动物流业与制造业、商贸业深度融合，集成商贸、物流、金融、信用等综合服务，形成具有产业特色的物流产业盈利模式，冷链物流、即时物流、数字货运、跨境电商、低空物流等细分新兴领域也将迎来快速发展。智慧物流作为新基建的重点领域，智慧型物流园区、物流物联网络、农村物流、冷链物流等新型物流基础设施的投资规模将进一步加大。日趋成熟的产业结构带动供应链物流体系发展，在线互联网销售和电子商务的兴起极大地推动了快递配送产业规模，也促使零售商整合协调配送中心、实体店铺等不同渠道的物流体系，带动全渠道物流战略的兴起。城市物流规模的持续扩大也为共同配送、无人机、自动驾驶货运车队、自动化分拣中心、众包、共享物流等物流模式的应用提供机遇。城市货运结构的调整布局进一步加快，新能源装备和多式联运将继续成为低碳物流政策的焦点，通过设施专业化、装备模块化、服务便捷化、数据标准化等方式提高多式联运运作效率，实现公路运输向更清洁的运输方式转移。

城市国有物流资源加速整合重组。海南、重庆、陕西、广西、贵州、甘肃、新疆、四川等9个省份整合物流资源成立省级的物流集团，作为省级国资委直管的一级企业。新成立的省级物流集团，以物流基础设施、仓储物流、国际货代、大宗商品、数字物流以及供应链服务等领域为主导，成为各省份整合优势资源、优化产业结构、降低物流成本的重要抓手。从规模看，地方物流集团规模普遍较大。陕西省物流集团排名2023年中国物流50强的第12位，河北省物流产业集团排名第21位，湖北港口集团排名第41位，广西现代物流集团排名第49位。从区域分布看，成立省级物流集团的地区以中西部省份为主，东部地区物流体系较为健全，反映出中西部地区物流补短板的迫切性：一方面，中西部地区以省级物流平台为抓手，完善城乡物流基础设施，保障生活链安全，推动乡村振兴；另一方面，重点提升国际物流能力，尤其关注大宗商品贸易，保障地区产业链供应链稳定，提升中心部地区的国际物流枢纽地位。如2023年6月，由重庆交运集团、重庆国际物流集团、重庆港务物流集团三家企业为基础组建的重庆物流集团有限公司成立。新组建的重庆物流集团，控股1家A股上市公司，拥有果园港等10个货运港口码头，具备年货物量9000万t和集装箱275万TEU吞吐能力，仓储面积300万㎡，等级以上汽车客运站86个。

（三）城市物流竞争力分化格局进一步扩大

中国的城市物流集群化发展特征依然突出。城市物流发达的城市主要聚集在京津冀、山东半岛、长三角、粤港澳大湾区、成渝地区双城经济圈、长江中游等城市群。其中，京津冀城市群的北京—天津、长三角城市群的上海、粤港澳大湾区的广州—深圳以及成渝地区双城经济圈的重庆—成都、长江中游城市群的武汉等城市既是枢纽型物流城市，也是国家级物流枢纽，正在成为中国的物流枢纽发展极。沿海物流带、长江物流带、丝绸之路物流带等既是城市之间的物流纽带，也是国家的物流大通道。

从全国格局来看，与京津冀协同发展、长三角一体化、粤港澳大湾区、成渝地区双城都市圈、长江中游城市群构成的中国区域发展战略相对应中国区域物流格局正进入以北京—天津、上海、广州—深圳、武汉、成都—重庆为顶点的"五极"时代,南北沿海物流带、长江物流带、丝绸之路物流带、西部陆海新通道、京港澳物流通道加速促进国内国际双循环。如图3-11所示,五个城市顶点构成的"钻石结构"串联起中国物流体系。

城市物流竞争力差距进一步扩大。对比2020年度城市物流竞争力指数分布情况,2023年度我国城市物流竞争力的平均值和中位数进一步下滑,区间范围进一步扩大。上海市的物流吸引力和辐射力均显著高于其他的枢纽型物流城市,绝大多数城市物流竞争

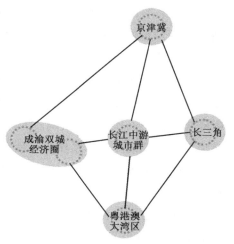

图3-11 中国城市物流集群的"钻石格局"

力偏弱,尤其是中西部城市的物流服务能力普遍落后于经济发展水平,物流对城市经济发展的贡献度不足,没有发挥带动引领作用。区域间的物流服务能力和水平不均衡,尤其是跨行政区划的物流网络化和一体化水平较低,物流链一体化组织、供应链管理水平有待提高,难以支撑国内大市场体系形成。

不同类型的城市需因地制宜完善城市物流体系。完善城市现代化物流体系顶层设计,从城市产业空间布局的高度,根据不同城市的规模特点和战略定位,优化城市现代物流节点的空间格局和层级体系,构建"国家物流大通道+区域化物流仓储中心+网格化城市配送中心"的现代物流体系。长三角、京津冀、珠三角、成渝经济圈等世界级城市群为第一梯队,应围绕建设具有全球影响力的国际物流枢纽,突出枢纽的国际服务功能及后方城市的区域化建设。长江中游城市群、郑州都市圈等国家城市圈、都市圈的物流枢纽群为第二梯队,应围绕推进跨城市的区域内物流枢纽资源统筹,大力发展多式联运,推动城市间物流功能互补支撑产业内分工。枢纽型物流城市为第三梯队,应围绕推动干线运输与末端配送的无缝衔接,大力发展共同配送、集中配送,补齐最后一公里短板。其他一般型物流枢纽城市为第四梯队,完善城乡三级物流体系建设,大力发展农村物流和快递下乡,提升城乡物流发展一体化水平。

(四)标杆城市引领中国式"物流强市"建设

物流业的"2.5类"产业属性受到普遍认可。现代物流在构建现代流通体系、促进形成强大国内市场、推动高质量发展、建设现代化经济体系中发挥着先导性、基础性、战略性作用。按照三次产业结构理论,很难将物流业精准定义为第二产业或者第三产业。物流本质上属于生产性服务业,其功能价值在于为第一和第二产业提供保障和支撑服务,是介于第二和第三产业之间的2.5类产业。现代化大生产模式下,供应链两端的研发和流通环节所占用的时间和创造的价值都已经超过中间的制造环节。从成本的角度,采购和物流成本占比可能高达80%,生产制造环节仅占20%;从时间的角度,流通环节的时间占比甚至高达90%。国

际经验也表明，现代物流服务业嵌入制造业供应链，能够有效推动制造业价值链从低端向中高端迈进。因此，与相关产业深度匹配融合并做专做强才是城市物流发展的最核心要求。由于物流业的2.5类产业属性特点，很难用物流的直接贡献衡量其发展水平，更多应该考虑的是现代物流体系对于生活链、产业链、供应链的保障支撑作用。而随着消费升级和产业转型，将物流升级为新型基础设施有着广阔的需求。2020年9月，习近平总书记主持召开中央财经委员会第八次会议，强调流通体系在国民经济中发挥着基础性作用，构建新发展格局，必须把建设现代流通体系作为一项重要战略任务来抓❶。2022年4月，习近平主持召开中央财经委员会第十一次会议强调，全面加强基础设施建设构建现代化基础设施体系，要加强物流等产业升级基础设施建设❷。

多个城市纷纷提出打造现代化"物流强市"战略。上海提出加快建设国际经济中心、国际金融中心、国际贸易中心、国际航运中心、全球影响力的科技创新中心五大核心功能，重点完善洋山港、外高桥、浦东机场、芦潮港铁路物流基地以及临港新片区、虹桥开放枢纽等物流节点体系，积极发展多式联运、推动数据跨境流通、引导国际贸易规则创新，打造具有全球影响力的国际物流枢纽。深圳市出台《关于加快建设具有全球重要影响力的物流中心的意见》，以现代物流赋能制造业高质量发展，以数字物流推动商贸降本增效，以畅通物流促进民生消费升级，着力构建与新质生产力相匹配的现代物流体系，加快建设具有全球重要影响力的物流中心。深圳市正在建设融合港口型、空港型、商贸服务型、生产服务型为一体的国家物流枢纽城市，物流业增加值3522.35亿元，占GDP比重10.18%，已经成为深圳市的主导产业。保定市人民政府印发《加快建设物流强市行动方案（2023—2027年）》，提出加快构建开放共享、安全高效、集约协同、绿色智慧、保障有力的物流产业体系，优化物流发展环境，推进物流产业转型升级，到2027年进入全国物流强市行列，物流供给能力和服务质量达到全国一流水平。临沂市坚定不移推动临沂商城多元赋能、市拓商兴，形成具有超强辐射力的"万亿级"商贸物流体系。面向新时代推进中国式物流现代化的发展要求，打造现代化"物流强市"的战略序幕已经缓缓开启。

（五）面向新质生产力打造下一代物流枢纽

习近平总书记指出，新质生产力是创新起主导作用，摆脱传统经济增长方式、生产力发展路径，具有高科技、高效能、高质量特征，符合新发展理念的先进生产力质态，特点是创新、关键在质优、本质是生产力❸。城市物流是新质生产力创新落地应用最丰富的场景，也是对于发展新质生产力最为迫切的行业。立足低空经济、智能网联、数据要素、绿色转型、智慧物

---

❶ 《习近平主持召开中央财经委员会第八次会议强调 统筹推进现代流通体系建设 为构建新发展格局提供有力支撑》，《人民日报》2020年09月10日。

❷ 《习近平主持召开中央财经委员会第十一次会议强调 全面加强基础设施建设构建现代化基础设施体系 为全面建设社会主义现代化国家打下坚实基础》，《人民日报》2022年04月27日。

❸ 《习近平在中共中央政治局第十一次集体学习时强调 加快发展新质生产力 扎实推进高质量发展》，《人民日报》2024年02月02日。

流等新的产业增长点,因地制宜发展物流新质生产力潜力巨大,对于城市物流能级提升也是难得的历史机遇。

城市物流数字化转型加快推进。AI大模型引领的新一轮技术变革为物流业发展带来了全新机遇,通过与大数据、物联网等前沿技术及物流供应链理论的融合应用,实现更精准的需求预测,提升供应链的运作效率和可追溯性,推动新质生产力加速赋能物流增值服务。推广应用云计算、大数据、物联网等新一代信息基础,完善数字化物流基础设施,捕捉物流运作过程中的流体、流速、流向、流量、环境等各种基础数据参数,实现物流业务数字化。对机电设备、交通工具等进行智能化监、管、控,大力发展自动驾驶、无人机配送等物流新模式,对物流运输全过程信息进行采集、汇总、分类、跟踪、查询等处理,实现对货物流动过程的控制。随着大模型技术的不断发展和"数据二十条""数据要素×"等政策举措的相继出台,数据要素的作用和价值将更加凸显,应用广度和深度将大幅拓展,赋能供应链数字化平台、智慧仓储、智慧园区、智能驾驶等新型运作方式蓬勃发展,提升物流要素质量和资源配置效率,加快城市物流业智能化改造和数字化转型。

城市物流绿色化提升潜力巨大。中共中央、国务院印发《关于加快经济社会发展全面绿色转型的意见》,提出推进优化交通运输结构、建设绿色交通基础设施、推广低碳交通运输工具等交通运输绿色转型重点任务,并部署构建绿色高效交通运输体系、完善城乡物流配送体系、推动配送方式绿色智能转型、大力推广新能源汽车、推进零排放货运等重点工作。在政策和市场的双向驱动下,城市物流行业从"减碳"到"脱碳"的绿色低碳转型进程将会进一步加快。针对城市物流基础设置,以新能源、新模式、新技术为重点,对物流园区老旧仓库、配送中心、加工车间、配载场、办公楼等建筑进行绿色化改造,应用可再生或清洁能源供热系统、给排水循环系统、循环雨水灌溉、绿色供电系统等新技术与新装备,加速推广新能源物流车、电动搬运车等新能源工具,城市物流绿色化发展潜力巨大。政府、行业和社会从ESG治理切入,将持续建立完善ESG监管、评级、投融资等多重保障体系,为物流行业绿色低碳发展提供源源不断的动力。

城市低空物流场景迅速落地。杭州市出台《低空经济高质量发展实施方案(2024—2027年)》,提出搭建低空物流服务体系:推进城际、城市无人机干线物流配送,拓展枢纽快递转运、生鲜城际半日达等场景;推动物流中端场景应用,在城市内一、二级物流仓之间开展低空转运,实现市内快递2h内送达;培育零售、餐饮、医疗物品等低空即时服务需求,加快开展无人机末端配送,实现30min内即时送。上海市印发《低空经济产业高质量发展行动方案(2024—2027年)》,提出初步建成"海-岸-城"智慧物流商业体系,支持金山区做优做强金山至舟山等无人机海岛物流运输,鼓励青浦区联合快递物流龙头企业开展跨区、省际及长三角区域物流运输,推动杨浦区等中心城区扩大低空末端配送智慧物流,因地制宜有序开展商区、校区、园区、社区等低空无人机物流配送商业应用。深圳市低空经济总产值达900亿元,完成载货无人机飞行量61万架次、飞行规模全国第一,正在建设国家低空经济产业综合示范区,为深圳市低空产业高质量发展提供强力支撑。美团、京东、顺丰、大疆等头部企业均已发布低空物流无人机产品。随着技术的不断进步和政策的大力支持,"低空+城市物流"将城市空间从二维拓展到三维,不仅促进了城市物流提质降本增效,同时也提升了航空物流的综合立体空间和深度,有望成为新兴的万亿级市场。

本章参考文献

[1] 中国城市和小城镇改革发展中心. 2023年以来超大特大城市经济运行形势分析及2024年下半年展望[EB/OL]. (2024-08-19)[2024-09-01]. https://mp. weixin. qq. com/s?__biz=MzA4MTA1MjkzNg==&mid=2653739327&idx=1&sn=f51d070ade4cb82df2571e0bfbc31f26&chksm=8553f0d7282be1de73532a834dbb9933c6795427f0c62cac788478abe318773fc355d8f85998&scene=27.

[2] 中华人民共和国中央人民政府. 国务院关于印发《深入实施以人为本的新型城镇化战略五年行动计划》的通知[EB/OL]. (2024-07-31)[2024-08-19]. https://www. gov. cn/zhengce/zhengceku/202407/content_6965543. htm.

[3] 高国力,赵坤,鲍家伟,等. 中国城市经济运行态势与展望(2023—2024年)[J]. 中国科学院院刊,2024,39(1):105-111.

第二篇 地 区 篇

第四章 新格局下的省域物流竞争力与物流强省建设

物流能力是省域现代化程度和综合实力的重要衡量标志之一。围绕提升物流发展质量和效益,大力发展智慧物流、布局新型物流基础设施、培育壮大物流企业、推动物流业与制造业融合发展、融入区域物流发展格局,将成为构建现代化产业体系的重要支撑。浙江、江苏、河南、河北等省份纷纷将提升省域物流竞争力、打造"物流强省",作为推动省域产业转型升级和经济高质量发展的重要支撑。

第一节 中国省域物流竞争力层次划分

结合各省份城市物流竞争力表现情况,中国省域物流竞争力可以划分为五个层级,由高到低分别为物流发达型、双中心或者一核多中心型、单中心枢纽型、物流欠发达型、物流不发达型,各层次省份分布情况见表4-1。

2023年度中国省域物流竞争力层次划分   表4-1

层级划分	省(自治区)	物流竞争力前30强的省内城市数量(个)	物流竞争力前100强的省内城市数量(包含30强)(个)	省域物流特征
第一层级	江苏、山东、广东、浙江	≥2	≥8	物流市场比较发达,物流枢纽分布均衡
第二层级	福建、河北、辽宁、安徽、湖北、河南、湖南、陕西	≥1	≥2	双中心或者一核多中心型
第三层级	四川、山西	1	1	省会城市独强,为单中心枢纽型
第四层级	江西、内蒙古、云南、新疆、广西、甘肃、黑龙江、贵州、吉林、海南、宁夏	0	≥1	缺乏物流枢纽,为物流欠发达型省份
第五层级	青海、西藏	0	0	物流不发达型省份

将城市物流竞争力表现分为前30位、前100位及100位以后三个级别,各省(自治区)2019年度、2020年度、2023年度城市物流竞争力整体表现情况见表4-2,2023年度各省(自治区)城市物流竞争力表现如图4-1所示。

省域城市物流竞争力分布表　　　　　　　表4-2

省（自治区）	2019年度			2020年度			2023年度		
	1~30位	31~100位	100位以后	1~30位	31~100位	100位以后	1~30位	31~100位	100位以后
江苏	4	7	2	3	10	0	3	10	0
山东	2	6	8	2	8	6	3	7	6
广东	3	6	12	4	4	13	3	6	12
浙江	2	7	2	3	6	2	3	6	2
福建	3	1	5	3	0	6	3	0	6
河北	1	5	5	2	4	5	2	4	5
辽宁	2	1	11	2	0	12	2	1	11
安徽	2	5	9	1	7	8	1	8	7
湖北	1	5	7	1	3	9	1	5	11
河南	1	5	11	1	9	7	1	4	12
湖南	1	5	7	1	2	10	1	2	11
陕西	1	0	9	1	1	8	1	1	8
四川	1	0	17	1	0	17	1	0	20
山西	0	1	10	0	1	10	1	0	10
江西	0	6	5	0	5	6	0	5	6
内蒙古	0	1	9	0	1	9	0	2	10
云南	1	0	9	1	0	9	0	1	15
新疆	0	1	7	0	1	7	0	1	14
广西	0	3	11	0	1	13	0	1	13
甘肃	0	1	11	0	1	11	0	1	13
黑龙江	1	0	11	0	1	11	0	1	12
贵州	0	2	4	0	2	4	0	1	8
吉林	0	1	7	0	1	7	0	1	8
海南	0	1	1	0	1	1	0	1	7
宁夏	0	0	5	0	1	4	0	1	4
青海	0	0	3	0	0	3	0	0	8
西藏	0	0	4	0	0	4	0	0	7

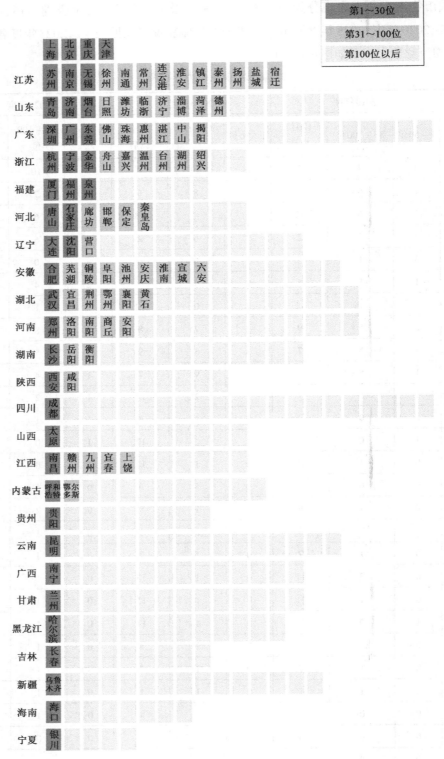

图4-1　2023年度中国省域物流竞争力分布情况

第二节　中国省域物流竞争力对比分析

一、省域物流竞争力整体维持东高西低格局

根据2023年度物流竞争力评价结果,东部地区的8个省份中,4个省份位于第一层级,3个省份位于第二层级,1个省份位于第四层级,与2019年度、2020年度评价结果相比没有变化。中部地区8个省份中,4个省份位于第二层级,1个省份位于第三层级,3个省份位于第四层级。与2020年度相比,山西省由第四层级上升至第三层级。西部地区11个省份中,1个省份位于第二层级,1个省份位于第三层级,7个省份位于第四层级,2个省份位于第五层级。与2020年度相比,云南省由第三层级下滑至第四层级。

从各层级省份构成情况来看,第一层级全部为东部省份。第二层级由3个东部省份、4个中部省份、1个西部省份构成。第三、第四、第五层级以中部和西部省份为主。具体各省份物流竞争力层次划分见表4-3。

中国省域物流竞争力层次划分　　　　表4-3

层级	东部地区			中部地区			西部地区		
	2019年度	2020年度	2023年度	2019年度	2020年度	2023年度	2019年度	2020年度	2023年度
第一层级	江苏 浙江 广东 山东	江苏 浙江 广东 山东	江苏 山东 广东 浙江						
第二层级	福建 河北 辽宁	福建 河北 辽宁	福建 河北 辽宁	安徽 河南 湖北 湖南	安徽 河南 湖北 湖南	安徽 河南 湖北 湖南		陕西	陕西
第三层级				黑龙江		山西	陕西 四川 云南	四川 云南	四川
第四层级	海南	海南	海南	山西 江西 吉林	黑龙江 山西 江西 吉林	黑龙江 江西 吉林	广西 贵州 甘肃 内蒙古 新疆	广西 贵州 甘肃 内蒙古 新疆 宁夏	云南 广西 贵州 甘肃 内蒙古 新疆 宁夏
第五层级							宁夏 青海 西藏	青海 西藏	青海 西藏

二、第一层级省域物流竞争力分析

中国省域物流竞争力第一层级包括广东、江苏、山东、浙江共四个省份。作为我国四大

经济强省,2023年,广东、江苏、山东、浙江分别实现地区生产总值13.6万亿元、12.8万亿元、9.2万亿元、8.3万亿元。根据2023年度城市物流竞争力评价结果,江苏、山东、广东、浙江物流竞争力前30强城市均为3个,物流竞争力前100强城市(包括)分别为13个、10个、9个、9个。相较于2020年度,山东增加1个物流竞争力前30强城市,烟台的城市物流竞争力排名由第36位提升至第26位,广东增加1个物流竞争力前100强城市,湛江、揭阳成功入围前100强,汕头跌出100强。江苏拥有最多的前100强城市,城市物流竞争力百强率维持100%,浙江物流竞争力前100强城市数量保持不变。

以江苏省作为第一层级的代表性省份进行重点分析,江苏省拥有物流竞争力前30强城市3个(苏州、南京、无锡),排名第31~50位的城市5个(徐州、南通、常州、连云港、淮安),排名第51~100位的城市5个(镇江、泰州、扬州、盐城、宿迁),物流大省地位非常稳固。根据《江苏省"十四五"现代物流业发展规划》提出的"一极两翼多节点"的物流枢纽布局,其中"一极两翼"8个枢纽城市包揽全省城市物流竞争力前8。"一极"指南京物流枢纽增长极,南京城市物流竞争力排名全国第15位、全省第2位,城市物流吸引力指数和辐射力指数分别排名全国第12位和第15位,物流枢纽表现相对均衡。"两翼"指"苏锡常通"环沪物流枢纽组团与"徐连淮"物流"金三角"枢纽组团。其中,"苏锡常通"环沪物流枢纽组团中苏州城市物流竞争力排名全国第11位、全省第1位,城市物流吸引力指数和辐射力指数分别排名全国第9位和第14位;无锡城市物流竞争力排名全国第23位、全省第3位,城市物流吸引力指数和辐射力指数分别排名全国第21位和第35位;常州城市物流竞争力排名全国第40位、全省第6位,城市物流吸引力指数和辐射力指数分别排名全国第44位和第33位;南通城市物流竞争力排名全国第38位、全省第5位,城市物流吸引力指数和辐射力指数分别排名全国第27位和第55位。"苏锡常通"四城物流吸引力指数表现相对优于辐射力,服务长三角世界级产业集群发展特色突出。"徐连淮"物流"金三角"枢纽组团中徐州城市物流竞争力排名全国第36位、全省第4位,城市物流吸引力指数和辐射力指数分别排名全国第39位和第30位;连云港城市物流竞争力排名全国第47位、全省第7位,城市物流吸引力指数和辐射力指数分别排名全国第66位和第29位;淮安城市物流竞争力排名全国第50位、全省第8位,城市物流吸引力指数和辐射力指数分别排名全国第42位和第66位。"徐连淮"三城物流辐射力指数表现相对优于吸引力,联动苏鲁豫皖物流枢纽功能突出。江苏省城市物流竞争力排名见表4-4。

江苏省城市物流竞争力排名情况　　　　　表4-4

城市	城市物流竞争力指数	排名	城市物流吸引力指数	排名	城市物流辐射力指数	排名
苏州	33.71	11	42.44	9	27.15	14
南京	30.05	15	36.71	12	25.04	15
无锡	21.35	23	29.19	21	15.46	35

续上表

城市	城市物流竞争力指数	排名	城市物流吸引力指数	排名	城市物流辐射力指数	排名
徐州	18.07	36	20.55	39	16.21	30
南通	17.89	38	24.96	27	12.58	55
常州	17.54	40	19.68	44	15.93	33
连云港	15.76	47	14.62	66	16.63	29
淮安	15.09	50	20.03	42	11.39	66
镇江	12.73	63	12.59	85	12.84	53
泰州	12.13	69	10.06	101~150	13.68	44
扬州	11.89	75	11.05	101~150	12.53	57
盐城	11.5	80	11.1	101~150	11.7	62
宿迁	10.3	100	12.4	87	8.67	101~150

从物流市场规模、枢纽布局、绿色低碳、国际物流等细分指标来看,江苏省均处于全国领先水平,10个二级指标江苏省内平均值均高于全国平均值,各市物流竞争力分项指标对比情况如图4-2所示。2023年,江苏全省公铁水空四种运输方式累计完成综合货运量30.9亿t,累计完成港口货物吞吐量35.1亿t,快递投递量96.3亿件,中欧(亚)班列开行2123列。发展潜力、枢纽布局、营商环境、地理区位、通达性等指标表现均衡。13个城市的发展潜力、地理区位指数均高于全国平均值,变异系数最高的两个指标为绿色低碳、国际物流指数。对比苏州、南京物流竞争力表现,苏州物流竞争力排名第11位,南京物流竞争力排名第15位。南京作为省会城市,物流吸引力和辐射力均衡,在枢纽布局、营商环境、市场覆盖、政策支持等方面均有不俗表现。苏州市虽然既非直辖市也非省会城市,但是凭借其发达的经济规模,在产业吸引下物流市场要素高度聚集,加之长三角范围内便捷的城际交通和相对上海较为低廉的城市地价,带动苏州在物流市场欢迎度持续提升,表现为城市物流吸引力明显高于辐射力。

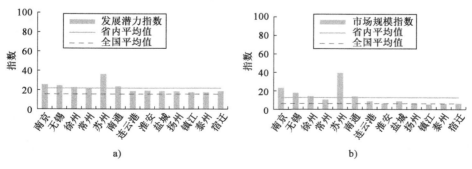

图 4-2

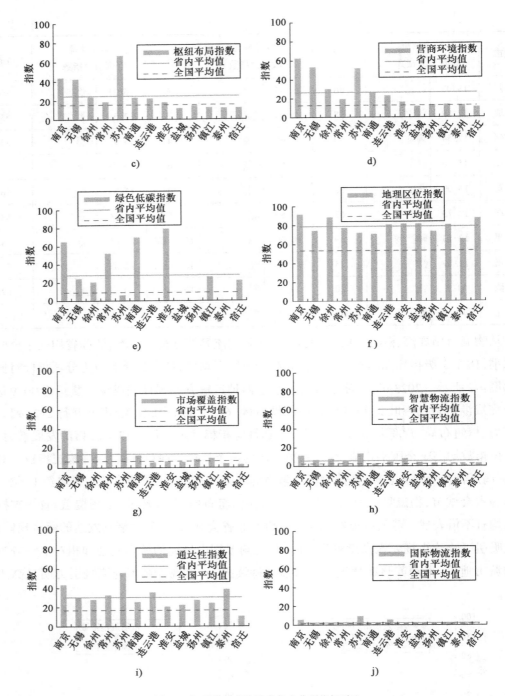

图4-2 江苏省城市物流竞争力分项指标对比

总体而言,江苏省物流市场规模和效率全国领先,作为物流降本增效综合改革试点省份,智慧化绿色化等业态迅速发展,带动物流产业活力不断提升。从物流竞争力表现来看,13个城市均为物流竞争力百强城市,其中,苏州、南京、无锡、连云港等城市物流枢纽地位突出。江苏省枢纽布局、市场覆盖、通达性等指标表现亮眼。未来通过进一步完善物流基础设施支撑体系,提升全省物流市场活力,打造智慧物流、产业物流、民生物流、国际物流等特色示范,将有效支撑全省打造全国物流高质量发展示范区、物流数字化建设先行区、物流降本增效综合改革试验区。

三、第二层级省域物流竞争力分析

第二层级省份包括福建、河北、辽宁、安徽、湖北、河南、湖南、陕西共8个省份,省域物流枢纽城市分布一般呈现双中心或者一核多中心型布局。

以河南省作为第二层级的代表性省份进行详细分析,河南拥有城市物流竞争力前30强城市1个(郑州),城市物流竞争力排名31~100位的城市4个(洛阳、南阳、商丘、安阳)。根据《河南省"十四五"现代物流业发展规划》,河南加快建设郑州、洛阳、安阳、商丘、南阳、信阳等国家物流枢纽。其中,郑州城市物流竞争力排名全国第12位、全省第1位,城市物流吸引力指数和辐射力指数分别排名全国第14位和第12位;洛阳城市物流竞争力排名全国第57位、全省第2位,城市物流吸引力指数和辐射力指数分别排名全国第71位和第48位;南阳城市物流竞争力排名全国第82位、全省第3位,城市物流吸引力指数和辐射力指数分别排名全国第89位和第76位;商丘城市物流竞争力排名全国第85位、全省第4位,城市物流吸引力指数和辐射力指数分别排名全国第88位和第83位;安阳城市物流竞争力排名全国第93位、全省第5位,城市物流吸引力指数全国排名处于151~200区间,城市物流辐射力指数排名第65;信阳城市物流竞争力全国排名处于151~200区间、全省第8,城市物流吸引力指数全国排名处于151~200区间,城市物流辐射力指数排名第82位,物流辐射力指数表现相对优于吸引力指数。河南省城市物流竞争力排名见表4-5。

河南省城市物流竞争力排名情况 表4-5

城市	城市物流竞争力指数	排名	城市物流吸引力指数	排名	城市物流辐射力指数	排名
郑州	31.89	12	35.10	14	29.48	12
洛阳	13.37	57	13.55	71	13.24	48
南阳	11.43	82	12.07	89	10.95	76
商丘	11.23	85	12.29	88	10.43	83
安阳	10.58	93	9.43	151~200	11.44	65
驻马店	9.69	151~200	7.94	151~200	11.00	75
许昌	9.35	151~200	8.62	151~200	9.90	97
信阳	9.33	151~200	7.85	151~200	10.44	82
周口	9.25	151~200	9.63	151~200	8.96	101~150
新乡	9.23	151~200	7.74	151~200	10.34	86

续上表

城市	城市物流竞争力指数	排名	城市物流吸引力指数	排名	城市物流辐射力指数	排名
漯河	9.21	151~200	8.52	151~200	9.73	101~150
焦作	9.08	151~200	8.75	151~200	9.33	101~150
平顶山	8.84	151~200	8.11	151~200	9.39	101~150
濮阳	7.86	151~200	6.47	201~250	8.90	101~150
开封	7.8	151~200	7.21	201~250	8.25	151~200
鹤壁	7.75	151~200	5.63	251~300	9.34	101~150
三门峡	6.81	201~250	4.86	301~350	8.27	151~200

河南"居天下之中",依托交通区位优势打造物流枢纽优势突出。在二级指标方面,地理区位、市场覆盖指标河南省内平均值均高于全国平均值,省内所有城市地理区位指数均高于全国平均值,河南省城市物流竞争力分项指标对比如图4-3所示。河南拓展"空中、陆上、海上、网上"四条丝绸之路,强化与京津冀、长三角和粤港澳大湾区等重点城市群联动,全省高速公路通车里程突破8300km,累计建成多式联运货运枢纽39个。在绿色低碳指标方面,河南大力推动内河航运高质量发展,加快实施内河航运"11246"工程,着力打造一条黄金水道,提升两个核心港口、完善四个主要港口、拓展六个重要港口,力争到"十五五"初,全省港口吞吐量突破1亿t,基本建成周口港等6个中心港口,绿色低碳指标有望实现快速提升。

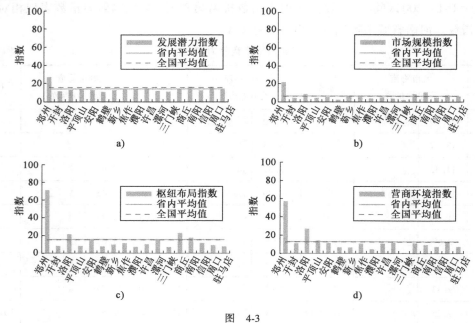

图 4-3

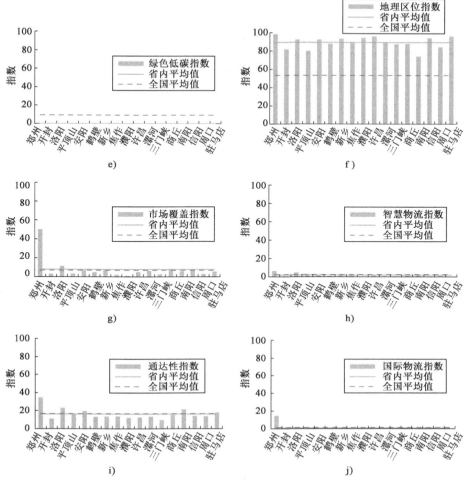

图 4-3　河南省城市物流竞争力分项指标对比

总体而言,河南省域城市物流竞争力发展相对均衡,在地理区位、市场覆盖等指标方面具有一定优势。在河南省加快建设现代物流强省、打造枢纽经济、发展内河航运的政策支持下,立足交通和物流枢纽优势,促"两航"优"两高",强化物流枢纽城市的吸引力和辐射力,重点提升产业服务、跨境物流、绿色低碳物流服务能力,省域城市物流竞争力将迎来进一步提升。

四、第三层级省域物流竞争力分析

第三层级省份包括四川、山西,省域物流枢纽城市分布一般为省会城市独强的单中心枢纽型结构,缺乏与省会物流枢纽协同发展的次级物流枢纽城市。根据2023年度城市物流竞争力评价结果,四川仅有1个城市物流竞争力进入前30强(成都),城市物流竞争力排名31~100位的城市为空白,宜宾在省内城市物流竞争力排名第2位、全国排名第104位。山西拥有城市物流竞争力前30强城市1个(太原),城市物流竞争力排名31~100位的城市为空白,临汾在省内城市物流竞争力排名第2位、全国排名第118位。以山西省作为第二层级的代表性省份进行详细分析，山西省城市物流竞争力排名见表4-6。

山西省城市物流竞争力排名情况　　　　表4-6

城市	城市物流竞争力指数		排名	城市物流吸引力指数		排名	城市物流辐射力指数		排名
太原	19.70		29	18.78		48	20.39		21
大同	9.23		101~150	10.65		101~150	8.17		151~200
阳泉	6.29		201~250	5.14		301~350	7.16		201~250
长治	9.05		101~150	7.90		151~200	9.91		96
晋城	8.05		151~200	8.06		151~200	8.05		151~200
朔州	6.14		201~250	6.24		201~250	6.07		201~250
晋中	7.89		151~200	8.08		151~200	7.74		151~200
忻州	7.06		201~250	5.72		251~300	8.07		151~200
临汾	9.59		101~150	11.41		97	8.23		151~200
运城	9.56		101~150	9.33		101~150	9.73		101~150
吕梁	6.83		201~250	6.43		201~250	7.13		201~250

　　山西是物流大省,煤焦钢等大宗商品占比高。2019年,山西列入首批全国物流降本增效综合改革试点省,积极探索形成内陆能源和资源型地区物流降本增效的"山西模式"。山西大力推动网络货运数字化发展,截至2022年底,共有网络货运企业465家(占全国的18%);整合社会零散运力223万辆(占全国营运货车保有量20%),网络货运企业数全国第一,整合车辆数全国排名第三。在二级指标方面,发展潜力、地理区位、智慧物流、通达性等指标省内平均值高于全国平均值,其他指标省内平均值均低于全国平均值,山西省城市物流竞争力分项指标对比如图4-4所示。在省内各城市之间,太原在枢纽布局、营商环境、市场覆盖、智慧物流等指标表现突出,其他城市相对较弱。

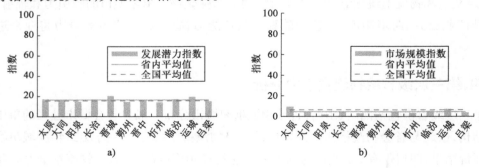

图 4-4

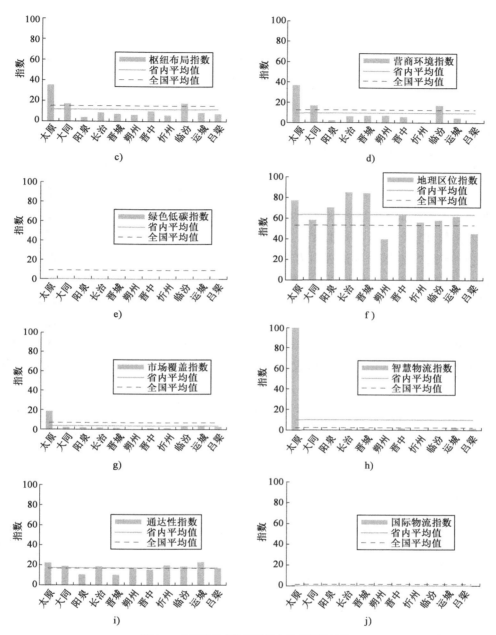

图4-4 山西省城市物流竞争力分项指标对比

总体而言,山西省发挥承东启西、连南拓北,处于新亚欧大陆桥经济走廊重要节点的优势,立足重要生产资料流通中心、特优农产品物流中心、"一带一路"重要集散中心的发展定位,枢纽布局、国际物流等指标将成为山西省省域物流竞争力提升的重点。通过强化太原国际化智慧物流枢纽,大同、临汾、长治三大区域物流枢纽建设,支持引导制造业、农产品、快递、医药、大宗商品等专业物流集聚,提升多式联运和跨境物流服务能力,带动山西加快建成物流强省。

五、第四层级省域物流竞争力分析

第四层级省份包括江西、内蒙古、云南、新疆、广西、甘肃、黑龙江、贵州、吉林、海南、宁夏共11个省（区），省域物流枢纽城市缺乏，为物流欠发达省份。

以江西省作为第四层级的代表性省份进行详细分析，江西省拥有物流竞争力百强城市5个（南昌、赣州、九江、宜春、上饶）。南昌2019年度、2020年度、2023年度城市物流竞争力排名分别为第33位、第34位、第33位，2023年度距离物流竞争力全国前30强仅差3位，江西省域物流竞争力有望跃升至第二层级。《江西省商贸物流"十四五"发展规划》提出，重点建设大南昌商贸物流圈及赣州、九江、上饶和宜春四大区域性商贸物流中心，这5座城市为省域城市物流竞争力排名前5位。其中南昌城市物流竞争力排名全国第33位、全省第1位，城市物流吸引力指数和辐射力指数分别排名全国第34位和第34位；赣州城市物流竞争力排名全国第72位、全省第2位，城市物流吸引力指数全国排名60，辐射力指数全国排名处于101~150区间；九江城市物流竞争力排名全国第81位、全省第3位，城市物流吸引力指数和辐射力指数分别排名全国第94位和第69位；宜春城市物流竞争力排名全国第89位、全省第4位，城市物流吸引力指数全国排名处于101~150区间，辐射力指数排名第68位；上饶城市物流竞争力排名全国第92位、全省第5位，城市物流吸引力指数全国排名处于101~150区间，辐射力指数排名第73位，物流辐射力指数表现相对优于吸引力。江西省城市物流竞争力排名见表4-7。

江西省城市物流竞争力排名情况　　　　表4-7

城市	城市物流竞争力指数	排名	城市物流吸引力指数	排名	城市物流辐射力指数	排名
南昌	18.31	33	21.51	34	15.90	34
赣州	12.07	72	15.77	60	9.29	101~150
九江	11.44	81	11.62	94	11.30	69
宜春	10.83	89	10.21	101~150	11.30	68
上饶	10.72	92	10.19	101~150	11.11	73
景德镇	6.72	201~250	5.48	251~300	7.65	151~200
萍乡	7.92	151~200	5.59	251~300	9.67	101~150
新余	7.44	151~200	6.11	201~250	8.44	151~200
鹰潭	7.87	151~200	8.17	151~200	7.64	151~200
抚州	8.08	151~200	8.98	101~150	7.40	151~200
吉安	8.20	151~200	6.66	201~250	9.36	101~150

江西省面向建设现代物流强省的总体目标，加快打造现代物流枢纽城市，城市物流竞争力表现相对均衡。作为第四层层级省份，市场覆盖指标省内平均水平高于全国平均水平，市场规模、枢纽布局、营商环境等指标省内平均水平接近全国平均水平，江西省城市物

流竞争力分项指标对比如图4-5所示。全省大力培育龙头物流企业，A级以上物流企业总数居中部第2。2023年江西省跨境电商进出口总额463.5亿元，居全国第6位，累计开行铁海联运班列、中欧（亚）班列数量均创历史新高，物流服务规模和效率均实现了大幅度提升。

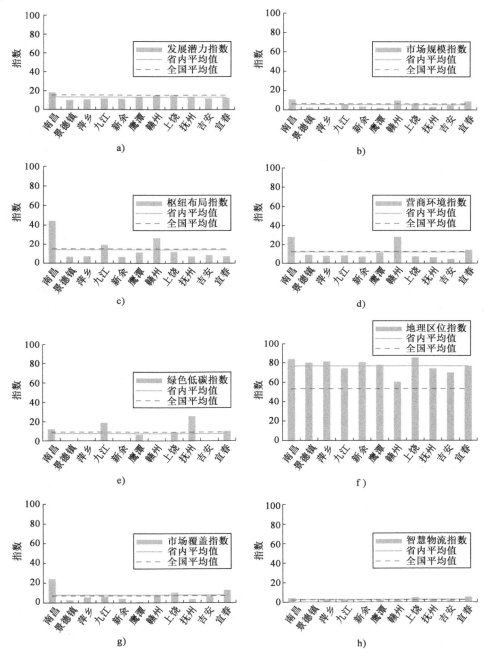

图 4-5

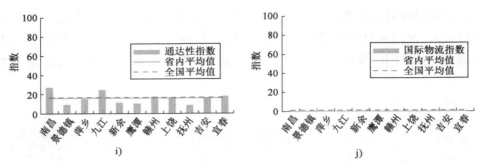

图4-5 江西省城市物流竞争力分项指标对比

总体而言,江西省物流发展正处于厚积薄发、转型升级的关键阶段,"一带一路"倡议与长江经济带、粤港澳大湾区、江西内陆开放型经济试验区等重大战略叠加,带动南昌、赣州、九江、上饶和宜春等物流枢纽城市能级进一步提升。通过加快构建现代化综合交通运输体系、发展现代物流新质生产力、推动物流产业数智化标准化发展,着力打造内陆开放型物流枢纽城市。

六、第五层级省域物流竞争力分析

第五层级省份包括青海、西藏,为物流不发达省份,缺少具有竞争力的物流枢纽城市。青海省省会西宁市2019年度、2020年度、2023年度城市物流竞争力排名分别为第151位、第171位、第130位,距离全国物流竞争力百强的差距不断缩小。西藏自治区首府拉萨市2019年度、2020年度、2023年度城市物流竞争力排名分别为第211位、第205位、第212位,距离全国物流竞争力百强仍有较大差距。《青海省"十四五"现代流通体系建设方案》提出以打造青藏高原现代物流中心,联疆络藏物流组织中心、西北地区重要物流基地、国家向西向南开放的战略支点为目标,全力推进西宁、格尔木国家物流枢纽建设。《西藏自治区"十四五"时期现代物流业发展规划》构建以国家物流枢纽为骨干,自治区级重点发展物流枢纽为支撑,地(市)级物流枢纽为补充的"一核驱动、三轴拓展、两翼支撑"物流枢纽体系,重点将拉萨打造成为服务全区经济,对内连接丝绸之路经济带、成渝地区双城经济圈,对外辐射南亚东南亚地区的国家物流枢纽。西藏、青海积极参与和融入"一带一路"建设,推动新时代西部大开发,大力打造立足高原、辐射西部、畅联全国、对接国际的物流枢纽城市,省域物流竞争力有望进一步提升。

本章参考文献

[1] 江苏省人民政府. 江苏省"十四五"现代物流业发展规划[EB/OL]. (2021-08-01)
[2024-08-06]. http://www.jiangsu.gov.cn/art/2021/8/10/art_46144_9970885.html.

[2] 中共河南省委河南省人民政府. 关于加快现代物流强省建设的若干意见[EB/OL].
(2022-06-03)[2024-08-06]. https://www.henan.gov.cn/2022/06-03/2461561.html.

[3] 河南省人民政府办公厅. 河南省加快实施物流拉动打造枢纽经济优势三年行动计划

（2023—2025年）[EB/OL].(2023-12-25)[2024-08-06].https://www.henan.gov.cn/2024/01-05/2880244.html.

[4] 青海省发展和改革委员会.青海省"十四五"现代流通体系建设方案[EB/OL].(2022-06-10)[2024-08-06].http://fgw.qinghai.gov.cn/zfxxgk/sdzdgknr/fgwwj/202206/t20220616_81667.html.

[5] 山西省人民政府.山西省"十四五"现代物流发展规划[EB/OL].(2021-09-04)[2024-08-06].https://www.shanxi.gov.cn/zfxxgk/zfcbw/zfgb2/2021nzfgb_76606/d11q_76617/szfwj_77937/202302/t20230210_7955915.shtml.

[6] 江西省发展改革委.江西省"十四五"现代物流业发展规划[EB/OL].(2021-07-07)[2024-08-06].http://www.dxs.gov.cn/dxsfgw/dxsfgwgh001/202107/67a0ff59414c4ee2b2d9a5b11eaba89e.shtml.

[7] 江西省商务厅.江西省商贸物流"十四五"发展规划[EB/OL].(2021-09-27)[2024-08-06].https://www.jiangxi.gov.cn/art/2021/10/9/art_61150_3815398.html.

[8] 西藏自治区发展和改革委员会.西藏自治区"十四五"时期现代物流业发展规划[EB/OL].(2021-10-20)[2024-08-06].https://drc.xizang.gov.cn/zwgk_1941/fz/sswzx/202112/t20211229_276947.html.

[9] 林坦,彭晨鹏,张昕源,等.新发展格局下的我国省域物流竞争力空间分布与层次划分[J].综合运输,2023,45(04):126-131,172.

第五章 长三角城市群物流竞争力分析

长江三角洲城市群(以下简称"长三角城市群")是我国经济最具活力、开放程度最高、创新能力最强、吸纳外来人口最多的区域之一,是"一带一路"与长江经济带的重要交会地带,在国家现代化建设大局和全方位开放格局中具有举足轻重的战略地位。随着长三角一体化战略的深入推进,长三角城市群物流资源持续加强区域物流协同和物流资源整合,加快推动构建"长三角物流合作经济圈",区域整体物流竞争力持续提升,区域内城市的物流竞争力指数在国内处于领先水平,已形成一体化、高效化的"Z"字形城市物流发展格局,国际物流枢纽地位也不断提升。面向未来,长三角地区物流将进一步发挥对城市群一体化和国家物流体系的"双重"引领作用,加速构建"一体系四能力"(即一体化物流体系,提升物流网络能力、信息协同能力、智慧物流能力和绿色物流能力),推动区域物流提质增效降本,更好发挥开放枢纽门户功能,增强全球资源配置功能,建设成为具有国际影响力的下一代物流中心。

第一节 长三角城市群物流发展总体情况

一、国家战略地位突出,区域一体化进程加速

长三角城市群包括江苏省、安徽省、浙江省、上海市,共计41个城市,总面积35.8万 km^2,中心区面积为22.5万 km^2,是世界上最大的城市群之一。长三角地区的城市主要分布在国家"两横三纵"城市化格局的优化开发和重点开发区域,地处中国长江的下游地区、江海交汇之处,沿江沿海港口众多,综合立体交通体系发达。2018年11月5日,习近平总书记在首届中国国际进口博览会上宣布支持长江三角洲区域一体化发展并上升为国家战略[1]。2019年,中共中央、国务院印发《长江三角洲区域一体化发展规划纲要》,将长三角地区定位为"一极三区一高地":"一极"即全国发展强劲活跃增长极;"三区"即全国高质量发展样板区、率先基本实现现代化引领区、区域一体化发展示范区;"一高地"即新时代改革开放新高地。由此,京津冀、长三角、粤港澳大湾区、成渝双城经济区共同成为我国四大区域发展极。

2019年10月,国务院批复《长三角生态绿色一体化发展示范区总体方案》,指出建设长三角生态绿色一体化发展示范区是实施长三角一体化发展战略的先手棋和突破口,并要求将长三角生态绿色一体化发展示范区建设成为更高质量一体化发展的标杆,引领长江经济

---

[1] 《习近平出席首届中国国际进口博览会开幕式并发表主旨演讲》,《人民日报》2018年11月06日。

带和全国高质量发展。近年来,长三角地区聚力推进一体化发展,如深入推进张江、合肥两大综合性国家科学中心合作共建,支持杭州—宁波创建区域科技创新中心,探索设立长三角基础研究联合基金等以推动区域科技创新和产业创新,三省一市共同签订"长三角区域物流提质增效降本合作框架协议",将联合开展物流基础设施互联互通、物流运输方式多式协同等行动,推动降低长三角区域全社会物流成本。2024年7月,长三角区域合作办公室印发了《长三角地区一体化发展三年行动计划(2024—2026年)》,为长三角未来三年工作重点明确了路线图和任务书,在九个方面提出165项重点任务,标志着长三角一体化发展向纵深推进。

二、综合实力全球领先,经济引领作用突出

长三角城市群作为我国对外开放的门户,拥有具有全球影响力的先进制造业基地和现代服务业基地,已经成为全国经济发展的重要引擎和辐射带动长江流域发展的经济龙头。经济规模方面,2023年长三角地区生产总值30.5万亿元、总人口2.38亿,分别约占全国的24.2%和16.9%,在全国经济版图中地位举足轻重。2023年长三角城市群共有9个城市经济总量规模达到万亿级别,其中上海市经济总量超过4.7万亿元,位居全国第1,苏州和杭州分别以约2.5万亿元、2万亿元位列城市群第2、第3,南京、宁波、无锡、合肥、南通和常州5个城市的经济总量也突破万亿元,在全国城市层面处于遥遥领先水平(图5-1)。产业分布方面,长三角城市群积极推动第二产业与第三产业的融合发展,基本形成了"三、二、一"的产业梯次格局("三、二、一"的产业梯次格局是指第三产业、第二产业和第一产业在国民经济中的比重和顺序。其中,第三产业占比最高,第二产业次之,第一产业最低。这种格局通常对应于高效益的综合发展阶段。)。

2023年,长三角城市群共有23个城市第三产业产值占地区生产总值的比重超过50%,其中,上海市第三产业占比最高,达到75.2%,浙江、江苏和安徽也表现出强劲的第三产业发展势头。长三角地区的第二产业实力强劲,是全球制造业的重要基地之一,2023年,长三角地区有7个城市排名全国第二产业增加值前20,其制造业和高技术产业表现尤为突出,如汽车制造、电子信息等,且上下游企业协作紧密,形成了良好的产业生态,在全球供应链中占据重要地位,为全球市场提供了高质量的产品和服务。长三角地区雄厚的城市工业基础、发达的制造业和注重科技创新和产业创新的发展模式,为长三角产业注入动力,为地区经济增长提供了重要支撑。

三、综合立体交通发达,物流服务规模巨大

长三角地区以其综合立体交通的显著优势和物流服务的巨大规模,在全国乃至全球的物流版图中占据着举足轻重的地位。2020年4月,国家发改委、交通运输部印发《长江三角洲地区交通运输更高质量一体化发展规划》,要求以一体化发展为重点,加快构建长三角地区现代化综合交通运输体系。2022年9月,《关于进一步支持长三角生态绿色一体化发展示

范区高质量发展的若干政策措施》正式公布，提出持续优化完善跨境电商出口转关模式，逐步扩大跨境电商出口转关试点范围。

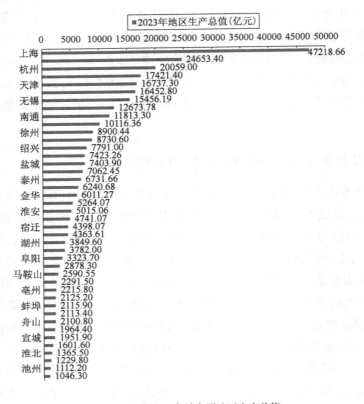

图5-1 2023年长三角城市群地区生产总值

目前，长三角地区已初步形成一体联通的综合交通网络：高速公路网四通八达，路网密度显著高于全国平均水平，已经覆盖了97%以上的县级行政区；经济腹地广阔，拥有上海浦东机场、虹桥机场以及上海港、宁波舟山港等多个世界级枢纽航空港和世界级港口；公铁交通干线密度全国领先，拥有全国最为密集和完善的高铁线路，实现了区域内多个城市之间的高铁互联互通。发达的立体综合交通网络为物流业发展提供了强有力的支撑，物流区域壁垒逐渐打破、资源共享加速、区域合作加强，快递物流行业协同发展、服务规模日益扩大。2023年，长三角地区邮政收入6938.5亿元、快递业务量303亿件，均超过全国总量的三分之一。物流服务不断创新，实现同城h级、长三角当日达等服务，满足了消费者对快速物流的需求。随着长三角一体化战略的深入实施，物流行业竞争力不断提升，长三角地区正加速建设成为全国乃至全球领先的物流高地。

四、营商环境持续优化，物流企业总部聚集

在长三角区域一体化发展上升为国家战略以来，国家发改委先后制定出台《长三角国际一流营商环境建设三年行动方案》《关于推动长江三角洲区域公共资源交易一体化发展的意

见》,进一步推动长三角营商环境的整体提升,加速实现了跨省共"营"。近年来,长三角地区积极响应国家号召,将优化营商环境作为推动经济转型升级的关键举措,三省一市对标国际一流持续优化营商环境,合力消除"看不见的行政壁垒",逐渐打破市场分割,探索建立起统一开放的市场体系,推动了区域内技术、资金、人才等各类资源要素有序流通。长三角地区营商环境的持续优化,为民营快递企业的发展提供了肥沃的土壤,吸引了多家知名民营快递企业的总部纷纷入驻,如占据了行业市场份额约80%的三通一达、极兔、德邦等快递企业总部均集中在长三角地区。物流企业在长三角地区的业务布局不断扩展,不仅提供了高效的快递物流服务,还带动了上下游相关产业的发展,如包装、运输、仓储等,为长三角地区快递物流产业打下了坚实的产业基础,形成了良性的产业生态循环。

五、开放能级不断提升,国际枢纽影响凸显

自长三角一体化发展战略提出以来,长三角三省一市协同努力,对外开放取得了显著成效。2023年,长三角区域货物进出口总额达15.16万亿元,为2018—2022年五年间年均进出口总额的2.4倍,占全国比重为36.3%。长三角区域已实现自贸试验区全覆盖,2022年长三角区域的自贸试验区货物进出口总额约3.8万亿元,占全国自贸试验区进出口总额的比重超过50%。国际枢纽方面,将建设虹桥国际开放枢纽作为推动长三角一体化发展战略的重大布局。2021年2月,国务院批复《虹桥国际开放枢纽建设总体方案》,提出以上海虹桥国际中央商务区为核心,形成向江苏苏州延伸的北向拓展带和向浙江嘉兴延伸的南向拓展带的"一核两带"总体布局,总面积达7000km²,辐射沪苏浙的14个区县。为推动虹桥国际开放枢纽进一步提升能级,2023年8月,国家发改委印发《关于推动虹桥国际开放枢纽进一步提升能级的若干政策措施》。2023年,虹桥国际开放枢纽全域生产总值达2.8万亿元,经济密度达到4亿元/km²,是长三角平均水平的4.7倍,成为长三角强劲的经济引擎。虹桥国际开放枢纽及虹桥国际中央商务区建设的推进,将更好发挥辐射长三角、服务全国、联通国际的重要枢纽功能。

第二节　长三角城市群物流竞争力分析

一、总体评价

长三角城市群竞争力在全国范围内处于领先位置。城市群核心城市2019年、2020年和2023年的物流竞争力排名均在全国位列前10%,见图5-2和表5-1。2019年、2020年和2023年,上海市的物流竞争力指数分别以75.64、73.43和71.71的高分位居全国第1,上海市的城市物流体系吸引周边生产要素、聚集和带动城市经济发展的能力较为突出,物流管理成效和物流水平遥遥领先。2023年杭州与苏州的物流竞争力在长三角地区排名第2、第3位,物流竞争力指数分别为36.36和33.71,位列全国第9和第11位,综合实力强劲。其中,杭州的物流竞争力排名在2019—2023年稳步提升。近年来,得益于国际客货运航线的恢复和加密,国际货运量快速增长,在快递服务、国际货运等方面取得了显著成效,2023年杭州的快递业务量完成了40.1亿件,同比增长15.1%。杭州积极探索绿色物流体系建设,近年来其水路占比(占公路水路货运量的比例)逐年增长,2023年较2019年增加7个百分点。2023年苏州的物流竞争力排名从2019年的15位上升为11位。苏州依托完备的工业体系,不断推进外贸转型升级,2023年苏州外贸进出口总值达24514.1亿元。苏州物流基础设施方面不断升级,已建成城市快递服务中心(公共服务站)15000个,市内四县市六区邮政快递业投入无人配送车超300辆,常态化运营无人配送车41台,月均配送快件量约45万件,预计全年可节约成本约500万元。2023年,宁波和南京的物流竞争力指数分别为31.38和30.05,位列全国第13和第15,其中宁波的物流竞争力指数在2019—2023年名次相对稳定,而南京的物流竞争力指数和排名则有所下降。合肥作为安徽省强市,2023年其物流竞争力在长三角地区排名第6位,2019年来的全国排名稳定在第17位。近年来,合肥凭借其区位优势,加速经济结构转型升级,积极融入长三角一体化发展,在物流基础设施建设方面取得显著成效。2023年,合肥铁路建设加速推进,全市铁路完成投资51.3亿元,建成铁路里程达888.1km,其中高铁里程524km,均居长三角地区第1位。合肥港是长江支流上规模最大的港口,2023年完成货物吞吐量4627.2万t,同比增长5.4%。国际物流活力强劲,2023年合肥空港保税物流中心进出口总额达到18931.3万美元,同比增长25.3%。综合来看,合肥城市流物竞争力在长三角地区中实力相对靠前。

2023年长三角城市群物流竞争力指数排名如图5-2所示。

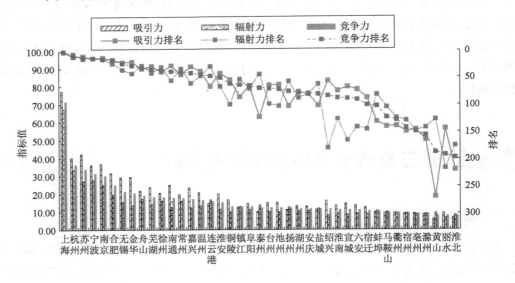

图5-2 2023年长三角城市群物流竞争力指数排名图

综合来说,长三角城市群物流竞争力、城市物流吸引力和城市物流辐射力在全国范围内处于领先地位。凭借区位优势和雄厚的经济、产业基础,长三角地区已成为我国经济的重要增长极。该地区内外交通网络发达,地处亚太核心,为物流业的发展提供了良好的基础。伴随着贸易发展,以上海为中心的长三角世界级枢纽航空港和世界级港口群对外开放能力不断提升,为区域经济发展提供了强有力的物流支撑。2023年,长三角机场群以其强大的航空物流能力完成货邮吞吐量566.8万t,占全国的比例约为33.67%。世界级港口群建设迈上新台阶,区域内港口实现功能互补、差异化发展,2023年,港口货物吞吐量占全国比例超过40%。此外,嘉兴、无锡、合肥等城市也在积极推进物流枢纽建设,包括构建全球航空物流枢纽、多式联运的综合交通枢纽,利用现代信息技术提升物流服务的智能化水平,进一步促进区域经济的发展和对外开放水平。近年来,长三角地区的物流基础设施建设力度进一步加大,已建成和在规划中的物流园区数量众多,国家级和省级的示范物流园区数量占全国规划建设中的物流园区的1/5。在一体化战略持续推进过程中,长三角各省份在致力于自身内部发展的同时不断加强加深合作联通,未来区域间的物流合作与协调将不断加强,将形成分工明确、功能齐备、等级合理的物流网络状总体格局,实现物流信息共享、物流降本增效。2019—2023年,长三角地区主要城市物流竞争力排名见表5-1。

2019—2023年度长三角地区主要城市物流竞争力排名　　　　　　　　　　表5-1

年份	城市	城市物流竞争力指数	排名	城市物流吸引力指数	排名	城市物流辐射力指数	排名
2023	上海	71.74	1	77.37	1	67.51	1
	杭州	36.36	9	40.21	10	33.47	5
	苏州	33.71	11	42.44	9	27.15	14
	宁波	31.38	13	36.15	13	27.79	13
	南京	30.05	15	36.71	12	25.04	15
	合肥	24.76	17	31.51	16	19.69	23
2020	上海	73.43	1	77.76	1	68.93	1
	杭州	39.10	10	43.57	10	34.45	11
	苏州	39.36	9	48.26	6	30.10	15
	宁波	35.43	14	40.89	12	29.75	15
	南京	36.48	13	40.86	13	31.92	13
	合肥	31.36	17	34.69	18	27.89	17
2019	上海	75.64	1	75.53	1	75.75	1
	杭州	43.24	11	40.19	13	46.29	12
	苏州	39.92	15	43.63	9	36.22	21
	宁波	42.01	13	41.56	12	42.46	15
	南京	46.20	10	43.49	10	48.91	11
	合肥	36.23	17	29.83	25	42.63	14

二、分项评价

（一）发展潜力指数

2023年，长三角城市群物流发展潜力指数前10位的城市包括上海市、浙江省3个城市、江苏省5个城市、安徽省1个城市，具体见表5-2。长三角地区物流发展潜力前10位城市均位列全国前30。上海市以72.31的高分位居第1，第2和第3分别是苏州和杭州，指数分别为36.40和31.37，宁波、南京分别以27.70和24.42位居第4和第5。上海是长三角地区的引领城市，凭借其雄厚的综合实力在长三角地区经济、贸易、金融等各个方面均发挥"头雁"功能。2023年，上海市地区生产总值保持5%的增速平稳增长，第二产业也具有强劲实力，以11612.97亿元位居长三角城市第二产业增加值榜首，上海邮政和快递业务保持强劲的增长势头，常住人口增长率为5%，重点装备制造业较快增长，新能源、高端装备、生物、新一代信息技术等新兴产业发展迅速，战略性新兴产业完成工业总产值占全市比重达到43.9%，其中新能源汽车产业产值增长尤为显著，达到32.1%。邮政和快递方面，2023年，上海快递业务量完成37.0亿件，同比增长29.6%，快递业务收入达到2089.4亿元，同比增长13.2%，位居长三角地区榜首。苏州、杭州、宁波和南京均是长三角地区的核心城市，经济、常住人口增长、货运、邮政等方面都具有强劲的增长势头。其中，苏州在制造业和服务业方面具有较强的实力，第二产业增加值达到11541.4亿元，仅次于上海。杭州则是互联网和科技产业的重要基地，近年来吸引了大量科技型人才，发展势头强劲。无锡、绍兴、南通、合肥和徐州等城市也是长三角地区重要的中心城市，在长三角地区中综合实力相对靠前，城市发展潜力较强。

2023年长三角城市群物流发展潜力指数前10位　　　　　表5-2

序号	城市	发展潜力指数	全国排名	序号	城市	发展潜力指数	全国排名
1	上海	72.31	1	6	无锡	24.52	20
2	苏州	36.40	6	7	绍兴	23.54	22
3	杭州	31.37	7	8	南通	23.43	23
4	宁波	27.70	10	9	合肥	22.93	25
5	南京	25.42	17	10	徐州	22.50	27

（二）市场规模指数

2023年，长三角城市群中物流市场规模指数前10位的城市包括上海市、浙江省4个城市、江苏省4个城市和安徽省1个城市，具体见表5-3。长三角地区前10位城市均位列全国前10%。上海市以66.62的高分位居长三角地区和全国第1，第2到第5位分别是苏州、金华、杭州和南京，市场规模指数分别是39.44、35.64、31.59和23.29，分别位居全国第6、第8、第9和第14。上海作为中国经济中心之一，拥有强大的经济活力和消费能力，2023年对外贸易总额达42100亿元、社会消费品零售总额达18515.5亿元、快递业务量37亿件,在常住人口、建成土地面积等指标上相较其他城市都有较大的优势。位列前5的城市在经济活力、人口规模以及人口吸引力上均具有较强的实力,且这些城市在长三角一体化战略持续推进下,第三产业具有良好的发展势头。金华市拥有兴盛的电商和高效的物流体系,其市场规模在全国排名中脱颖而出,其中2023年,快递业务量达到了137亿件,位居全国第1。金华市政府高度重视邮政快递业的发展,《2023年金华市政府工作报告》指出继续大力发展现代物流业,继续深入实施快递业"两进一出"工程,争取总部型快递企业、区域总部基地等项目落地金华,实现快递业务量继续领跑全国。

2023年长三角城市群物流市场规模指数前10位 表5-3

序号	城市	市场规模指数	全国排名	序号	城市	市场规模指数	全国排名
1	上海	66.62	1	6	宁波	22.87	15
2	苏州	39.44	6	7	合肥	20.18	18
3	金华	35.64	8	8	无锡	17.76	21
4	杭州	31.59	9	9	温州	15.08	31
5	南京	23.29	14	10	徐州	14.19	33

(三)枢纽布局指数

2023年,长三角城市群中物流枢纽布局指数前10位的城市包括上海市、浙江省4个城市、江苏省4个城市和安徽省1个城市,具体见表5-4。长三角地区前10位城市位列全国前44。上海市以87.81的高分位居长三角地区和全国第1,第2位到第5位分别是苏州、杭州、合肥和宁波,市枢纽布局指数分别是66.36、61.61、52.68和45.73,分别位居全国第7、第11、第14和第17。《上海市服务业发展"十四五"规划》指出将上海的战略定位为"建设成为全球领先的国际物流枢纽",巩固和增强上海在全球物流网络中的核心地位。上海作为全球重要的海港城市,拥有320多条国际航线,集装箱吞吐量连续13年居全球第一,具有瞩目的航运枢纽优势。2023年上海市已建成城市物流园123个。同时,上海也是全国首批实现跨境电商零售进出口双向通路的综合试验区,电商发展生态日益完善,物流园区集聚了全球及本土头部物流企业,已形成完善的跨境电商国际物流服务体系。2023年,苏州的城市物流园数量已达到100座,位居长三角地区第二名,近年来苏州高度重视物流枢纽的规划与建设,《苏州市现代物流产业发展和空间布局规划(2023~2035)》指出立足苏州物流特色与优势,着力打造"两中心、两高地",即国内国际双循环供应链组织中心、航运物流中心,全国有影响力的物流枢纽经济聚集高地、数字物流技术创新高地。合肥作为长三角地城市群的副中心城市,被定位为全国性的综合交通枢纽城市,致力于加快完善综合运输通道体系,提升综合交通枢纽发展能级,目前已经基本形成了以合肥为中心的"米"字形高铁网,承东启西、连南接北,近年来,陆港型、商贸服务型、生产服务型国家物流枢纽相继获批,其枢纽布局指数进一步提高。

2023年长三角城市群物流枢纽布局指数前10位　　　　　表5-4

序号	城市	枢纽布局指数	全国排名	序号	城市	枢纽布局指数	全国排名
1	上海	87.81	1	6	南京	43.79	21
2	苏州	66.36	7	7	无锡	42.35	23
3	杭州	61.61	11	8	金华	36.15	31
4	合肥	52.68	14	9	嘉兴	28.20	42
5	宁波	45.73	17	10	温州	27.41	44

（四）营商环境指数

2023年，长三角城市群物流营商环境指数前10位的城市包括上海市、浙江省5个城市、江苏省2个城市和安徽省2个城市，具体见表5-5。长三角地区前10名城市均位列全国前30。上海市以86.45的高分位居长三角地区和全国第1，第2位到第5位分别是南京、宁波、杭州和无锡，城市物流枢纽布局指数分别是62.43、58.73、55.40和53.10，分别位居全国第7、第9、第12和第14。近年来上海市政府持续优化营商环境，探索实施一批与国际通行规则相衔接的创新举措，对标世界银行的新评估体系，全面完成了优化营商环境6.0版的208项改革任务。2023年，上海市城市贷款余额111766.72亿元，位居全国第一名，上海市良好的金融生态环境，为城市经济的持续健康发展提供了有力支撑。南京的营商环境在长三角地区具有较强优势，近几年连续获评国家营商环境"标杆城市"。南京市政府近年来加大对物流发展的支持和金融环境的优化，出台了一系列政策性文件，如《关于持续优化营商环境的实施意见》《南京市2024年优化营商环境工作要点》等，强调聚焦企业关切、权益保护、外资外贸和稳定预期，推动市场环境更加竞争有序、法治环境更加公平公正、开放环境更加循环畅通。前5位中营商环境优良的城市各有优势，如宁波全局谋划和政策先行，市政府出台了一系列实施方案，推动快递行业与制造业协同发展，并加大对快递行业大项目的培育和引进，为物流发展提供了有力支持。杭州市政府出台政策推动低空物流经济发展，搭建低空物流服务体系，并致力于构建现代物流基础设施网络和做强智慧物流品牌，为物流行业创新提供了良好环境。

2023年长三角城市群物流营商环境指数前10位　　　　　表5-5

序号	城市	营商环境指数	全国排名	序号	城市	营商环境指数	全国排名
1	上海	86.45	1	6	苏州	51.63	16
2	南京	62.43	7	7	温州	42.04	19
3	宁波	58.73	9	8	合肥	40.44	21
4	杭州	55.40	12	9	金华	39.62	22
5	无锡	53.10	14	10	台州	32.55	30

(五)绿色低碳指数

2023年,长三角城市群物流绿色低碳指数前10位的城市包括上海市、浙江省1个城市、江苏省3个城市和安徽省5个城市,具体见表5-6。长三角地区前10名城市均位列全国前14。舟山市以100的高分位居长三角地区和全国第1,第2位到第5位分别是铜陵、芜湖、池州和上海,城市物流枢纽布局指数分别是99.59、99.13、94.61和94.58,分别位居全国第2、第3、第5和第6。舟山作为重要的港口城市,拥有发达的港航服务业和海铁联运网络,水路运输发达,而铜陵和芜湖则依托长江黄金水道,水路货运量持续增长,且在水运市场和港航安全形势保持平稳的同时,不断加强港航基础设施建设,提升了港口船舶污染防治能力,推动了港口经济的绿色发展。2023年,舟山、铜陵、芜湖三座城市的水路占公路水路货运量的比值均超过70%。2023年,池州的水路占公路水路货运量的比值达67%。池州市拥有得天独厚的自然条件,依靠长江和"六河一湖"(青通河、七星河、九华河、秋浦河、白阳河、尧渡河、升金湖),长江干流在池州市境内长达158km,这为其发展绿色低碳经济提供了有力支持。

2023年长三角城市群物流绿色低碳指数前10位 表5-6

序号	城市	绿色低碳指数	全国排名	序号	城市	绿色低碳指数	全国排名
1	舟山	100.00	1	6	淮安	79.23	8
2	铜陵	99.59	2	7	宣城	78.76	9
3	芜湖	99.13	3	8	南通	69.77	12
4	池州	94.61	5	9	南京	65.20	13
5	上海	94.58	6	10	淮南	65.10	14

(六)地理区位指数

2023年,长三角城市群物流地理区位指数前10位的城市包括上海市、浙江省1个城市、江苏省4个城市和安徽省4个城市,具体见表5-7。长三角城市群区位优势最明显的城市是合肥和南京,地理区位指数分别为95.19和91.51,全国排名第5位和第14位,合肥作为长三角副中心城市,具有"为皖之中"("为皖之中"指合肥作为安徽省的省会,位于安徽省中部,具有区位优势)的区位优势,其综合交通体系发达,包括高铁、高速公路、机场等,有效覆盖了广泛的人口区域,以合肥市为起点,以公路、铁路、民航等综合交通运输方式出行12h计算,可以覆盖全国约11.60亿人,占全国总人口的82%。南京是长三角辐射带动中西部地区发展的国家重要门户城市,拥有得天独厚的地理位置。历经多年发展,南京都市圈的交通需求、交通联系日益旺盛,以高速骨干铁路、高速公路、机场和长江黄金水道为主的综合交通网络对城市产业发展、商务联系引导支撑作用显著,地理区位指数的优势明显。其余城市的指数介于80~90之间,排名在全国前61位,总体来看,长三角地区的城市具有较优越的区位优势。

2023年长三角城市群物流地理区位指数前10位　　　表5-7

序号	城市	地理区位指数	全国排名	序号	城市	地理区位指数	全国排名
1	合肥	95.19	5	6	淮南	86.65	33
2	南京	91.51	14	7	蚌埠	84.35	43
3	徐州	88.23	26	8	湖州	83.72	48
4	宿迁	87.34	31	9	上海	82.41	54
5	六安	87.08	32	10	盐城	81.48	61

（七）市场覆盖指数

2023年，长三角城市群物流市场覆盖指数前10位的城市包括上海市、浙江省4个城市、江苏省4个城市和安徽省1个城市，具体见表5-8。长三角城市群市场覆盖指数均排名全国前10%。排名前5的城市分别是上海、杭州、南京、苏州和合肥，市场覆盖指数分别是95.10、45.86、38.62、32.27和31.57，全国排名为第1位、第8位、第12位、第15位和第17位。上海的城市物流市场覆盖指数以较大优势位居长三角地区和全国第1位，从运输服务网络的角度看，作为全国重要的综合交通枢纽，铁路和航空网络发达。2023年，上海市每周发往全国各城市的铁路班列数4155列、每周发往全国各城市的民航班机数3520列，均处于全国领先水平。从物流企业数量的角度看，根据中国采购与物流联合会公布的A级物流企业名单，上海市拥有4A级及以上物流企业194家，排名第2位。长三角地区其他城市，与作为长三角"领头羊"的城市上海，在铁路班列数、国内航班数以及3A级以上物流企业数这几个方面都有一定差距，但总体实力从全国范围来看具有较强优势。

2023年长三角城市群物流市场覆盖指数前10位　　　表5-8

序号	城市	市场覆盖指数	全国排名	序号	城市	市场覆盖指数	全国排名
1	上海	95.10	1	6	宁波	28.20	20
2	杭州	45.86	8	7	徐州	20.37	31
3	南京	38.62	12	8	无锡	20.23	32
4	苏州	32.27	15	9	常州	20.14	33
5	合肥	31.57	17	10	温州	20.05	34

（八）智慧物流指数

2023年，长三角城市群智慧物流指数前10位的城市包括上海市、浙江省2个城市、江苏省4个城市和安徽省3个城市，具体见表5-9。长三角城市群智慧物流指数均排名全国前10%。排名前5的城市分别是上海、杭州、南京、苏州和合肥，智慧物流指数分别是19.90、17.48、13.59、11.65和11.17，全国排名为第3位、第6位、第12位、第14位和第16位。近年来，芜湖市得到政策支持，网络货运行业发展迅速，2023年芜湖已有41

家网络货运企业入驻,为当地传统物流行业转型升级和经济高质量发展注入新活力。长三角地区的智慧物流发展程度处于全国领先地位,智慧物流发展状况呈现出积极态势。

2023年长三角城市群物流智慧物流指数前10位 表5-9

序号	城市	智慧物流指数	全国排名	序号	城市	智慧物流指数	全国排名
1	芜湖	19.90	3	6	安庆	10.19	18
2	上海	17.48	6	7	蚌埠	9.22	22
3	苏州	13.59	12	8	淮安	8.25	26
4	南京	11.65	14	9	徐州	7.77	31
5	杭州	11.17	16	10	宁波	6.80	33

(九)通达性指数

2023年,长三角城市群物流通达性指数前10位的城市包括上海市、浙江省3个城市和江苏省6个城市,具体见表5-10。长三角城市群通达性指数均排名全国前10%。排名前5位的城市分别是上海、苏州、宁波、舟山和南京,城市物流通达性指数分别是82.67、55.61、51.64、44.91和43.57。上海在通达性方面的优势明显,在全国处于领先地位。上海拥有4E级的虹桥机场和4F级的浦东机场,是国内为数不多拥有双机场的城市。上海的铁路货运站等级也处于国内城市前列。2023年,上海市港口货物吞吐量7.50亿t,位列全国第3,在全球范围内也名列前茅;集装箱吞吐量突破4900万TEU,位列全球第1。上海市高速公路出入口密度为0.12个/km²、公路网络密度为2.05km/km²,远远超过全国平均水平。苏州在通达性方面实力强劲,2023年,货物吞吐量达到69884万t,高速公路出入口密度为0.32个/km²、公路网络密度为1.33km/km²,处于全国领先地位。而宁波和舟山凭借世界强港宁波—舟山港,2023年,货物吞吐量达到132370万t,位列世界第1,集装箱吞吐量突破35300万TEU,位列全球第3。总体来看,长三角地区的通达性指数实力强劲。

2023年长三角城市群物流通达性指数前10位 表5-10

序号	城市	通达性指数	全国排名	序号	城市	通达性指数	全国排名
1	上海	82.67	1	6	泰州	38.63	18
2	苏州	55.61	6	7	连云港	35.56	21
3	宁波	51.64	8	8	常州	32.53	25
4	舟山	44.91	12	9	无锡	30.23	32
5	南京	43.57	15	10	杭州	29.29	34

(十)国际物流指数

2023年,长三角城市群国际物流指数前10位的城市包括上海市、浙江省3个城市和江苏省6个城市,具体见表5-11。长三角城市群国际物流指数均排名全国前10%。排名前5位的城市分别是上海、杭州、宁波、苏州和舟山,国际物流指数分别是57.30、28.07、14.78、9.28和6.99。上海以高分稳居长三角和全国第1。2023年,上海市机场的国际航线数量为10693条,领跑全国。国际货邮吞吐量达380亿t,港口外贸吞吐量达3.8亿t,中欧班列近6亿万TEU,国际快递件数达2.7亿件。长三角地区强大的产业基础和经济实力,完善的公路、铁路、水路等交通基础设施,为国际物流的发展提供了坚实的支撑,此外,长三角地区一体化国家战略为长三角地区国际物流方面的发展提供了良好的政策环境和支持。

表5-11 2023年长三角城市群物流国际物流指数前10位

序号	城市	国际物流指数	全国排名	序号	城市	国际物流指数	全国排名
1	上海	57.30	1	6	南京	5.62	23
2	杭州	28.07	4	7	连云港	5.42	24
3	宁波	14.78	10	8	合肥	3.97	29
4	苏州	9.28	16	9	金华	2.93	31
5	舟山	6.99	18	10	镇江	1.62	41

第三节 趋势和展望:建设下一代全球物流高地

一、发展趋势

《长江三角洲区域一体化发展规划纲要》指出,长三角地区将坚持协调共进,着眼于一盘棋整体谋划,进一步发挥上海龙头带动作用,苏浙皖各扬所长,推动城乡区域融合发展和跨界区域合作,提升区域整体竞争力,形成分工合理、优势互补、各具特色的协调发展格局。长三角地区物流发展方面,将以"大通关、大物流"思想为指导,融通海港、空港、无水港、江河港四港,衔接水路、铁路、航空、管道四种运输方式,建立以物流供应网为主干、区域加工配送网为分支、物流信息网为纽带的区域物流网络体系,进一步加强区域物流协同,推动物流资源大整合,构建"长三角物流合作经济圈"。

长三角地区正加速建设成为具有全球影响力的现代物流中心,现已具备雄厚的综合实力、完备的物流基础设施、强大的资源整合能力。但在建设过程中仍存在不足:长三角区域物流内部发展方面,仍存在区域内发展不平衡不充分,跨区域共建共享共保共治机制尚不健全,物流节点设施和信息平台之间"建而未联、联而不通、通而不畅"的问题;区域对外方面,长三角地区虽已跻身全球资源配置能力的生产中心,但全球中心性仍然相对薄弱,国际海港枢纽和航空枢纽的国际物流竞争力、吸引力和辐射力有待进一步强化。城市物流竞争力二级指标雷达图如图5-3所示。

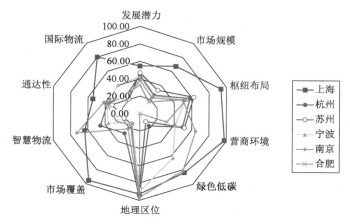

图5-3 2023年长三角地区主要城市物流竞争力二级指标雷达图

面对长江三角洲区域一体化、世界级城市群建设、现代物流中心等发展要求,未来长三角地区物流发展将注重补齐短板,通过构建"一体系四能力",推动区域物流提质增效降本,实现更高质量的发展。同时,进一步发展全球资源配置功能,包括全球科技创新策源功能、高端产业引领功能和开放枢纽门户功能,更好发挥支撑引领新发展格局的作用,加速建设成为全球领先的下一代物流高地。

二、发展展望

(一)全面推进国际枢纽建设,提升国际物流竞争能力

长三角地区作为中国经济发展的重要引擎和对外开放的前沿,已具备较为完善的港口和航空运输网络,已与全球160多个国家和地区建立了广泛的贸易联系。长三角地区将充分发挥上海、南京、杭州等核心城市的引领作用,全面建设国际枢纽,提升开放能级和国际物流竞争能力,进一步巩固和扩大在全球物流版图中的战略地位。持续加强与"一带一路"沿线港口的深度合作,通过建立跨区域港口联盟、港航联盟,进一步拓展国际集装箱航线,并强化与国际港口的互联互通。积极培育和引进国内外知名的货运航空公司,鼓励和支持企业开通至日韩、欧美、东南亚及我国港澳台地区的全货运航线,实现通达欧美、辐射亚洲的物流布局,构建更加完善的国际航空货运网络。同时,依托新亚欧大陆桥等国际铁路货运通道,加快提升铁路货运场站的国际集装箱运输中转功能,推动集装箱国际班列的高效发展,从而全面提升其在国际物流领域的竞争力。

(二)全面提升多式联运水平,打造高效区域物流体系

长三角地区依托强大的港口群和密集的铁路网、公路网,实现了铁水联运、江海直达等多种运输方式的有效衔接和高效协同。面对日益增长的物流需求和复杂多变的国际市场环境,长三角地区将致力于全面提升货物多式联运水平,打造专业化、高效率的物流系统。继续大力发展铁水、江海等货物多式联运,有序发展甩挂运输,并推广"电子运单",以促进货运

"一单制"建设,支持有实力的运输企业向多式联运经营人、综合物流服务商转变,整合物流服务资源,向供应链上下游延伸。加快托盘、集装箱等标准化基础装载单元的推广使用和循环共用,统一交通物流各领域设施、设备、技术、操作等标准,以支撑供应链一体化运作,进一步优化物流系统。依托电子赋码制度和绿色畅行物流单,强化交通物流全程组织,实现货物一站托运、无缝转运、智能仓储。加快内河运输船舶相关证件信息的电子化进程,推进内河船型标准化,并促进江海直达和江海联运的发展。为了打造更专业化、更高效率的物流系统,长三角将对接产业升级、区域分工和国际合作,研究推进交通网络客货分离,构建并推广精益物流、共同配送等专业化、高效率、低成本的物流系统。同时,结合高铁建设和干线铁路扩能改造,长三角将推进城市中心区铁路客货分线,并支持高铁快递、电商快递班列的发展,以实现更加便捷、高效的物流服务。

(三)加速推动物流数转智改,提高绿色要素赋能能力

长三角地区以其独特的地理位置和强大的经济发展水平,为智慧物流与绿色供应链的加速发展奠定了坚实基础。长三角地区已形成了以上海为中心,包括苏州、无锡、南通等城市在内的上海物流圈,以及南京和杭州物流圈,物流基础设施完善,进出口物流比重大、水平高。随着大数据、云计算、物联网等技术的广泛应用,物流作业单元呈现标准化与数字化发展趋势,物流硬件体系向功能模块与系统即插即用转变,物流系统则呈现软硬件融合创新的总趋势。智慧物流的特征逐渐显现为软件定义物流的新趋势,这不仅催生了物流降本增效的新思维,也推动了物流行业的整体升级。同时,推动物流行业向更加环保和可持续的方向转型,绿色低碳发展成为物流行业的重要方向,长三角地区注重使用电动和氢能车辆,优化运输路线,减少碳排放,物流企业通过采用绿色包装、新能源车辆等措施,积极应对ESG要求,实现可持续发展。

(四)加速推进区域物流系统,发挥产业合作集群优势

长三角地区经济一体化进程的加快,为物流一体化提供了有力支撑。政府积极推动地区间的物流合作,空间布局上由分散走向集中,物流资源实现大整合,成功构建了"长三角物流合作经济圈"。未来,长三角地区将继续深化物流一体化发展,通过完善区域物流网络体系,实现物流资源的优化配置和高效利用。以"大通关、大物流"思想为指导,融通海港、空港、无水港、江河港四港,衔接水路、铁路、航空、管道四种运输方式,建立以物流供应网为主干、区域加工配送网为分支、物流信息网为纽带的区域物流网络体系。同时,长三角地区产业集群化现象明显,为物流行业的发展提供了有力支撑。以食品产业为例,长三角地区的食品冷链化率持续提升且领跑全国,柔性化生产程度加深推动物流运输从"重"变"轻"。未来,长三角地区将继续发挥产业集群优势,推动物流行业的协同发展。

(五)加快推广低空物流场景,引领物流模式创新发展

长三角地区依托其雄厚的产业基础、完善的供应链体系和优越的地理位置,正积极推动

低空经济产业链上下游的协同发展,积极布局并推动低空经济与物流的融合发展,打造区域产业融合与升级的新高地。《上海市低空经济产业高质量发展行动方案(2024—2027年)》的发布,标志着上海将联合长三角城市建设全国首批低空省际通航城市,初步建成"海-岸-城"低空智慧物流商业体系。低空经济的发展不仅为物流行业提供了新的运输方式,还将带动相关产业链的发展,包括飞行、制造、维护、服务等相关产业。长三角地区在航空产业方面的优势,为其在低空经济领域的布局提供了有力保障。

本章参考文献

[1] 中华人民共和国中央人民政府.长三角生态绿色一体化发展示范区总体方案[EB/OL].(2019-11-19)[2024-08-05].https://www.gov.cn/xinwen/2019-11-19/5453512/files/lea2d01619194ceeadbd0160215ffb66.pdf.

[2] 中华人民共和国中央人民政府.长江三角洲区域一体化发展规划纲要[EB/OL].(2019-12-01)[2024-08-05].https://www.gov.cn/zhengce/2019-12/01/content_5457442.htm.

[3] 国家发展和改革委员会,交通运输部.长江三角洲地区交通运输更高质量一体化发展规划[EB/OL].(2020-04-02)[2024-08-05].https://www.gov.cn/zhengce/zhengceku/2020-04/29/content_5507368.htm.

[4] 国家发展和改革委员会,住房和城乡建设部.长江三角洲城市群发展规划[EB/OL].(2016-06-01)[2024-08-05].https://www.ndrc.gov.cn/xxgk/zcfb/tz/201606/t20160603_963084_ext.html.

[5] 上海市人民政府江苏省人民政府浙江省人民政府.关于进一步支持长三角生态绿色一体化发展示范区高质量发展的若干政策措施[EB/OL].(2022-08-12)[2024-08-07].https://www.shanghai.gov.cn/nw48506/20200825/0001-48506_65227.html.

[6] 金华市人民政府.2023年金华政府工作报告[EB/OL].(2023-02-14)[2024-08-10].http://www.jinhua.gov.cn/art/2023/2/14/art_1229161268_4062509.html.

[7] 上海市人民政府.上海市服务业发展"十四五"规划[EB/OL].(2021-06-16)[2024-08-10].https://www.shanghai.gov.cn/202115bgtwj/20210805/0d4d96b9029348be9a4b70399800546e.html.

[8] 苏州市人民政府.苏州市现代物流产业发展和空间布局规划(2023~2035)[EB/OL].(2023-12-13)[2024-08-12].https://www.suzhou.gov.cn/szsrmzf/zfwj/202312/026bfc33c0014a61bb3ca9c618175029.shtml.

[9] 上海市人民政府.2023年上海市政府工作报告[EB/OL].(2023-01-17)[2024-08-12].https://www.shanghai.gov.cn/nw12336/20230117/b511b08dd4e54a13bc592fed41ce2510.html.

[10] 国务院办公厅.关于持续优化营商环境的实施意见[EB/OL].(2020-07-21)[2024-08-12].https://www.gov.cn/zhengce/content/2020-07/21/content_5528615.htm.

[11] 南京市人民政府.南京市2024年优化营商环境工作要点[EB/OL].(2024-03-29)[2024-08-12].

https://www.nanjing.gov.cn/xxgkn/zfgb/202407/t20240727_4725245.html.

[12] 安徽省交通运输厅. 安徽省促进网络货运行业健康发展若干政策措施[EB/OL]. (2022-08-18)[2024-08-12]. https://www.huangshan.gov.cn/zwgk/public/6615714/10780244.html.

[13] 南京市人民政府. 上海市低空经济产业高质量发展行动方案(2024—2027年)[EB/OL]. (2024-08-16)[2024-08-20]. https://www.shanghai.gov.cn/nw12344/20240816/da714ee861614ef2abae9a2b7ca317b6.html.

第六章 西部陆海新通道沿线城市物流竞争力分析

西部陆海新通道位于我国西部地区腹地,辐射18个省(区、市)的72个城市,沿线核心覆盖区经济总量约占全国的11%。西部陆海新通道北接丝绸之路经济带,南连21世纪海上丝绸之路,协同衔接长江经济带,是我国构建"双循环"新发展格局的重要举措,也是欧洲、中亚、南亚、东南亚与我国之间不可替代的重要陆上通道,在区域协调发展格局中具有重要战略地位。随着西部陆海新通道上升为国家战略,沿线城市的物流竞争力显著提升,物流开放地位和辐射能级进一步加强。

第一节 西部陆海新通道物流发展总体情况

一、空间联动格局基本形成,互联互通水平不断提升

2017年,重庆、广西、贵州、甘肃等四省(区、市)签署《关于合作共建中新互联互通项目南向通道的框架协议》,标志着西部陆海新通道建设正式启动。2019年,国家发改委印发《西部陆海新通道总体规划》,通道建设从地方探索上升为国家战略,形成了通道的整体空间布局,并从加快运输通道发展、促进通道与区域经济融合发展等六方面制定了建设方案。2021年,国家发改委印发《"十四五"推进西部陆海新通道高质量建设实施方案》,在《西部陆海新通道总体规划》基础上,进一步明确了"十四五"时期通道的建设目标。截至2023年底,经过7年的建设与发展,西部陆海新通道形成了"13+2"共建机制,物流网络覆盖了全球123个国家和地区的514个港口,已经成为推动形成"陆海内外联动、东西双向互济"对外开放格局的重要抓手和促进西部地区经济增长、深化国际合作的关键举措。

西部陆海新通道建设期间,沿线各省(区、市)陆续推出多项通道建设专项规划、支持政策和实施方案。重庆作为新时代西部大开发的重要战略支点,充分利用西部陆海新通道建设机遇,大力推动国际开放物流通道建设,陆续出台《重庆市推进西部陆海新通道建设实施方案》《重庆市支持西部陆海新通道高质量发展若干政策措施》等文件,为重庆市的物流发展提供政策基础。广西着力将北部湾港口作为西部陆海新通道建设的桥头堡,大力推动港口资源整合和国际航运发展,提升西部陆海新通道的海外辐射宽度,陆续出台《广西建设西部

陆海新通道三年提升行动计划(2021—2023年)》《广西高质量建设西部陆海新通道若干政策措施》等政策,推动北部湾国际航运中心建设。主要政策及内容见表6-1。

各省(区、市)有关西部陆海新通道政策文件 表6-1

省(区、市)	印发时间	政策名称	主要内容
重庆	2020年	《重庆市推进西部陆海新通道建设实施方案》	围绕建设重庆运营组织中心、完善通道网络体系、培育通道经济和枢纽经济等主要目标,提出的一系列建设方案
	2024年	《重庆市支持西部陆海新通道高质量发展若干政策措施》	围绕建设内陆国际物流枢纽和口岸高地、有机衔接中欧班列、长江黄金水道、国际航空网络通道等目标,提出的一系列建设措施
四川	2020年	《四川加快西部陆海新通道建设实施方案》	围绕加快通道和物流设施建设、提升南向互联互通水平、扩大四川省对外开放等目标,提出的一系列重点工作
	2021年	《四川省"十四五"推进西部陆海新通道高质量建设工作方案》	针对2025年通道发展目标,围绕补齐基础设施短板、推动陆海双向开放等目标,提出的一系列工作方案
贵州	2020年	《贵阳市推进西部陆海新通道建设实施方案》	围绕建设西部战略通道、陆海联动通道、陆海贸易通道、综合运输通道的定位,对贵阳市西部陆海新通道建设的发展目标及重点任务做出的明确规划
	2023年	《渝黔深化合作推动乌江航运高质量发展建设实施方案(2023—2027年)》	围绕乌江通航设施提级扩能、构建开放引领、区域协同、便捷高效、绿色集约的现代航运体系等目标,渝黔两省市制定的一系列发展任务和重点建设对象
广西	2021年	《广西建设西部陆海新通道三年提升行动计划(2021—2023年)》	围绕提升北部湾国际门户港服务辐射效能、加快通道基础设施建设、引导交通、物流、贸易、产业融合发展等目标,提出的一系列建设要求和实施方案
	2022年	《广西高质量建设西部陆海新通道若干政策措施》	围绕支持北部湾港海铁联运发展、支持跨境运输和航空物流发展、支持降低物流成本和提升通关效率等6个方面内容,提出的22项具体措施
云南	2023年	《中国·昆明国际陆港建设实施方案》	围绕面向印度洋国际陆海大通道构建、提升我国向南亚、东南亚的辐射能力等发展目标,针对昆明国际陆港提出的一系列发展目标与主要工作任务

自西部陆海新通道建设提出以来,沿线省份和城市统筹区域基础条件和未来发展需要,着力于优化主通道布局,创新物流组织模式,强化区域中心城市和物流节点城市的枢纽辐射

作用,发挥铁路在陆路运输中的骨干作用和港口在海上运输中的门户作用,促进形成通道引领、枢纽支撑、衔接高效、辐射带动的发展格局。

(一)主通道建设日趋完善

《西部陆海新通道总体规划》明确指出,要建设自重庆经贵阳、南宁至北部湾出海口(北部湾港、洋浦港),自重庆经怀化、柳州至北部湾出海口,以及自成都经泸州、百色至北部湾出海口三条通道,共同形成西部陆海新通道的主通道。为加快建设主通道以满足运能需求,一大批干线铁路和公路建设按下"加速键"。广西平陆运河建设全面提速(图6-1),黄百铁路全线建设,贵南高铁开通运营,渝怀铁路增建二线、渝昆高铁、重黔高铁、渝万高铁、成渝中线高铁、西渝高铁、成达万高铁等项目建设加速推进。G69银百高速城口至开州路段、G65渝湘高速复线建设如火如荼,G75渝黔高速、G93渝遂高速等项目扩能改造工作也在加快推进。西部陆海新通道的建设得到西部各省(区、市)的大力支持,建设运营范围已覆盖我国西部地区大部分省(区、市),真正成为西部地区纵贯南北、通江达海的重大战略通道,既提高了省际互联互通通达度,又通过交通建设深化了西部地区同东部地区的经济联系,更有力地提供给西部地区广阔开放机遇,实现通道共建、红利共享。

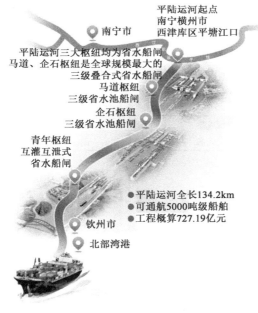

图6-1 平陆运河示意图

图片来源:广西日报。

(二)沿线枢纽场站布局有序推进

西部陆海新通道沿线枢纽场站布局不断完善。《西部陆海新通道总体规划》要求着力打造国际性综合交通枢纽,充分发挥重庆位于"一带一路"和长江经济带交会点的区位优势,建设通道物流和运营组织中心;发挥成都国家重要商贸物流中心作用,增强对通道发展的引领带动作用;建设广西北部湾国际门户港,发挥海南洋浦的区域国际集装箱枢纽港作用,提升通道出海口功能。重庆市政府从多个方面推动打造内陆开放枢纽场站,中新、中缅、中老等通道不断拓展,干支航道整治有序推进,常年5000吨级船舶直达主城都市区加快实现,沙坪坝从综合保税区、口岸等平台入手,全面提升开放枢纽承载力。重庆市通过构建综合立体大通道,拓展开放的广度与深度,国际型枢纽场站得到进一步完善。以广西北部湾港口群、广东湛江港、海南洋浦港作为通道向海门户,形成国际门户港、国际集装箱枢纽港、现代化深水海港的枢纽场站体系,以宜宾、泸州、贵阳、昆明、南宁等城市作为物流枢纽和重要物流节点,共同构建连接核心增长极与南部出海口的衔接纽带,对外开放水平进一步提高。

二、沿线城市发展稳中向好,经济增长势能持续激发

西部陆海新通道已经成为推进西部大开发形成新格局的战略通道,同时也是支撑西部地区参与国际经济合作的陆海贸易通道,成为带动中国西部地区经济社会发展和对外开放的重要引擎。在通道的高质量建设下,沿线城市经济发展稳中向好。以重庆、成都、贵阳、昆明、南宁和宜宾六座城市为例,各个城市的地区生产总值增长速度均保持较高水平,见图6-2。2023年,重庆实现地区生产总值30145.79亿元,比上年增长6.1%,不论是地区生产总值还是增长速度,均位居前位。宜宾作为"万里长江第一城",在西部陆海新通道和沿江通道的发展中均扮演着举足轻重的角色,其地区生产总值增长速度自2018年以来年平均在7%以上,发展势头迅猛。在贯通南北、强化辐射的建设原则下,陆海新通道初步实现由点成线、由线到面的发展局面,促进整个西部地区经济社会高质量发展。

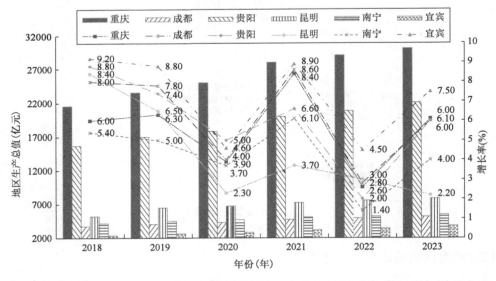

图6-2 2018—2023年沿线重点城市地区生产总值及增长率

数据来源:各市国民经济和社会发展统计公报。

三、区域物流体系逐步完善，物流服务质量不断提高

随着主通道及沿线枢纽场站建设不断推进，西部陆海新通道辐射地区的物流运输体系得到进一步完善。铁路与公路货运站场、重点港口设施设备升级扩能，沿线各省（区、市）聚力主通道铁路堵点打通，焦作至柳州铁路怀化段电气化改造完成，防城港至东兴铁路、叙永至毕节铁路等关键节点项目先后建成并投入使用。港口更加注重装卸效率提升，"船边直提"业务模式在重庆永川港顺利落地，广西北部湾国际集装箱码头有限公司配备的岸桥已全部采用双箱作业。货物运输时间、场站滞留时间都因基础设施的改造而大大减小。不同省（区、市）之间的交流更加频繁，合作力度不断加大。广西与重庆高质量共建西部陆海新通道，积极对接成渝地区双城经济圈，推动多领域合作上新台阶。四川和贵州签署多个深化战略合作协议，川黔"好邻居、好伙伴"的紧密关系进一步发展。合作带来的物流信息共享为构建智慧物流体系带来积极影响。多式联运不断完善，铁海联运、公铁联运等得到快速发展。广西作为西部最近出海地，不断完善公路、铁路体系实现与周边省份、国家的通道连接，不断加强与重庆、成都等内陆枢纽合作，西部出海格局逐渐改变，初步形成了连接西南、西北并以北部湾港为出海口的多式联运国际大通道。

物流运输体系的完善带来物流体量和质量的大幅提升。西部陆海新通道凭借便利、快捷、低成本的运输优势，班列运行线路从最初的1条发展到如今的17条，并与中欧班列、沿江通道衔接紧密，形成了由线到面，覆盖全国18省（区、市）72市149个铁路站点的交通物流网络。2023年1—9月，西部陆海新通道铁海联运班列、跨境公路班车（重庆、四川）、国际铁路联运班列（重庆、广西、四川）运输箱量共计44.99万TEU，同比增长7%，运输货值454.21亿元，同比增长14%，见表6-2。去回程运输箱量和运输货值比重分别为60:40、49:51，基本实现双向运输平衡。

2023年1—9月西部陆海新通道总体开行情况　　表6-2

运输方式	开行列数（列、车次）	同比增幅（%）	运输箱量（TEU）	同比增幅（%）	运输货值（亿元）	同比增幅（%）
铁海联运班列	8518	7	426517	7	335.693	-1
跨境公路班车	4353	83	9538	81	84.82	196
国际铁路联运班列	827	34	13854	-17	33.7	-3
合计	—	—	449909	7	454.213	14

资料来源：西部陆海新通道门户网。

不仅货运量增幅较大，运输品类也从最初的陶瓷、板材等50多种，增至粮食、汽车配件、电脑配件、装饰材料等1143种。2023年1—9月经北部湾铁海联运班列、跨境公路班车、国际铁路联运班列的运输品类见表6-3。西部陆海新通道迅猛发展，从优服务、育产业、促开放、强合作等多个维度共同助力西部地区形成更高水平、更大范围的对外开放新格局。

2023年1—9月经北部湾铁海联运班列、跨境公路班车、国际铁路联运班列运输品类　表6-3

线路		去程货物主要品类	回程货物主要品类
经北部湾港铁海联运班列运输品类	重庆—北部湾港	化工原料及制品、机械设备及电器、轻工产品	非金属矿石、轻工及医药产品、金属矿石
	内蒙古—北部湾港	—	卷纸
	湖南—北部湾港	重金石、硫酸铵	玉米
	广西—北部湾港	汽车零配件	粮食
	四川—北部湾港	汽车零配件	氧化镁、建筑陶瓷
	贵州—北部湾港	磷酸二铵	粮食
	云南—北部湾港	重钙、氢钙	粮食、石制品
	陕西—北部湾港	—	液晶显示器、白砂糖
	甘肃—北部湾港	铝卷、锌锭、苹果	骨粒、液晶显示器
	青海—北部湾港	纯碱、小麦	—
	新疆—北部湾港	—	滤清器
	西藏—北部湾港	UPVC（硬聚氯乙烯）型材	—
跨境公路班车运输品类	重庆—东盟	摩托车零配件、机电设备、电子产品等	电子产品、生活用品等
	四川—东盟	笔记本电脑零配件、水果等	便携式电脑主机板、车载液晶显示屏等
国际铁路联运班列运输品类	重庆—越南、老挝	汽摩整车及零配件、发电机、高分子化工产品等	服饰鞋帽、中控台控制屏、汽车电池用外壳、汽车发动机铝电池座、食品、木薯淀粉等
	四川—越南、老挝	化肥、装饰装修材料、建材、机械设备等	农副产品
	广西—越南	机械设备、光伏产品、日用杂品、电子零配件等	电子产品、金属矿类、水果等

资料来源：西部陆海新通道门户网。

四、数字化智能化赋能建设，智能创新成果应用广泛

在推进硬件设施变强、物流运营与服务保障水平提升的同时，西部陆海新通道更加注重自主创新赋能、智能服务与实体经济、线下物流、多元场景深度融合，推动通道实现经济、高效、便捷、绿色、安全发展。沿线各省（区、市）高度重视数字化、智能化新技术在新通道建设中的应用，通过建设数字化、信息化平台推出一系列便利化线上服务。宁夏国际贸易"单一窗口"已上线19大类781项服务功能，38种进出口环节监管证件全部通过"单一窗口"受理。新疆推动5G（第5代移动通信技术）、新基建与交通基础设施融合发展，提升通道信息平台共享能力，推动通道运输资源集约化、高效化发展。重庆在全国范围内率先搭建国家外汇管理局跨境金融区块链服务平台，开展物流融资结算应用场景试点，不断提升企业跨境融资及结算效率。云南推动口岸电子化、信息化、智能化水平全面提升，推进海事、海关、出入境边防检查等一次性联合检查和无纸化通关。多种智能创新成果的应用彰显出通道强大的生命活

力,大大提升了服务质量和运输效率。

五、国际开放能级显著提升,枢纽辐射能力不断强化

西部陆海新通道有机衔接丝绸之路经济带和21世纪海上丝绸之路,加强中国—中南半岛、孟中印缅、新亚欧大陆桥、中国—中亚—西亚等国际经济走廊的联系互动,西部陆海新通道成为促进陆海内外联动、东西双向互济的桥梁和纽带。在国家政策引导下,一大批国内企业通过新通道"走出去",同时众多外向型产业通过新通道"引进来"。青海开拓盐湖化工产品通向东南亚市场的货运通道,成功实现纯碱、聚氯乙烯等产品向东南亚市场的规模化出口。重庆开行至印度、印度尼西亚、菲律宾等国家定制化专列,助力小康工业、宗申集团、庆铃汽车、万凯新材料等"重庆造"产品直达海外,赛力斯汽车、海马汽车、习普生物等外国企业利用新通道实现降本增效,老中经贸促进会、东盟商品集采城等20多个项目和机构入驻重庆。马来西亚的石化、菲律宾的金属矿产、越南的制造加工产业也随着新通道的发展进入中国。西部陆海新通道以"全链条、大平台、新业态"为指引,促进多式联运蓬勃发展,加快枢纽化物流网络打造,推动"物流+贸易+产业"运行模式创新,使得区域协同发展形成新格局战略通道作用更加彰显,经济深度融合综合性国际大通道功能更加完备。

第二节 西部陆海新通道核心覆盖区城市物流竞争力分析

一、总体评价

本节选取西部陆海新通道核心覆盖区城市进行物流竞争力分析,分别为重庆、贵阳、成都、昆明、南宁、宜宾、怀化等37个重要城市,各个城市物流吸引力、物流辐射力、物流竞争力得分和排名可见图6-3。其中,西部陆海新通道核心覆盖区城市物流竞争力靠前的重庆、成都、贵阳、昆明、南宁、宜宾等六座城市,近三年的城市物流竞争力以及物流吸引力、物流辐射力指数可见表6-4。

重庆市2023年度城市物流竞争力位居全国第五,得分为38.33,虽比2020年度下降了7.1,但重庆市依旧是西部地区物流综合竞争力最强的城市。重庆市的城市物流吸引力指数和城市物流辐射力指数排名分别为第5位和第11位,相较于2020年排名均有所下滑,其中城市物流辐射指数下滑更为明显。受到人口自然增长率下降以及人口净流出的影响,重庆2023年常住人口减少近22万,为近年来首次下降。重庆市营商环境指数相较于2020年有所下降,物流企业布局、城市拥堵情况等参数也出现了小幅度下滑,最终造成重庆市的物流吸引力指数下降。与此同时,受到全球货物贸易量大幅下滑的冲击,国际货邮吞吐量与港口外贸吞吐量分别比2020年分别减少5.78%和12.69%,国内航班数也减少较多,重庆市的物流辐射力出现下滑。

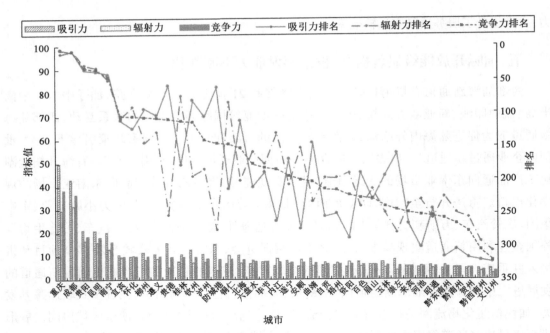

图6-3 通道核心覆盖区城市物流竞争力、吸引力、辐射力指数及排名

6座主要城市2019、2020、2023年物流竞争力、吸引力、辐射力指数及排名 表6-4

年份	城市	城市物流竞争力指数	排名	城市物流吸引力指数	排名	城市物流辐射力指数	排名
2023	重庆	38.33	5	49.70	5	29.78	11
	成都	36.43	8	42.81	8	31.64	7
	贵阳	18.75	32	21.41	35	16.76	28
	昆明	18.23	35	21.09	37	16.08	32
	南宁	16.26	45	20.36	41	13.17	50
	宜宾	10.12	104	10.64	111	9.73	107
2020	重庆	45.43	5	53.81	4	36.71	6
	成都	40.36	8	45.36	8	35.16	10
	贵阳	22.53	40	26.11	44	18.81	39
	昆明	25.60	30	28.70	30	22.37	24
	南宁	21.79	43	28.29	33	15.04	61
	宜宾	12.85	158	15.94	143	9.62	179
2019	重庆	56.02	5	54.38	4	57.65	5
	成都	49.28	8	45.46	8	53.11	7
	贵阳	29.32	37	25.29	42	33.35	31
	昆明	33.43	23	28.65	29	38.22	19
	南宁	29.15	38	25.90	37	32.39	33
	宜宾	16.64	166	13.59	148	19.68	185

宜宾市发展迅猛,目前跻身通道核心覆盖区城市第6位,城市物流竞争力从2019年全国166位,到2020年全国158位,再到2023年全国104位。宜宾借助长江经济带发展、成渝地区双城经济圈建设等国家重大战略、西部陆海新通道的发展红利,不断巩固四川南向开放枢纽门户的地位与作用。

综合来看,西部陆海新通道作为推动西部地区高质量发展、建设现代化经济体系的有力支撑,为沿线城市发展带来了巨大的帮助。

二、分项评价

(一)发展潜力指数

整体来看,西部陆海新通道核心覆盖区城市发展潜力指数在全国范围内较为落后,全国平均排名211位,排名全国前100位的城市仅有6座,其中重庆依旧位居榜首。核心覆盖区城市发展潜力指数前10位分别为重庆、成都、贵阳、遵义、防城港、曲靖、宜宾、昆明、南宁、毕节,见表6-5。

通道核心城市发展潜力指数前10位 表6-5

序号	城市	发展潜力指数	全国城市排名	序号	城市	发展潜力指数	全国城市排名
1	重庆	40.25	4	6	曲靖	16.36	97
2	成都	31.21	8	7	宜宾	15.57	117
3	贵阳	19.24	52	8	昆明	14.84	149
4	遵义	17.55	68	9	南宁	14.43	163
5	防城港	17.01	83	10	毕节	14.38	165

2023年,通道核心覆盖区城市实现全员经济正增长。其中,重庆2023年地区生产总值总量达30145.79亿元,位居全国第5位、通道核心城市首位,防城港以8.6%的地区生产总值增长率位居通道核心城市增长率首位。各城市第二产业和邮政行业业务收入也保持良好增长,重庆第二产业增长值达11699.14亿元,超过上海,仅次于深圳,位居全国第二。成都邮政行业业务收入达242.36亿元,位居全国第9位。由于全国人口自然增长率下降以及部分城市人口净流出情况严重,不少通道沿线城市常住人口出现负增长,对于城市的发展潜力有着较大的影响。在以上指标的带动下,通道核心城市公路货运量以及快递包裹均保持较好发展,仅个别城市或地区出现小幅度下降,物流整体发展潜力仍然巨大。

(二)市场规模指数

西部陆海新通道核心覆盖区城市的市场规模指数全国平均排名为165位,较发展潜力指数略有提高。其中,排名全国前100位的城市有9座,重庆依旧位居榜首。核心覆盖区城市市场规模指数前10位分别为重庆、成都、贵阳、昆明、南宁、曲靖、柳州、玉林、宜宾、遵义,见表6-6。

通道核心城市市场规模指数前10位　　　　　　　　　　　　　　　　表6-6

序号	城市	市场规模指数	全国城市排名	序号	城市	市场规模指数	全国城市排名
1	重庆	52.01	5	6	曲靖	7.78	71
2	成都	36.14	7	7	柳州	6.47	87
3	贵阳	15.85	27	8	玉林	6.11	97
4	昆明	15.58	28	9	宜宾	6.08	100
5	南宁	12.44	40	10	遵义	5.70	112

　　2023年,重庆公路货运量达117583.76万t,位居全国首位,贵阳以91857.15万t紧随其后,位居全国第2。快递业务量在2023年迎来暴发,所有通道核心城市快递业务量均涨幅较大,成都以215300万件位居全国第12位,为通道核心城市首位。广西贵港的快递业务量从2020年1399.85万件上涨至2023年5380.52万件,以284%的涨幅位居增长速率榜首位。2023年,重庆实现年社会消费品零售总额15130.25亿元,位居全国第2,仅次于上海,成都、重庆分别实现年对外贸易总额7489.8亿元和7137.39亿元,分别位于全国第12和第13名,由此可见相较于商品消费能力,西部核心城市在对外贸易规模方面仍有较大的提升潜力。

（三）枢纽布局指数

　　西部陆海新通道核心覆盖区城市的枢纽布局指数全国平均排名为168位,其中排名全国前100位的城市有11座,成都位居榜首,全国排名第4名。核心覆盖区城市枢纽布局指数前10位分别为成都、重庆、昆明、贵阳、南宁、柳州、怀化、遵义、泸州、钦州,见表6-7。

通道核心城市枢纽布局指数前10位　　　　　　　　　　　　　　　　表6-7

序号	城市	枢纽布局指数	全国城市排名	序号	城市	枢纽布局指数	全国城市排名
1	成都	77.20	4	6	柳州	21.61	59
2	重庆	65.78	8	7	怀化	18.88	67
3	昆明	44.92	19	8	遵义	17.43	79
4	贵阳	37.53	30	9	泸州	17.21	81
5	南宁	33.16	37	10	钦州	15.45	94

　　在成渝地区双城经济圈以及西部大开发战略部署的双重推动下,成渝地区被打造为带动全国高质量发展的重要增长极和新的动力源。2023年,成都综合交通物流枢纽布局指数得分77.20,全国排名第4名,重庆紧随其后,综合交通物流枢纽布局指数得分65.78,全国排名第8名。2018年,《国家物流枢纽布局和建设规划》将重庆市布局为陆港型、港口型、空港型、生产服务型、商贸服务型国家物流枢纽承载城市,是国内三个"五型枢纽"城市之一。2023年,重庆商贸服务型、泸州港口型、贵阳生产服务型及大理商贸服务型物流枢纽入选国家物流枢纽建设名单,越来越多的西部城市朝着物流枢纽城市迈进。2023年,成都市以73个城市物流园数量位居全国第十,通道核心城市物流园数量变化相对稳定。然而作为西部

的超大城市,重庆的城市拥堵情况不容乐观,拥堵指数在国内排名仅次于北京,排名第二。

(四)营商环境指数

西部陆海新通道核心覆盖区的城市营商环境指数全国平均排名为161位,且排名相对向两端集中,其中排名全国前100位的城市有13座,排名在全国后100位的城市有10座,成都位居榜首,全国排名第8位。核心覆盖区城市营商环境指数前10位分别为成都、重庆、南宁、贵阳、昆明、钦州、泸州、遂宁、防城港、柳州,见表6-8。

通道核心城市营商环境指数前10位 表6-8

序号	城市	营商环境指数	全国城市排名	序号	城市	营商环境指数	全国城市排名
1	成都	60.89	8	6	钦州	22.46	53
2	重庆	57.05	10	7	泸州	19.86	63
3	南宁	37.91	25	8	遂宁	17.48	66
4	贵阳	31.62	33	9	防城港	17.30	67
5	昆明	25.58	47	10	柳州	17.22	68

《成渝地区双城经济圈建设规划纲要》中明确要求,加强顶层设计和统筹协调,牢固树立一体化发展理念,唱好"双城记",共建经济圈,合力打造区域协作的高水平样板,在推进新时代西部大开发中发挥支撑作用,在共建"一带一路"中发挥带动作用,在推进长江经济带绿色发展中发挥示范作用。在国家各类政策的支持下,成都、重庆两座核心城市的综合能级和国际竞争力得到了不小提升,营商环境也得到极大改善。2023年,成都、重庆城市营商环境指数分别为60.89和57.05,位居全国第8和第10。南宁近年来把优化营商环境作为政府转变职能、激发市场主体活力、促进高质量发展的重要抓手,通过一系列改革举措来优化营商环境,例如建立企业"办不成事"诉求直达快办工作机制、在全区率先试行政府采购项目远程异地评审管理办法,降低了市场主体的制度性交易成本等,营商环境指数排名从2020年全国第35位上升至2023年全国第25位。通道核心城市的金融机构贷款余额都在逐年稳步上升,2023年,成都市金融机构贷款余额达60498亿元,位居全国第6,重庆以56730.17亿元紧随其后,位居全国第7。

(五)绿色低碳指数

西部陆海新通道核心覆盖区的城市绿色低碳指数全国平均排名为96位,其中排名全国前100位的城市有11座,贵港市位居榜首,全国排名第4名。核心覆盖区城市绿色低碳指数前10位分别为贵港、防城港、钦州、北海、重庆、南宁、怀化、宜宾、柳州、毕节,见表6-9。

通道核心城市绿色低碳指数前10位 表6-9

序号	城市	绿色低碳指数	全国城市排名	序号	城市	绿色低碳指数	全国城市排名
1	贵港	95.54	4	4	北海	22.04	53
2	防城港	57.53	20	5	重庆	21.40	54
3	钦州	23.05	50	6	南宁	14.49	65

续上表

序号	城市	绿色低碳指数	全国城市排名	序号	城市	绿色低碳指数	全国城市排名
7	怀化	8.49	73	9	柳州	6.53	82
8	宜宾	7.49	76	10	毕节	4.74	89

贵港港作为全国内河主要港口之一，不仅是西南东向出海的主要中转港口，也是泛珠江三角洲经济区和中国—东盟自由贸易区物流通道的"桥头堡"。其年货物吞吐能力、年造船能力、年货运船舶运力均占广西的50%以上。2023年，贵港港的货物吞吐量为6.63亿t，港口集装箱吞吐量957.35万TEU，水路占公路水路货运量的67.64%，是全国为数不多占比过半的城市之一。重庆对水运的依赖程度较高，长江黄金水道在带动西部大开发中的作用突出。重庆90%以上的外贸物资运输依靠内河航运，60%以上的社会运输周转量依赖水运完成，周边省份货物通过重庆港中转比例达到45%，全市长江干支航道网总里程达到4472km，其中全市三级及以上高等级航道里程突破1100km，2023年全市港口货物吞吐量突破2.2亿t，水路货运量达到2.1亿t，均居西部第1。对于地理位置不适合发展水路运输的城市，如成都、遂宁、昆明等，水路运输所占比例微乎其微，故在绿色低碳指数上稍逊一筹。

（六）地理区位指数

西部陆海新通道核心覆盖区的城市地理区位指数全国平均排名为176位，其中排名全国前100位的城市仅有4座，怀化市位居榜首，全国排名第41位。核心覆盖区城市地理区位指数前10位分别为怀化、重庆、铜仁、贵阳、黔东南苗族侗族自治州、桂林、成都、内江、资阳、毕节，见表6-10。

通道核心城市地理区位前10位 表6-10

序号	城市	地理区位指数	全国城市排名	序号	城市	地理区位指数	全国城市排名
1	怀化	84.38	41	6	桂林	75.80	111
2	重庆	84.24	44	7	成都	71.89	122
3	铜仁	81.92	57	8	内江	71.82	124
4	贵阳	79.53	80	9	资阳	69.44	138
5	黔东南苗族侗族自治州	76.70	103	10	毕节	66.87	148

以怀化市为起点，以公路、铁路两种交通运输方式出行12h计算，最大可以覆盖全国10.29亿人口，占全国总人口的72.99%，位居全国第41。由于地形地貌、人口分布不均等原因，西部城市交通基础设施建设仍需不断完善，虽然西部陆海新通道核心城市交通覆盖人口规模不小，但相较于中东部地区交通发达的城市，西部城市的地理区位优势并不突出，与边远地区和交通不便地区的可达性仍然相对有限。

(七)市场覆盖指数

西部陆海新通道核心覆盖区城市的市场覆盖指数全国平均排名为198位,其中排名全国前100位的城市有7座,成都位居榜首,全国排名第6位。核心覆盖区城市市场覆盖指数前10位分别为成都、重庆、昆明、贵阳、南宁、桂林、怀化、柳州、遵义、宜宾,见表6-11。

通道核心城市市场覆盖指数前10位 表6-11

序号	城市	市场覆盖指数	全国城市排名	序号	城市	市场覆盖指数	全国城市排名
1	成都	50.36	6	6	桂林	8.96	68
2	重庆	31.95	16	7	怀化	7.14	81
3	昆明	25.66	23	8	柳州	5.86	101
4	贵阳	22.95	29	9	遵义	4.65	130
5	南宁	22.55	30	10	宜宾	4.56	131

从运输服务网络的角度,成都和重庆作为西部地区重要的节点城市和全国重要的综合交通枢纽,2023年,平均每周以城市车站为起点的铁路班列数为1462和1068列,相较于2020年,涨幅均超过150%;平均每三天以城市机场为起点的国内航班数为3091和1781列,相较于2020年均有所提升,处于全国较高水平。其他通道核心城市的铁路班列数和国内航班数也保持着较好的增长,其中自贡、资阳、宜宾、河池等城市铁路班列数涨幅较大,相较于2020年,涨幅均超过200%。从物流企业数量的角度,通道核心城市较为劣势,大多物流企业分布在直辖市及省会城市。根据中国采购与物流联合会公布的A级物流企业名单,通道37座核心城市中,3A级以上物流企业数量仅有5座城市超过10家,其中成都以61家位居全国第13名,紧接着为重庆43家,南宁38家,昆明23家,贵阳18家,有11座城市仅有1家,10座城市没有3A级以上的物流企业。为保证西部地区的长远高质量发展,应按需求多引进物流企业,增强西部地区整体物流实力,使城市市场覆盖能力得到提升。

(八)智慧物流指数

西部陆海新通道核心覆盖区城市的智慧物流指数全国平均排名为152位,其中排名全国前100位的城市有7座,成都位居榜首,全国排名第7名。核心覆盖区城市智慧物流指数前10位分别为成都、铜仁、贵阳、重庆、昆明、南宁、钦州、柳州、遵义、安顺,见表6-12。

通道核心城市智慧物流前10位 表6-12

序号	城市	智慧物流指数	全国城市排名	序号	城市	智慧物流指数	全国城市排名
1	成都	15.53	7	6	南宁	2.91	67
2	铜仁	15.05	8	7	钦州	2.43	80
3	贵阳	14.08	11	8	柳州	1.46	107
4	重庆	12.62	13	9	遵义	0.97	129
5	昆明	5.34	39	10	安顺	0.97	129

2016年，中国开始在全国范围内开展无车承运人试点工作，旨在通过整合社会零散资源、壮大电商物流产业、助推实体经济转型等方式，提升物流行业的整体效率和竞争力。近些年，通道核心城市在无车承运人方面的发展速度较为迅猛，成都从2020年的5个发展到2023年32个，其他城市如铜仁、贵阳、重庆、昆明等，无车承运人数量也逐渐增加，但也有较多城市目前并未发展无车承运人相关单位。

成都通过推广"无车承运人"和"无轨营业部"等新型运营模式，加快发展专业化物流；制定推广仓储、配送、车辆、托盘、冷链等技术和管理标准体系，加快形成供应链物流服务体系，提高物流服务的标准化和专业化水平；通过"路歌"互联网平台，运用云计算、大数据等先进信息技术，实现运力资源的高效整合，减少中间环节，提高运输效率。重庆市通过建设数字化设施如通道数字大脑、西部陆海新通道综合大数据国际平台等，以促进信息共享和规则衔接，形成数字化的物流系统。铜仁市通过监管平台与税收业务系统连接，确保了数据接口的统一标准；铜仁市税务局将网络货运项目视为"一号工程"，通过成立工作专班，创新地提出了"一书三用"的概念等，为智慧物流发展奠定了坚实基础。

（九）通达性指数

西部陆海新通道核心覆盖区城市的通达性指数全国平均排名为171位，其中排名全国前100位的城市有10座，重庆位居榜首，全国排名第7位。核心覆盖区城市通达性指数前10位分别为重庆、成都、贵阳、昆明、六盘水、南宁、宜宾、桂林、内江、遵义，见表6-13。

通道核心城市通达性指数前10位　　　　表6-13

序号	城市	通达性指数	全国城市排名	序号	城市	通达性指数	全国城市排名
1	重庆	51.94	7	6	南宁	22.03	75
2	成都	40.20	17	7	宜宾	21.90	76
3	贵阳	30.71	29	8	桂林	21.19	79
4	昆明	28.93	35	9	内江	19.73	90
5	六盘水	23.93	64	10	遵义	19.26	95

从交通基础设施和物流节点的通达性角度来看，通道核心城市不及中东部及沿海城市，但随着西部陆海新通道的快速发展，物流运输体系逐步完善，国际开放能级显著提升，通道核心城市已经取得了大幅的提升。重庆和成都的城市机场登机位居前列，重庆市目前拥有5座机场，分别为4F级江北国际机场、4C级巫山机场、4C级仙女山机场、4C级黔江武陵山机场和1B级龙兴通用机场。成都拥有两座4F级国际机场，双流国际机场和天府国际机场，是国内为数不多拥有双机场的城市之一。重庆、六盘水、成都、贵阳等城市的铁路货运站等级也处于全国前列。通道37座核心城市仅有11座拥有水路货运能力，其中广西钦州港以17350万t的港口货物吞吐量超过重庆位居第一，全国27位。成都市高速公路出入口密度为4.04个/百km^2，位居全国第14位，其次是贵阳、内江、昆明、眉

山、遂宁、自贡,均大于2个/百km²,超过全国平均水平。遂宁市境内平均公路密度达2.62km/km²,仅次于海口市,位居全国第2名;内江市境内平均公路密度达2.61km/km²,紧随其后,位居全国第3名;成都和重庆分别以2.26和2.05km/km²位居全国第12和第27名。发达的城市综合立体交通网络,能为提高城市的物流辐射能力提供基础框架支撑,众多西部城市仍有较大发展空间。

(十)国际物流指数

西部陆海新通道核心覆盖区城市的国际物流指数全国平均排名为204位,其中排名全国前100位的城市有9座,成都位居榜首,全国排名第8位。核心覆盖区城市国际物流指数前10位分别为成都、重庆、昆明、钦州、南宁、北海、贵阳、桂林、泸州、柳州,见表6-14。

通道核心城市国际物流指数前10位　　　　　　　　　　　　　　　　　　表6-14

序号	城市	国际物流指数	全国城市排名	序号	城市	国际物流指数	全国城市排名
1	成都	18.72	8	6	北海	0.74	59
2	重庆	14.80	9	7	贵阳	0.66	63
3	昆明	4.26	28	8	桂林	0.23	93
4	钦州	2.08	34	9	泸州	0.18	96
5	南宁	1.97	36	10	柳州	0.06	122

成都市作为西部地区重要的物流中心,具有完善的物流基础设施和丰富的物流服务经验。2023年,成都国际货邮吞吐量达77.24万t,比2022年增长26.4%,排名全国第6位。重庆市通过构建"通道+枢纽+网络"的现代物流运行体系,充分融入并引导中欧班列、西部陆海新通道等重要的国际物流通道发展,2023年重庆国际货邮吞吐量达38.89万t,比2022年下降7.4%,虽然吞吐量约为成都市的一半,但排名只下滑了2位,位居全国第8位。通道37座核心城市中,仅有7座城市拥有港口外贸的能力,其中钦州市港口外贸吞吐量达5669万t,位居全国第18。紧随其后的是北海市,港口外贸吞吐量达1963万t,位居全国第27。相比之下,重庆市港口外贸吞吐量较少,仅为461万t,全国排名第53位。成都市机场的国际航线数量为2217条,全国排名第5位;昆明由于其特殊的地理位置,与东南亚、南亚等诸多国家交流密切,国际航线数量较多,达1536条,全国排名第7位,赶超杭州、青岛、重庆等城市。西部陆海新通道与中欧班列联系紧密,重庆、成都、贵阳、泸州等城市频繁始发中欧固定班列。2023年,重庆市始发中欧班列216557万TEU,仅次于西安,位居全国第2位,成都以209380万TEU紧随其后,全国排名第3名。南宁市得益于全球产业链供应链深度调整机遇,持续扩大对内对外开放,畅通跨境物流快速通道,提高跨境贸易便利化水平,使得南宁的跨境物流实现"加速跑",2023年南宁市国际快递件数达2136.66万件,位居全国第11位。西部陆海新通道沿线城市正在强化与周边国家协商合作,持续放宽外资准入,改善外商投资环境,带动相关国家共商共建共享国际陆海贸易新通道,进一步提升我国西部地区与东南亚地区的互联互通水平。

第三节 趋势与展望：打造双向开放的国际物流大通道

一、发展趋势

根据《西部陆海新通道总体规划》，到2025年，西部陆海新通道基本建成经济、高效、便捷、绿色、安全的西部陆海新通道。一批重大铁路项目建成投产，主要公路瓶颈路段全面打通；具有国际影响力的北部湾深水港基本建成，广西北部湾国际门户港、海南洋浦的区域国际集装箱枢纽港地位初步确立；西部地区物流枢纽分工更加明确、设施更加完善，重庆内陆口岸高地基本建成，通关便利化水平和物流效率大幅提升。到2035年，西部陆海新通道应全面建成，通道运输能力更强、枢纽布局更合理、多式联运更便捷，物流服务和通关效率达到国际一流水平，物流成本大幅下降，整体发展质量显著提升，为建设现代化经济体系提供有力支撑。

随着西部陆海新通道持续高质量发展，所影响的区域也在不断扩大，从西部地区省、区、市合作向辐射中东部地区转变，从紧密联系东盟国家向辐射全球经济贸易圈转变。从国内角度看，2019年，重庆、广西、贵州等8个西部省（区）在重庆签署国际陆海贸易新通道框架协议，新通道在建设之初就以西部地区为战略重心，随着通道枢纽辐射能力不断增强，湖南怀化、湖北宜昌、江西南昌、河南漯河、河北石家庄等中东部城市也逐渐融入进来，直到如今已经形成了"13+2"的共建格局。从国际角度看，西部陆海新通道在建设初期辐射的外国国家仅包括东盟8个国家的42个港口，随着陆运线路的拓展和海运航线的织密，通道辐射范围已延伸至123个国家和地区的514个港口，跨境班列班车近可达东南亚、南亚，远可通中亚、欧洲。

不仅如此，西部陆海新通道发出的班列逐渐由"有去无回"向"重来重去"转变，表明我国正由以服务出口为主的传统运输组织模式逐步向更加注重服务进口的运输组织模式转变。随着新通道做大做优做强，铁海联运班列与中欧班列、中亚班列的衔接日益紧密，通道与丝绸之路经济带和21世纪海上丝绸之路也日趋合拢。与此同时，西部陆海新通道向着更加数字化、标准化的方向发展，加强与"一带一路"倡议的深度融合，促进西部地区的开放发展和经济繁荣。

然而同中东部地区相比，西部地区自身经济发展水平不高，所处地理位置和地形条件相对劣势，对外开放条件并不突出，同时由于逆全球化、地缘政治因素不稳定等因素，西部陆海新通道在基础设施建设、货物跨区贸易、对外开放合作等方面还有较大的发展空间，通道沿线城市的国际物流竞争力、吸引力和辐射力有待强化，通道核心覆盖区城市物流竞争力细分指标评分如图6-4所示。

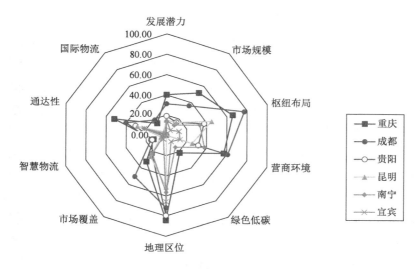

图 6-4　西部陆海新通道沿线主要城市 2023 年物流竞争力二级指标雷达图

二、发展展望

(一)提升物流基础设施建设水平

统筹各种运输方式,围绕建设大能力主通道和衔接国际运输通道的目标,进一步强化铁路、公路等交通基础设施,提升沿海港口功能,结合已有物流设施,构建完善的交通走廊。一是提高加强运输通道建设,完善陆海新通道铁路和各级公路网络。加快推进重庆、成都至北部湾出海口大能力铁路运输通道建设,形成东、中、西线合理分工,相互补充的铁路运输网络;进一步扩大公路网覆盖面,有效扩大主通道辐射范围。二是推进港航设施建设,加强港口分工协作。积极推进钦州、洋浦等港口建设大型化、专业化、智能化集装箱泊位,提升集装箱运输服务能力;大力推进防城港等港口建设大型化干散货码头,促进干散货作业向专业化、绿色化方向发展;重点港口合理化分工,钦州港重点发展集装箱运输,防城港港重点发展大宗散货和冷链集装箱运输,北海港重点发展国际邮轮、商贸和清洁型物资运输,进一步完善北部湾港各项功能。三是整合存量物流设施,提高装备技术水平。依托重庆西部现代物流产业园、成都铁路局城厢铁路物流基地等物流设施优良、发展基础扎实的国家示范物流园区,优先通过统筹规划迁建等方式整合铁路专用线、专业化仓储、多式联运转运、区域分拨配送等物流设施,对迁建难度较大的分散设施,支持通过协同运作和功能匹配等方式实现统一调度、分工合理的物流功能,减少设施重复建设和低效供给,提升设施综合利用效率;同时积极推进新技术在通道沿线重点园区应用,支持重庆、成都等物流枢纽建设自动化场站、智能型仓储等智慧物流设施。

(二)提升通道运行与物流效率

铁路长距离干线运输优势和低本高效的水路航线为提升通道运行和物流效率提供基础。压缩货物运输全过程所需时间,一是提升物流运输组织效率,实现货物"少中转"甚至"无中转"运输。鼓励推行大宗货物中长期协议运输,开行重庆、成都等至北部湾港口的高频次班列直达线和运量较大的物流枢纽至北部湾港口的班列直达线;依托洋浦港积极发展国际集装箱中转业务,组织开行至新加坡、越南、澳大利亚、新西兰等国家主要港口的国际中转或直达航线,培育至南亚、欧洲、美洲、中东等地区的远洋航线;加强铁海联运班列与中欧班列等国际铁路联运班列的对接,有效发挥西部陆海新通道衔接东南亚地区和中亚及欧洲地区的陆桥纽带作用,减少货物中转次数和时间。二是深入推进通关改革,实现跨境运输便利化。加强国际贸易"单一窗口"建设,实现一点接入、共享共用、免费申报的贸易模式;防城港、湛江港等港口积极采用大宗商品"先验放后检测"检验监管模式;与周边国家在国际道路运输、铁路联运、航空航线等方面高效率对接,推进铁路等跨境运输标准与规范的协调,推动与东盟国际货物"一站式"运输。三是健全多式联运标准规范体系,提升多式联运效率和质量。推广条码识别、射频识别、电子赋码等信息化技术,提高物流装卸和通关效率;引入物联网、人工智能、大数据等信息技术,对现有铁路、公路等设施进行数字化改造,建设一体化的联运管理信息系统;推进"一单制"服务模式,解决不同运输方式间换单手续烦琐、运输数据无法共享等短板。

(三)促进通道与区域经济融合发展

充分发挥通道对沿线经济发展的带动作用,实现融合发展,一是加快培育通道发展新动能,推动新旧动能转换,积极培育通道经济。通过配置完善的物流设施,整合各类开发区、产业园区,引导生产要素向通道沿线更有竞争力的地区集聚;加快本地重点产业沿通道优化布局,并积极引导东部地区产业向通道沿线有序转移,形成一批具有较强规模效益和辐射带动作用的特色产业集聚区。二是深度推进产业协同,提升通道产业竞争力。西部陆海新通道沿线地区应该在做优做实自身特色产业的基础上,加强与毗邻地区的产业关联及分工协作,增强辐射带动力,推动地区间的产业优势互补,协同创新发展;设立沿通道特色产业园区、临港产业园区、经济技术开发区、贸易加工产业园区等产业孵化基地,做好各城市产业发展政策和发展规划的对接。三是完善通道与沿线各地区协作机制,扩大良性互动。依托现有合作基础,重点推进各区域之间利益协调与补偿机制、政策协调机制、风险联合防范工作机制、基础设施联通协调机制和投融资合作对接机制,明确不同省份在西部陆海新通道建设中的重点和优先顺序,共同商讨利益分享、补偿方案,防止西部省份各行其是、"一窝蜂"而上,降低西部陆海新通道建设的效率;同时建立一个专门服务于通道沿线各地的数据共享信息平台,帮助企业灵活进入市场、开拓市场。

(四)加强通道对外开放及国际合作

建设"通道命运共同体",共创开放互联新愿景。一是加大通道合作力度。推动通道与中新互联互通项目的衔接互促,进一步发挥中新互联互通项目示范作用,不断拓展通道辐射广度,增强通道高水平开放带动力;加强与东盟国家合作,做好与澜沧江—湄公河合作、中越战略交通基础设施发展合作等合作机制的衔接,提升贸易和通关便利化,带动产能、跨境经济、工业园区合作,加快推进经济发展带建设,为澜湄合作注入新的强劲动力。二是加强经贸规则对接。更新自由贸易协定或双边投资协定,确保通道政策与国际贸易规则相兼容,降低贸易壁垒,提升跨境投资与货物流通便利性;推动通道内的商品、服务标准与国际标准接轨,提升产品的国际市场接受度。三是鼓励国际贸易通道建设。明确西部陆海新通道建设对中国向西开放和对全球贸易流动的双重作用,通过深化与沿线地区的交流合作,推动产业聚集和技术创新,形成区域经济增长新引擎,打造世界级示范经济带,树立国际贸易通道建设的典范,鼓励多元化国际贸易通道建设,协同构建开放型世界经济。

本章参考文献

[1] 石福才,李光辉.新形势下加快西部陆海新通道建设:成就、挑战与新思路[J].广西大学学报(哲学社会科学版),2024,(03):193200.

[2] 刘思琦,丁金学.高质量建设西部陆海新通道[J].宏观经济管理,2024(6):2228.

[3] 李肆.西部陆海新通道走过七年之"养"[J].中国对外贸易,2024(5):7273.

[4] 重庆市人民政府.重庆市推进西部陆海新通道建设实施方案[EB/OL].(2020-04-10)[2024-08-05].https://www.cq.gov.cn/zwgk/zfxxgkml/szfwj/qtgw/202004/t20200410_8614338.html.

[5] 重庆市人民政府.重庆市支持西部陆海新通道高质量发展若干政策措施[EB/OL].(2024-04-18)[2024-08-05].https://www.cq.gov.cn/zwgk/zfxxgkml/szfwj/xzgfxwj/szf/202404/t20240425_13158997.html.

[6] 四川省发展和改革委员会.2020年四川加快西部陆海新通道建设工作要点[EB/OL].(2020-07-07)[2024-08-05].https://fgw.sc.gov.cn/sfgw/jczcwj/2020/7/7/4acdb897a11c4f84bd45e75a615f6007.shtml.

[7] 国家发展改革委.关于《"十四五"推进西部陆海新通道高质量建设实施方案》总体情况的介绍[EB/OL].(2021-09-13)[2024-08-05].http://www.sass.cn/109010/64879.aspx.

[8] 重庆市人民政府办公厅,贵州省人民政府办公厅.渝黔深化合作推动乌江航运高质量发展建设实施方案(2023—2027年)[EB/OL].(2023-11-30)[2024-08-05].https://www.cq.gov.cn/zwgk/zfxxgkml/szfwj/qtgw/202311/t20231130_12634995.html.

[9] 广西壮族自治区人民政府办公厅.广西建设西部陆海新通道三年提升行动计划(2021—2023年)[EB/OL].(2021-10-22)[2024-08-05].http://www.gxzf.gov.cn/zfwj/zzqrmzfbgtwj_34828/2021ngzbwj_34845/t10513854.shtml.

[10] 云南省人民政府办公厅.中国·昆明国际陆港建设实施方案[EB/OL].(2023-11-19)

［2024-08-05］. https://www. yn. gov. cn/zwgk/zfgb/2023/2023d24q/szfbgtwj/202311/t20231122_290128. html.

［11］ 杨骏,罗芸,周传勇. 打造内陆开放综合枢纽重庆准备这样干［N］. 重庆日报,20240528(003).

［12］ 钱林,黄伟新. 中国西部地区合作参建西部陆海新通道的现状及问题［J］. 物流科技,2022,45(19):97-102,107.

［13］ 中国一带一路网. 扎实推动西部陆海新通道建设提质跃升［EB/OL］.（2024-07-22）［2024-08-05］. https://www. yidaiyilu. gov. cn/p/0302QBFK. html.

第三篇 城 市 篇

COMPETITIVENESS OF
**CITY LOGISTICS
IN CHINA**
(2024)

第七章 新时代"物流强市"建设与城市能级提升

党的二十大胜利召开,标志着我国开启了全面建设社会主义现代化国家、以中国式现代化全面推进中华民族伟大复兴的新征程。社会主义现代化物流强国不仅是社会主义现代化国家的重要组成部分,也为中国式现代化提供物质基础和服务保障。城市物流是我国实现高质量发展的重要引擎,也是中国式现代化创新发展的基本单元,提升城市物流能力正成为我国城市高质量发展和高安全运行的内生要求。因地制宜打造现代化物流强市,正成为新时代提升城市发展能级的新抓手,部分城市已将"物流强市"战略作为城市发展的主导战略,全面建设社会主义现代化"物流强市"的时代号角正在吹响。

第一节 新时代城市物流发展面临的机遇与挑战

一、新时代城市物流发展面临的机遇

(一)物流战略地位持续提升

党和国家高度重视现代物流体系建设,现代物流产业的战略地位已经提高到前所未有的新高度。2022年,国务院办公厅印发《"十四五"现代物流发展规划》——这是国家层面首次印发物流行业的五年专项规划。《"十四五"现代物流发展规划》提出,现代物流一头连着生产,一头连着消费,高度集成并融合运输、仓储、分拨、配送、信息等服务功能,是延伸产业链、提升价值链、打造供应链的重要支撑,在构建现代流通体系、促进形成强大国内市场、推动高质量发展、建设现代化经济体系中发挥着先导性、基础性、战略性作用。党的二十大报告将"着力提升产业链供应链韧性和安全水平""建设高效顺畅的流通体系,降低物流成本"作为"加快构建新发展格局,着力推动高质量发展"重点任务的重要举措。2024年中央经济工作会议多次对于城市物流发展做出了具体部署,要求:有效降低全社会物流成本;要把推进新型城镇化和乡村全面振兴有机结合起来,促进各类要素双向流动,推动以县城为重要载体的新型城镇化建设,形成城乡融合发展新格局;优化重大生产力布局,加强国家战略腹地建设。党的二十届三中全会的召开为城市物流发展带来改革红利,《中共中央关于进一步全面深化改革 推进中国式现代化的决定》提出,降低全社会物流成本,支持有条件的地区建设国际物流枢纽中心和大宗商品资源配置枢纽。

习近平总书记多次亲自研究部署现代物流发展。2020年9月,习近平总书记主持召开中央财经委员会第八次会议时强调,构建新发展格局,必须把建设现代流通体系作为一项重要战略任务来抓❶。2022年4月,习近平主持召开中央财经委员会第十一次会议时要求,"加强信息、科技、物流等产业升级基础设施建设""加快城乡冷链物流设施建设"❷,把物流上升到产业基础设施的新视角。2023年9月,国家主席习近平向全球可持续交通高峰论坛致贺信中倡议,建设安全、便捷、高效、绿色、经济、包容、韧性的可持续交通体系❸。2024年2月,习近平在主持召开中央财经委员会第四次会议时强调:物流是实体经济的"筋络",连接生产和消费、内贸和外贸,必须有效降低全社会物流成本,增强产业核心竞争力,提高经济运行效率。物流降成本的出发点和落脚点是服务实体经济和人民群众,基本前提是保持制造业比重基本稳定,主要途径是调结构、促改革,有效降低运输成本、仓储成本、管理成本。优化运输结构,强化"公转铁""公转水",深化综合交通运输体系改革,形成统一高效、竞争有序的物流市场。优化主干线大通道,打通堵点卡点,完善现代商贸流通体系,鼓励发展与平台经济、低空经济、无人驾驶等结合的物流新模式。统筹规划物流枢纽,优化交通基础设施建设和重大生产力布局,大力发展临空经济、临港经济❹。习近平总书记的重要指示和国家重大战略的最新部署,要求全面推进社会主义现代化物流强国建设,进一步从畅通全社会循环流通效率和健全统一大市场的新视角深化现代城市物流的理论体系,按照产业链、供应链、价值链的发展要求,深化现代物流模式创新和产业升级,突出强化物流在现代化产业体系中的先导性、基础性、战略性地位和作用。

地方政府高度重视区域现代物流体系建设。2024年,全国31个省、自治区、直辖市政府工作报告,共有30个提到了"物流"关键词,重庆、安徽、四川、湖南、天津分别提到19、15、12、10、10次,位居前五。从"物流"进一步延伸,广东、重庆、四川、海南、上海分别提到"枢纽"13、11、10、10、10次,湖北、安徽、四川、广东、上海分别提到"供应链"10、4、4、4、4次,如图7-1所示。2024年,各省(区、市)与现代物流相关的重点工作主要围绕"国家物流枢纽""降成本""开放平台""县域物流体系""农产品冷链物流""产业升级"等关键词展开。例如,广东省提出大力实施"降成本"行动,包括有效降低物流成本,健全港区、园区等集疏运体系,引导大宗货物中长距离运输"公转铁""公转水",推动大型物流企业面向中小微企业提供普惠性服务等。重庆、四川、广西、湖南等省(区、市)均将国家物流枢纽、综合货运枢纽、国家骨干冷链物流基地等建设作为2024年提升物流发展能级的重要抓手。

---

❶ 《习近平主持召开中央财经委员会第八次会议强调 统筹推进现代流通体系建设 为构建新发展格局提供有力支撑》,《人民日报》2020年09月10日。

❷ 《习近平主持召开中央财经委员会第十一次会议强调 全面加强基础设施建设构建现代化基础设施体系 为全面建设社会主义现代化国家打下坚实基础》,《人民日报》2022年04月27日。

❸ 《习近平向全球可持续交通高峰论坛致贺信》,《人民日报》2023年09月26日。

❹ 《习近平主持召开中央财经委员会第四次会议强调 推动新一轮大规模设备更新和消费品以旧换新 有效降低全社会物流成本》,《人民日报》2024年02月24日。

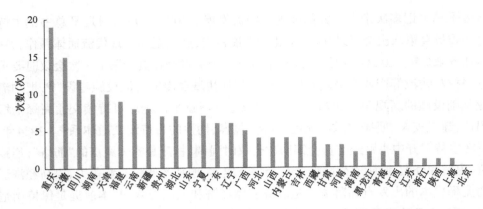

图7-1 2024年各省(自治区、直辖市)政府工作报告提及"物流"次数统计

(二)物流政策支持力度加大

国家将物流枢纽城市作为现代物流体系的政策支持重点。随着国家综合立体交通网主骨架空间格局基本形成,物流枢纽成为现代物流运行体系的建设重点,着力补齐"通道+枢纽+网络"的短板。"十四五"以来,国家有关部门陆续出台物流枢纽城市的具体支持政策。2018年12月,国家发改委、交通运输部印发《国家物流枢纽布局和建设规划》,提出国家物流枢纽是物流体系的核心基础设施,在全国物流网络中发挥关键节点、重要平台和骨干枢纽的作用。《国家物流枢纽布局和建设规划》选择127个具备一定基础条件的城市作为国家物流枢纽承载城市,规划建设212个国家物流枢纽,包括41个陆港型、30个港口型、23个空港型、47个生产服务型、55个商贸服务型和16个陆上边境口岸型国家物流枢纽。截至2023年,国家发改委联合交通运输部已经启动了5批次、125个国家物流枢纽建设。2022年7月,财政部、交通运输部联合印发《关于支持国家综合货运枢纽补链强链的通知》,自2022年起,用3年左右时间集中力量支持30个左右城市(含城市群中的城市)实施国家综合货运枢纽补链强链,促使综合货运枢纽在运能利用效率、运输服务质量、运营机制可持续等三方面明显提升,在提高循环效率、增强循环动能、降低循环成本中发挥积极作用,从而形成资金流、信息流、商贸流等多方面集聚效应,更好服务重点产业链供应链,辐射带动区域经济高质量发展。奖补资金按照每个城市原则上不超过15亿元、每个城市群原则上不超过30亿元控制。截至2024年,已有3批次、37个城市被纳入国家综合货运枢纽补链强链支持范围。2023年8月,国家发改委等五部门印发《关于布局建设现代流通战略支点城市的通知》,综合考虑城市资源禀赋、发展基础、比较优势、未来潜力,将102个(组)城市纳入布局建设范围。其中,北京、天津等24个城市为"综合型流通支点城市",石家庄、太原等29个城市为"复合型流通支点城市",廊坊、保定等49个城市为"功能型流通支点城市"。天津等20个城市入选2024年首批试点城市名单。

专业物流能力及配套政策的支持力度也在不断加大。2021年11月,国务院办公厅印发《"十四五"冷链物流发展规划》,提出到2025年,我国将布局建设100个左右国家骨干冷链物流基地,作为国家布局建设、面向高附加值生鲜农产品优势产区和集散地的重大冷链物流基础设施,是国家骨干冷链物流设施网上的重要节点。自2020年以来,国家发改委已分4批将86个国家骨干冷链物流基地纳入重点建设名单,覆盖31个省(区、市)及新疆生产建设兵团。2023年7月,国务院办公厅印发《关于积极稳步推进超大特大城市"平急两用"公共基础设施建设的指导意见》,新建或改扩建一批城郊大仓基地成为重要建设内容之一,高速服务区周边旅居集散基地也是重要的建设模式。2024年,全国第一批54个大城市已谋划推进了3000个左右"平急两用"设施建设项目,总投资超过1万亿元。国家邮政局2023年积极组织开展新一轮"中国快递示范城市"创建工作,同意廊坊市等第三批16个城市通过评选,同意大连市等第一批10个城市、沈阳市等第二批15个城市通过复评,中国快递示范城市总体规模扩大至41个,范围覆盖东、中、西部15个省(区、市)。2024年5月,交通运输部等十三部门印发《交通运输大规模设备更新行动方案》,推进物流设施设备更新改造行动,提出鼓励国家物流枢纽、国家骨干冷链物流基地、国家级示范物流园区、城郊大仓基地范围内的多式联运场站和转运设施设备升级改造等具体支持内容。2024年6月,商务部等九部门联合印发《关于拓展跨境电商出口推进海外仓建设的意见》,推动跨境电商海外仓高质量发展,增强物流保障能力,助力跨境电商相关企业"走出去"。2024年8月,中国民用航空局、国家发改委印发《关于推进国际航空枢纽建设的指导意见》,提出有序推进专业性货运枢纽布局建设和综合性航空枢纽货运能力建设,高质量推进鄂州专业性航空货运枢纽运营,加快郑州国际物流中心、合肥国际航空货运集散中心、天津国际航空物流中心建设,支持外贸活跃度高的城市依托机场积极发展航空货运,优化资源配置政策,引导航权和时刻向专业货运枢纽和空港型国家物流枢纽倾斜,不断提升航空枢纽货运功能。

重点省份出台配套政策支撑物流枢纽建设。四川省发展和改革委员会联合省财政厅等六部门联合印发《关于开展物流枢纽承载城市建设工作的通知》,自2023年起,连续3年分三个批次集中力量支持6个承载城市建设,每批次择优支持2个城市,每个城市最高奖补3亿元,推动提升物流基础设施供给水平,推进多式联运转换衔接更加顺畅,开放载体运营效能提升,形成畅通国内国际双循环门户枢纽,促进承载城市物流效率显著提高。为培育和壮大道路货运企业,湖北省交通运输厅出台道路货运物流企业奖励政策,开展"强链补链延链"专项行动,对创建成功的国家多式联运示范工程,给予每个2000万元的奖补资金,助力物流枢纽体系建设实现新突破。2022年,河南省政府出台多式联运发展专项工作方案,河南省政府办公厅专门出台省级多式联运示范工程创建政策,列支专项资金予以支持。截至2023年,河南省省级多式联运示范创建项目达36个,成功入选国家示范项目4个,国省示范项目累计完成投资77.36亿元,开通联运线路112条,完成多式联运量132.14万TEU。与此同时,一些省(区、市)也在陆续成立省级的物流集团。据不完全统计,近年来,海南、重庆、陕西、广西、贵州、甘肃、新疆、四川等9个省(区、市)整合物流资源成立省级的物流集团,作为省级国资委直管的一级企业。

(三)物流新质场景不断涌现

新兴信息技术深度应用。一大批以"智能、泛在、绿色"为特征的技术逐步成熟,人工智能、物联网、大数据等新兴技术逐步向城市物流各个领域渗透,自动化、无人化、智慧化物流技术装备以及自动感知、自动控制、智慧决策等智慧管理技术加速赋能物流行业高质量发展。车货匹配、新能源车、无人仓、智能快递柜、大数据和物联网等技术发展相对较成熟并且已进入商用化领域,无人机、无人卡车、无人码头、全自动仓库、无人配送车、快递智能柜、机器人以及自动化分拣等全程无人物流模式已然成熟,商业化应用同步快速推进。信息技术的进步为政府监管提供了新手段,货运物流市场监管向实时监管、视频监管、远程监管、平台监管发展,监管信息透明化程度和监管力度得到加强,未来监管的重点将由以审批为主的事前资质监管转向以信用为主的事中事后监管转变。

新业态新模式服务加速供给。新能源装备和多式联运将继续成为低碳物流政策的焦点,通过设施专业化、装备模块化、服务便捷化、数据标准化等方式提高多式联运运作效率,实现公路运输向更清洁的运输方式转移。德国创新计划"物流2030"作为"最后一公里"可持续设计的实施方案提出推广电动车辆,配备相应的充电基础设施,推广微型仓库,简化夜间物流的审批等一系列措施。柔性化、个性化的城市消费需求带来了小批量多批次的操作方式,城乡配送、即时配送、冷链物流、医药物流、进口导向的跨境电商物流等为代表的精细物流迅速增长,刺激了数字化配送设施和仓储设置的需求,智慧物流园区、物流物联网、农村物流、冷链物流等新型物流基础设施的投资规模进一步加大,地下物流系统等新型运输方式在瑞士、雄安新区等地探索发展。2023年,中国跨境电商进出口2.38万亿元,同比增长15.6%。阿里速卖通、SHEIN、Temu和TikTok Shop等中资跨境电商平台在全球电商市场份额的快速提升,海外仓作为跨境电商重要的境外节点,布局持续优化。海外仓整体规模增长幅度在20%左右,数量超过2000个,总面积超过1600万 m²。跨境电商、海外仓作为外贸新业态新模式,已成为新型外贸基础设施的重要支柱力量。

低空经济+物流发展"垂直起飞"。2023年12月,中央经济工作会议提出,要打造低空经济等战略性新兴产业。2024年3月,十四届全国人大二次会议在政府工作报告中提出积极打造低空经济等新增长引擎。2024年2月,习近平总书记在主持召开中央财经委员会第四次会议时强调:鼓励发展与平台经济、低空经济、无人驾驶等结合的物流新模式❶。我国低空经济发展迎来重大机遇期,据新华网测算,2023年我国低空经济规模超过5000亿元,2030年有望达到2万亿元。低空经济催生出的新数字业态、新产业链条、新应用场景,已成为产业发展新赛道和经济增长新动能。尤其是,城市交通拥堵日益严重,配送成本居高不下,碳排放和空气污染严重,而低空经济+物流具有低成本、清洁化、高效率、智能化等特点,成为低空经济发展最活跃的落地场景。部分城市已经积极推动采用无人机投送贵重医疗药品、血液、外卖、高校快件等商业化场景。2023年12月,深圳颁布《深圳经济特区低空经济产业促进条例》,规定市交通运输部门应统筹低空物流发展,加强无人驾驶航空器在快递、即时配送等物流配送服务领域的应用。2024年8月,深圳出台《深圳市低空起降设施高质量建设方案

---

❶ 《习近平主持召开中央财经委员会第四次会议强调 推动新一轮大规模设备更新和消费品以旧换新 有效降低全社会物流成本》,《人民日报》2024年02月24日。

（2024—2025）》，计划新增建设123个物流运输起降点，搭建覆盖全市的空中物流运输网络，并结合医疗物资运输、快递、外卖等重点场景，新增建设177个起降点，全面提升服务水平。截至2024年上半年，深圳已累计开通无人机航线超过205条，建设无人机起降点126个，2023年至今，完成载货无人机飞行超86.5万架次，"无人机送外卖、送快递"成为新常态。

（四）物流数据要素潜力巨大

数据要素制度体系逐步完善。2019年，党的十九届四中全会提出"将数据列为与劳动、资本、土地、知识、技术、管理同等重要的生产要素"，加强数据要素的供给流通、提升数据开发利用能力已成为建设数字中国的重点任务。2020年3月，中共中央、国务院印发《关于构建更加完善的要素市场化配置体制机制的意见》，提出从数据供给、价值提升、数据安全等角度加快培育数据要素市场。2022年12月，中共中央、国务院印发《关于构建数据基础制度更好发挥数据要素作用的意见》，聚焦数据确权、流通交易、收益分配、安全治理角度提出二十条具体发展建议，构建了关于数据要素基础制度的完善框架。2024年1月，国家数据局牵头、十七部门共同印发了《"数据要素×"三年行动计划（2024—2026年）》，提出实施"数据要素×交通运输"行动，挖掘数据复用价值，融合"两客一危"、网络货运等重点车辆数据，构建覆盖车辆营运行为、事故统计等高质量动态数据集，为差异化信贷、保险服务、二手车消费等提供数据支撑。我国数据要素的制度体系不断健全，发挥我国超大规模市场数据资源及丰富应用场景优势，推动数据流与物资流、技术流、资金流、人才流深度融合，突破传统资源要素约束，激发数据要素潜能实现价值释放，对于赋能社会经济的高质量发展具有重要意义。

城市物流数据要素挖掘应用陆续落地。目前，物流行业的数据资源不仅在行业内的规划、设计、建设、运营、养护和治理等关键环节发挥着基础性作用，在跨行业应用方面也展现出巨大潜力。卡车事故及违规行为数据已在信贷和保险行业得到深入应用，货运车辆轨迹数据和公路沿线闲置土地资源数据融合识别潜在物流仓储节点，车辆轨迹等反映车辆驾驶行为的数据资源也为自动驾驶技术的研发提供了有力支撑。此外，公路运输数据亦在物流企业的供应链管理优化中得到了有效应用，助力物流管理降本增效。例如，国家公路网运行监测体系融合了公路网基础数据，包括路线、路段、里程桩等静态数据，以及视频数据、全国实时路况数据、全国拥堵路段和拥堵收费站数据、高速流量数据等动态数据，移动位置数据每日超过6500万辆，货运数据超过730万辆，覆盖全国300余个城市，高速公路网覆盖率100%，普通公路网覆盖率97%。北京中交兴路信息科技股份有限公司利用车辆行驶数据，融合中国银保信提供的车辆保险赔付数据，打造出车辆保前评分服务，并为保险公司提供保中风险减量和理赔风险减量的全流程服务。未来，随着我国数据要素流通政策的加速推进，货运物流数据的流通效率和资产化水平将进一步加快，高速公路ETC（电子不停车收费系统）通行数据、货车及危化品车辆轨迹数据等数据要素经加工后成为信息产品，为数据权属主体创造经济价值，发展潜力十分巨大。

(五)物流绿色转型成为共识

城市环节是物流全链条节能减碳发展的重中之重。城市是物流要素的集聚地,是货物集散、车辆集聚、站场集中、信息集成的重要结点。全国约1/3的货运交通量集中在城市及其周边地区,城市货运交通能耗占城市交通总能耗的30%~40%,货运车辆对城市的污染高达40%~50%。在公路运输各种车型中,各类货车的碳排放量占所有公路运输车辆排放的比重达到60%,尤其是重型货车的排放量最大,占公路运输碳排放总量的比重超过50%,其他类型车辆碳排放占比均不超过6%。2023年,我国拥有民用汽车3.36亿辆,其中载货汽车3358.90万辆、重型载货汽车1170.97万辆,载货汽车、重型载货汽车占民用汽车总量的比重分别为10.0%、3.5%。重型货车排放量在公路运输中的占比远远超过其车辆数量占比,重型货车是未来我国公路交通以及整个交通运输领域的重中之重,如表7-1、图7-2所示。

近年来国家层面出台的物流枢纽支持政策　　表7-1

出台时间	出台部门	文件名称	重点支持城市
2018年12月	国家发改委、交通运输部	《国家物流枢纽布局和建设规划》及《年度国家物流枢纽建设城市名单》	选择127个城市作为国家物流枢纽承载城市,规划建设212个国家物流枢纽。已启动5批次、125个国家物流枢纽建设
2021年11月	国务院办公厅	《"十四五"冷链物流发展规划》及《关于做好年度国家骨干冷链物流基地建设工作的通知》	86个国家骨干冷链物流基地纳入重点建设名单
2022年7月	财政部、交通运输部	《关于支持国家综合货运枢纽补链强链的通知》	3年左右时间集中力量支持30个左右城市。奖补资金按照每个城市原则上不超过15亿元、每个城市群原则上不超过30亿元控制。已有3批次、37个城市被纳入支持范围
2023年3月	国家邮政局办公室	《关于印发〈2023年中国快递示范城市创建工作要点〉的通知》	41个中国快递示范城市,范围覆盖东、中、西部15个省(区、市)
2023年7月	国务院办公厅	《关于积极稳步推进超大特大城市"平急两用"公共基础设施建设的指导意见》	54个大城市、3000个左右"平急两用"设施建设项目
2023年8月	国家发改委、自然资源部、交通运输部、商务部、市场监管总局	《关于布局建设现代流通战略支点城市的通知》及《关于支持建设现代商贸流通体系试点城市的通知》	102个(组)城市纳入布局建设范围。中央财政对试点城市给予定额补助。其中,直辖市4亿元左右,省会城市、计划单列市3亿元左右,其他地级市2亿元左右。20个城市入选2024年首批试点城市名单
2024年8月	中国民用航空局、国家发改委	《关于推进国际航空枢纽建设的指导意见》	推进鄂州专业性航空货运枢纽运营,加快郑州国际物流中心、合肥国际航空货运集散中心、天津国际航空物流中心建设

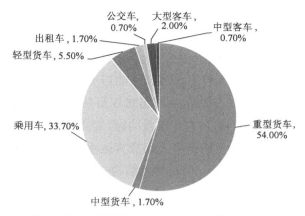

图7-2 公路运输领域各类车型二氧化碳排放占比情况

资料来源：陆化普,冯海霞.交通领域实现碳中和的分析与思考[J].可持续发展经济导刊,2022(Z1):63-67.

城市物流成为经济社会发展全面绿色转型的重要领域。现有各类政策规划对城市物流减碳做了系统部署，重点针对推动运输结构调整、推动设备升级、推广清洁能源、推动科技创新、完善监测体系等主要举措等多个方面。《交通强国建设纲要》《国家综合立体交通网规划纲要》均提出"我国到2035年基本建成交通强国"，并将绿色交通作为主要发展目标和重要建设内容，提出"打造绿色高效的现代物流系统""强化节能减排和污染防治"等战略任务。2021年10月，中共中央、国务院发布《关于完整准确全面贯彻新发展理念做好碳达峰碳中和工作的意见》，要求大力发展多式联运，提高铁路和水路在综合运输中的比重，持续降低运输能耗和二氧化碳排放强度，并推广节能低碳型交通工具。同时，加快发展新能源和清洁能源的车船，推广智能交通系统，并加快淘汰高能耗和高排放的老旧车船。国务院印发《2030年前碳达峰行动方案》，将"交通运输绿色低碳行动"作为十大行动之一，要求加快形成绿色低碳运输方式，确保交通运输领域碳排放增长保持在合理区间，并提出"陆路交通运输石油消费力争2030年前达到峰值""'十四五'期间，集装箱铁水联运量年均增长15%以上"等具体目标。国务院办公厅印发《推进多式联运发展优化调整运输结构工作方案》，提出以发展多式联运为抓手，推动各种交通运输方式深度融合，进一步优化调整运输结构，基本形成大宗货物及集装箱中长距离运输以铁路和水路为主的发展格局，全国铁路和水路货运量比2020年分别增长10%和12%左右。2024年7月，中共中央、国务院发布《关于加快经济社会发展全面绿色转型的意见》，要求推进交通运输绿色转型和推进城乡建设发展绿色转型，并提出"推进气候适应型城市建设""完善城乡物流配送体系，推动配送方式绿色智能转型""推进零排放货运"等具体要求。

二、新时代城市物流发展存在的挑战

（一）物流发展增速放缓

大部分城市公共预算收支平衡困难，政府性基金预算收入普遍下降，财政自给率仍然较低。受宏观经济有效需求不足、社会预期偏弱、外部环境不确定性上升等环境影响，我国物流行业整体发展的增速也在逐步放缓。"十三五"期间，社会物流总额保持稳定增长，2020年超过300万亿元，年均增速达5.6%。2022年和2023年，我国社会物流总额增速分别为3.4%和5.2%，增速呈下滑趋势。制造业增速放缓后，许多物流仓库和工业园区供应相对过剩，部分城市的物流园区平均空置率正攀升至多年以来的历史最高水平。预计"十五五"时期，我国社会物流总额增速进一步下降至2%左右，2035年后货运需求规模基本维持稳定或略有增长，2035—2050年间增速为0.5%左右。与此同时，货类结构不断调整，快递、民航货运需求占比不断提升，煤炭、钢铁和冶金物资等大宗散货运输需求基本稳定，高价值、小批量、分散性、时效性强的货运需求快速攀升。区域物流结构分化特征明显，东部地区货运需求仍保持较大规模，但增速慢于中西部地区。

（二）降本增效仍需深化

城市物流全链条运行成本高问题仍十分突出。存量物流基础设施网络"东强西弱""城强乡弱""内强外弱"问题依然突出，跨运输方式、跨作业环节衔接转换效率较低，运输装备和载运单元标准化程度不高，物流全链条效率低、成本高、综合效益不显著问题突出，设施联通不畅、标准化水平不高亟待解决，中转换装环节成本占全链条物流总成本的30%左右，"最后一公里"配送成本是干线运输的2倍以上。全社会物流总费用与GDP的比重由2003年的21.4%下降到2023年的14.4%，但同欧美等发达国家这一比重8%～10%相比，社会全链条物流成本还是偏高。多式联运占比偏低，海铁联运、江海直达、甩挂运输、共同配送等发展缓慢，大宗货物公路中长距离运输比重仍然较高。2023年，铁路、公路、水运货运量占货运总量的比重分别为9.15%、73.7%、17.12%，货物运输结构还需优化。工商企业内部大量物流活动成本耗费偏高，从原材料供应到产成品销售的供应链物流缺乏深度融合与有效协同，制约工商企业供应链全链条成本降低。

（三）两业融合发展滞后

物流业与交通运输、制造业、商贸服务业、金融信息业等重点产业的深度融合程度有待提高，尤其是各类冲击下的物流供应链断链、短链、弱链问题突出，韧性能力亟待提升。北煤南运、西煤东送、南菜北运等大宗物资运输跨区域流动规模依然较大，扩大了货运强度与货运规模。按照每美元GDP所需要的货运周转量计算，我国为1.38(t·km)/美元，货运强度是美国的5.8倍。自营物流比重仍然较高，第三方物流比重约为45%，道路货运经营业户约309.7万家，个体运输户占比超过83.5%，市场主体"散小弱"格局未根本扭转，一体化程度低，难以适应供应链一体化服务的需求。

（四）保供强链存在短板

生活性物流服务能力依然不足。适应城乡居民消费升级的物流适配性仍待提升，大宗商品储备设施以及农村物流、冷链物流、应急物流、航空物流等专业物流和民生保障领域物流存在短板。生产性服务的服务质量待提升。现代物流对新发展格局下产业布局、内需消费的支撑引领能力不足，物流服务供给对需求的适配性不强，组织化、集约化、网络化、社会化程度不高,低端服务供给过剩,中高端服务供给不足,嵌入产业链深度广度不足,部分专业领域物流资源要素配置不合理、利用不充分,对畅通国民经济循环的支撑能力有待增强。

（五）区际物流竞争激烈

物流产业规模大但规模经济效益释放不足,国家大通道沿线城市物流同质化竞争现象较为普遍,公路货运市场集约化程度有待提升。以长江黄金水道和蒙华重载铁路为例,长江上、中、下游港口群功能协同、一体化发展水平不足,临江港口功能单一、同质化严重,长江干线主要港口铁路进港率已经超过了90%,各地方政府对长江港口铁水联运业务出台了不同程度的扶持性财政补贴政策,如上海市对海铁联运短驳补贴180元/TEU,揽货补贴长三角区域内400元/TEU、长三角区域外300元/TEU。武汉港、黄石港等长江中游港口在成功申报多式联运示范工程的基础上,进一步出台补贴政策,对港口集货和地方铁路运营进行补贴,不断吸引货源。蒙华重载铁路主要站点途经的襄阳、荆门、荆州、岳阳、长沙、新余等城市均积极发展煤炭储配疏运业务,依托铁路、公路及水运条件开展大宗货物多式联运物流园区建设,市域和县域物流竞争激烈。此外,城市之间竞相吸引科技资源、创新型产业和高素质人口,新质生产力方向布局趋同,现代物流以及与之相关的人工智能、低空经济、新能源等方向普遍成为城市未来产业发展主攻领域。中心城市对周边城市引领带动辐射效果弱于虹吸效应,部分城市物流枢纽的辐射带动范围更多局限于本地区内,引领带动更大区域范围产业发展的作用还未显现。

（六）极端灾害冲击严重

在国际形势复杂严峻、全球气候变暖、地缘政治冲突等因素影响下,城市物流体系受到外部冲击冲击的频率会越来越高,程度也会越发严重。由牛津大学、世界银行、欧盟委员会等开展的《全球公路、铁路基础设施资产多风险分析》表明,全球约27%的公路和铁路资产面临着至少一种自然灾害,气温升高和降水潜在性的增加将缩短公路生命周期,并增加多达10倍的养护和修复费用。其中,中国的交通基础设施预期损失占比最高——中国的公路和铁路里程只占全球的6%,但是每年的预期风险损失却占到全球的24%。2023年以来,重庆暴雨洪涝和地质灾害、京津冀暴雨洪涝灾害、西安山洪泥石流灾害等均造成多人伤亡和较大经济损失,全国多地持续出现强降雨,给城市防汛抗旱、抢险救灾等带来压力。区域物流体系一旦发生拥堵甚至中断,不仅会对产业链供应链的安全稳定造成重大冲击,更会严重影响应急抢险救灾的时效性和可达性,提升城市物流韧性已经成为不确定时代的全球共识。美国提出的"两党基础设施建设法案",增强韧性成为1100亿美元道路和重大交通项目投资的重要目标,并且专门包含了应对气候变化的460亿美元韧性投资,是美国历史上规模最大的防灾减灾投资。拜登还签署了"供应链行政令",美国交通部启动"货运物流优化工程（FLOW）",引导货物运输及供应链各环节的关键数据交换与共享,应对供应链风险。国际海事组织、国际民用航空组织等国际机构以及马士基、敦豪等全球物流企业也认为,贸易政策的转变、基础设施的瓶颈等等问题所导致的供应链受阻已经常态化,气候变化的频率及幅度会使最佳的运输方案难以实现,向供应链体系注入更强的韧性将比短期的成本优化来得重要。

第二节 新时代城市物流能级提升的思路转变

一、新时代城市物流高质量发展的新要求

（一）从增量扩张转向存量优化

改革开放四十年来，在政府主导的模仿赶超和要素驱动路径上，我国物流业经历了多次动能转换，支撑推动我国经济实现了超高速增长，现代物流规模也快速扩大。尤其是进入21世纪以来，我国物流业经历了投资规模最大、能力增加最快的时期，物流基础设施建设成绩显著，技术装备实现跨越式发展，物流服务水平整体提升，基础设施水平和物流服务规模均处于世界领先水平。目前，我国经济已经进入高质量发展阶段，更加注重经济发展的质量和效率，经济增长速度、产业结构、区域布局也将随之不断优化调整，国内物流市场发展由增量市场竞争进入存量市场竞争阶段，政策规划配套、基础设施建设、科技支撑、产业结构相对成熟。"十五五"时期，我国大部分城市货物规模扩张增速放缓，物流需求结构向个性化、品质化、精益化转变，对物流服务供给结构和质量提出更高要求，城市物流业发展迈入枢纽能级加速提升期和物流体系关键成形期，部分城市正在进入物流国际竞争力培育期阶段。在建设社会主义现代化物流强国的新时代，继续扩大物流基础设施供给规模的空间有限，需要在优化交通基础设施结构的同时，改变传统动能重基建而轻服务的模式，顺应国家产业布局、内需消费和物流空间融合重构发展态势，优化物流空间布局和服务组织方式，加快构建内外联通、高效运作的"通道+枢纽+网络"现代物流运行体系，扩大高质量物流服务供给，增强需求适配性，推动物流体系向以服务国内大循环为主体、国内国际双循环相互促进的海陆统筹方向转变，通过新旧动能接续转换实现城市物流的高质量发展。

（二）从指标降本转向全局增效

在物流服务短缺时代，我国城市物流业发展采取的是供给主导型的独立发展模式，以资源要素投入为主、注重基础设施建设、强调规模扩张要特点，"有河大家走船、有路大家行车"，各种物流运输实现了快速发展，供给能力在短时间内大幅提升。但是，各种物流运输方式各自独立发展，也造成了我国物流服务市场的整体滞后、物流效率不高且结构性矛盾突出的问题，全社会物流成本居高不下。在基础设施基本达到世界先进水平后，物流运输市场资源整合和联运配置效率仍有很大的发展空间。在建设社会主义现代化物流强国的新时代，现阶段的主要矛盾是日益增长的现代物流高品质需求与物流服务专业化供给不平衡之间的结构性矛盾。习近平总书记在2023年中央经济工作会议上强调要有效降低全社会物流成本[1]。2024年《政府工作报告》提出，"实施降低物流成本行动"。2024年2月召开的中央财经委员会第

---

[1] 《中央经济工作会议在北京举行》，《人民日报》2023年12月13日。

四次会议进一步提出,物流降成本的出发点和落脚点是服务实体经济和人民群众,基本前提是保持制造业比重基本稳定,主要途径是调结构、促改革,有效降低运输成本、仓储成本、管理成本。"十五五"时期,国内超大规模市场的供需高效对接,产品面向国内国际市场进行辐射,现代产业体系迈向价值链中高端,均将推动生产物流和城乡消费物流服务体系重构。面向构建新发展格局和物流降本增效的战略要求,要求城市物流在辐射范围、流量流向、网络布局、服务组织等方面深化潜力挖掘,以结构性调整、技术性创新、制度性改革为路径,进一步破除"中梗阻"、打通微循环,完善物流运行体系,创新组织方式,提升综合服务效率,系统性降低经济循环成本。

(三)从城际竞争转向区域协同

随着新型城镇化战略的深入推进,未来我国的城镇化水平理论上将达到70%左右,未来仍将有超过1亿人由农村转移到城市,城市群将成为国家人口、产业和经济中心。在建设社会主义现代化强国的新时代,各大城市和城市群成为主要的货运出发地和目的地,城市物流需要在更大范围、更宽领域、更深层次上融入全球经济体系,城市物流流向由外循环单环流动为主转向内循环—外循环双向流动,物流服务网络更多面向服务强大国内市场进行布局,对物流通道和枢纽布局提出新的要求。城市物流需要强化国际通达性和国际枢纽地位以支撑城市主导的全球供应链新格局,建立精准的区域交通系统以满足不同地区差异化发展需要,推动跨区域物流设施共建共享、网络互联互通、行业共管共治。建设社会主义现代化物流强国,需要城市以更宽广的视野推进跨城市跨区域的物流协同发展,共建高能级物流枢纽网络,以通道、运输、组织、政策、治理为发力点,在提升运输便利化水平和物流运输品牌影响力的基础上,消除跨区域物流堵点和断点,打破区域内部和跨区域物流服务的体制机制障碍,加快推进物流跨区域设施联通、资源共享、协同运作、区域共治,加强跨区域干支衔接、标准对接和组织协同,切实解决跨运输方式、跨作业环节堵点卡点问题。

(四)从要素投入转向新质驱动

随着物流基础设施日益完善,纯靠资本投入增加物流运输供给所带的边际收益越来越低,投资的边际成本越来越高。尤其是在国家控制债务风险的背景下,物流领域大规模投资的压力越来越大。随着资金、土地、资源、环境等外部约束趋紧,资本和劳动力要素投入的驱动力逐步减弱,以低成本要素、大规模投入和忽视生态环境破坏为特征的粗放型高速增长模式难以为继。推动城市物流发展动能转换,就是要大力发展新质生产力,一方面要提高土地、资本、劳动力等传统要素的利用效率和全要素生产率,另外一方面要加大科技、数据、信息、人力资本等新要素的投入,赋能传统要素,提高资源使用效率,实现从规模扩张型增长向质量效益型发展转变。新时代提升城市物流能级,需要抓住数字经济和绿色转型发展机遇,加快物流业数字化、智能化、绿色赋能,全面推进物流技术、业态、模式和管理创新,发挥信息、科技、数据、人才、制度创新等新要素的驱动作用。新一代信息技术已经在物流业广泛应用,智能物流装备和技术加速迭代,推动物流资源要素的数字化改造、在线化汇聚和平台化共享,物流新质生产力的变革性影响已经初步显现。

二、新时代城市物流高能级提升的新理念

(一)系统化布局

从经济贡献的角度,国际性物流枢纽城市物流业及其衍生产业对于城市经济和就业的贡献超过50%。从城市日常运作的角度,完善的城市物流体系也是支撑城市功能的基础骨架。现代物流业作为生产性服务业的重要组成部分,对于支撑高端制造业高质量发展的价值更是不可或缺。因此,有必要从全域产业布局的高度,优化城市现代物流体系的空间格局和层级体系,完善现代物流产业发展规划。统筹国内国际两个大局要求强化现代物流战略支撑引领能力,要求现代物流对内主动适应社会主要矛盾变化,更好发挥连接生产消费、畅通国内大循环的支撑作用;对外妥善应对错综复杂国际环境带来的新挑战,为推动国际经贸合作、培育国际竞争新优势提供有力保障。增强现代物流对于经济社会发展的引领性,全局性谋划降本增效综合改革、物流设施建设、服务体系构建、业态模式创新等现代物流高质量发展顺应国家产业布局、内需消费和物流空间融合重构发展态势,推动现代物流重塑经济时空格局,引导甚至创造新的消费需求,着力建设具有全球影响力的国际物流枢纽,着力提高内陆地区的物流服务质量,着力补齐农村物流公共服务短板,加速推动经济发展质量变革、效率变革、动力变革。

(二)链条化融合

现代物流要适应现代产业体系对多元化专业化服务的需求,深度嵌入产业链供应链,深化现代物流与制造、贸易、信息等融合创新发展,推动解决跨运输方式、跨作业环节瓶颈问题,打破物流"中梗阻",促进实体经济降本增效,提升价值创造能力,推进产业基础高级化、产业链现代化,推动形成需求牵引供给、供给创造需求的良性互动和更高水平动态平衡。推动物流企业根据制造、农业、商贸等特色产业流程需要,强化技术与组织改造,满足制造企业定制化生产、精准供应链管理以及产供销一体的物流需求,建立供应链战略合作关系,进一步增强供应链各主体各环节设施设备衔接、数据交互顺畅、资源协同共享,实现产业基础高级化、产业链现代化、价值链高端化,提高产业链供应链自主可控和安全韧性水平。

(三)联运化组织

有序推进城市范围内的重点货类中长距离运输"公转铁""公转水"。提高干线运输规模化水平和支线运输网络化覆盖面,完善末端配送网点布局,扩大低成本、高效率的一体化物流服务供给。鼓励物流资源共享,整合分散的运输、仓储、配送能力,发展共建船队车队、共享仓储、共同配送、统仓统配等组织模式,提高资源利用效率。充分发挥规模经济和网络优势,推动干支仓配一体化深度融入生产和流通,集约集中利用各类资源,调节经济流通的结构性矛盾,推动车货匹配、装备共享、集中配送等先进组织模式,带动生产布局和流通体系调整优化,减少迂回、空驶等低效无效运输,加快库存周转,减少社会物流保管和管理费用,降低流通成本。

（四）绿色化提升

加快推进城市物流全面绿色转型，将绿色作为城市物流新质生产力发展的底色，推动绿色环保理念贯穿现代物流发展全链条。加大城市清洁能源的投资力度，完善重要交通走廊和节点的清洁能源基础设施建设，加速推广新能源物流车、电动搬运车、氢能船舶等新能源工具在枢纽园区、城市配送、邮政快递等领域应用。全面提升物流设施、技术、模式绿色化发展水平，推动土地和存量资源的集约利用，推广应用绿色节能物流技术装备，推进城市物流领域老旧设施淘汰和设备更新，降低物流运输工具和仓储设施的能耗水平。大力推广"零碳"物流场景落地，创新逆向物流回收模式，围绕家用电器、电子产品、汽车、快递包装等废旧物资，构建线上线下融合的逆向物流服务平台和回收网络，构建循环物流新体系。

（五）数字化转型

推动城市物流全域数字化转型，构建"数字驱动、协同共享"的智慧物流创新发展新生态，加强新型物流基础设施建设，加快运输、仓储、配送、流通加工、包装、装卸等领域数字化改造、智慧化升级，推广应用智慧物流场景。推动现代信息技术、新型智慧装备广泛应用，加大物流科技创新与人才集聚，加强关键核心技术攻关与成果转化，加快现代物流数字化、网络化、智慧化赋能，打造科技含量高、创新能力强的智慧物流新模式。加强政企物流数据共享合作应用，驱动物流业与制造业深度联动融合发展，输出上下游供应链一体化的解决方案，实现制造、流通和消费的无缝对接，推动市场监管过去由面向资质的事前标准化监管转为面向信用的事后个性化监管。

（六）现代化治理

深化物流领域"放管服"改革，放宽物流相关市场准入，推动物流领域资质证照电子化，推行包容审慎监管，推动形成规范高效、公平竞争、统一开放的物流市场。加快建立与物流新业态发展相适应的规则标准、法律法规和政策措施，完善行业信用体系、统计评价体系和信息共享机制。深化物流领域国有企业改革，盘活国有企业存量物流资产，鼓励民营物流企业做精做大做强。充分发挥市场在资源配置中的决定性作用，激发市场主体创新发展活力，提高物流要素配置效率和效益。

第三节　新时代"物流强市"战略的实施重点

一、新时代建设"物流强市"的总体思路

（一）总体原则

坚持战略导向。按照宏观视野、国际眼光、系统思维的发展要求，贯彻习近平总书记关于经济社会高质量发展、新型城镇化战略、发展新质生产力和降低全社会物流成本的重要论

述,分析国际国内产业发展的重大外部机遇,研究国家和省份重大战略部署、区域和城市主导产业布局、现代物流转型升级等最新宏观趋势和发展要求,促进现代物流与区域、产业、消费、城乡协同布局,因地制宜,系统谋划中长期城市物流在新发展格局中的功能要求和战略定位。

坚持问题导向。按照供需调研、量化分析、前沿对标的发展要求,采用访谈座谈、调查问卷、实地考察等形式,分析城市物流服务和转化物流市场的供求匹配状况,研判物流能力与城市主导产业物流需求发展的适配性,尤其是要注重通过采用物流大数据的方法,梳理城市物流的规模、流量、流向、货类等整体格局,分析城市物流体系的断点、卡点和堵点,定性定量对比同类型城市的发展情况和典型经验,对城市物流体系的整体情况进行综合评估,总结新时代城市物流发展的主要问题和不足。

坚持目标导向。按照远近结合、内外衔接、财权匹配的发展要求,根据城市政府确定的主导战略和发展目标,明确现代物流在城市发展战略、区域物流体系、新发展阶段等不同层面的总体定位,适度超前提出城市物流发展的总体思路、建设目标,确定空间布局、主要任务与重点工程,提出具体工作抓手、政策措施和重大建议,加快构建高质量现代化物流体系提供指导。

坚持落地导向。按照软硬搭配、上下衔接、要素保障的发展要求,根据不同行业主管部门的职责权限,进一步细化分解,采用清单式设计和项目式推动,明确物流基础设施完善工程、物流园区建设与整合工程、运输组织优化工程、制造业与物流业联动工程、物流数字化工程、龙头骨干企业培育工程等重点工程,强化部门协调和要素保障,充分调动政府、社会、市场等多方面力量形成工作合力,从重点项目清单、重点产业扶持、重点政策制定、重大制度改革等方面,提出相应的要素保障措施。

(二)基本思路

新时代推动城市物流高质量发展和高安全运行,应以习近平新时代中国特色社会主义思想为指导,全面贯彻党的二十大和二十届二中、三中全会精神,立足新发展阶段,贯彻新发展理念,构建新发展格局,以提升城市枢纽地位和物流能级为核心,以区域物流降本提质增效为重点,以城市物流"通道+枢纽+网络+平台"为支撑,以城市物流现代化为主题,以城市物流"数转智改"为特色,以保障优势产业链供应链安全稳定为底线,充分发挥现代物流在城市经济社会"保供聚群稳链强产"的先导性、基础性、战略性作用,以"畅通大通道、建设大园区、培育大集群、发展大物流、带动大产业、融入大格局"为路径,大力培育和发展城市物流新质生产力,切实推动物流基础设施"固本开源拓新"、切实推动现代物流行业"智改数转绿提"、切实推动专业物流服务"联网建群强链"、切实推动新旧生产要素"接续融合包容"、切实推动新型生产关系"公平协调共享",推动现代物流业与农业经济、工业经济、城市经济深度联动融合发展,加快构建物流通道便捷畅通、物流网络布局合理、物流园区运作高效、多式联运无缝衔接、专业物流能力充分、物流业态创新发展、物流治理绿色韧性的市域物流格局,打造科学合理、功能完备、开放共享、智慧高效、绿色安全的城市物流运行体系,因地制宜打造独有特色的中国式社会主义现代化强市。

二、新时代建设"物流强市"的重点任务

(一)打造开放物流通道

打造区域开放物流大通道。深化国际物流大通道建设,深化与通道沿线国家的物流开放与合作,巩固与提升城市的国际物流枢纽地位。强化与国内主要发展极、城市群、都市圈的地区物流通道的对接,推进枢纽共建、设施联通、资源共享、创新协同,营造市场统一开放、规则标准互认、要素自由流动的物流业发展环境,在通道沿线布局建设集货流集散、多式联运和分拨配送等功能于一体的中转分拨枢纽体系,加强通道沿线的产能合作与供应链协同水平,形成具有较强规模效益和辐射带动作用的特色产业集聚带。构建全球可达、能力充分、安全可靠的国际物流网络,发展"国际物流企业+枢纽"模式,引导国际物流企业依托货运枢纽分拨中心,打造轴辐式物流网络,推动海外仓、境外分销服务网络、物流配送中心等设施建设,完善覆盖全球的海外仓网络,强化境外资源共享,支持制造业国际化生产、销售和服务,打造物流业与制造业联动出海的发展格局。

完善城市物流枢纽体系。坚持存量设施整合提升为主、增量设施补短板为辅的理念,结合产业发展和城市功能定位,推动物流枢纽资源空间集中、要素集约、服务集聚。提高干线运输规模化水平,按照适度超前原则,高起点规划建设联运转运、铁路专用线、进港铁路、无水港干支仓配、集疏运公路等公共设施,完善物流枢纽集疏运体系,扩大支线运输网络覆盖面。提升国际物流、冷链物流、应急物流等物流枢纽专业功能短板,增强专业物流服务能力,促进枢纽服务供应链上下游。完善末端配送网点布局,扩大低成本、高效率干支仓配一体化物流服务供给适,适时建设保税仓库、保税物流中心、综合保税区等开放平台,增强枢纽在通关、保税、结算等方面功能,引领跨境电商、进出口加工等外向型产业发展壮大,打造国际物流组织中心。

(二)优化城乡物流组织

大力推动干支联运链接。推动运输结构调整、降低物流成本,发挥铁路运输、水路运输等方面的特色资源优势,创新接取送达全程服务模式,鼓励大宗、大件商品中长距离运输"公转铁""公转水"。促进多种运输方式高效衔接,推动依托综合物流枢纽开通常态化多式联运线路,推广品牌化的"一站式"多式联运服务产品,开展多式联运转运、装卸场站等物流设施标准化改造,推广使用集装箱、循环托盘等标准化装载运输工具和设备。积极推动高铁快运物流基地,培育发展高铁货运代理,开行"点对点"高铁快运班列,促进高铁物流与电商、冷链生鲜、生物医药等高附加值、高时效性产业联动发展。促进物流信息共享共用,依托城市核心物流枢纽建设综合物流信息服务平台,加强枢纽间信息互联互通,实现供应链上下游信息共享。

积极优化城市配送组织。完善城市物流设施网络,健全分级配送体系,实现干线、支线物流和末端配送有机衔接、一体化运作,加强重点生活物资保障能力。充分发挥城市周边物流园区在干线运输、区域分拨和支线配送网络中的衔接作用,加强与现代商贸业深度融合,

发展共同配送、集中配送、分时配送、夜间配送等集约化配送模式，形成跨行业的城乡配送网络，使商贸流通高效、快捷。推动城市物流提升到与城市客运同样的功能定位，推动城市配送享受与公共交通同样的优惠支持政策，完善城市物流通道、节点体系和通行政策。推广城市物流新模式应用，大力发展自动驾驶、编队行驶、地下物流、低空配送新模式，探索构建低空物流配送网络，充分发挥无人机物流成本、效率优势，扩大无人机干-支-通配送网络，提升区域快捷配送、即时服务。

着力提升城乡寄递服务。围绕服务农产品"上行"和工业品"下行"双向流通，加快双向物流服务通道升级扩容、提质增效，提升现代农业发展动能。推进贴近农产品基地、农贸市场、商贸企业、工矿企业布局建设冻库气调库、冷藏库等仓储保鲜设施，提升城郊大平急两用设施仓和县域物流配送中心服务能力。推动完善以县级物流节点为核心、乡镇服务网点为骨架、村级末端站点为延伸的县乡村三级物流服务设施体系。推进乡镇物流寄递中心等物流中转设施，促进交通、邮政、快递、商贸、供销、电商等农村物流资源融合和集约利用，打造一批公用型物流基础设施，建设村级寄递物流综合服务站，完善站点服务功能提升节点集散能力。

（三）优化物流营商环境

培育优质物流市场主体。围绕产业链布局物流链，推进物流供应链强链补链，积极招引供应链管理、多式联运、零担整车、电商配送、快件寄递等行业高能级企业，推动物流企业集约化、集群化发展，加快形成具备城市产业特色的物流集群。物流企业通过兼并重组、联盟合作等方式进行资源优化整合，培育一批具有区域竞争力的现代物流企业，提升一体化供应链综合服务能力。推动物流企业和制造企业深度融合，鼓励企业争创4A、5A级物流企业，推动组建区域物流企业联盟，促进资源集约、标准联接，打造优势互补、业务协同、利益共享的合作共同体。推动物流业务度融入产业链上下游核心业务，提供国际采购、金融服务、集采分销、仓单质押等供应链金融服务。

优化城市物流管控政策。完善城市物流管理体制，强化发展改革、交通运输、经济信息、商贸流通等部门综合组织协调，建立现代物流工作协调制度，充分发挥各部门的职能作用。优化城市物流管控政策，持续深化物流领域"放管服"改革，统筹推进物流领域市场监管、质量监管、安全监管和金融监管，实现事前事中事后全链条全领域监管，不断提高监管效能。完善物流统计制度，严格按照社会物流统计调查制度要求，建立城市物流抽样调查和统计核算体系，健全物流运行分析监测制度，开展物流运行监测评估，及时准确反映物流业的发展规模和运行效率。完善城市物流数据治理，推动建立健全城市物流数据治理标准，制定物流关键数据项标准和数据目录清单，规范数据来源和数据质量要求，确保数据准确性和时效性，推动建立城市物流数据共享、评估与监管机制，实现数据分级分类开放共享。

完善城市物流信用体系。加强城市物流企业信用管理，依法依规建立物流企业诚信记录和严重失信主体名单制度，打造城市物流"合法规范、诚实守信"的安全氛围。推动交通运输、商贸流通、邮政管理等政府主管部门与行业协会、执法机构共同建立监管信息共享的工作机制，建立经营主体信用记录，建立以信用为基础的企业分类监管制度，完善物流行业经营主体和从业人员守信联合激励和失信联合惩戒机制,提高违法失信成本。

（四）提升专业物流服务

提升供应链物流专业化水平。推动物流服务深度融入制造供应链体系,加强城市物流体系与工业园区、产业集群衔接、联动发展,引导物流企业与制造企业设施共建、资源共享,推广城市物流枢纽运营与制造业供应链物流协同模式。鼓励物流企业围绕高端装备制造、生物制药、电子信息、精密设备等本地特色主导产业领域,形成覆盖制造业原材料到产品供应、生产、运输、仓储等环节的全流程物流集成服务,发展供应链库存管理、生产线物流等新模式,满足敏捷制造、准时生产等精益化生产需要。发展个性化定制、柔性化生产、资源高度共享的虚拟生产、云制造等现代供应链模式,提升全物流链条价值创造能力,推动制造业转型升级。

提升冷链物流专业化水平。高标准建设冷链物流设施,推动面向城市消费的低温加工处理中心建设,完善加强产地预冷、仓储保鲜、移动冷库等冷链设施供给质量,推广蓄冷箱、保温箱等单元化冷链载器具和标准化冷藏车,提高公路、铁路、航空等冷链干线运输规模。创新冷链物流干支仓配衔接模式,大力发展铁路冷藏运输、冷藏集装箱多式联运,开展冷链共同配送、"生鲜电商+冷链宅配"等新模式,提高肉类、果蔬等冷链物资流通效率。加强全程温度记录和产品信息追溯,促进冷链物流信息互联互通,促进消费升级,保障食品质量安全。

提升危化品物流专业化水平。规划建设公共型危货运输车辆专用停车场（站）,整合危货空车停放、车辆检测、车辆维修、洗消等功能,保障危货车辆按公共危化品分类集中合规停放,消除安全隐患。推动危化品物流全程监测、线上监管、实时查询,提高异常预警和应急响应处置能力。发展危化品罐箱多式联运,提高安全服务水平,推动危化品物流向专业化定制、高品质服务和全程供应链服务转型升级。

提升电商配送物流专业化水平。推动电商直播、快递分拨等专业类物流园区建设,提升电商快件分拨处理智能化、信息化、绿色化水平,鼓励发展航空快递、高铁快递、冷链快递、电商快递、跨境寄递,推动电商快递物流与供应链、产业链融合发展。积极推动跨境电商发展,打通跨境电商国际物流通道,实现跨境电商货物快速通关、高效中转集散,推广跨境贸易电商O2O（线上到线下）模式,强化与区域范围内专业市场合作,做大做强保税展览展示交易平台。

（五）发展物流偏好产业

积极发展物流通道经济。加快培育规模化、专业化、网络化的物流通道运营企业,提升物流开放大通道沿线基础设施支撑和服务能力,扩大覆盖半径和辐射范围,提高通道货源集结与物流运行效率,密切通道沿线城市之间的经济联系,优化通道沿线产业布局与分工合作体系。提高物流通道对经济要素的产业组织和要素配置能力,引导产业集群发展和经济合理布局,推动跨区域资源整合、产业链联动和价值协同创造,培育区域经济新增长点。

积极发展物流枢纽经济。充分发挥城市物流枢纽辐射广、成本低、效率高的竞争优势,引导地方统筹城市空间布局和产业发展,带动区域农业、制造、商贸等产业集聚发展,打造形成各种要素大聚集、大流通、大交易的枢纽经济，不断提升枢纽的综合竞争优势和规模经济效应。强化"枢纽+企业""枢纽+平台"，提升枢纽组织能力，做强区域分销分拨、大宗物资交易、跨境贸易、保税通关、产业金融、创新协同等平台服务功能，推动物流园（港）与产城互动融合发展。根据不同类型的枢纽特色和经济优势，因地制宜发展航空经济、临港经济、高铁经济等枢纽经济形态，加快推进与周边地区要素禀赋相适应的产业规模化发展，推进临港工业、国际贸易、大宗商品交易等港口枢纽产业联动发展，推动高端国际贸易、制造、快递等临空产业提质升级，推进跨境电商、进出口加工等特色口岸经济发展，带动枢纽紧密型、偏好型、关联型等关联产业集群发展壮大，促进资本、技术、管理、人才等各类资源和生产要素集聚，提高城市经济发展能级和产业竞争力。

积极发展物流平台经济。依托重大物流基础设施打造物流平台组织中枢，推动城市物流设施设备全面联网，实现作业流程透明化、智慧设备全连接，促进物流信息交互联通。推动城市搭建智慧物流"大脑"，全面链接并促进城市物流资源共享，优化城市物流运行，建设智慧物流网络。依托物流信息平台推动公共数据有序开放，稳步发展网络货运、共享物流、无人配送、智慧航运、统仓共配、分时配送等新业态，推动平台型企业整合同城货源和物流运力资源，加强配送车辆的统筹调配和返程调度，推出便捷高效、成本经济的云服务平台和数字化解决方案。

积极发展物流低空经济。规划布局低空物流无人机起降设施，结合低空航路航线划设、场景应用等需求，加快建设物流无人机起降、能源、备降、维保、接驳等配套设施。结合产业发展需要和城市空间特点，布局规划服务物流应用场景的低空飞行航线，探索开题跨城市专用物流航线，推动形成低空物流航线网络。加快建设城市级智能融合低空监管服务一体化平台，加快飞行服务站建设，实现协同监管和"一站式"服务功能，建立省、区、市融合的军地民低空空域协同管理机制，提升低空空域管理和空中交通服务能力。探索物流无人应用场景，开通无人机物流配送、即时物流航线，发展偏远山区、无人海岛等无人物流运输，鼓励开展跨城际、省际的区域无人物流运输，推动中心城区扩大低空末端配送智慧物流，因地制宜有序开展商区、校区、园区、社区等低空无人机物流配送商业应用，培育形成产品适用、价格合理、服务便捷的低空物流新业态。

（六）推进物流数转智改

推进城市物流数字化转型。全面提升物流全要素、全过程数字化水平，依托城市核心物流枢纽打造物流信息组织中枢，推动城市物流设施设备全面联网，在满足数据安全的前提下，促进道路、铁路、港口、机场、海关等枢纽节点与物流企业或者企业之间的信息交互联通，推进行业内外信息开放共享，打破信息壁垒。推动使用电子运单和在线物流服务，推动信息共享、标准统一和安检互认，实现货物运输"一张单"。建设物流订单、货物追踪、多式联运等一站式信息发布渠道和查询窗口，加强产业链上下游企业信息共享，提高货物资源精准匹配能力。培育物流数据要素市场，提高对于物流据资源的聚集力和主导权，完善市场交易规则，强化数据共享交易功能，深化多式联运大数据应用，深入挖掘数据价值。

推进城市物流智能化改造。推广城市物流新设施设备，鼓励物流节点建设智能化仓储、自动化码头、"无人场站"等现代化物流设施，推广智能分拣、智能装载、智能仓储等新装备应用，提升自动化作业效率。推动应用大数据、AI技术、云计算、物联网等新技术，推动物流信息追踪技术在冷链、危险品运输、超限超载等重点领域应用，提升载运工具远程监测、风险预警、智能调度等能力，实现货物"可视、可测、可控、可响应、可追溯"。鼓励应用无人驾驶智能卡车、自动导引车、智能穿梭车、无人机等自动化、无人化、智慧化物流技术装备，以及自动感知、自动控制、智慧决策等智慧管理技术应用。

（七）保障物流绿色安全

推进城市物流绿色化转型。完善城市物流碳排放监测体系，建立城市物流输碳排放统计监测平台，运用大数据、物联网、区块链等数字技术，实现分方式、分企业、分区域碳排放精细化管理，推动物流企业强化绿色节能和低碳管理，推广合同能源管理模式，积极开展节能诊断。深入推进物流领域节能减排，加大清洁能源的投资力度，完善重要物流走廊和节点的清洁能源基础设施建设，加速推广电动汽车、燃料电池汽车、氢能汽车等新能源物流工具，加快新能源、符合国家第六阶段机动车污染物排放标准等货运车辆在城市配送领域应用，促进新能源叉车在仓储领域应用，推广使用循环包装，减少过度包装和二次包装，促进包装减量化、再利用。加快健全逆向物流服务体系。探索符合城市特征的逆向物流发展模式，推动资源回收网点布局建设、智能回收装备设施和技术应用，针对产品包装、物流器具、汽车以及电商退换货等，建立线上线下融合的逆向物流服务平台和网络，创新服务模式和场景，促进产品回收和资源循环利用。

提升城市物流安全韧性水平。完善城市物流通道的多样性，推进陆路、水上以及空中、地下等物流体系建设，具备满足功能要求的备选方案，能够实现快速切换，推动城市物流体系嵌入应急功能，在规划布局、设施建设等方面充分考虑平急两用需要，发挥区域物流枢纽干支仓配能力优势，加强与应急物资储备设施的相互匹配、有机衔接，构建应急物流服务网络。提高应急物资运输能力，高效衔接国家和地方应急平台与系统，推进无人机、"零接触"等新技术新设备应用，强化危险品、冷链、精密仪器、特种设备等运输专业能力建设。完善应急物流调度体系，高效衔接国家和地方应急平台与系统，健全城市物流"平急两用"联动响应机制，加强应急队伍建设。深化物流领域的平战结合和军民融合常态化发展，拓展运力引进、运输配送、仓储管理、物资采购、信息融合等军民物流融合范围，开展实战化、常态化的应急演练。

本章参考文献

[1] 国务院办公厅. 国务院办公厅关于印发"十四五"现代物流发展规划的通知[J]. 中华人民共和国国务院公报,2023(1):47-60.

[2] 林坦,李云汉. 对当前形势下我国物流降本增效核心问题的思考[J]. 综合运输,2018,40(1):73-77.

[3] 李云汉,甘家华,成倩倩,等.我国多式联运"一单制"推进路径研究[J].交通运输研究,2023,9(3):100-106+115.

[4] 甘家华,成倩倩.推进交通物流降本提质增效路径研究[J].中国国情国力,2024(6):54-57.

[5] 甄敬怡."双碳"目标下交通运输如何当好"开路先锋"[N].中国经济导报,2022-07-02(002).

[6] 陆化普,冯海霞.交通领域实现碳中和的分析与思考[J].可持续发展经济导刊,2022(Z1):63-67.

[7] 汪鸣.当前形势下降低物流成本的路径与措施问题探讨[J].中国物流与采购,2016(16):30-32.

[8] 中国物流信息中心.2023年全国物流运行情况通报[EB/OL].(2024-02-07)[2024-09-20].http://www.clic.org.cn/wltjwlyx/311086.jhtml.

[9] 韩鑫.物流降成本 发展增效益[N].人民日报,2024-04-24(18).

[10] 陈胜营.打好降本增效组合拳 实现物流业高质量发展[EB/OL].(2020-06-11)[2024-09-20].http://auto.people.com.cn/n1/2020/0611/c1005-31743388.html.

[11] 沈倍延.进一步深挖我国物流业降本增效空间[EB/OL].(2024-08-14)[2024-09-20].http://jjckb.xinhuanet.com/20240814/410cb345ec784168a4f6a97d535be410/c.html.

[12] 王继祥.新时代中国城市物流发展背景与变革趋势[J].企业家信息,2019(7):4.

第八章　深圳市城市物流竞争力分析

深圳市作为我国改革开放的前沿阵地,一直发挥着社会主义现代化建设的重要窗口和示范带头作用。自成立经济特区以来,深圳经济发展取得了举世瞩目的成就,已经成为全球重要的世界城市。习近平总书记在深圳经济特区建立40周年庆祝大会上的讲话提出,深圳要建设好中国特色社会主义先行示范区,创建社会主义现代化强国的城市范例,率先实现社会主义现代化❶。目前,深圳市正以建设具有全球重要影响力的物流中心为发展目标,全力推进国际航运枢纽、国际航空枢纽建设,推进国际物流供应链、低空物流配送等物流模式创新,加速构建"对外物流枢纽+城市物流转运中心+社区物流配送站"三级物流枢纽体系。深圳市城市物流竞争力指数长期位居全国前列,2023年排名全国城市第2位。作为全球重要的国际物流枢纽之一,深圳市将充分发挥物流吸引力和辐射力优势,吸引国内外企业供应链管理总部、交易中心、结算中心、信息中心落户深圳,增强全球供应链控制能力,发挥数字经济和智慧城市潜力优势,加快建设具有全球重要影响力的下一代物流中心。

第一节　城市发展总体情况

一、国家战略持续聚焦,全球城市影响凸显

2019年2月,中共中央、国务院发布《粤港澳大湾区发展规划纲要》,粤港澳大湾区上升为国家重大区域战略,深圳是大湾区建设的重要引擎。2019年8月,中共中央、国务院发布《关于支持深圳建设中国特色社会主义先行示范区的意见》,将深圳定位为高质量发展高地、法治城市示范、城市文明典范、民生幸福标杆、可持续发展先锋,要求到2035年,深圳高质量发展成为全国典范,城市综合经济竞争力世界领先,建成具有全球影响力的创新创业创意之都,成为我国建设社会主义现代化强国的城市范例。到21世纪中叶,深圳以更加昂扬的姿态屹立于世界先进城市之林,成为竞争力、创新力、影响力卓著的全球标杆城市。

五年以来,深圳充分发挥作为经济特区、全面性经济中心城市和国家创新型城市的引领作用,加快建设现代化、国际化城市。根据2023年全球城市指数报告,深圳位列全球城市排名第73位。在全球经济高度不确定性的形势下,深圳在商业活动维度依旧维持较高活力,

---

❶ 《习近平在深圳经济特区建立40周年庆祝大会上的讲话》,《人民日报》2020年10月15日。

以互联网及制造业为主的本土企业表现亮眼,深圳商业国际竞争力进一步提升。与此同时,得益于多元的政策窗口及互补的产业特征,粤港澳大湾区依旧保持着其全球顶级城市群的地位。

二、综合实力稳步提升,产业结构持续优化

经济发展质量稳步提升。深圳作为我国首个经济特区,经济发展稳步提升。2023年全深圳市地区生产总值为3.46万亿元,位居全国城市第三,同比增长6%。全年人均地区生产总值195230.17元,比上年增长5.6%。2019—2023年的地区生产总值及人均生产总值变化情况如图8-1所示。

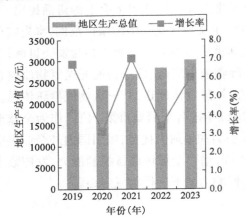
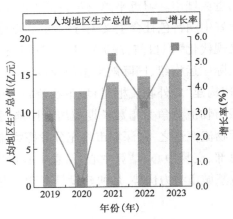

图8-1 2019—2023年深圳市地区生产总值及人均生产总值变化情况

资料来源:深圳市国民经济和社会发展统计公报。

产业结构持续优化。深圳加快产业链、创新链、人才链、教育链"四链"融合,大力发展战略性新兴产业和未来产业,构建面向未来的现代产业体系。2023年,深圳市三次产业结构为0.1∶37.6∶62.3,高新技术产业、现代服务业和传统制造业是深圳市的主导产业(图8-2)。高新技术产业中,电子信息、生物医药、高端装备制造等领域的增长尤为显著,金融、物流、专业服务等现代服务业以及电子设备制造、汽车制造等制造业规模庞大;同时,战略性新兴产业的增长也非常快,包括新一代信息技术、高端装备制造、绿色低碳等领域的快速发展,成为经济增长的新引擎。2022年6月6日,深圳提出发展以先进制造业为主体的20个战略性新兴产业集群,前瞻布局8大未来产业。

三、交通网络持续优化,交通科技创新发展

深圳市综合立体交通网不断完善。作为我国改革开放的重要窗口和粤港澳大湾区的核心引擎城市,深圳市秉持以交通引领城市发展的理念,致力于构建国际性综合交通枢纽,形成了海陆空铁齐全、资源配置集约、辐射国际国内的一体化综合交通运输体系,有力地促进了经济社会高质量可持续发展。2023年,深圳全市路网长度达到7830km,并通过供给调控、科技手段等综合措施,引导车辆合理使用。新开通组合港10个、内陆港2个,实现大湾区内

地九市和广东全省七大关区组合港全覆盖,深圳港开行国际班轮航线232条,覆盖全球主要港口,成为全球重要的集装箱枢纽港。2024年6月30日,国家重大工程、粤港澳大湾区核心枢纽工程——深中通道正式开通运营,深圳至中山的车程将缩短至30min内。深圳市综合立体交通网建设取得显著进展,初步建成布局完善、衔接高效、互联互通的海陆空骨架网络。

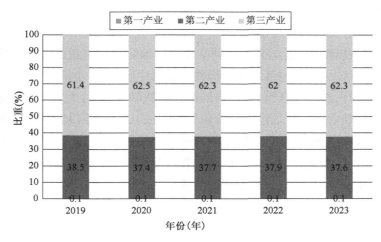

图8-2 2019—2023年三次产业增加值占地区生产总值比重
资料来源:深圳市国民经济和社会发展统计公报。

现代物流成为重要支柱型产业。2023年,深圳市物流业增加值3522.35亿元,同比增长6%,占GDP比重10.18%,为社会经济发展提供了重要支撑。物流经济效益和产业规模全国领先,全社会物流总费用与GDP的比率为12.6%,优于全国平均水平。深圳市铁路物流业发展迅速,2023年开行中欧等跨境班列188趟,发运货物1.91万TEU,货值6.5亿美元。2023年,深圳港全年完成港口货物吞吐量2.87亿t,集装箱吞吐量2988万TEU,深圳机场旅客吞吐量5273.49万人次,国际航空旅客大幅增长,彰显其国际航空枢纽地位。深港跨境旅客和车辆数量总体稳中有升,区域交通一体化稳步推进。

物流科技企业聚集发展。物流技术创新和产业发展方面,深圳市集聚了华为、腾讯、中国平安等一批科技创新企业,智慧交通产业规模大、集聚性强、产业链条齐备。在大数据计算、5G技术应用、智能网联汽车测试等方面走在全国前列,通过智慧交通系统建设提升了交通治理现代化水平,例如实现网约车许可等"秒批"政务服务。深圳市综合物流规划、建设、运营和管理水平逐步提升,物流治理向现代化、精细化方向迈进。

四、新质动能不断落地,"天空之城"加快发展

低空物流新质生产力加速布局。2023年,深圳市低空经济总产值达900亿元,消费级无人机占全球市场70%,工业级无人机占全球50%,拥有1700多家链上企业,引进、培育了一批全球低空领域领军企业,形成比较完整的产业生态链,完成载货无人机飞行量61万架次、飞行规模全国第一,已经成为"天空之城"。2024年3月,中国民航局明确支持深圳建设国家

低空经济产业综合示范区,为深圳市低空产业高质量发展提供强力支撑。深圳在低空空域管理、飞行规则标准和适航审定等方面先行先试,为全国低空经济产业发展探索更多经验。深圳市积极支持企业探索无人机即时配送、城际运输等低空物流业务,打造低空设施高效运行先行地,加快低空智能融合基础设施项目一期建设,计划首批在南山、宝安、龙岗、龙华等区开展低空运行试验区建设,提升坪山区智能网联测试场无人机测试功能,开展盐田区电动垂直起降飞行器融合飞行基地建设。

新质生产力赋能港口建设运营。深圳全面推进国际航运枢纽建设,盐田港区打造世界一流的智慧绿色港区,大铲湾港区构建前海物流贸易中转枢纽,小漠港区打造绿色现代化汽车滚装枢纽港新标杆,继续加强组合港、内陆港和海铁联运力度,大力发展国际中转集拼、保税燃料油气加注等新业态。深圳港国际班轮航线通往100多个国家和地区300多个港口,连续10年稳居全球第四大集装箱港。累计开通36条组合港航线,累计挂牌运营14个内陆港,覆盖广东、湖南、江西、贵州4个省份。前海合作区集聚近500家重点航运相关企业,在港口运营、船舶运输、船舶管理、船员服务等领域形成集群优势。

跨境电商物流蓬勃发展。深圳机场积极引进国内外航司,加大运力投放,同时大力推动国际业务发展,已启动总投资超50亿元的8个物流设施项目建设,吸引更多跨境电商和物流企业在深集聚。此外,国内首个航空跨境电商企业处理专区吸引了跨境电商头部企业入驻,空运跨境电商业务规模三年扩大10倍以上。深圳机场持续推动机场扩容升级,机场高峰小时容量标准提升至65架次,居国内双跑道机场之首。机场货邮吞吐量160万t,位居全国第三。深圳机场与列日、布鲁塞尔、莱比锡等机场缔结"友好机场",同时,在中山、江门、增城建设前置仓,持续打造全球五星机场、世界最佳进步机场。

第二节 深圳市物流竞争力专项分析

一、总体评价

深圳市2023年度城市物流竞争力指数为52.62,位列全国第2位,虽相较于2021年度55.60、2020年度58.62略有下降,但仍是除上海外物流综合竞争力最强的城市,见表8-1。深圳市的城市物流吸引力指数和城市物流辐射力指数分别位列全国第3位、第2位,相较于2020年度排名均有所提升(图8-3)。深圳作为国际性综合交通枢纽城市,已经形成了以海港、空港等物流枢纽为核心、多层次运输通道为骨架的物流基础设施体系,有力地支撑了粤港澳大湾区的建设和深圳经济的高质量可持续发展。2023年,深圳机场货运业务量达160万t,同比增长6.2%。其中,国际及地区货量达77万t,其中空运跨境电商业务量同比增长80.3%;国内货量83万t,同比增长13.7%,继续稳居全国首位;国内外货运航线通航点突破60个,为深圳加快建设具有全球重要影响力的物流中心提供重要支撑和持续动力。

深圳市城市物流竞争力细分指标对比表 表8-1

一级指标	二级指标	2023年 指数	2023年 全国排名	2020年 指数	2020年 全国排名	2019年 指数	2019年 全国排名
物流吸引力	发展潜力	50.76	2	69.24	2	59.19	1
	市场规模	55.96	3	45.67	4	36.68	6
	枢纽布局	62.92	9	60.78	7	64.97	8
	营商环境	75.26	4	85.93	4	84.78	4
	绿色低碳	35.89	34	31.58	42	33.11	62
物流辐射力	地理区位	80.37	71	68.47	85	88.28	83
	市场覆盖	69.45	3	82.26	1	67.57	3
	智慧物流	4.85	44	15.38	33	90.91	2
	通达性	47.13	9	45.81	6	45.43	9
	国际物流	46.79	2	44.91	2	38.69	4

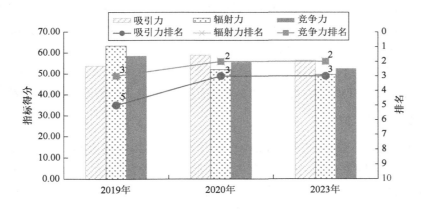

图8-3 深圳市物流竞争力指数及排名

综合来看,深圳市凭借其独特的地理优势和开放政策,已经发展成为国内外领先的物流枢纽城市。在国内层面,深圳的物流吸引力和辐射力持续增强,尤其是其强大的空港物流能力,为深圳稳居全国前三物流枢纽城市提供了坚实的支撑。深圳机场作为国家级空港型物流枢纽,以其密集的国际货运航线和快速增长的货运业务量,成功打造"全球123快货物流圈",进一步提升了深圳在全球物流网络中的地位。

在国际层面,深圳通过新开和加密国际货运航线,强化了与全球主要城市的物流连接。深圳积极融入"一带一路"建设,显著提升了其在国际物流格局中的影响力,尤其是深圳机场在跨境电商空运业务上的高速增长,为深圳进一步拓展中东地区等国际市场提供了新的动力和机遇。通过不断完善物流基础设施、推进绿色物流和智慧物流的发展,深圳正逐步构建出一个国内国际双循环的开放新体系,未来有望成为全球领先的物流枢纽城市之一。

二、分项评价

（一）发展潜力指数

2023年度，深圳市物流发展潜力指数为50.76，位列全国第2。2019年度与2020年度，深圳分别以59.19和69.24的物流发展潜力指数，排名全国第1位和第2位（表8-1）。始终保持着较高的发展潜力水平得益于深圳在科技创新、政策支持、基础设施建设等方面的持续投入。2023年，深圳市地区生产总值达到34606.4亿元，财政收入达到852.9亿元，成为全球重要的城市经济体。同时，深圳拥有超过1000万人的常住人口和世界级的基础设施，常住人口增长率达到0.73%，公路货运量增长率达到4.17%，快递包裹增长率达到9.80%，具备了高效承载和流通全球物流的能力，为其在全球供应链中的关键角色奠定了基础。未来，深圳需要进一步优化城市物流布局，拓展绿色物流和智能化物流的创新空间，以保持其在全球的物流领先地位。

（二）市场规模指数

深圳市城市物流市场规模在2019年、2020年、2023年均排名全国前10位。2023年深圳市全市公路货运量31.89亿t，快递业务量63.71亿件，两项指标均排名全国城市前列。深圳市常住人口1179.01万，位列全国地级及以上城市第6。2023年，深圳市年实现社会消费品零售总额1.05万亿元，继续稳居国内第五，对外贸易总额3.87万亿元，位列全国第2，仅次于上海。城市间货车流量968.63万次，建成区总面积923km²，均位居国内城市前列。

（三）枢纽布局指数

深圳市2023年枢纽布局指数为62.92，与2019年、2020年相比排名略有下滑，但仍稳定在全国前10位。从国家规划的角度，深圳市的综合交通物流地位十分突出，深圳城市在国家物流规划中的层级排名第4位。根据《国家物流枢纽布局和建设规划》，深圳市被划为港口型国家物流枢纽承载城市、空港型国家物流枢纽承载城市、生产服务型国家物流枢纽承载城市以及商贸服务型国家物流枢纽承载城市，展现了其多元化的枢纽功能。依据国家发改委发布的《关于做好2023年国家物流枢纽建设工作的通知》，深圳被列为2023年国家物流枢纽建设名单中的重要城市之一。深圳市在《国家综合立体交通网纲要》中，也被定位为国家重点建设的20个国际性综合交通枢纽城市之一，是粤港澳大湾区的重要物流集散中心。

从物流运营的角度来看，顺丰、京东物流、菜鸟网络等国内知名物流企业均在深圳设立了大规模的区域级分拨中转中心。同时，国际物流巨头如UPS、DHL等也选择深圳作为其华南区域的运营枢纽。深圳物流企业布局在该市的一级中心仓储数量在全国范围内名列前茅，充分体现了深圳在物流枢纽中的战略地位。初步统计显示，2023年深圳市拥有各类物流园区数量82个，位列全国第7。然而，作为快速发展的超大城市，深圳的交通拥堵问题也较为严峻，拥堵指数为1.583，尤其是高峰时段的物流配送效率受到一定程度的影响。加之某些区域对城市物流配送车辆的限制政策,使得末端配送环节面临一定的挑战,亟须进一步优化和提升。

(四)营商环境指数

深圳市2023年的营商环境指数为75.26,相较于2020年85.93、2019年84.78数值上略有下降,但排名仍稳定在全国第4位。作为国家各类政策重点支持的城市之一,深圳市在推动现代物流业发展方面表现突出,将其视为城市的主导产业之一,积极扶持物流企业的成长与创新。2019年,深圳市被选为供应链创新与应用试点城市,并在2022年成功跻身全国首批供应链创新与应用10个示范城市之一。深圳市已经初步构建起产供销有机衔接、内外贸高效贯通的现代供应链体系,在促进经济循环与产业链畅通方面发挥了重要作用,并进一步巩固了其在全球产业链供应链中的竞争优势。深圳市获得了国家现代物流创新试点城市、国家多式联运示范工程、跨境电商零售进口试点等一系列国家政策的肯定与支持。宝安区获批"全国跨境电商综合试验区",进一步提升了深圳市在全国物流和供应链管理中的地位。根据《交通强国建设深圳试点实施方案》,深圳市将持续推进世界级机场群与港口群的建设,努力打造与国际化大都市地位相匹配的国际航空枢纽,并进一步增强其作为全球重要物流和贸易中心的影响力。

(五)绿色低碳指数

2023年,深圳市的绿色低碳发展竞争力指数位列全国第3。深圳市在绿色物流发展方面取得了显著进展。2023年,深圳市完成水路货运量达7.5亿t,位居全国前列。深圳市充分利用其优越的地理位置,积极推动港口与内陆交通网络的无缝衔接,不断优化集疏运体系。集装箱水水中转比例已提升至48%,海铁联运量实现了快速增长,运输结构调整取得了显著成效。深圳市通过持续优化水路运输比例,大力发展多式联运,在减少碳排放和提升物流效率方面走在全国前列。特别是在水路运输占公路水运货运量的比重上,深圳市已达到25%,进一步巩固了其在绿色物流发展中的领先地位。

(六)地理区位指数

以深圳市为起点,以公路、铁路、民航等综合交通运输方式出行12h计算,可以覆盖全国9.80亿人口,覆盖人口规模依然位居国内城市前列。但是相对于中部地区交通发达的城市,处于东部沿海地区的深圳在地理区域方面的优势不是十分突出,与中西部物流联系和交通可达性仍有提升空间。

(七)市场覆盖指数

2023年,深圳市市场覆盖指数为69.45。纵向来看,2020年为82.26,2019年为67.57,均位列全国前3名。从运输服务网络的角度,作为全国重要的交通枢纽,深圳市每周发往全国各城市的铁路班列2039列、每周发往全国各城市的民航班机2266架次,均处于全国领先水平,铁路和航空网络发达。从物流企业数量的角度,根据中国采购与物流联合会公布的A级物流企业名单,深圳市拥有3A级及以上物流企业191家,仅次于武汉、上海排名第3位。此外,深圳市业务集中,多元化市场主体不断丰富,物流企业集聚效应明显。

(八)智慧物流指数

2023年,深圳市的智慧物流指数排名全国第10位。深圳市在智慧物流领域的创新与应用方面持续取得进展。自2020年起,深圳市共有10家企业纳入国家无车承运人试点。深圳盐田港和大铲湾港口持续推进智能化改造,盐田港已成为华南地区首个实现全流程自动化操作的集装箱码头,口岸通关各环节实现了高度的信息化与无纸化操作,港口业务无纸化率达到98%。根据《深圳市交通行业推进新型基础设施建设三年行动方案(2021—2023年)》,深圳市加大智能末端配送设施的投入力度,新增了2万台智能取物柜,并积极布局快递物流智脑中心、智能物流认证与检测中心等关键平台的建设。

(九)通达性指数

从交通基础设施和物流节点的通达性角度,深圳市处于国内领先水平。深圳城市机场等级位居全国第2。2023年,深圳市港口货物吞吐量2.6043亿t,位居全国前列。深圳市拥有高速公路出入口密度为0.16个/百km^2、公路网络密度为0.36km/km^2。发达的城市综合立体交通网络,为提高深圳市的物流辐射能力提供了基础框架支撑。

(十)国际物流指数

深圳城市物流的国际物流指数排名全国前列,2023年指数得分46.79,较2020年44.91略有增长。深圳市2023年国际航班量为2291架次,国际货邮吞吐量16.01万t,港口外贸吞吐量为19.52万t。其中,中欧班列为19122万TEU。2023年,深圳市积极创新监管和发展模式,跨境贸易便利度不断提升,国际快递件数超10.5亿件。

第三节 趋势与展望:建设下一代国际物流中心

一、发展趋势

深圳正在加快建设具有全球重要影响力的物流中心。深圳港连续10年稳居全球大集装箱港第四,深圳机场的国际及地区客运通航点和货运航线通航点数量也在不断增加,物流业发展迅速,显示出深圳在全球物流网络中的重要地位。为了进一步提升物流中心的全球影响力,深圳采取了打造低空经济新场景、智能网联汽车运输、配送应用发展示范等多项措施,持续加强物流业创新驱动。此外,还通过制定降低物流成本的措施、优化资助政策、提高融资支持力度等方式,推动物流业降本增效。同时,深圳不断提升航运枢纽能级,大力发展水水中转、国际整箱中转、集拼中转等业务,以巩固世界级集装箱枢纽港地位。图8-4为深圳市物流竞争力细分指标雷达图。

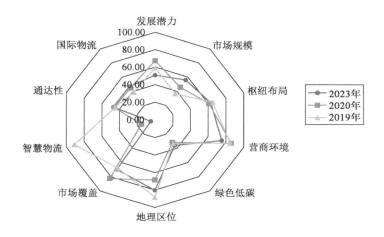

图 8-4　深圳市物流竞争力细分指标雷达图

在数字经济发展方面,深圳坚持数字赋能,推进电子提单等国际贸易新规则应用,推动跨部门、跨系统、跨平台航运贸易数据交换共享,依托深圳国际贸易单一窗口打造了深圳航运贸易数据公共服务平台,实现了海关、海事、边检等监管单位船舶审批信息共享。此外,深圳还通过建设商贸服务型国家物流枢纽,强化海铁联运效能,提升中欧班列运营水平,以及打造铁路物流枢纽等方式,为深圳加快建设具有全球重要影响力的物流中心贡献力量。

二、发展展望

(一)加快构建国际多式联运体系

深圳作为粤港澳大湾区的重要节点城市,肩负着联通国内外市场、优化物流效率的重任。根据《关于推动交通物流融合发展的指导意见》《粤港澳大湾区发展规划纲要》等国家文件要求,深圳将继续推进以海港、空港为核心的多式联运体系建设,重点提升海铁联运、空铁联运的效率和规模。未来,深圳将加快"前港后厂"模式的创新与实践,优化港口与制造业的紧密对接,以提升全链条物流效率。此外,深圳还将积极发展"江海联运"模式,推动前海、蛇口等自贸片区与粤东、粤西等沿海地区的物流合作,打通粤港澳大湾区内陆与沿海的物流大通道,从而构建覆盖全国、辐射全球的现代物流网络。

(二)强化与全球物流枢纽的互联互通

在全球化背景下,深圳需要进一步巩固和提升其作为国际物流枢纽的地位。《国家综合立体交通网规划纲要》指出,要强化交通基础设施的互联互通,深圳将充分利用这一政策契机,加快建设与世界主要经济体的物流通道。特别是在"海上丝绸之路"与"空中丝绸之路"的战略框架下,深圳将大力拓展与东南亚、南亚、中东及非洲地区的航运和航空物流合作,进一步密切与这些地区的经济联系。同时,深圳还将积极探索"冰上丝绸之路"新航线,加强与俄罗斯和欧洲国家的物流联系,推动深圳在全球物流网络中的节点作用更加突出。通过以上措施,深圳不仅能提升全球物流枢纽的网络覆盖度,还将显著增强其在国际物流中的话语权和影响力。

(三)增强国际供应链的掌控与主导能力

深圳作为全球重要的制造和贸易中心,供应链的安全与稳定至关重要。深圳将继续优化全球供应链布局,推动供应链多元化和自主化,减少对单一物流通道的依赖。通过强化物流基础设施建设,深圳将进一步提升全球物资的调配能力,打造灵活、高效的供应链网络,以应对国际环境的不确定性。此外,深圳还将通过培育具有全球竞争力的物流企业,推动其"走出去",在共建"一带一路"国家和地区建设物流枢纽和分拨中心,形成从原材料采购到产品出口的全链条供应链布局,为国内外企业提供全方位的物流服务,从而增强全球供应链体系的掌控与主导能力。

(四)推动物流行业的全面数字化转型

数字化是未来物流行业发展的重要方向,也是深圳在全球物流体系中保持竞争力的关键。深圳全面推动物流行业的数字化转型,加快智慧物流园区和智能仓储设施的建设,推进物流业务流程的数字化改造,并广泛应用大数据、人工智能和物联网等新兴技术,以提升物流运作的效率和透明度。同时,深圳还将积极发展跨境电子商务物流,深化与共建"一带一路"国家和地区的电商物流合作,形成覆盖全球的电商物流网络。此外,通过建立和完善"智慧口岸"和"单一窗口",深圳将进一步简化通关手续,提升跨境贸易的便利性,全面推动物流行业的数字化升级。

(五)全面推动城市物流绿色低碳发展

在全球气候变化和环保要求日益严格的背景下,深圳物流行业的绿色低碳转型势在必行。《国家适应气候变化战略 2035》和《粤港澳大湾区发展规划纲要》都明确提出了绿色发展的要求,深圳将大力推进物流行业的低碳转型。具体举措包括:加快新能源物流车辆的推广与应用,制定鼓励新能源车的通行政策,促进城市配送系统的绿色化改造;发展低环境负荷的循环物流体系,通过资源回收和废物处理,推动城市物流的可持续发展。此外,深圳还将加强绿色物流的标准化建设,将绿色物流纳入全市节能减排和环境保护的考核体系中,确保深圳物流行业在实现经济效益的同时,也为城市的绿色低碳发展做出贡献。

本章参考文献

[1] 深圳市人民政府. 深圳全力建设具全球重要影响力物流中心[EB/OL].(2024-04-19)[2024-08-06]. https://www.sz.gov.cn/cn/xxgk/zfxxgj/zwdt/content.

[2] 深圳市工业和信息化局. 深圳市加快推进供应链创新与发展三年行动计划(2023—2025年)[EB/OL].(2023-09-05)[2024-08-06]. http://www.ccpitsz.org.cn/xgzt/fwwz/cyzc/content.

［3］深圳市统计局. 深圳市2023年国民经济和社会发展统计公报［EB/OL］.（2024-04-28）
［2024-08-06］. https：//tjj. sz. gov. cn/zwgk/zfxxgkml/tjsj/tjgb/content.

［4］深圳市交通运输局. 深圳建设交通强国城市范例行动方案（2019—2035年）［EB/OL］.（2019-12-20）［2024-08-06］. http://jtys. sz. gov. cn/hdjl/zjdc/zjfk/content/post_6884935. html.

［5］深圳市交通运输局. 深圳建设交通强市行动计划（2021—2025年）［EB/OL］.（2022-05-07）
［2024-08-06］. https://www. sz. gov. cn/cn/xxgk/zfxxgj/zwdt/content/post_9763201. html.

［6］深圳市宝安区人民政府. 深圳空港型国家物流枢纽建设方案［EB/OL］.（2024-01-24）［2024-08-06］. https://www. baoan. gov. cn/gkmlpt/content/11/11147/post_11147223. html#21677.

［7］深圳市交通运输局. 深圳市现代物流基础设施体系建设规划［EB/OL］.（2022-07-04）［2024-08-06］. http://ka. sz. gov. cn/gkmlpt/content/9/9941/post_9941677. html#320.

第九章　成都市城市物流竞争力分析

成都市是我国重要的国家中心城市,是成渝地区双城经济圈"极核"之一、国家战略中的重要增长极、西部陆海新通道的重要节点,正致力于建设践行新发展理念的公园城市示范区、泛欧泛亚具有重要影响力的国际门户枢纽城市,加快向社会主义现代化新天府、可持续发展世界城市迈进。作为拥有内畅外联的便捷通道、连接内外的开放平台、较强的内外配置能力的国际门户枢纽城市,成都市不断提升综合立体交通网络,持续完善城乡交通基础设施布局,稳步构建舒适便捷的出行服务系统,高效建设顺畅的货运与物流体系,加快构建安全、便捷、高效、绿色、经济的现代化综合交通运输体系。面向2035年全面建成泛欧泛亚有重要影响力的国际门户枢纽城市,成都市需要持续强化交通、物流、贸易、产业、金融等方面的战略布局,强化制度环境建设和协调机制保障。

第一节　城市发展总体情况

一、着力发挥国际优势,强化部署多重战略

成都市作为四川省省会城市,地处我国西南地区,是成渝地区双城经济圈核心城市、国家战略中的重要增长极、西部陆海新通道的重要节点、世界文化名城和国际门户枢纽。成都是西南丝绸之路上的明珠,如今承载着共建"一带一路"、新时代推动西部大开发、成渝地区双城经济圈建设等重要使命,枢纽优势愈发凸显,联通能力持续增强,正加快从内陆腹地迈向开放前沿。2022年6月,习近平总书记在成都市考察时强调要完整、准确、全面贯彻新发展理念,主动服务和融入新发展格局,在新的征程上奋力谱写四川发展新篇章❶。2024年4月,习近平总书记考察时再次强调建设成渝地区双城经济圈是党中央作出的重大战略决策,重庆、四川两地要紧密合作,不断提升发展能级,共同唱好新时代西部"双城记"。强调推动成渝地区双城经济圈建设,在西部形成高质量发展的重要增长极❷。

"十四五"以来,成都市特别重视现代物流业发展,已经基本建成通达全球、衔接高效、功能完善的国际性综合交通枢纽,为建成泛欧泛亚具有重要影响力的国际门户枢纽城市提供

---

❶ 《习近平在四川考察时强调 深入贯彻新发展理念主动融入新发展格局 在新的征程上奋力谱写四川发展新篇章》,《人民日报》2022年06月10日。

❷ 《习近平在重庆考察时强调 进一步全面深化改革开放 不断谱写中国式现代化重庆篇章》,《人民日报》2024年04月25日。

了重要发展基础。2022年7月,成都市联合重庆市以城市群申报,成为9个综合货运枢纽补链强链城市(群)之一,为建设综合交通枢纽集群按下了"快进键"。2022年10月,国家发展改革委明确将成都市纳入国家骨干冷链物流基地建设名单城市之一,促进冷链物流与相关产业深度融合、集群发展,为构建新发展格局奠定了坚实基础。2022年11月,国家发改委将成都空港型国家枢纽纳入2022年度建设名单,强化与成都陆港型以及重庆港口型、陆港型、空港型国家物流枢纽协作,加大要素保障资源整合力度,着力构建双核引领、多点支撑、优势互补、产业联动的协同发展体系,助力成渝地区双城经济圈发展。具体战略及政策见表9-1。

国家层面关于成都市物流发展的主要战略和政策 表9-1

文件名称	发布单位	发布时间	相关表述
《国家物流枢纽布局和建设规划》	国家发改委、交通运输部	2018年12月	成都被列为国家物流枢纽承载城市,承担建设陆港型、空港型、生产服务型和商贸服务型国家物流枢纽的任务
《关于做好2019年国家物流枢纽建设工作的通知》	国家发改委、交通运输部	2019年9月	成都陆港型国家物流枢纽成功入选2019年国家物流枢纽建设名单
《"十四五"推进西部陆海新通道高质量建设实施方案》	国家发改委	2021年9月	成都作为重要节点,建设成都国家重要商贸物流中心;加快建设成都天府国际空铁公多式联运物流港和空港铁路货站;提升成都国际铁路港的口岸能力;强调四川要积极运用国际铁路班列资源,加速推进边境经济合作区的发展,同时不断强化物流基地与物流枢纽的构建;完善四川的国际通道开发合作工程
《"十四五"现代综合交通运输体系发展规划》	国家发改委、交通运输部	2021年12月	强调提升成都作为枢纽城市的全球辐射能级,依托天府机场建设成为综合的客运枢纽站;建设成都口欧班列集结中心示范工程;建设成都邮政处理中心和国际邮件互换局
《现代综合交通枢纽体系"十四五"发展规划》	国家发改委、交通运输部	2022年1月	成都作为重点建设的国家综合交通枢纽城市,提升其国际性综合交通枢纽城市服务功能;完善成都国际航空枢纽服务功能实施成都双流机场提质增效改造,推进成都天际机场及双流国际机场之间的轨道交通建设;完善国际铁路港等的集疏运体系,增强对外集聚辐射能力;完善成都快递枢纽设施和全球性国际邮政快递枢纽集群;成都作为综合交通枢纽港站建设重点,建设为综合客运枢纽和综合货运枢纽
《关于做好国家综合货运枢纽补链强链工作的通知》	财政部、交通运输部	2022年7月	成都市入选为国家综合货运枢纽补链强链支持城市
《关于做好2022年国家骨干冷链物流基地建设工作的通知》	国家发改委	2022年10月	成都市入选全国第二批国家骨干冷链物流基地建设名单
《关于做好2022年国家物流枢纽建设工作的通知》	国家发改委	2022年11月	成都空港型国家物流枢纽成功入选2022年国家物流枢纽建设名单

二、产业体系不断优化,城市经济稳步发展

成都市经济发展稳中向好。2023年年末成都市全市常住人口2140.3万,增长0.6%,常住人口城镇化率80.5%。"十四五"以来,成都市经济总量持续稳步增长,如图9-1所示,2023年实现地区生产总值22074.7亿元,比上年增长6.0%。全年人均地区生产总值103465元,比上年增长5.5%。成都市产业结构不断提升优化,第一产业增加值594.9亿元,增长3.0%;第二产业增加值6370.9亿元,增长3.0%;第三产业增加值15109.0亿元,增长7.5%。三次产业对经济增长的贡献率分别为1.8%、15.4%和82.9%。三次产业结构为2.7∶28.9∶68.4。

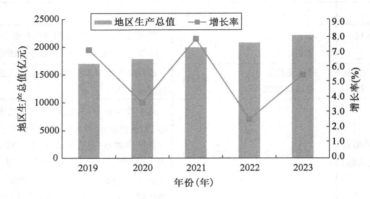

图9-1 成都市地区生产总值变化情况(2019—2023年)

资料来源:成都市统计局。

工业经济稳步回升,产业建圈强链成势见效。2023年,成都制造强市建设深入推进,规模以上工业增加值比上年增长4.1%。五大先进制造业增加值同比增长4.0%,其中医药健康产业同比增长10.1%,装备制造产业同比增长8.1%。新兴产品产量快速增长,新能源汽车、锂离子电池、太阳能电池产量同比分别增长94.2%、35.5%、21.9%。服务业支撑作用显著,现代服务业发展势头良好。2023年,成都市推动先进制造业与生产性服务业融合发展,服务业增加值比上年增长7.5%,对经济增长的贡献率为82.9%。消费活力明显复苏,社会消费品零售总额快速增长。2023年,成都市聚焦国际消费中心城市建设,实现社会消费品零售总额10001.6亿元,比上年增长10.0%。

三、交通运输稳步进步,综合能力多维发展

成都市作为成渝地区双城经济圈核心城市和国际门户枢纽城市,在"十四五"期间交通运输方面持续推进建设、全面进步,综合交通固定资产投资持续增长,基本建成国际性综合交通枢纽,在国家综合货运枢纽补链强链年度绩效评价中取得A等次。

截至2023年末,成都市多层次交通网络进一步完善。公路通车里程接近3万km,形成"三绕十三射"高速公路网,公路路网密度2.05km/km²,在中西部城市中排名第2位。铁路网

络进一步增强,铁路运营里程突破1000km,开通蓉港直通高铁,形成"一环十二射"铁路网络,运营里程位列全国第五。国际班列连接境外城市108个,2023年全年开行超5000列,成都国际铁路港集装箱吞吐量突破100万TEU。成都"双机场"运营再次站上新台阶。成都成为继上海、北京、广州之后,我国内地第四个年航空旅客吞吐量突破7000万人次的城市,"两场一体"协同运营机制持续完善,国际(地区)定期直飞客运航线恢复拓展至47条、货运航线稳定运行20条。城市轨道交通覆盖范围持续拓展。运营里程突破600km,中心城区实现公交"同网、同质、同价","四好农村路"国家级示范县数量位居副省级城市第一,创建首批全国绿色出行创建考核评价达标城市。

双城都市圈交通一体化更有质效。成渝地区双城经济圈交通项目建设加速推进,共同推进国家综合货运枢纽补链强链建设。成渝客专日均开行72对,平均发车间隔14min,成渝两地机场共营载货汽车航班、互为异地货站,五定公路货运班车累计开行850余趟。在都市圈内,成都平原城市群铁路实现公交化运营,日到发动车446对,平均发车间隔21min,累计开行15条跨市公交线路和13条都市圈定制客运线路。

四、供应链生态圈拓展,企业资源持续集中

成都已先后获批陆港型空港型国家物流枢纽、全国供应链创新与应用示范城市、国家骨干冷链物流基地等,为供应链行业发展奠定了良好基础、营造了新的优势。通过国家"补链强链"工作引领带动,成都市现代物流产业市场取得了巨大的成效。截至2023年末,集聚在成都发展的物流企业已达7800余家,其中A级以上物流企业超过140家,累计落户成都的全球物流100强、中国物流50强以及供应链知名品牌企业达120余家,连接了全市20余万家企业提供物畅其流的服务。2023年成都市的全年货物贸易进出口总值已达到7489.8亿元,占四川的78.2%。可见,成都市在四川省物流行业中占据了非常重要的地位,有效引领着四川省物流行业的发展。

第二节　成都市物流竞争力专项分析

一、总体评价

成都市城市物流竞争力保持稳定,2019年度、2020年度、2023年度物流竞争力排名均位列全国第8,在西部城市中紧随重庆位居第2。从具体分值表现来看,成都市2019年度、2020年度、2023年度城市物流竞争力指数为49.28、40.36、25.60,竞争力得分略有下滑;吸引力得分较为稳定,辐射力得分也有所下滑。从具体相对排名表现来看,成都城市物流吸引力稳定保持全国第8名,辐射力在2021年略有下降,但2023年回到2019年的水平(图9-2)。

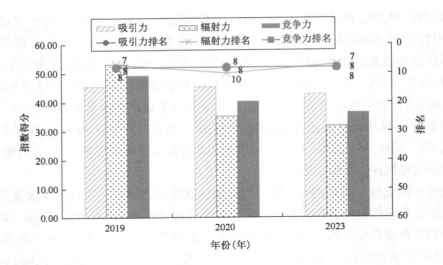

图 9-2 成都市物流竞争力指数及排名

总体而言,成都市作为西部地区重要的国家中心城市,在物流竞争力、吸引力、辐射力方面,整体均属于国内城市第一梯队水平,且吸引力与辐射力发展均衡。在绿色低碳与地理区位方面略显落后,可以作为之后提升物流竞争力的方向。作为成渝地区双城经济圈的"西核",成都将以国际航空港、国际铁路港为龙头,公路港、内河港为支撑,打造泛欧泛亚有重要影响力的国际门户枢纽。

二、分项评价

成都市各指标整体表现较为均衡,位居全国前列。其中枢纽布局、市场覆盖、智慧物流、市场规模等指标表现优异,见表9-2。

成都市城市物流竞争力细分指标对比表　　表9-2

一级指标	二级指标	2023年		2020年		2019年	
		指数	排名	指数	排名	指数	排名
物流吸引力	发展潜力	31.21	8	50.90	7	41.55	11
	市场规模	36.14	7	29.25	8	29.02	8
	枢纽布局	77.20	4	67.34	6	72.43	5
	营商环境	60.89	8	69.07	7	79.15	5
物流辐射力	绿色低碳	—	113	—	184	3.44	164
	地理区位	71.89	112	60.68	122	89.31	73
	市场覆盖	50.36	6	55.61	5	46.21	6
	智慧物流	15.53	7	19.23	28	90.91	2
	通达性	40.20	17	37.50	13	32.07	29
	国际物流	18.72	8	19.46	7	33.82	7

(一)枢纽布局指数

2023年成都市枢纽布局指数得分77.20,排名全国第4位,西部地区第1位。"一带一路"建设、长江经济带发展、新时代推进西部大开发、西部陆海新通道建设和成渝地区双城经济圈建设等国家战略交汇实施赋予了成都建设国际综合交通枢纽城市的新使命。2018年《国家物流枢纽布局和建设规划》将成都布局为陆港型、空港型、生产服务型、商贸服务型国家物流枢纽承载城市。此后的2019年、2022年,成都陆港型国家物流枢纽(成都国际铁路港)、成都空港型国家物流枢纽分别进入国家物流枢纽建设名单。以国际铁路枢纽、国际航空枢纽为抓手,成都要建强泛欧泛亚空港陆港"双枢纽",构建空中丝绸之路和国际陆海联运"双走廊",发展多元化国际运输通道,形成"欧盟—成渝—日韩""成渝—东盟"开放通道体系和"四向多廊"全球物流网络,全面融入国家综合立体交通网主骨架,充分推动自身国际综合交通枢纽城市建设。

(二)营商环境指数

成都市2023年营商环境指数为60.89,排名全国第8位。2024年9月,成都经开区入选2024年度中国开发区营商环境百佳案例;2023年12月,成都获评"2023国际化营商环境建设标杆城市"优异的成绩背后离不开政策的保障。2024年1月,成都市人民政府颁布《成都市持续优化营商环境促进企业高质量发展若干举措》,开启营商环境6.0版政策体系建设。自2019年国际化营商环境建设年以来,成都政府不断更迭完善营商政策,此次6.0版本对照世界银行营商环境新评价体系,突出新价值导向;对表上级最新改革要求,突出高质量发展;结合企业急难愁盼进行政策优化提升,突出优质高效服务。成都12345亲清在线于2023年1月上线,该平台创新集成了12345助企热线、蓉易办、蓉易享、蓉易见四大企业服务平台,使企业可以直接了解到最新的政策资讯,根据企业自画像迅速找到适合的政策。12345亲清在线启动近一年来,成都平均每小时诞生70户经营主体,平均每一天创造GDP60亿元。

(三)市场规模指数

2023年成都市市场规模指数评分为36.14,排名全国第7位。2023年,成都市全年实现交通运输、仓储和邮政业增加值1310.0亿元,比上年增长15.1%。全年货物周转量546.1亿t·km,比上年增长6.1%,其中航空运输货物周转量增长9.6%;全年邮政行业寄递业务总量25.5亿件,其中快递业务量21.5亿件,增长22.3%;快递业务收入192.9亿元,增长18.2%。2023年,成都市全年实现社会消费品零售总额10001.6亿元,比上年增长10.0%。成渝地区双城经济圈建设、成德眉资运输服务同城化战略实施,则扩大了成都地区物流业内需的更好整合。

此外,在对外交流合作方面,2023年成都全年新设外商投资企业713家,落户成都的世界500强企业达315家。外商直接投资(FDI)到位22.9亿美元,新设或增资合同外资1000万美元以上的外资企业80家。全球越来越多的顶尖企业选择成都,势必让未来成都的物流市场规模更加壮大、更加国际化。

(四)市场覆盖指数

作为西部地区内陆城市,成都天然的地理区位指数较低,距离边境线与海岸线均较远,但得益于铁路和航空的快速发展,成都市场覆盖指标表现优秀。2023年成都市市场覆盖指数为50.36,位居全国第6名,也是辐射力指标中表现最好的一方面。从运输服务设施体系来看,铁路方面,成都国际铁路港连接境外112个城市、境内30个城市,累计开行量超2.7万列,已成为全国开行量最多、区域合作最广泛、运输最稳定的国际班列;航空方面,得益于"两场一体"协同运营机制的持续完善,2023年,成都国际航空枢纽全年共完成航班起降53.8万架次,旅客吞吐量7492.4万人次,货邮吞吐量77.1万t,同比分别增长92.2%、141%、26.1%,国际(地区)定期直飞货运航线稳定运行20条,成都迈入内地"航空第三城",另外货邮吞吐量排名升至全国第六。从物流产业链来看,成都市物流产业链不断完善,在关键材料、航空发动机制造、航空设备与系统制造、飞机整机制造以及后市场维修等市场环节均有企业布局。

(五)国际物流指数

2023年成都市国际物流指数评分18.72分,排名全国第8位。全年实现货物进出口总额7489.8亿元,其中对共建"一带一路"国家实现进出口总额3133.3亿元,增长1.8%,占全市进出口总额的41.8%。2023年是"一带一路"倡议提出的十周年,也是成都国际班列开行的十周年。十年来成都国际铁路港建成了以成都为主枢纽、西进欧洲、北上蒙俄、东联日韩、南拓东盟的亚欧大陆多式联运物流新通道,2023年集装箱吞吐量突破100万TEU。此外成都国际铁路港还在积极探索开拓运输新方向,如2022年8月首列"下诺夫哥罗德—成都—胡志明"国际班列发车,从成都驶向越南胡志明市,这趟班列是俄罗斯回程班列首次接续西部陆海新通道的跨洲际铁海联运班列,实现了中欧班列和中越班列的联程运输。两条国际货运通道的无缝连接能使运输时间节省一半以上,运输成本降低了20%~30%。未来成都还需要以推动中欧班列提质增量为引领,全面增强"中欧班列+西部陆海新通道"成都集结中心功能,高标准建设国际铁路枢纽。

第三节 趋势与展望:建设泛欧泛亚国际物流门户

一、发展趋势

《成都市"十四五"综合交通运输和物流业发展规划》明确提出,成都市将积极抢抓"一带一路"建设、成渝地区双城经济圈建设等重大战略机遇,以增强国际性综合交通枢纽功能、服务国际门户枢纽城市建设为主攻方向,以大力实施交通运输及物流业建圈强链为路径,完善交通基础设施，提升运输服务品质，强化科技创新引领，推进绿色低碳转型，促进现代物流业发展，提高安全保障水平，推进交通治理体系和治理能力现代化，打造一流设施、一流技术、一流管理、一流服务，构建安全、便捷、高效、绿色、经济的现代化综合交通运输体系。到2025年，在国家综合立体交通网中"四极"之一的作用进一步彰显，泛欧泛亚空港陆港"双枢纽"能级显著提升，基本建成国际性综合交通枢纽城市；加快现代物流产业和国际供应链体系提质发展，成为国际区域物流中心城市。展望到2035年，全面建成泛欧泛亚有重要影响力的国际门户枢纽城市；基础设施一体互联，客货运输便捷高效，现代物流和国际供应链体系高质量发展。图9-3为成都市物流竞争力细分指标雷达图。

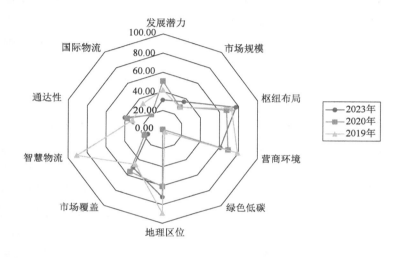

图9-3　成都市物流竞争力细分指标雷达图

二、发展展望

（一）打造亚蓉欧成都国际航空枢纽

按照《成都市"十四五"综合交通运输和物流业发展规划》部署，天府国际机场定位为成都国际航空枢纽的主枢纽，是构建成渝世界级机场群的核心机场，重点打造国际客货运航空枢纽；双流国际机场定位为区域航空枢纽，主要运营国内商务航线和地区航线，保障国际公务航空业务和国际备降航班。依托天府国际机场、双流国际机场"两场一体"协同运营，大幅提升航空枢纽客货量能级，提升成都全球航空枢纽战略地位，构建泛欧泛亚国际航空门户枢纽。

（二）完善多层次物流节点体系

根据《成都市"十四五"综合交通运输和物流业发展规划》，适应"一山连两翼"城市空间新格局，深入推进"三个做优做强"，结合新一轮国土空间规划，依托铁路、机场、公路综合交通枢纽，围绕服务超大城市民生需求、重点产业"建圈强链"需求，规划形成结构合理优化、主体功能明确、区块错位协同、互联衔接共享、要素高效流动的"5港6中心N基地"物流节点设施空间功能布局体系。

> **专栏　成都市物流节点空间布局**
>
> 5港：天府国际航空物流港、双流国际航空物流港、青白江国际铁路物流港、蒲江国际铁路物流港、东部新区国际铁路物流港。
>
> 6中心：新津铁路物流中心、金堂铁路物流中心(淮州)、龙泉公路物流中心、龙泉产业物流中心、简州产业物流中心、简阳产业物流中心。
>
> N基地：彭州农产品物流产业基地(濛阳)、彭州医药贸易物流专业基地、西南特色水果物流产业基地(蒲江)、"一带一路"亚蓉欧国际冷链物流产业基地(金堂)、崇州现代物流产业基地、邛崃现代物流产业基地。区(市)县根据物流发展和需求实际情况,因地制宜布局建设一批具有属地发展特色物流基地设施。

（三）构建高效能物流运行体系

根据《成都市"十四五"综合交通运输和物流业发展规划》,促进多种运输方式协调发展,以航空港、铁路港为组织中心,统筹航空航线、铁路班列、公路运输、川南航运、邮政快递等多种运输方式,实现多通道、多层次衔接转换,构筑具有国内国际双循环辐射能力的空铁公水立体多式联运体系。促进城乡二元配送均衡发展,构建形成以城乡集中共配中心为核心,以城市中心区、郊区、农村地区末端网点为基础的城乡二元两级配送网点空间功能布局。促进邮政快递快捷普惠发展,优化中心城区末端邮政快递网点,推动城市居住区和社区生活服务圈配建邮政快递服务场所和设施,补齐农村寄递基础设施短板,实现符合条件的建制村直接收投邮件快件。

（四）推动物流与三次产业深度融合

根据《成都市"十四五"综合交通运输和物流业发展规划》,推动现代物流业与先进制造业深度融合,推进生产服务型国家物流枢纽申报建设。构建以电子信息、装备制造、医药健康、新型材料、绿色食品等重点产业为支撑的先进制造业供应链体系。建设现代物流与农业协同发展、满足新消费升级的产业协同联动模式,强化物流业对农业高质量的支撑带动作用,实现农产品价值提高和充足供应。加快建设城乡统筹融合的现代商贸流通体系,积极申报建设商贸服务型国家物流枢纽,提供适应现代商贸消费需求的"高时效、低成本、小批量、多批次"的物流服务。

（五）推动区域物流协同发展

根据《成都市"十四五"综合交通运输和物流业发展规划》,深化成德眉资同城化物流循环,构建以成都为核心、德眉资为支撑相互发展相互促进的同城化物流发展格局,统筹成德眉资同城化物流节点设施空间一体化布局,推进功能差异化分工协同。强化干支联动省内物流循环,强化成都"极核"引领和"主干"带动作用,打造区域物流协作高水平样板。支撑双城经济圈第四极物流循环,加强成都与重庆两个极核城市的物流枢纽协同,共建中西部地区面向泛欧泛亚的"空陆水协同主枢纽",共建"空中+陆上+海上丝绸之路"对外战略大通道。畅通国内国际物流循环,突出以枢纽为核心、通道为纽带,持续拓展成都与国内沿海沿边沿江、内陆枢纽城市之间物流合作。

第十章 大连市城市物流竞争力分析

大连是我国北方重要的港口、工业、贸易、金融和旅游城市，位于中国东北地区最南端，三面环海，东濒黄海，西临渤海，南与山东半岛隔海相望，北依东北平原，是东北对外开放的龙头和窗口，也是重要的经济中心。作为辽宁沿海经济带的核心城市，大连市是辽宁省经济增长的双引擎之一，对周边地区辐射带动作用明显，经济总量常年位居辽宁省首位。"十四五"期间，大连积极推动海洋经济，加强建设联运体系，做大做强国际物流，打造东北亚国际航运中心和国际物流中心，城市物流竞争力排名全国第25位。在"辽宁沿海经济带"战略下，大连市将依托港口和国际航运资源，进一步加速国际物流升级转型，优化市场结构、创新物流模式，打造具有全球影响力的国际物流中心。

第一节 城市发展总体情况

一、经济稳健增长，运行平稳向好

2023年，大连经济运行平稳向好。全年地区生产总值达到8752.9亿元，同比增长6.0%（图10-1），高于全国平均增速，体现了大连市经济的强劲增长势头。其中，第一产业增加值595.9亿元，增长4.9%；第二产业增加值3715.3亿元，大幅增长9.0%，成为拉动经济增长的主要力量；第三产业增加值4441.7亿元，增长3.8%，保持了稳定的发展态势。产业结构方面，大连市不断优化升级，高技术制造业增加值同比增长30.3%，远高于传统制造业的增长速度。石化工业、装备制造业等重点行业均实现快速增长，特别是装备制造业增长19.7%，汽车制造业更是增长了32.8%，显示出大连市在高端制造领域的强劲实力。同时，第三产业中的现代服务业也实现了快速发展，为城市经济注入了新的活力。

二、海洋经济活跃，引擎作用突出

大连作为沿海城市，海洋经济在全市经济中占有重要地位。大连市政府高度重视海洋经济的发展，将其定位为城市振兴发展的"蓝色引擎"，出台了《大连现代海洋城市发展规划》《大连建设现代海洋城市总体方案》等一系列政策措施，积极推动海洋经济的全面发展。同时，大连还加强与周边地区的交流合作，整合辽宁省沿海经济带港口资源，形成以大连港为中心的现代港口集群，提升了区域经济的整体竞争力。2023年，大连市海洋经济总产值超过4200亿元，同比增长9%以上，成为城市发展的新增长极。近年来，大连市新建多个国家级海洋牧场示范区,打造现代高质量海洋牧场,海洋渔业产业链做优做强,海洋相关传统产业、新兴产业、服务业得到高质量发展,2023年,海洋渔业增加值同比增长8.8%,海洋水产品加工业增加值同比增长16.1%。大连海洋经济的综合实力进一步提升。大连海洋经济已成为推动城市经济增长的新增长极,为大连乃至全国的海洋经济发展树立了典范。

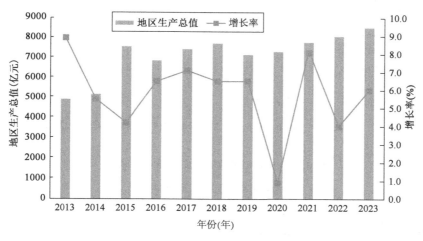

图10-1　大连市地区生产总值及增速变化(2013—2023年)

数据来源:国家统计局。

三、交通网络健全,联运体系完善

"十四五"时期,大连市致力于构建"多网融合、智慧高效、绿色安全、协同共享"的综合立体交通网络体系,交通基础设施发展迅速,综合运输网络逐步完善,已经初步形成了涵盖公路、水路、铁路、民航和公交、地铁等各种方式的综合立体交通运输服务网络。公路交通方面,大连市的道路总长和道路面积均达到较高水平,2023年大连市城市道路总长达3053km,道路面积达4409km², 人均道路拥有面积7.4m²/人, 处于全国先进行列。在港口和航运方面,大连市作为东北亚重要的航运中心,不断推进港口基础设施建设、提升港口服务能力。2023年,大连市港口货物吞吐量创近年来新高,超过3.1亿t,外贸货物吞吐量为1.35亿t, 同比增长3.5%,见图10-2。同时,大连市重视多式联运体系的发展,通过优化班列运行线路、规范多式联运业务和监管流程等措施,提升物流综合服务效率,降低物流综合成本。目前,大连已经实现了海铁联运"一单制"物流新模式。"一单制"物流模式通过整合铁路运输和海运,实现从内陆到港口再到国外目的港的全程物流服务,通过一张单证完成所有运输环节,实现了"一次托运、一次计费、一份单证、一次保险"。此外,积极推动与其他国家和地区的物流合作,打通了多条国际物流通道。例如,"沈阳—大连—德国""通辽—大连—东非""长春—大连—欧洲"等多条国际海铁联运"一单制"精品线路。2023年,大连市的试点企业累计完成多式联运海运提单"一单制"业务1800余单,运营集装箱运输突破23万TEU。海铁联运"一单制"物流新模式,为经济、贸易和产业发展提供了多维度、多线路的物流路径选择,增强了大连港的国际竞争力。

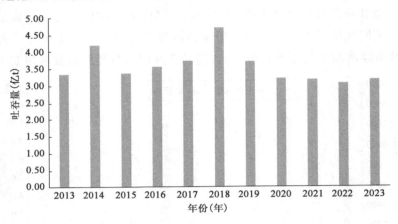

图 10-2　大连港集装箱吞吐量变化(2013—2023 年)

数据来源:大连市交通运输局。

四、国际物流发达,航运地位突出

　　大连东北亚国际航运中心和国际物流中心建设取得了显著进展。2023年,大连市政府出台《大连市促进东北亚国际航运中心和国际物流中心全面振兴新突破的若干政策》,提出鼓励新增远洋海运航线、南北内贸航线及外贸内支线、支持发展集装箱水水中转业务、鼓励船舶运输企业落户和扩大运力规模、支持航运服务企业落户和发展等多方面的具体措施,为航运中心和物流中心的全面振兴提供了坚实的政策保障。基础设施建设方面,海港和空港建设加速推进,新增泊位和航线,提升了港口吞吐能力和航空运输能力,2023年,大连市海港拥有生产性泊位231个,年通过能力达到3.96亿t,集装箱航线总数达到105条,实现RCEP成员国核心港口全覆盖。空港货邮吞吐量达12.6万t,开通206条国内国际航线,与国内外110座城市通航。鼓励航运企业扩大运力规模,提升运输生产能力。物流产业集聚方面,大连市吸引多家物流企业入驻,形成专业化物流中心,推动了物流产业的集聚发展。法治保障和营商环境优化也是建设的重要方面。大连海事法院充分发挥审判职能作用,为航运中心建设提供法治保障。同时,大连市深化"放管服"改革("放管服"改革是指简政放权、放管结合、优化服务的改革),提升服务效率和质量,为航运和物流企业的发展创造了良好环境。

第二节　大连市物流竞争力专项分析

一、总体评价

　　2023年,大连市物流竞争力排名全国第25位,相比2020年有所上升,具体见图10-3。总体来看,大连市的物流竞争力在全国范围内排名靠前,属于前10%。具体来看,大连市物流竞争力指数为20.93,相比2019年和2020年有所下降。在城市物流吸引力方面,2023年大连市的物流吸引力指数为22.07,排名全国第31位,相对2019年和2020年有所下降。从城市物流辐射力角度来看,2023年大连市物流辐射力指数为20.07,排名全国第22位,比2019年提升3名。近年来,大连市出台了《大连市促进东北亚国际航运中心和国际物流中心全面振兴新突破的若干政策》等一系列政策措施来推动物流业发展,大连市国际物流中心的发展将迎来新的机遇。一方面,大连港口的航线网络将更加密集,物流通道将更加畅通,为国内外企业提供更加便捷、高效的物流服务;另一方面,大连作为东北亚地区的重要物流枢纽,其物流辐射范围将进一步扩大,与周边国家和地区的经贸往来将更加紧密。随着全球经济的复苏和国际贸易的回暖,在政策引导和市场需求的双重推动下,大连市国际物流业务有望实现更高质量、更可持续的发展。

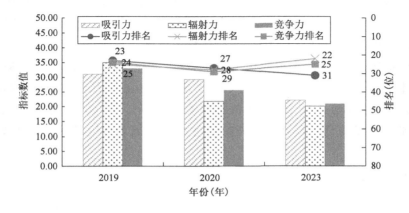

图10-3 大连市物流竞争力指数排名

二、分项评价

大连市各分指标整体表现良好,其中市场覆盖、通达性、国际物流等指标表现优异,具体见表10-1。

2019—2023年大连市物流竞争力二级指标指数排名 表10-1

一级指标	二级指标	2023年		2020年		2019年	
		指数	排名	指数	排名	指数	排名
物流吸引力	发展潜力	19.08	54	34.63	88	20.84	234
	市场规模	11.96	41	13.13	39	17.76	26
	枢纽布局	30.86	40	37.51	37	48.57	22
	营商环境	31.88	32	45.66	23	35.60	24
	绿色低碳	34.68	36	35.29	38	48.04	45

续上表

一级指标	二级指标	2023年		2020年		2019年	
		指数	排名	指数	排名	指数	排名
物流辐射力	地理区位	37.91	240	48.54	177	66.23	214
	市场覆盖	27.55	21	17.57	36	17.83	20
	智慧物流	3.40	60	3.85	82	9.09	42
	通达性	43.75	13	36.58	15	41.10	12
	国际物流	7.55	17	9.23	24	19.00	25

（一）发展潜力指数

2019年、2020年和2023年，大连的城市物流发展潜力指数排名上升迅速，分别为234位、88位和54位，具体见表10-1。近年来，大连城市发展潜力一路向好。2023年大连市经济发展稳健，GDP总量达到8752.90亿元，同比增长6.0%，领跑全省经济增长。第二产业增加值为3715.30亿元，占地区生产总值的比重为42.7%，为物流需求提供了坚实的产业支撑。快递包裹增长率为7.21%，邮政收入为53.82亿元，公路货运量增长率为6.25%，快递物流市场的强劲增长势头，邮政业务的活跃程度较高。常住人口相对稳定，增长率为0.02%。总体来看，大连市的经济运行方向和动力明确，宏观政策、经济环境良好，城市发展潜力显著提升。

（二）市场规模指数

2019年、2020年和2023年，大连的市场规模指数分别为17.76、13.13和11.96，全国排名分别是26位、39位和41位，具体见表10-1。大连市消费市场活跃，内需拉动经济增长的基础性作用得到进一步发挥，深度融入共建"一带一路"，对外开放合作水平进一步提高，2023年大连市社会消费品零售总额2008.6亿元，同比增长8.8%。2023年完成对外贸易总额，同比下降9.9%，全球经济环境的变化导致大宗商品贸易量下降，大连的对外贸易受到冲击。大连全年快递业务量累计完成30353.14万件，同比增长7.21%，首次迈向3亿件大关，快递业务良好的发展势头，为城市经济发展注入了新的活力。总体来说，大连的市场规模主要受到全球经济环境和大宗货贸易的影响，从趋势上来看整体向好。

（三）枢纽布局指数

2019年、2020年和2023年，大连的枢纽布局指数分别为48.57、37.51和30.86，全国排名分别是22位、27位和40位，具体见表10-1。大连市在全国物流规划中具有重要地位，2023年大连的物流规划中的层级排名全国第22位，是国家物流枢纽布局的关键节点。近年来，大连成功入选国家综合货运枢纽补链强链支持城市，并获批建设"大连港口型国家物流枢纽"，标志着大连东北亚国际物流中心建设步入新征程。大连的物流企业布局丰富，海港、空港和陆上运输网络发达，拥有全国功能最全的综合性港口，以及高效运行的空港和陆上集疏运体系,2023年大连市城市物流园数量共计24个。大连市枢纽布局不仅有助于大连自身的发展,也将成为带动辽宁乃至东北全面振兴的磅礴力量。

(四)营商环境指数

2019年、2020年和2023年,大连的营商环境指数分别为35.60、45.66和31.88,全国排名分别是24位、23位和32位,具体见表10-1。2023年大连城市贷款余额14404.9亿元,大连市金融机构本外币贷款余额达到较大规模,并呈现出稳步增长态势,尤其是制造业贷款、基础设施行业贷款、普惠小微贷款余额以及绿色信贷等均保持较快增长,为实体经济提供了有力支持。大连市将持续聚焦重点领域和薄弱环节,多措并举优化营商环境。

(五)绿色低碳指数

2019年、2020年和2023年,大连的绿色低碳指数分别为48.04、35.29和34.68,全国排名分别是45位、38位和36位,具体见表10-1。近年来,大连市的城市物流绿色低碳化发展水平在全国内的排名逐渐靠前,2023年大连水路占公路水路货运量比值24.55%,绿色低碳水平较高。近年来,大连市出台《大连市促进东北亚国际航运中心和国际物流中心全面振兴新突破的若干政策》等一系列政策措施,鼓励新增远洋海运航线、南北内贸航线及外贸内支线,支持发展集装箱水水中转业务,吸引船舶运输企业落户和扩大运力规模,为物流绿色低碳化发展提供了政策保障。推动能源和产业绿色低碳发展方面持续努力,探索构建具有大连特色的新型能源体系,以科技创新引领产业全面跃升。

(六)地理区位指数

2019年、2020年和2023年,大连的地理区位指数分别为66.23、48.54和37.91,全国排名分别是214位、177位和240位,具体见表10-1。2023年,大连市综合交通覆盖最大人口46262万,占总人口的32.8%,大连市交通系统在城市内部及周边地区的覆盖较为广泛,在地理区位上,大连位于辽东半岛南端,在水运方面拥有得天独厚的天然优势,且大连拥有完善的公路、铁路和航空交通网络,与全球多个国家的主要港口都有定期航线,提升了地区的交通效率和覆盖率,但除了海运,陆路交通则存在绕路问题,一定程度上影响了交通物流的覆盖效率。

(七)市场覆盖指数

2019年、2020年和2023年,大连的市场覆盖指数分别为17.83、17.57和27.55,全国排名分别是20位、36位和21位,具体见表10-1。近年来,大连市场覆盖指数总体上呈现上升趋势,全国排名趋于稳定。大连市在国际航空运输方面具有较强的实力,能够连接多个国家和地区。2023年,以大连市为起点的国际航班量达2060条,全国排名第5位,较高的国际通达性和便利性使大连具有较强的国际物流辐射力。铁路班列数499列,大连市在铁路物流方面也具有一定的规模。大连市3A级以上物流企业数量22个,大连市的物流服务体系构建逐步完善,物流服务的覆盖范围和效率将进一步提高,能够进一步提升大连市的物流辐射力。

(八)智慧物流指数

2019年、2020年和2023年,大连的智慧物流指数分别为9.09、3.85和3.40,全国排名分别是42位、82位和60位,具体见表10-1。随着国家对物流行业数字化转型的支持力度加大,大连市网络货运企业数量逐渐增加,规模不断扩大,2023年大连市共有7家纳入国家无车承运人试点。大连市网络货运企业及无车承运人通过信息化技术实现物流业务的精细化管理,从而提高运输效率,降低运营成本,在近年来取得了一定的发展成果。企业需要不断创新和优化服务,以适应市场的变化和用户的需求。同时,政府也需要继续加强监管和规范,促进行业的健康有序发展。

(九)通达性指数

2019年、2020年和2023年,大连的通达性指数分别为41.10、36.58和43.75,全国排名分别是12位、15位和13位,具体见表10-1。大连在通达性方面实力较强,处于领先地位。大连市拥有4E级国际机场1座,是国内主要干线机场和国际定期航班机场之一。2023年,该机场的旅客吞吐量为1613.32万人次,在全国机场中排名靠前,是我国重要的交通枢纽之一。同时,大连市目前正在建设一座国内首个离岸式"人工岛"机场,按照国际机场4F级标准设计,规划建设4条跑道和90万 m^2 的航站楼,可满足年旅客吞吐量8000万人次的需求,是面向东北亚的区域国际航空枢纽。在城市铁路货运站等级方面,大连市的排名也相对靠前。港口是大连市最重要的物流枢纽之一,作为东北亚航运、物流两大中心的核心,大连港不仅连通160多个国家和地区的300多个港口,还承担着东北地区96%以上的外贸集装箱转运任务,枢纽地位显著,2023年港口货物吞吐量达到28708万t。综合来看,大连市机场、铁路、港口、高速公路等基础设施等级和城市间良好的通达性为增强物流辐射力提供了坚实支撑。

(十)国际物流指数

2019年、2020年和2023年,大连的国际物流指数分别为19.00、9.23和7.55,全国排名分别是25位、24位和17位,具体见表10-1。大连市的国际物流指数排名逐年上升,全国范围来看,国际化水平较高。2023年国际航班起降架次达到752列,同比增长153%,国际运输量继续保持东北地区首位。作为东北地区重要港口城市和国际物流中心,以及持续优化的跨境贸易便利化措施,2023年大连国际货邮吞吐量达到150113t,同比增长18.6%。大连港作为东北地区最大的港口,其外贸吞吐量在全国乃至全球都占据重要地位,大连港口的外贸吞吐量一直保持着较高水平,并且持续增长,2023年大连市港口外贸吞吐量达12311万t,同比增长3.5%。另外,大连中欧班列达19052万TEU,国际快递件数137.82万件,全国排名19位。大连市在国际物流方面的发展情况整体向好,各项关键指标均呈现出稳步增长的态势。未来,随着共建"一带一路"倡议的深入实施和全球经济的持续复苏,大连市的国际物流业务有望继续保持快速发展态势。

第三节 趋势和展望：打造国际物流中心

一、发展趋势

《大连市综合交通体系规划（2021—2035年）》指出，大连市将深度融入"双循环"新发展格局、积极共建"一带一路"对外开放网络，推动以大连、沈阳为双核的辽中南城市群发展，构建"多网融合、智慧高效、绿色安全、协同共享"的综合立体交通网络体系；打造高效集约的货运物流圈，实现"人便其行、货畅其流"，高质量服务大连"两先区""三个中心"的发展战略（"两先区""三个中心"发展战略是指建成产业结构优化的先导区和经济社会发展的两个先行区，以及建设东北亚国际航运中心、国际物流中心和区域性金融中心三个中心）。引领大连海洋强市建设，全方位提升城市综合竞争力，加快建成国际性综合交通枢纽城市。

大连市已初步建成集海、空、铁、公、管等多种运输方式于一体的综合物流运输体系，综合运输服务体系不断改进，同时大连市进一步发挥地理区位优势，积极推进国家物流枢纽建设，完善国际物流枢纽功能，国家物流枢纽承载城市功能有所提升，在物流吸引力方面具备一定优势，但其市场规模仍需进一步扩大以提升物流竞争力。在物流辐射力方面，大连以海港、空港为双枢纽，以多式联运为基础，以大连优势产业为载体的物流服务联动核心区，初步形成"三核、四通道、八区、四节点"的点线面契合的立体化物流空间辐射格局。未来，大连市将依托海港+空港优势，重点打造集装箱、水产品、电子产品、生产原料、石化产品的国际交易中心，增加国际物流需求服务能力，扩大国际物流服务辐射范围。

大连市物流竞争力二级指标雷达图如图10-4所示。

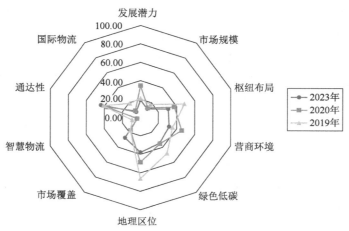

图10-4　大连市物流竞争力二级指标雷达图

二、发展展望

(一)加速物流枢纽与新型基础设施建设

大连位于东北经济区、环渤海经济圈、东北亚经济区三区交叠处,是东北地区对外开放的重要海洋通道,连接东北亚与欧洲大陆经贸往来的重要物流枢纽,具有得天独厚的地理区位优势。同时,大连背靠幅员辽阔的东三省和内蒙古东部地区腹地,货源充足,品类丰富,具有多元有力的腹地支撑优势。大连市依托不断拓展的港口腹地,加速发展集装箱物流、大宗商品物流、保税物流等港口物流,大连承担了东北地区主要的进出口货物运输任务,形成以港口物流为主要增长极的物流产业发展模式,区域物流核心地位稳固。大连市将进一步推进国家物流枢纽建设,提升城市物流功能,为打造东北亚国际物流中心奠定坚实基础。致力于优化资源配置,提升港口服务水平,延伸服务链条,积极拓展港口供应链业务。突出创新引领,强化智慧港口建设,促进大窑湾港航物流核心区向"国际枢纽港口"的转型升级。完善并提升已建成物流园区的服务功能,统筹运营管理物流枢纽服务资源,以更好地满足商贸型物流枢纽的建设需求。在生产型物流枢纽建设方面,大连市将扩大专业化生产物流服务范围,提升石化、汽车、制造装备等产业物流服务水平,推动制造业与物流业深度融合。同时,大连市还将加大国际货运航线开发力度,重点推进金州湾空港物流核心区建设,包括大连金州湾机场枢纽、新机场中线主通道等交通基础设施的建设,以全面提升大连空港型物流枢纽的竞争力。

(二)优化市场主体结构与创新物流模式并举

随着"辽宁沿海经济带"上升为国家战略,大连市坚持开放引领,推进经济带再升级,大连市将着力推动市场主体结构再优化,致力于形成龙头骨干企业引领、中小企业为基础、货运中介为纽带的结构合理、层次分明、专业互补的市场主体结构。积极培育物流总部经济"孵化器",加快培育和引进大型龙头骨干企业,并重点做大做强航运物流业。引导国际物流、城市配送、冷链物流、电商快递、零担快运等领域企业规范经营和创新发展,提升企业专业化、规模化、网络化发展水平。大连市还将积极引进国内外知名第三方、第四方物流企业,进一步降低物流成本。大连市将支持道路货运中介服务企业开展特许经营、连锁经营,创建品牌,提高企业现代化服务水平。在中小微物流企业方面,大连市将支持其建立联盟合作伙伴关系,整合物流资源,实现优势互补,增强企业在物流市场中的竞争力。大连市将持续推进"两先区"和"双中心"建设,将大连发展成为"国内外有影响、高端资源集聚"的创新创业示范城市,建成引领东北地区产业结构优化的先导区。建立物流企业家激励和吸引机制,形成企业家资源带动物流资源的集聚能力。创新推动物流业与制造业、商贸业、农渔牧林业之间的联动发展,打造"普通物流+专项物流+高端物流"的物流服务模式,为不同产业提供高效高质的物流服务,进一步拓展国际物流市场需求范围。

(三)推进物流业务流程数字化升级与国际化合作

大连市将紧跟时代步伐,积极推进物流业务流程数字化升级,以创新为驱动,推动物流业与多产业之间的联动发展。大连市将深化完善环渤海地区物流合作机制,鼓励环渤海内贸中转航线建设,并积极探索与国际港口在全程物流一体化服务和相关技术标准等领域的合作。依托海港和空港优势,重点打造集装箱、水产品、电子产品、生产原料、石化产品的国际交易中心。同时,大连市还将发挥辽宁自贸试验区大连片区的示范带动作用,鼓励港口、机场、物流园区与东北地区开展物流合作,共同推动物流标准共推、物流信息共享、物流诚信共建,进一步提升国际物流服务能力。为了吸引更多外地优秀物流企业来大连发展,大连市将通过培养本地企业、吸引外地企业等方式,优化产业空间布局,提升产业链条深度。此外,大连市还将鼓励生产型企业剥离物流业务,推进物流专业化发展,以进一步扩大物流需求,不断提升自身在国际物流领域的竞争力。

本章参考文献

[1] 大连市统计局.2023年大连市国民经济和社会发展统计公报[EB/OL].(2024-04-25)[2024-08-10].https://www.dl.gov.cn/art/2024/4/25/art_10018_2324993.html.

[2] 大连市人民政府.《大连市促进东北亚国际航运中心和国际物流中心全面振兴新突破的若干政策》[EB/OL].(2023-10-18)[2024-08-10].https://www.dl.gov.cn/art/2023/9/1/art_854_2107629.html.

[3] 大连市自然资源局.《大连市轨道交通网络专项规划(2021—2035年)》[EB/OL].(2023-09-28)[2024-08-20].https://www.dl.gov.cn/art/2023/9/28/art_966_2198642.html.

[4] 交通运输部,国家税务总局.《网络平台道路货物运输经营管理暂行办法》[EB/OL].(2019-09-06)[2024-08-20].https://www.gov.cn/zhengce/zhengceku/2019/11/26/content_5455960.htm.

[5] 大连市人民政府.《大连市东北亚国际物流中心发展"十四五"规划》[EB/OL].(2023-08-31)[2024-08-20].https://jt.dl.gov.cn/art/2023/9/13/art_4609_2193786.html.2024-08-12.

第十一章 兰州市城市物流竞争力分析

作为西北地区重要的交通枢纽和国家中心城市之一,兰州市依托其独特的地理位置和国家政策支持,物流业发展潜力巨大。"十四五"期间,兰州市立足于自身优势,全面融入以国内大循环为主体、国内国际双循环相互促进的新发展格局,物流枢纽地位和开放水平进一步提升,2023年兰州市城市物流竞争力指数排名全国城市第54位。兰州市站在促进区域经济一体化、加强国内外市场联通的高度进行谋篇布局,发挥其在丝绸之路经济带上的节点作用,推动自身由传统的交通枢纽向现代化国际物流中心和区域经济中心转型升级,逐步增强其在国内及国际物流领域的竞争力和影响力。

第一节 城市发展总体情况

一、国家支持政策持续利好,物流枢纽地位突出

兰州市在国家政策的持续支持下,大力推动物流基础设施建设,物流服务水平和产业发展取得显著成就,物流枢纽地位日益提升。2018年12月,兰州市被确定为国家物流枢纽载体城市,标志着兰州市物流业发展获得了国家层面的认可和支持。2020年3月,兰州市印发《关于加快推进兰州陆港型国家物流枢纽建设的实施意见》,提出资金支持、土地使用、税收优惠等一系列政策支持措施,旨在建设兰州陆港型国家物流枢纽,为物流企业的入驻和发展创造良好的环境。2024年7月,兰州市政府印发《兰州市现代物流业降本增效三年行动方案》,强调"分阶段、分时序"持续推动兰州市城市现代物流产业规模迈上新台阶,有效发挥政策红利作用,吸引现代物流企业集聚,建设功能完备的国家物流枢纽,支持主辅枢纽结合建设发展实际拓展功能区。此外,兰州市高度重视现代化物流功能设施建设,以满足冷链物流基地、粮食物流枢纽、综合货运枢纽等不同专业化物流需求。

为更好地服务"一带一路"倡议,兰州市紧抓国家布局物流枢纽网络的重大战略机遇,将兰州陆港型国家物流枢纽建设成为全国物流枢纽网络中的关键节点和重要平台,打造辐射区域更广、集聚效应更强、服务功能更优、运行效率更高的综合性物流枢纽。《关于加快推进兰州陆港型国家物流枢纽建设的实施意见》中提出,通过便捷的集疏运公路系统与周边石化产业、能源化工制造业结合,建立高起点的供应链服务体系。兰州市深度参与西

部陆海新通道、中巴经济走廊、兰州市至尼泊尔的南亚班列等国际运输,设立境外分销和服务网络、物流配送中心、海外仓等,建立国际化的供应链体系等具体举措,加快形成现代物流发展体系。

二、聚焦国家中心城市战略,区域龙头作用凸显

兰州市经济发展稳步前行,特色产业优势明显。2023年末兰州市常住人口1120.6万,增长0.2%,常住人口城镇化率为84.8%,居于国内城市前列。"十四五"以来,兰州市经济总量保持平稳增长,2023年实现地区生产总值3487.3亿元,比上年增长4.4%,生产总值占甘肃省生产总值的29.4%。全年人均GDP达78894元,比上年增长3.9%,见图11-1。兰州市社会消费品零售总额持续增长,全市社会消费零售总额1796.3亿元,比上年增长12.4%,形成以石油化工、机械制造、有色冶金、能源电力、生物医药、建筑建材等为主的产业体系,文化旅游资源、矿产资源、特色农产品和中药材资源丰富,为兰州市的经济增长提供了坚实支撑。

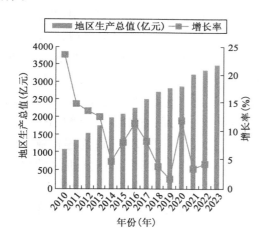
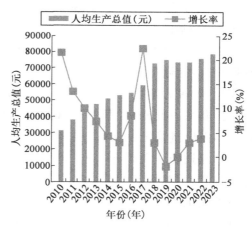

图11-1　兰州市地区生产总值及人均生产总值变化情况(2010—2023年)

三、交通基础设施不断完善,物流发展基础稳固

兰州市作为中国陆域版图的几何中心,坐拥甘肃(兰州)国际陆港6条国际贸易通道,享有独特区位优势,是通向新疆、西藏以及"一带一路"核心节点的重要门户。兰州市不仅是全国重要的综合交通枢纽和综合物流枢纽,更是8大铁路干线、5条高速公路和4条数字光缆主干线的交会点,使其成为全国10大物流通道和21个物流节点城市之一,承担着国家向西、向南开放的重要使命。

近年来,兰州市全面推进"强省会"战略,聚焦建设交通强市,打造全国性综合交通枢纽城市,全面启动综合交通大会战,加快构建"外联内畅、多元立体、绿色智慧"的现代化综合交通体系,不断完善交通基础设施。作为省、市重大交通项目,G1816乌玛高

速公路兰州新区至兰州段（中通道）项目已进入路面工程阶段。建成后，将有效缩短兰州市区与兰州新区的距离，改善群众出行，服务区域经济社会高质量发展。兰州市中川国际机场T3航站楼扩建工程的建设即将完工，预计将满足2030年旅客吞吐量3800万人次、货邮吞吐量30万t、飞机起降30万架次的需求。2021年，甘肃省发展和改革委员会印发《甘肃省"十四五"及中长期铁路网发展规划》，兰州市将增加约1000km的铁路运营里程，其中包括600km以上的高速铁路，为加强铁路基础网络建设，协调区域、干支、站线能力，注重多种运输方式有机衔接，满足多层次运输需求，统筹干线与枢纽及客货配套设施、新线建设与既有线改造的协调优化，更好发挥铁路对经济社会发展的支撑引领作用，提升兰州市作为区域交通枢纽的功能，促进与国内外其他重要城市的连接，加强经济和文化交流。

四、紧抓双循环格局新机遇，丝绸之路深化推进

兰州市紧抓双循环新机遇，推动"丝绸之路"经济带的多元发展，通过提升国际互联互通和经贸合作，深化兰州市在全球贸易网络中的地位，在"陆上丝绸之路"和"空中丝绸之路"建设中显示重要战略意义。新时代背景下，兰州市国际陆港依托兰州市铁路口岸、国家多式联运示范工程等重大项目，加强铁路网络建设，相继开通了中亚班列、中欧班列、南亚公铁联运班列和"南向通道"班列，中欧班列不仅覆盖了欧洲多个重要商贸中心，还连接中亚及东盟等地区，极大地促进了兰州市在区域内的货物流通和经济文化交流，扩大与国际市场的直接联系。此外，兰新铁路2023年完成货运量25114万t，较2014年增长47.1%，为保障国际供应链稳定畅通、高质量共建"一带一路"提供了有力支撑，成为连接亚欧大陆的重要物流通道。兰州市"空中丝绸之路"建设加速推进，兰州中川国际机场的快速发展，使其成为西北地区的空中门户。为提高兰州市在国际航空物流中的竞争力，中川机场三期扩建工程已进入收官阶段。该工程以2030年为设计目标年，按照年旅客吞吐量3800万人次、货邮吞吐量30万t、飞机起降30万架次的目标进行设计，深度融入"双循环"新发展格局，不断提升基础设施体系，对经济发展和居民生活的支撑保障能力等方面意义重大、影响深远。

兰州市虽地处内陆，但通过有效海铁联运和国际物流渠道，能够与海上丝绸之路有效对接。兰州市政府与国内外多个港口城市建立了合作关系，通过铁路直达港口，实现了与海上丝绸之路的连接，拓宽兰州市经济外向型发展空间。

五、本地物流企业迅速壮大，市场持续整合优化

兰州市物流业呈现出强劲增长势头。截至2023年8月，根据中国物流与采购联合会评定，兰州市拥有46家A级及以上的物流企业，其中兰州金凤凰航空货运服务有限公司、兰州新区路港物流有限责任公司等五家物流企业被评为4A级物流企业，通过引入先进的物流技术和管理经验，提升物流服务质量和效率。2023年，兰州市物流业的增

加值达到1100亿元,同比增长7.5%,在全球经济复苏缓慢的背景下表现尤为突出。兰州市政府计划进一步加大在基础设施和高科技物流设备上的投资,推动兰州市经济持续健康发展。

第二节 兰州市物流竞争力专项分析

一、总体评价

兰州市2023年度城市物流竞争力指数为13.74,相较于2020年度指数下降了6.53,排名由第49位下降至第54位。2023年度兰州市的城市物流吸引力指数与城市物流辐射力指数分别为15.77、12.11,排名第59位、第61位,相较于2020年度的第54位、第44位,排名均有所下降,见图11-2。

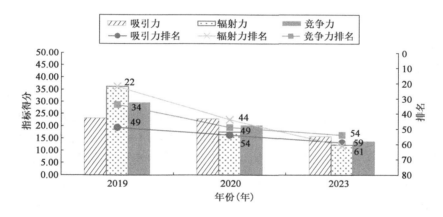

图11-2 兰州市物流竞争力指数及排名

2023年,兰州市辐射力指数大幅下滑,表现在通达性、国际物流韧性不足,在保持自身辐射力方面仍需加强,要突出城市特色。与此同时,竞争力指数和吸引力指数也略有下滑,总体来看,兰州市在提升其物流服务质量和基础设施现代化方面还有很大的发展空间。兰州市政府正通过推动枢纽建设、通道拓展、网络完善、平台优化和主体多元化等措施,积极提升整体物流竞争力。

二、分项评价

兰州市整体表现均衡,营商环境、市场覆盖、通达性、枢纽布局等指标优势突出,其中,营商环境为表现最出色的物流吸引力指标,国际物流指标下降幅度较大,由2019年的16位下降至2023年的78位,见表11-1。

兰州市城市物流竞争力细分指标对比表　　　　　表 11-1

一级指标	二级指标	2023年度 指数	2023年度 排名	2020年度 指数	2020年度 排名	2019年度 指数	2019年度 排名
吸引力指标	发展潜力	15.21	132	33.36	118	22.99	169
吸引力指标	市场规模	6.11	98	5.83	127	6.64	137
吸引力指标	枢纽布局	31.92	38	37.85	35	42.89	32
吸引力指标	营商环境	30.20	34	36.25	32	38.12	21
吸引力指标	绿色低碳	—	113	—	191	8.63	129
竞争力指标	地理区位	57.99	187	46.48	184	79.67	145
竞争力指标	市场覆盖	17.72	38	20.42	33	17.04	23
竞争力指标	智慧物流	2.43	80	3.85	87	27.27	20
竞争力指标	通达性	24.45	60	21.78	53	30.57	31
竞争力指标	国际物流	0.43	78	7.99	27	25.99	16

（一）市场规模指数

2023年兰州市市场规模指数评分为6.11，排名为全国第98位。2023年兰州市邮政行业寄递业务量完成22100万件，同比增长19.70%。其中，快递业务量完成11800万件，同比增长45.19%，全国排名142位，平均快递业务量26.7件/人，是全省唯一快递业务量超1亿件的城市。兰州市2023年对外贸易总额和社会消费品零售总额分别为117.40亿元与1796.30亿元，全国排名第66位和第183位，社会消费水平有较大上升空间。兰州市2023年常住人口全国城市排名114位，常住人口增长率为0.22%，排名第77位，常住人口稳定上升，未来市场规模有望持续扩大，物流本地市场具备一定的潜力。2023年，兰州市完成货物运量15831.40万t，同比增长9.04%。物流需求平稳增长，运行质量稳中有升。

（二）枢纽布局指数

2023年兰州市枢纽布局指数得分31.92，排名全国第38位。兰州市位于我国陆域版图的几何中心，具有"秦陇锁钥、东西咽喉"，"座中联六、关通八方"的枢纽地位。甘肃（兰州）国际陆港（以下简称"兰州陆港"）作为"丝绸之路经济带甘肃黄金带"重要节点，是甘肃省扩大对外开放、服务国家向西向南开放的重要平台。2018年以来，兰州陆港连续四年被中国物流与采购联合会评为"全国优秀物流园区"，成为国家指定的对尼泊尔开放的三个内陆港之一。兰州陆港国家物流枢纽入围首批国家物流枢纽建设名单，能够联系周边国家进行物流外贸活动，同时也为多个战略通道上的关键节点。

兰州市共有28个物流园区，占据了甘肃省物流园区总量的44.4%，根据全国主要城市仓库租金与空置率情况可知,兰州的仓库租金和空置率均处于较低水平,能够吸引众多物流园区选择在兰州布局,见图11-3。

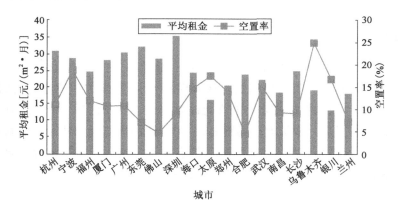

图11-3　2023年12月全国主要城市仓库租金与空置率情况

资料来源:中国仓储与配送协会。

(三)营商环境指数

2023年兰州市营商环境指数为30.20,排名为全国第34位,为兰州市表现最好的一项评价指标。2024年3月27日,兰州市召开优化营商环境攻坚战点评会议,深入实施《兰州市优化营商环境提质增效年行动方案》,提出一流营商环境就是最大生产力,要认真落实省委"优化营商环境提质增效年"行动部署要求,锚定"全省第一、全国领先"目标,聚焦"企业法人和群众个人"全生命周期需求,持续建设市场化、法治化、国际化一流营商环境,给予兰州市较好的营商基础。2024年6月,极兔速递集团甘肃总部将智慧供应链产业园选址在兰州智慧快递产业园内,以解决转运中心吞吐量受限的瓶颈,这意味着兰州市正在引入现代化的物流设施和技术,以提升物流效率和服务水平。2023年3月,兰州新区城乡建设和交通管理局决定从3月11日起全面开展交通运输领域"降投诉,提服务,维护营商环境"行动,全面提升服务品质和服务效能,创造最优交通运输营商环境,为兰州物流营商环境高质量发展提供强有力的服务保障。

(四)通达性指数

2023年,兰州市通达性指数为24.45,排名为全国第60位。兰州是中国陆域版图的几何中心,处于大西北的"十字路口",是我国联通东西、贯穿南北的桥梁和纽带,是口京藏、大陆桥、西部陆海3条走廊交会的全国性综合交通枢纽城市,是全国九大物流区域、十大物流通道、21个物流节点城市之一。2019年,兰州市通达性指数为30.57,全国排名第31位,显示出较好的基础设施支持能力。然而,截至2020年底,通达性指数下降至21.78,排名滑落至第53位,下降趋势反映了兰州市在全国范围内通达性的竞争力逐渐减弱。兰州市通达性发展面临的挑战主要来自其地理位置及相对落后的基础设施建设。虽然兰州市地处中国西部地区的交通枢纽,但兰州市政府仍需要采取多种措施来提升通达性，比如加大对交通基础设施的投资。此外，兰州市可以利用其作为新丝绸之路经济带的关键节点的地理优势，进一步开发与中亚及欧洲的国际货运通道，提升其作为国际物流中心的功能。

(五)市场覆盖指数

2023年，兰州市场覆盖指数为17.72，排名为全国第38位。兰州市虽然地处西北地区的中心，具有较强的区域辐射能力，但市场总体规模较小，消费能力和商业活动的密度不及东部发达城市。此外，兰州虽然拥有丰富的文化旅游资源，但在吸引外来投资和促进产业多元化方面仍需努力。为了进一步扩大市场覆盖，兰州需要加强与国内外大城市的商业合作，引入更多的投资项目，促进高新技术产业和现代服务业的发展利用文化旅游资源，开发与丝绸之路相关的旅游产品，吸引国内外游客，从而带动相关产业的发展。

第三节 趋势与展望：打造国家综合交通物流中心

一、发展趋势

2024年6月，兰州市政府常务会议审议通过并印发《兰州市现代物流业降本增效三年行动方案》，兰州将开展交通拥堵综合治理行动，降低现代物流成本，推进现代物流业高质量发展。通过降本增效政策措施与国家和甘肃省促进现代物流业发展支持政策，及时落实到企业，有效发挥政策红利作用，吸引现代物流企业集聚，助推现代物流发展提速。兰州市将紧抓国家骨干冷链物流基地、粮食物流枢纽、综合货运枢纽补链强链等政策平台，带动全市现代物流业降本提质增效。依托互联网、大数据、云计算等先进信息技术，兰州市将大力发展"互联网+"车货匹配、"互联网+"运力优化、"互联网+"运输协同、"互联网+"仓储交易等新业态、新模式；鼓励企业运用先进信息技术，提升物流信息化水平，强化信息技术支撑，降低运输成本；鼓励物流企业创新合作模式，推动企业建立合作联盟，发展分享经济，加快资源优化整合；在物流站场、快递、冷链运输等领域，引导和支持一批线上线下交易的平台型物流企业，促进资源高效利用，引导物流市场集约化发展。兰州市规划实现航空港、铁路港、公路港、信息港"四港"高效联动，以及空中、陆上、网上、海上的"四条丝路"畅通全球，建设连接国内外、辐射东中西的国际物流通道和集散分拨中心，以适应和推动"一带一路"倡议下的双循环新格局。

兰州市面对未来的挑战和机遇，将围绕构建布局完善、结构合理、集约高效、绿色智能、智慧先进的现代化国际化综合交通枢纽，旨在打造立足西北、辐射全国、通达全球的国际物流贸易中心，以应对高水平融入共建"一带一路"的要求，放大兰州新区的集成效应，各分指标数据。图11-4为兰州市物流竞争力细分指标雷达图。

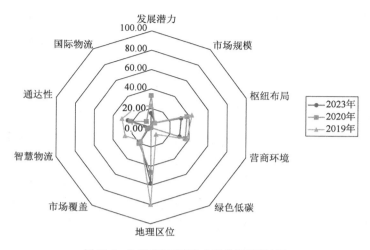

图 11-4　兰州市物流竞争力细分指标雷达图

二、发展展望

(一)构建多式联运体系,打造"一带一路"物流枢纽

重振兰州枢纽,聚力打造国家西北地区"交通主枢纽、物流新高地、通信主骨干、服务新中心"。兰州市区位优势明显,各枢纽设施联动,将极大提升物流竞争力。公路方面,兰州市将协调优化布局、强化统筹衔接,提质扩能"丝绸之路""西部陆海""宁甘青"三条交通主廊道提升物流运输能力;打造兰州、酒泉—嘉峪关全国性综合交通枢纽城市和国家物流枢纽承载城市,推进兰州—西宁国家综合货运枢纽补链强链城市建设,优化综合交通枢纽城市布局,提升枢纽集聚辐射能力。铁路方面,兰州计划构建"井"字形干线铁路网,主动对接成渝地区双城经济圈,加快兰州至成都高速铁路建设,积极争取兰渝高铁新通道等项目纳入国家规划。通过建设兰州中川国际机场、兰州西站两个特大型综合客运枢纽,不断深化对外合作交流,着力打造重要的国际物流中转枢纽和国际贸易物资集散中心。

兰州市将继续加强与国内外各大城市的互联互通,计划在未来几年内加强与中东欧和中亚地区的连接;加快推进兰州新区综合保税区、兰州国际陆港等物流园区的建设,进一步优化物流设施布局,提升物流效率和服务质量,推动交通、物流、通信、服务互促共荣,更好地发挥甘肃省高质量发展"领头雁"的作用。

(二)强化物流网络,构建现代化物流体系

"人便于行、货畅其流",加快构建高品质、高效率的现代化物流体系。在"十四五"时期,兰州市全面实施物流业高质量发展战略,完善综合运输大通道、综合交通枢纽和物流网络,加快城市群和都市圈轨道交通网络化,提高农村和偏远地区交通通达深度。2021年11月,甘肃省人民政府办公厅印发《"十四五"兰州经济圈发展规划》,提出整合优化存量物流基础设施资源,增强与国家物流网业务协同,构建内外联通、高效运作的"通道+枢纽+网络"现代

物流运行体系,促进物流园区智能化、专业化、规模化发展;加强县乡村共同配送基础设施建设,构建覆盖城乡、功能完备、支撑有力的物流基础设施体系,为兰州市现代物流产业链延伸提供有力支撑。

(三)发挥区位优势,跨境电商激发经济新活力

依托"一带一路"倡议和区位优势,兰州正加速建设跨境电商物流重镇,通过发挥国际空港、铁路口岸、综合保税区三大平台联动优势,推进"口岸+通道+产业"新模式,完善基础设施、优化服务链条和加强海外仓布局来促进外贸转型升级。2018年7月,国务院正式批准兰州等全国22个城市设立第三批国家级跨境电子商务综合试验区,为兰州市对外开放、外贸转型升级发展带来了新的机遇。兰州市紧抓跨境电商试点城市的优势,加大跨境电商平台建设和政策支持力度,引进阿里巴巴、丝路天下、陇贸通等知名外贸综合服务企业,搭建兰州中数跨境外贸综合服务平台;为企业提供培训、办证、市场开拓、通关、物流、外汇、金融等集成式供应链服务;为企业提供一站式跨境电商服务,提升企业线上交易能力,推动本地跨境电商健康快速发展。

兰州市以数据信息产业和新型基础设施建设为契机,借助外贸进出口渠道,扩大外资利用规模,推动外贸经济的发展。利用进出口企业在信息、渠道和客户资源方面的优势,实施"贸易引资"策略,以优质产品吸引外资。充分运用中国国际投资贸易洽谈会(投洽会)、中国国际高新技术成果交易会(高交会)等开放平台,引进一批规模化的外向型企业,增强产业基础,提升产业层次,扩大进出口业务,强化国际经济联系。利用与中亚、西亚、南亚相邻的地缘优势,加强与共建"一带一路"国家的经济合作与发展,深化对外战略协作与投资,支持产业转型与升级,快速融入国内国际双循环的新发展格局。在促进区域合作方面,兰州市将贯彻新发展理念,实现"大区域、大旅游、大合作、大市场"的发展模式。主动参与"一带一路"倡议、"兰西城市群"建设以及"兰白都市经济圈"等发展战略,发掘黄河流域的可用资源。在基础设施互联、要素资源流通、产业互补及政策协调等方面进行全面合作,共建绿色循环产业体系和公共服务平台,形成新的内生增长机制。

本章参考文献

[1] 中华人民共和国交通运输部.现代综合交通枢纽体系"十四五"发展规划[EB/OL].(2022-01-29)[2024-08-06]. https://www.mot.gov.cn/zhuanti/shisiwujtysfzgh/202201/t20220129_3639070.html.

[2] 兰州市人民政府.2023年兰州市国民经济和社会发展统计公报[EB/OL].(2024-02-09)[2024-08-06]. https://www.gsei.com.cn/html/1288/2024-04-17/content-498951.html.

[3] 甘肃省人民政府办公厅."十四五"兰州经济圈发展规划[EB/OL].(2021-11-03)[2024-08-06]. https://www.linxia.gov.cn/lxz/zwgk/zcfg/art/2022/art_e934d4fc26844c91b271a0fd52c6ee55.html.

[4] 甘肃省商务厅.兰州市多举措助推跨境电商高质量发展[EB/OL].(2023-08-23)[2024-

08-06]. https://swt.gansu.gov.cn/swt/c108416/202308/169928160.shtml.

[5] 甘肃省人民政府办公厅. 关于印发中国(兰州)跨境电子商务综合试验区实施方案的通知[EB/OL]. (2019-03-04)[2024-08-06]. https://gansu.gov.cn/art/c103795/c103818/c103839/201903/210894.shtml.

[6] 甘肃省交通运输厅. 中国铁路兰州局集团有限公司关于印发《甘肃省加快建设交通强国五年行动计划(2023—2027年)》的通知[EB/OL]. (2019-01-15)[2024-08-06]. https://jtys.gansu.gov.cn/jtys/c106393/202310/173785834/files/d2c00206b0b94d77beb5d9c2843de060.pdf.

[7] 每日甘肃网. 提速!乘东风"出海"开辟新天地——兰州新区跨境物流和跨境电商迅猛发展[EB/OL]. (2023-07-07)[2024-08-06]. https://gansu.gansudaily.com.cn/system/2023/07/07/030826749.shtml.

[8] 兰州市发展和改革委员会. 兰州市"十四五"冷链物流高质量发展工作方案[EB/OL]. (2022-08-01)[2024-08-06]. https://www.gsei.com.cn/html/1288/2024-04-17/content-498951.html.

[9] 兰州市发展和改革委员会. 甘肃省"十四五"现代物流业[EB/OL]. (2021-11-19)[2024-08-06]. https://fzgg.gansu.gov.cn/fzgg/c106108/202111/1895340/files/7822f0a513f34bbab66640cac00fe55d.pdf.

[10] 兰州市政府. 兰州市现代物流业降本增效三年行动方案[EB/OL]. (2024-07-02)[2024-08-06]. https://gs.spb.gov.cn/gssyzglj/c100057/c100061/202406/1ed2011a989742709f7d35386ced725c.shtml.

[11] 中国改革报. 甘肃(兰州)国际陆港:陆海联动东西互济,"一带一路"未来可期[EB/OL]. (2023-10-13)[2024-08-06]. https://www.thepaper.cn/newsDetail_forward_24919530.

[12] 甘肃市政府. 甘肃(兰州)国际陆港"十四五"发展规划和2035年远景目标[EB/OL]. (2022-07-29)[2024-08-06]. https://baijiahao.baidu.com/s?id=1733774013259996500.

[13] 兰州市交通运输委员会. 兰州市入选2023年国家综合货运枢纽补链强链支持城市[EB/OL]. (2023-07-18)[2024-08-06]. https://jtys.gansu.gov.cn/jtys/c106395/202307/169908371.shtml.

中国城市物流竞争力报告（2024）——新时代物流提质降本增效与"十五五"现代物流强市战略

第十二章　昆明市城市物流竞争力分析

　　昆明市是我国西南地区重要城市，也是面向南亚东南亚地区极具战略地位的关键节点。作为兼有陆港型、空港型、商贸服务型功能的国家物流枢纽承载城市，昆明市不断优化物流总体空间布局，构建完善现代物流运行体系，积极促进多式联运深入开展，持续提升国内国际物流市场的联通及辐射能力，2023年，昆明市城市物流竞争力指数全国城市排名第35位。面向2025年基本建成区域性国际物流枢纽城市、2035年培育形成通往南亚东南亚和环印度洋周边经济圈的世界级物流枢纽经济产业集群的发展目标，昆明市需要着力畅通面向印度洋陆海大通道，大力提升国际物流服务水平和辐射范围。

第一节　城市发展总体情况

一、立足区位国际优势，多重战略释放活力

　　昆明市作为云南省省会，位于我国西南部地区，是中国面向南亚东南亚乃至中东、南欧、非洲的前沿门户，具有"东连黔桂通沿海，北经川渝进中原，南下越老达泰柬，西接缅甸连印巴"的独特区位优势。2015年1月，习近平总书记在云南考察时强调，希望云南"努力成为民族团结进步示范区、生态文明建设排头兵、面向南亚东南亚辐射中心，谱写好中国梦的云南篇章"❶。2020年，习近平总书记春节前夕赴云南看望慰问各族干部群众时指出，云南生态地位重要，有自己的优势，关键是要履行好保护的职责❷。

　　"十三五"期间，昆明市成功入选国家物流枢纽承载城市和首批国家骨干冷链物流基地建设城市，昆明商贸服务型、陆港型国家物流枢纽入选国家建设名单。此外，昆明也被规划为西部陆海新通道物流枢纽城市、面向印度洋国际陆海大通道承载城市。国家政策持续利好与相关战略的加持为昆明现代物流业发展提供了持续动力。"十四五"以来，昆明市高度重视现代物流业发展，成为云南省内连通国内、辐射南亚东南亚的物流核心区，为促进云南省万亿级现代物流业高质量发展提供了重要支撑。国家层面关于昆明市城市物流发展政策战略见表12-1。根据《昆明市"十四五"现代物流业发展规划》，到2025年，昆明市基本建成区

---

❶ 《习近平在云南考察工作时强调：坚决打好扶贫开发攻坚战 加快民族地区经济社会发展》，《人民日报》2015年01月22日。

❷ 《习近平春节前夕赴云南看望慰问各族干部群众 向全国各族人民致以美好的新春祝福 祝各族人民生活越来越好祝祖国欣欣向荣》，《人民日报》2020年01月22日。

域性国际物流枢纽城市;到2035年,昆明市培育形成面向南亚东南亚和环印度洋周边经济圈的世界级物流枢纽经济产业集群。

国家层面关于昆明市城市物流发展政策战略整理　　表12-1

文件名称	发布单位	发布时间	相关表述
国家物流枢纽布局和建设规划	中华人民共和国国家发展和改革委员会、中华人民共和国交通运输部	2018年12月	昆明被列为国家物流枢纽承载城市,承担建设陆港型、空港型、商贸服务型国家物流枢纽的任务
关于做好2020年国家骨干冷链物流基地建设工作的通知	中华人民共和国国家发展和改革委员会	2020年7月	昆明市入选全国首批国家骨干冷链物流基地建设名单
关于做好2020年国家物流枢纽建设工作的通知	中华人民共和国国家发展和改革委员会、中华人民共和国交通运输部	2020年10月	昆明商贸服务型国家物流枢纽成功入选2020年国家物流枢纽建设名单(王家营物流片区、腾俊陆港物流片区)
"十四五"推进西部陆海新通道高质量建设实施方案	中华人民共和国国家发展和改革委员会	2021年9月	昆明作为重要节点,明确云南要充分利用国际铁路班列,加快边境经济合作区建设,持续加强物流基地和物流枢纽建设
关于做好2022年国家物流枢纽建设工作的通知	中华人民共和国国家发展和改革委员会	2022年11月	昆明—磨憨陆港型物流枢纽(陆上边境口岸型)入选2022年国家物流枢纽建设名单

二、产业体系优化升级,城市经济稳中向好

昆明市经济发展稳步前行。2023年底,昆明市全市常住人口为868.0万,较上年增幅为0.9%,常住人口城镇化率为82.32%。"十四五"以来,昆明市经济总量保持平稳增长,2023年地区生产总值为7864.76亿元,比上年增长3.3%,占云南省生产总值比重为50.6%。全年人均GDP达90821元,比上年增长2.2%。2023年全年民营经济增加值为3166.98亿元,比上年增长4.0%,占GDP比重为40.4%。2013—2023年昆明市地区生产总值变化情况如图12-1所示。

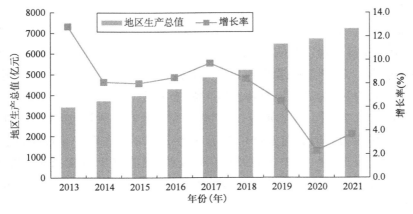

图12-1　昆明市地区生产总值变化情况(2013—2023年)

资料来源:昆明市人民政府。

昆明市产业结构持续优化升级。2023年,昆明市三次产业结构占比为4.5∶29.0∶66.5,以现代物流业为代表的第三产业对GDP贡献率为114.2%,拉动GDP增长3.8%。昆明市2022年、2023两年新增物流企业2600余家,总量即将突破1万家,达到"十三五"末企业数量的2倍之多;物流总收入达3300亿元,占全省比重首次突破40%。依托由资源优势支撑的传统工农业、旅游业与新能源电池、电子信息等新兴产业,协同现代物流新动能,昆明市产业基础不断夯实,拉动全市经济快速增长、成功转型升级,2013—2023年昆明市产业结构分布情况如图12-2所示。

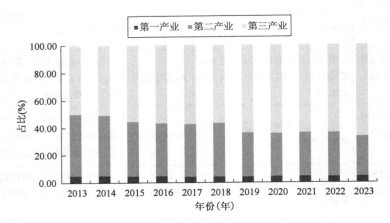

图12-2 昆明市产业结构分布情况(2013—2023年)

资料来源:昆明市人民政府。

三、综合交通稳步建设,公水铁空协同发展

作为国家物流枢纽承载城市、西部陆海新通道物流枢纽城市,昆明市多措并举稳交通投资、抓项目建设、提升运输服务水平,交通发展硕果累累,为现代物流发展打下坚实基础。"十四五"以来,昆明市全面推进以综合交通为重点的基础设施网络建设,公路、铁路、航空、水运、管道"五联互通"的现代综合交通运输体系已初步构建。

公路方面,通车总里程突破2万km,基本形成以高速公路为主骨架、普通国省干线公路为基础、县乡道为支撑的层次分明、脉络清晰的"环线+射线"的公路网结构,初步形成七出省、五出境的公路网。铁路方面,昆明市迈入了高铁时代,境内拥有贵昆、成昆、南昆、昆河等10条铁路,其中高(快)速铁路5条、普速铁路4条、米轨铁路1条,形成了连接全国、辐射南亚东南亚的铁路网。航空方面,基本形成以昆明为中心、辐射全国并向国际延伸的航空网络。昆明长水国际机场成为我国面向南亚东南亚、连接亚欧的国家门户枢纽机场,通航国内外191座城市,运营航线396条,其中包括92条国际航线,涵盖45个南亚、东南亚航点。开通如昆明至美国旧金山等多条"客改货""全货运"国际航线,货运航线持续织密,国际货运能力不断增强。此外,昆明还在积极推进中缅油气管道、东川港等项目建设,建成后可通过金沙江—长江水路通道直达重庆、武汉、上海这三大长江沿线的航运中心。

四、物流市场主体扩大,产业资本不断集聚

通过推进"建圈强链"工作,昆明市现代物流产业市场主体培育取得显著成效。截至2023年末,昆明市供应链市场主体数量达2779家,占全省比重67.2%,昆明市A级物流企业共59家,并引入顺丰、沃尔玛、百世、安能、菜鸟等传统大型物流、零售、电商客户,为昆明市现代物流产业链延伸提供有力支撑。立足五大现代物流产业聚集区区位优势和产业条件,昆明市制定了产业链年度招商引资计划,瞄准"三类500强"、全球物流100强、中国物流50强和产业物流龙头企业,吸引其在昆明设立物流基地。

第二节 昆明市城市物流竞争力专项分析

一、总体评价

昆明市城市物流竞争力整体保持稳定。昆明市2019年度、2020年度城市物流竞争力指数分别为33.43和25.60,分别位列国内城市第23名和30名。2023年昆明市城市物流竞争力指数为18.23,排名35,略有下滑。在西部城市中,昆明市城市物流竞争力排名第五,紧随重庆、成都、西安、贵阳之后。从具体分值表现来看,昆明市城市物流的吸引力与辐射力均呈现下降趋势,如图12-3所示。

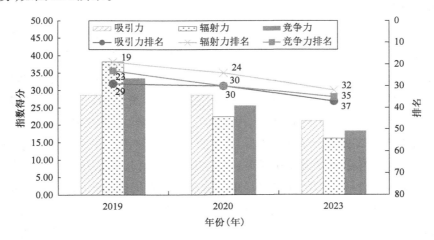

图12-3 昆明市城市物流竞争力指数及排名

总体而言,昆明市物流辐射力排名均高于物流吸引力,整体属于国内城市中上水平。由于自身的地理区位优势,昆明市能够与东南亚周边国家进行物流外贸活动,同时也是多个战略通道上的关键节点,物流辐射力水平较高。但物流吸引力排名略低于物流竞争力,在增强自身吸引力方面仍需加强,要突出城市特色,不断改善城市营商环境、培育物流市场主体,补齐短板。

当相关政策与战略倾向昆明市之际,昆明市也要抓住机会,不断完善现代物流运行体系。

二、分项评价

昆明市各指标整体表现较为均衡,其中枢纽布局、市场覆盖、国际物流、市场规模等指标表现优异,见表12-2。

昆明市城市物流竞争力细分指标对比表　　表12-2

一级指标	二级指标	2023年		2020年		2019年	
		指数	排名	指数	排名	指数	排名
物流吸引力	发展潜力	14.84	149	40.66	25	31.24	32
	市场规模	15.58	28	13.37	38	14.06	38
	枢纽布局	44.92	19	43.68	22	49.68	20
	营商环境	25.58	47	37.08	31	33.90	28
	绿色低碳	—	113	0.05	180	8.08	133
物流辐射力	地理区位	51.15	206	62.14	113	77.97	153
	市场覆盖	25.66	23	36.41	14	29.72	11
	智慧物流	5.34	39	3.85	82	36.36	15
	通达性	28.93	35	28.28	33	28.28	38
	国际物流	4.26	28	3.99	35	16.59	27

(一)枢纽布局指数

在国家重大政策支持下,2023年,昆明市枢纽布局指数为44.92,排名全国第19位,为昆明市表现最好的一项评价指标。昆明市积极建设成为面向印度洋国际陆海大通道、西部陆海新通道战略的关键枢纽城市。2018年,《国家物流枢纽布局和建设规划》明确将昆明市布局为陆港型、空港型、商贸服务型国家物流枢纽承载城市。此后,在2020年、2022年,昆明商贸服务型国家物流枢纽、昆明—磨憨陆港型(陆上边境口岸型)国家物流枢纽相继进入国家物流枢纽建设名单。2022年发布的《昆明市"十四五"现代物流产业发展规划》,昆明将"以枢纽为物流支点,以战略交通线为物流通道,优化整合现有货运场站和物流节点设施资源,形成'枢纽+集聚区+中心+通道'的'652011'现代物流空间布局体系"。通过在全市布局建设3个商贸服务型、陆港型、空港型国家物流枢纽并培育3个省级物流枢纽,打造5个物流聚集区,布局20个市级重点物流中心、11条畅通国内外的通道,更好地发挥物流枢纽的带动作用。

(二)营商环境指数

2023年,昆明市营商环境指数为25.58,排名全国第47位,营商环境不断优化,丰沃市场主体发展土壤。2021—2023年,昆明市连续三年入选中央人民广播电台评选的"城市营商环境年度创新城市"名单。良好的营商环境离不开政策保障,昆明市着力健全政策框架体系,出台《昆明市优化营商环境办法》和《昆明市全面优化提升营商环境三年攻坚行动方案（2022—2024年）》，并组建昆明市营商环境智库，通过一系列创新举措，营造一流宽松便捷市场准入环境、一流公平有序市场竞争环境、一流高质量发展市场创新环境、一流规范公正市场法治环境。昆明市率先在全省试点企业智能化注册流程，实现0.5个工作日内"零成本"快速启动营业。昆明市创新推进"远程异地评标工位制"，最大力度减免企业投标保证金，累计减免投标保证金超35亿元等。中国（云南）自由贸易试验区打造了"多国多点、港港联动"的国际运贸一体化新模式，基于"一单制"推动国际物流、贸易一体化发展，成为物流领域营商环境建设的优秀案例。

（三）市场规模指数

2023年，昆明市市场规模指数为15.58，排名为全国第28位。市场规模指数排名高于吸引力与竞争力，对昆明市物流市场有较好的带动作用。2023年，昆明市全年货物运输总量为57959.2万t，比上年增长10.5%；全年邮政业累计完成业务收入为74.40亿元，其中快递业务收入为60.47亿元。2023年，昆明市商品销售总额为3574.28亿元，比上年增长5.5%，对外贸易总额为1346.8亿元。随着中老铁路"澜湄线"常态化运行与新线开通，昆明与南亚东南亚地区的货运交流更加密切，2023年货物运量为1781.7万t，同比增长42.8%，对外市场规模逐渐扩大。昆明市物流业务量正持续稳步上升，在立足区位优势打开对外市场规模的同时，也要注重国内市场的挖掘，不断扩大市场规模并向前发展。

（四）通达性指数

昆明市位于中国西南地区，虽然距离国内其他省份较远，来往较为依赖航空，但有着对外交往得天独厚的条件，是我国面向南亚东南亚的重要门户、"一带一路"建设的前沿枢纽。2022年，云南省委、省政府决定由昆明市全面托管西双版纳州磨憨镇，昆明成为全国唯一拥有边境线和边境口岸的省会城市，进一步打破体制、机制、政策壁垒，携手共建国际影响力的口岸城市。2023年，昆明市通达性指数为28.93，排名全国第35位。公路方面，2023年，昆明市城市高速公路出入口密度为2.36个/km²，区域内平均公路密度为1.09km/km²，形成了脉络清晰的"环线+射线"公路网结构。铁路方面，昆明市区域内有5条高（快）速铁路、4条普速铁路和1条米轨铁路，共同联通国内重要城市，中老铁路则连接东南亚多国。航空方面，昆明国际航空枢纽地位显著增强，截至2023年末，昆明长水国际机场共开通航线629条，形成辐射全国并向国际延伸的航空网络，逐步成为中国面向南亚、东南亚和连接亚欧的国家门户枢纽机场。2023年12月3日，随着搭载着俄罗斯产品的"中欧+澜湄快线"中老铁路国际货运专列在云南省中老铁路磨憨站顺利驶出国门（图12-4），标志着"中老铁路+中欧班列"国际铁路运输大通道正式衔接，打通了"东南亚—昆明—成都—欧洲"的铁路亚欧大通道。两条重要的国际大通道打通，将为昆明市带来更多国际物流发展机遇。未来，昆明市还需要继续完善构建承内启外的公铁、公铁水、公铁海、公空等跨境多式联运体系，高效衔接南亚东南亚国际物流市场，实现昆明市与欧亚大陆及太平洋、印度洋沿岸多方式、多路径快速联通。

图12-4 "中欧+澜湄快线"中老铁路国际货运专列在磨憨站首发现场

资料来源：中国日报网。

（五）国际物流指数

2023年，昆明市国际物流指数为4.26分，排名全国第28位，较2020年有所提升。依托区位优势与战略支撑，昆明市全年完成进出口总额1346.78亿元。其中，中老铁路为昆明国际物流竞争力注入新动能，2023年，昆明市海关对中老铁路途经的进出口货运实施了严密监管与高效验放，全年累计量达421.77万t，同比增长94.91%。目前，昆明市已先后开通"沪滇·澜湄线""云贵·澜湄线""湘滇·澜湄线"等国际货运班列，持续推进中老铁路国际货物列车常态化开行。同时，昆明市还不断打造"澜湄快线""中老铁路+中欧班列""跨境电商+铁路运输"等双向快速通关模式，提升昆明市在西部陆海新通道建设中的影响力和竞争力。未来，以昆明为中心的国际班列，向北辐射成都、重庆、武汉、西安等内陆物流节点，与"一带一路"中欧通道互联，打造以中国为核心的"东盟—中国—欧洲"大通道；向南通过中老铁路、中南半岛米轨铁路到达泰国、新加坡的港口，形成陆海联运的国际新通道；向东通过"沪滇·澜湄号"国际货运班列连接长三角地区。昆明即将崛起为国际班列的重要集结地。

第三节 趋势与展望：打造区域性国际物流枢纽

一、发展趋势

《昆明市"十四五"现代物流产业发展规划》指出，昆明市将以国家物流枢纽承载城市建设为契机，构建"枢纽+集聚区+中心+通道"的现代物流空间布局体系。依托入围国家流通领域现代供应链体系建设、国家供应链创新与应用试点城市契机，大力发展市域供应链体系。依托自贸试验区昆明片区、跨境电商综合试验区,构建以面向南亚东南亚为重点的跨境物流体系。推广运用多式联运、智慧物流,重点支持冷链物流、跨境物流、电商物流、快递物流、干支联运、分拨配送和智能仓储发展,发展枢纽经济。计划至2025年,昆明基本建成区域性国际物流枢纽城市;至2035年,培育形成面向南亚东南亚和环印度洋周边经济圈的世界级物流枢纽经济产业集群,发展成为具有国际影响力的供应链资源配置中心和高水平开放的全球商贸供应链枢纽。

昆明市不断打造区域性国际物流枢纽,现已具备多通道、多枢纽的优势,但是在构建国际综合物流枢纽的过程中,仍存在竞争力偏弱、市场亟须扩大、对外大通道亟须强化等问题,物流业与重点产业融合发展水平有待进一步提高,需要进一步扩大物流市场主体。昆明市城市物流竞争力细分指标雷达图如图12-5所示。

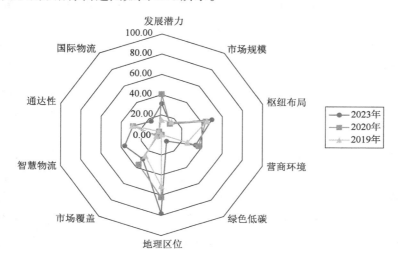

图12-5 昆明市城市物流竞争力细分指标雷达图

面对建设面向印度洋国际陆海大通道、助力西部大开发战略深化、深度融入"一带一路"倡议的迫切需求,昆明市将致力于发展开放型、创新型、高端化、信息化、绿色化和共享化的"两型四化"现代物流业发展体系,打造引领西南、联通全国、辐射南亚东南亚乃至全球的国际物流枢纽门户。

二、发展展望

(一)发挥枢纽联动效应,推进枢纽网络化运营

推进物流枢纽设施联动,着力打造枢纽核心增长极。昆明市的优势在于同时具备陆港、空港型物流枢纽,若将各枢纽设施联动,依托云南省"八出省五出境"铁路主骨架、"七出省五出境"高速公路骨架、航空网以及金沙江等水运通道,强化开展枢纽间多式联运,将大大提高城市物流竞争力。可实行的措施包括支持物流枢纽的智能化多式联运场站建设和运输装备升级改造,大力发展集装箱多式联运,推广应用标准化运载单元,强化与国际多式联运规则

对接，提高干支衔接能力和转运分拨效率等。同时，推进多式联运建设及运营示范，加快铁路沿线物流枢纽节点网络建设，加强与港口、机场、公路货运站联动发展，构建以昆明为核心的全省"一中心、三支点、四通道"多式联运物流网。此外，还需加快补齐昆明—大理—瑞丽、昆明—玉溪—普洱—磨憨、昆明—曲靖/昭通、昆明—弥勒/蒙自—河口（昆明—开远—文山/砚山—富宁）四大多式联运主通道设施的短板，着力打造昆明市、云南省内外贯通的多式联运网络主骨架。

（二）加快建设物流通道，推动枢纽开放化发展

按照《云南省物流枢纽布局和建设规划（2019—2035年）》整体部署，昆明市布局了畅通服务全省、连通国内主要中心城市、辐射南亚东南亚等国家的11条物流通道。其中国内物流通道包括以昆明为核心衔接"成渝地区双城经济圈""粤港澳大湾区""长三角地区"和"西藏自治区"的5条物流通道。国际物流通道方面，面向太平洋，以中越、中老互联互通基础设施为依托，加快建设衔接"中老泰"和"中越"的2条国际物流通道，积极参与中国—中南半岛经济走廊建设，全面提升昆明南向开放合作的层次和水平；面向印度洋，以推动中缅"人"字形经济走廊互联互通基础设施建设为重点，加快建设衔接"中缅"和"孟中印缅"的4条国际物流通道，积极参与孟中印缅经济走廊建设，全面提升昆明西向开放合作的层次和水平。

2023年10月，建设面向印度洋国际陆海大通道主题研讨会在昆明举行，会议形成并通过了《共同推进面向印度洋国际陆海大通道建设合作共识和倡议》。面向印度洋的国际陆海大通道通过海公铁跨境多式联运，推动中老泰、中缅、中越3个方向通道建设，为我国中西部与印度洋、太平洋的连接提供了便捷路径。随着这一举措的不断实施与推进，面向印度洋国际陆海大通道将成为一条凝聚共识、合作共赢、充满活力的高质量发展大通道。

（三）大力整合枢纽资源，推进枢纽高效化运营

《昆明市"十四五"现代物流产业发展规划》提出，要从11个重点领域出发，加快构建昆明市现代物流运行体系。以物流枢纽资源整合赋能重点领域发展，推动专业物流快速发展，成为枢纽高效化运营的重要手段。在电商快递物流方面，把昆明市跨境电子商务综合试验区建设成为我国面向南亚东南亚的跨境电子商务辐射中心，引导电商及快递企业向空港物流聚集区集中，加强快件处理中心、航空及陆运集散中心和基层网点等网络节点建设，优化市域快递物流网络布局，构建层级合理、规模适当、匹配需求的电子商务快递物流网络，推进电子商务和快递物流协同发展。在昆明市高原特色农业和冷链物流方面，完善冷链物流基础设施网络，加强冷链物流基础设施建设，推广现代冷链物流技术标准，构建覆盖多类型产品的高效冷链物流服务体系和信息追溯体系，推动冷链物流服务由基础服务向增值服务延伸。按照国家骨干冷链物流基地建设标准，统筹空港和王家营两大物流枢纽片区发展，力争至2025年全面建成昆明国家骨干冷链物流基地。

本章参考文献

[1] 昆明市人民政府. 2023年昆明市国民经济和社会发展统计公报[EB/OL]. (2024-06-20)[2024-09-03]. https://www.km.gov.cn/c/2024-06-20/4875565.shtml.

[2] 昆明市人民政府. 昆明市人民政府办公室关于印发昆明市"十四五"现代物流业发展规划的通知[EB/OL]. (2022-11-03)[2024-09-03]. https://www.km.gov.cn/c/2022-11-03/4571470.shtml.

[3] 云南省人民政府. 云南省人民政府办公厅关于印发云南省"十四五"现代物流业发展规划的通知[EB/OL]. (2022-07-29)[2024-09-03]. https://www.yn.gov.cn/zwgk/zcwj/zxwj/202208/t20220809_245570.html.

[4] 昆明市人民政府. 昆明市人民政府办公室关于印发昆明市建设区域性国际中心城市2020年度行动计划的通知(昆政办〔2020〕10号)[EB/OL]. (2020-04-07)[2024-09-03]. https://www.km.gov.cn/c/2020-04-07/3718908.shtml.

[5] 昆明市人民政府. 昆明市国民经济和社会发展第十四个五年规划和二〇三五年远景目标纲要[EB/OL]. (2021-03-29)[2024-09-03]. https://www.yn.gov.cn/ztgg/ynghgkzl/zsss-wgh/202109/P020211105626762842822.pdf.

[6] 云南省人民政府. 昆明再次入选营商环境创新城市——健全政策体系,优化服务措施[EB/OL]. (2023-04-10)[2024-09-03]. https://www.yn.gov.cn/ztgg/jdbytjwhjc/sch/xgzx/202304/t20230410_257482.html.

[7] 云南省人民政府. 云南省发展和改革委员会 云南省交通运输厅关于印发《云南省物流枢纽布局和建设规划(2019—2035年)》的通知[EB/OL]. (2019-10-30)[2024-09-03]. https://www.yn.gov.cn/ztgg/ynghgkzl/sjqtgh/zxgh/202108/t20210825_226888.html.

[8] 国际合作中心. 建设面向印度洋的国际陆海大通道[EB/OL]. (2023-12-07)[2024-09-03]. https://www.icc.org.cn/strategicresearch/laboratory/maritimestrategy/xgwz/2053.html.

[9] 云南省人民政府. 昆明:大抓产业主攻工业构建现代产业体系[EB/OL]. (2024-05-23)[2024-09-03]. https://www.yn.gov.cn/ztgg/lswzjjylzzccs/bdgc/202405/t20240523_299765.html.

[10] 昆明日报. 昆明供应链市场主体占全省比重达67.2%[EB/OL]. (2023-11-05)[2024-09-03]. https://www.cnr.cn/yn/gstjyn/20231105/t20231105_526475315.shtml.

[11] 中国日报网. 开启亚欧新通道:"中欧+澜湄快线"中老铁路国际货运专列出境首发[EB/OL]. (2023-12-03)[2024-09-03]. https://yn.chinadaily.com.cn/a/202312/03/WS656c698ba310d5acd877162f.html.

第十三章　鄂州市城市物流竞争力分析

鄂州位于湖北省东部,地处长江中游,具有承东启西、接南转北的天然区位优势。依托优越的地理区位优势与国家政策持续利好,鄂州市交通运输基础设施建设发展迅猛,物流产业规模持续扩大,物流枢纽地位不断提升,城市物流竞争力排名由2020年的第109位大幅上升至2023年的第59位。"十四五"时期,鄂州积极融入以国内大循环为主体、国内国际双循环相互促进的新发展格局,紧抓"一带一路"建设和长江经济带发展重大战略机遇,以建设湖北国际物流核心枢纽为契机,围绕"一核两极多点支撑"的发展格局,打造以航空物流为特色、多式联运高效衔接的现代物流体系,以物流创新发展推动鄂州经济社会高质量发展。

第一节　城市发展总体情况

一、经济发展稳中向好,发展质效稳步提高

鄂州市行政总面积1596km^2,现辖三个县级行政区,拥有国家级葛店经济技术开发区以及湖北省级临空经济区。2023年,鄂州市常住总人口107.22万,其中,城镇72.82万人,乡村34.4万人,城镇化率67.9%。全市常住居民人均可支配收入36982元,同比增长6.2%,其中城镇常住居民与农村常住居民人均可支配收入分别达到42996元和24926元,分别增长5.8%和7.9%。近年来,鄂州市经济总量持续扩大,发展质效稳步提高,经济平稳恢复态势良好。2018—2023年鄂州市地区生产总值及增速如图13-1所示。

2023年全市地区生产总值1266.03亿元,按不变价格计算,比上年增长6.0%。分产业看,第一产业增加值120.09亿元,增长4.4%;第二产业增加值500.19亿元,增长5.3%;第三产业增加值645.74亿元,增长6.9%。三个产业占比为9.5∶39.5∶51.0。2018—2023年,鄂州市第三产业占比由38.5%增长至51%,共计上升12.5个百分点,"中国快递示范城市"建设不断推进,以物流为代表的现代服务业已成经济发展新引擎,经济结构战略性调整和转型升级加快推进。2018—2023年鄂州市地区产业比例如图13-2所示。

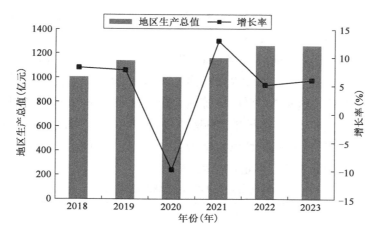

图 13-1　2018—2023年鄂州市地区生产总值及增速

资料来源：鄂州市人民政府。

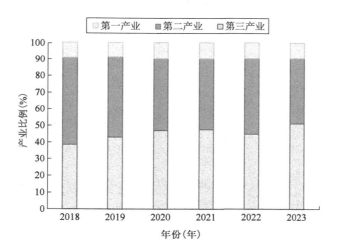

图 13-2　2018—2023年鄂州市产业结构分布情况

资料来源：鄂州市人民政府。

二、航空物流枢纽地位突出，花湖机场全面起势

《现代综合交通枢纽体系"十四五"发展规划》《"十四五"现代流通体系建设规划》《国家综合立体交通网规划纲要》《"十四五"航空物流发展专项规划》赋予了鄂州花湖国际机场专业性货运枢纽机场、空港型国家物流枢纽、国际航空货运枢纽的发展地位。"十四五"期间，鄂州市先后获批鄂州花湖机场（专业性货运枢纽）国家多式联运示范工程、武汉—鄂州空港型国家物流枢纽承载城市、"黄冈—鄂州—黄石"功能型流通支点城市。作为"亚洲第一、全球第四、国内首个"航空货运物流枢纽，鄂州花湖国际机场正逐步完成"1.5小时飞行圈覆盖五大国家级城市群，辐射全国90%经济总量、80%的人口"的蓝图规划。截至2023年底，鄂州

花湖国际机场累计开通国内客运航线16条,通达航点23个,旅客吞吐量45.7万人次,完成货邮吞吐量26.5万t,其中国际货邮吞吐量4.9万t。截至2024年6月底,花湖国际机场开通货运航线73条,其中国际货运航线22条,国内货运航线51条。鄂州花湖国际机场拥有目前亚洲规模最大的快递包裹处理系统,77个标准足球场大的顺丰转运中心坐落其中,7条分拣线总长52km,每小时处理货物28万件,分拣能力全国第一。作为国内大循环节点和国内国际双循环战略链接的重要支撑,鄂州花湖国际机场将与武汉天河机场携手,共同打造以武汉天河机场以客运为主、鄂州花湖机场以货运为主、辐射全国、通达世界的国际航空客货运双枢纽。鄂州市及花湖国际机场发展定位见表13-1。

鄂州市及花湖国际机场发展定位　　　　　　表13-1

文件名称	发布单位	发布时间	定位描述
《国家邮政局关于同意授予沈阳等15个城市"中国快递示范城市"称号的复函》	国家邮政局	2019年12月	中国快递示范城市
《国家综合立体交通网规划纲要》	中共中央、国务院	2021年2月	国际航空货运枢纽建设
《现代综合交通枢纽体系"十四五"发展规划》	国务院	2022年1月	湖北国际物流核心枢纽(鄂州)、"黄冈—鄂州—黄石"全国性综合交通枢纽城市建设
《"十四五"现代流通体系建设规划》	国家发改委	2022年1月	建成投用鄂州专业性货运枢纽机场,打造一批国际一流的空港型国家物流枢纽
《"十四五"航空物流发展专项规划》	中国民用航空局	2022年2月	专业性货运枢纽机场
《交通运输部办公厅 国家发展改革委办公厅关于组织开展第四批多式联运示范工程申报工作的通知》	交通运输部、国家发改委	2022年11月	国家级多式联运示范工程项目
《关于做好2023年国家物流枢纽建设工作的通知》	国家发改委	2023年7月	"武汉—鄂州"空港型国家物流枢纽
《关于布局建设现代流通战略支点城市的通知》	国家发改委	2023年8月	"黄冈—鄂州—黄石"功能型流通支点城市建设

三、交通网络建设不断完善,物流发展基础夯实

"十三五"时期,鄂州市完成交通运输固定资产总投资175.83亿元,其中高速公路项目104.66亿元、普通公路项目40.26亿元、水运项目20.11亿元、物流站场项目10.8亿元。"十四五"期间,鄂州市公路交通发展趋势稳中向好,2023年鄂州市公路运营总里程3807.52km,增长2.3%,高速公路总里程207.20km,增长9.4%。同时,武鄂黄黄"三横三纵"快速道路系统建设有序推进,涉及鄂州市总里程193.8km,总投资199.11亿元。三江港区铁水联运模式实现

了全市轨道交通建设零的突破,进一步丰富全市交通网络布局。鄂州市葛店经济开发区积极打造由铁路、城市轨道交通、干线公路、城市道路等方式的综合交通枢纽,武汉地铁11号线日均运送旅客2.4万人次,多条公交线路方便居民出行,实现地铁、公交、铁路无缝换乘。

四、多式联运条件优势凸显,物流运行提质增效

鄂州依托花湖机场航空货运枢纽、"四横三纵二联"高速公路骨架网、"三干四轨六专"铁路网布局以及三江港、葛店港、杨叶港等优质深水港口码头,推进高效多式联运体系建设,多式联运条件优势更加凸显。"十四五"期间,三江港区国际物流多式联运项目与鄂州花湖机场(专业性货运枢纽)多式联运项目相继被纳入第三批与第四批国家多式联运示范工程名单。鄂州市充分发挥鄂州'航空+'多式联运体系优势,全力构建以航空物流为特色,多式联运高效衔接的现代物流体系,促进公路、铁路、航空和水路运输的无缝连接,提高物流运输的整体效率,降低运输成本。

五、智慧物流推动可持续发展,数字赋能经济转型升级

《鄂州市国民经济和社会发展第十四个五年规划和二〇三五年远景目标纲要》明确支持鄂州市依托"城市大脑数据中台",运用5G、北斗、区块链、云计算、人工智能、物联网等技术建设"智慧物流"应用场景,促进现代物流业与互联网技术深度融合,推动"互联网+智慧物流"战略实施。"十四五"时期,鄂州市数字经济核心产业增加值增长20%以上,属于数字经济核心产业的规模以上工业企业、资质等级建筑业企业、限额以上批零住餐企业、规模以上服务业企业等四类规模以上企业超40个,营业额超200亿元。重点项目完成投资超40亿元,建成5G基站2010个,实现城区和乡镇室外连续覆盖。华中数据产业园、悦科(湖北)数据中心等数字经济产业项目建设有序进行。同时,花湖机场是国内首个全生命周期运用5G、BIM、北斗GIS、数字孪生等数字技术的智慧机场建设项目。2023年12月,第三届数字供应链发展大会以"建设数字商贸物流枢纽,服务数字经济发展新格局"为主题在鄂州举行,鄂州市人民政府与中国物流与采购联合会签订战略合作协议。

第二节 鄂州市物流竞争力专项分析

一、总体评价

鄂州市2023年度城市物流竞争力指数为13.07,相较于2021年度的第109位,排名上升至全国第59位,排名上升幅度较大。2023年度鄂州市的城市物流吸引力指数与城市物流辐射力指数分别为12.89、13.40,位列第79位、第45位,相较于2021年度,物流吸引力指数排名上升了63位,物流辐射力指数排名上升了27位,如图13-3所示。

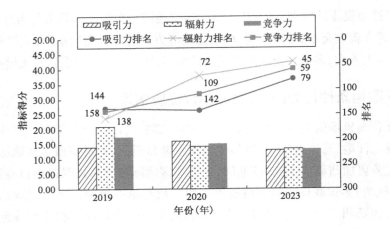

图 13-3 鄂州市物流竞争力指数及排名

总体来看,鄂州的城市物流吸引力与辐射力在国内具有一定优势,在346个评价城市中属于中上水平。从物流吸引力和辐射力两个维度来看,鄂州市物流辐射水平大于吸引水平,反映了鄂州市具有较好的城市辐射力,在城市区位、交通通达性等方面具有优势,而鄂州市对周边城市物流的吸引力仍具有一定上升空间。鄂州市立足构建"一核引领、两区驱动、多点支撑"的物流节点体系新格局,推进国际一流航空货运枢纽建设,打造全球123快货物流圈核心枢纽、"空中出海口"平台,具有较大的市场潜力。

二、分项评价

根据城市物流竞争力细分指标得分情况可知,鄂州市各细分指标整体表现均衡,其中绿色低碳、地理区位、通达性、国际物流等指标具有一定优势,见表13-2。

表13-2 鄂州市城市物流竞争力细分指标对比表

一级指标	二级指标	2019年度		2020年度		2023年度	
		指数	排名	指数	排名	指数	排名
吸引力指标	发展潜力	22.04	198	29.37	239	14.78	151
	市场规模	2.54	272	2.46	262	1.78	271
	枢纽布局	17.93	111	21.91	111	13.80	115
	营商环境	2.93	118	6.40	109	14.13	87
	绿色低碳	29.62	68	28.85	48	44.30	28
竞争力指标	地理区位	83.72	114	72.48	59	79.75	78
	市场覆盖	—	290	3.62	183	3.32	162
	智慧物流	—	291	—	216	0.49	158
	通达性	12.03	172	23.52	48	33.55	24
	国际物流	0.00	241	0.00	255	1.12	50

（一）市场规模指数

2023年，鄂州市常住人口107.22万，全国城市排名296位，与其他地级以上城市对比人口相对较少。作为国内首个"专业性货运枢纽机场"，鄂州花湖国际机场拥有亚洲规模最大的快递包裹处理系统，依托顺丰集团强大的市场基础和货运支撑，极大地促进了鄂州市物流市场的发展。2023年鄂州市邮政行业寄递业务量完成24708.02万件，同比增长37.52%。其中，快递业务量完成21706.38万件，同比增长43.13%，全国排名97位，平均快递业务量202.4件/人。同时鄂州也是全省第三个快递收寄量超2亿件的城市，2019—2023年鄂州市快递业务量如图13-4所示。鄂州临空经济区与武汉都市圈建设的不断推进，加速了鄂州市及周边区域的产业聚集，物流市场需求强劲，从而带动快递业务量的大幅增长。2024年鄂州市第一季度全市交通、仓储物流增加值分别增长34.3%、8.7%，航空运输业增加值增长13.7倍。2023年，鄂州市全年对外贸易总额和社会消费品零售总额分别为58.70亿元与386.71亿元，全国排名第235位和第233位，社会消费水平具有较大上升空间。鄂州市常住人口增长率为0.09%，排名第92位，常住人口年增速较快，说明鄂州市人口在未来将持续增长，未来市场规模有望持续扩大，物流本地市场具备一定的潜力。

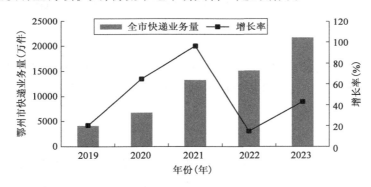

图13-4　2019—2023年鄂州市快递业务量

资料来源：湖北省邮政管理局。

（二）绿色低碳指数

鄂州市物流的绿色低碳指数排名全国前28位。鄂州市充分发挥长江黄金水道和港口的优势，不断完善运输体系，铁水联运量快速增长，运输结构调整稳步推进。从水路运输占公路水运货运量的比重来看，鄂州市为31.36%，全国排名第28位，处于国内领先水平。同时，鄂州市积极推进水运事业绿色发展，强力开展长江大保护三大专项战役整治，长江干线鄂州段生态环境得到了有效修复。2022年，全市共取缔各类码头108个、泊位131个，腾退自然岸线10.85km。梁子湖绿色航运示范区内的生态发光航标、船舶污染物接收设施和绿色安全保障设施已全部建成投入使用。2024年，鄂州市入列首批省级"无废城市"建设名单，共完成194个大气污染防治重点治理项目与7艘船舶受电设施改造，实现首批100辆新能源出租车交付运营，城市公交车新能源化率达94.6%。

(三)地理区位指数

鄂州市物流的地理区位指数排名全国前78位,地理区位优势明显。鄂州地处长江中游南岸,毗邻九省通衢的武汉,东连赣皖,西接渝蜀,南北分别与江汉平原和江南水乡相邻,是"承东启西、接南转北"的重要桥梁和纽带。长江在鄂州域内的流程达77.5km,域内长江窄宽相间,最小河宽870m,最大河宽达8000m,水量丰沛,汛期较长,为鄂州市提供了优质的水运条件。鄂州市综合交通覆盖最大人口97260万,全国排名第78位。"十四五"时期,随着武汉都市圈协同发展战略与"一主引领、两翼驱动、全域协同"区域发展布局的深入实施,鄂州在经济发展上受到武汉市的辐射和带动,位于长江经济带、武汉城市圈和"一带一路"倡议的交会区,经济战略区位优势明显。

(四)通达性指数

鄂州市物流的地理区位指数排名全国前24位,位于全国城市前列。鄂州处于"武鄂黄黄"都市带中(武汉、鄂州、黄石、黄冈),地处全国经济和人口中心,交通基础条件较好,水陆空交通方式齐全,路网多条干线交会,铁水联运通道畅通。2023年,鄂州市城市高速公路出入口密度为3.38个/百km^2,位居全国城市第19位。城市域内平均公路密度2.47km/km^2,位居全国城市第6位。全市港口货物吞吐量3498万t,全国排名第72位。航空可覆盖全国90%经济总量,机场高速公路半小时通达都市带,高铁2h达中部主要城市。根据《现代综合交通枢纽体系"十四五"发展规划》,鄂州市作为国家长江经济带、中部崛起战略和长江中游城市群的重要节点,被列入全国性综合交通枢纽城市,将进一步加快推进全球性国际邮政快递枢纽集群、国际航空货运枢纽建设。

(五)国际物流指数

鄂州市2023年度国际物流指数排名全国第50位。依托"国际航空货运枢纽"发展定位,鄂州花湖机场不断拓展国际航线,国际物流竞争力不断提升。快递巨头顺丰集团庞大物流网络和专业经验,为鄂州花湖国际机场提供了强大的国内国际货运支撑和市场基础。2023年,鄂州市货邮吞吐量245281.9t,全国城市排名14位,国际快递件数9.81万件,全国城市排名第111位,鄂州市在国内国际占有广阔的物流货运市场,但国际市场较于国内市场相对滞后,未来有望在全球市场取得更大的突破。2024年5月,湖北省首个获海关总署批复的保税物流中心鄂州空港保税物流中心(B型)正式封关运营,进一步为贸易企业降本增效,推动跨境电商、国际贸易等业务的发展,加快构建双循环相互促进的新发展格局。2024年6月,湖北鄂州花湖国际机场开通首条国际定期第五航权货运航线"鄂州—仁川—迈阿密"航线,单程长达13583km,是东航冷链物流当前运营距离最长的洲际全货机定班航线。截至2024年6月底,花湖国际机场已开通货运航线73条,其中,国际货运航线22条,国内货运航线51条,从九省通衢升级五洲通衢,形成覆盖全国、联通亚洲、欧美和非洲的轴辐式航空货运网络。

第三节 趋势与展望：打造国际航空物流枢纽

一、发展趋势

根据《鄂州市国民经济和社会发展第十四个五年规划和二〇三五年远景目标纲要》《鄂州市综合交通运输"十四五"发展规划》《武汉新城规划》《鄂州市创建生态文明建设示范区规划（2023—2030年）》《中共鄂州市葛店开发区工委关于制定国民经济和社会发展第十四个五年规划和二〇三五年远景目标的建议》，鄂州市将紧抓牢花湖机场和武汉新城两大省级战略、中部地区崛起和长江经济带发展等战略机遇，加快构建"一核两极多点支撑"发展格局，打造以空港为核心、以航空为牵引、铁水公空高效联动、广域覆盖的多式联运体系，进一步强化方式衔接转换，统筹各种运输方式实现协同互补发展。依托长江黄金水道，打造高效绿色内河航道和环保智慧特色港口，推动地缘资源优势向经济优势转化。积极融入全省"一主引领、两翼驱动、全域协同"区域发展布局，深入推进"武鄂同城、城乡融合"，促进鄂州临空经济区依托武汉"借船出海、借梯登高"，依托"两高地、两中心、一样板"发展布局，推动数字技术与实体经济深度融合，大力发展光谷片区和葛华片区，打造高端制造业及科技创新的综合性片区，建设高精尖产业承载地和技术创新策源地、新兴产业集聚区和未来产业先导区。鼓励和支持"互联网+"交通出行方式，在"交通+旅游""交通+数字经济"等新业态开发和试点方面取得突破，打造产业交通发展新模式，完善运输服务体系。优化营商环境，不断降低制度成本，实行武汉都市圈"跨市通办""跨省通办"，办理事项实现线上化、简约化，减少物流运输企业时间成本，解决"多地跑""折返跑"等难题。

鄂州市依托天然地理区位与交通基础设施，将充分发挥水陆空交通方式齐全、路网干线交会、铁水联运通道畅通突出的优势。对标国家中心城市，鄂州物流要素集聚能力还不够强，物流吸引力有待提升，物流竞争力依然有较大上升空间，武鄂同城一体化发展的推动仍待强化，交通基础设施仍需不断完善，深入健全两地发展合作机制。营商环境和人才政策等方面还有较大提升空间，人口净流入进程需进一步加快，物流市场潜力有待进一步挖掘，以支撑未来现代化高水平物流枢纽体系建设。各细分指标数据具体如图13-5所示。

二、发展展望

（一）航空枢纽形成新引擎，推进多式联运大通道体系建设

鄂州市毗邻长江黄金水道，具有独特的国际航空物流核心枢纽优势，拥有"亚洲第一、世界第四、国内首个"的专业货运枢纽机场，交通路网通达九州，铁路路网密度全省第二，公路密度全省第一，"铁水公空"多式联运优势齐备。"十四五"期间，鄂州市先后获批武汉—鄂州空港型国家物流枢纽承载城市、"黄冈—鄂州—黄石"功能型流通支点城市、全国快递示范城市。多式联运体系不断完善将有效提升鄂州市对外辐射效能,鄂州市以鄂州国际花湖机场(图13-6)为核心,以三江港水运口岸为基础,持续推进空港、陆港、水港"三港联动",实现航空、公路、水运和铁路之间的无缝衔接,畅通国际国内陆海空贸易大通道。通过航空物流枢纽实现对临空经济区的"引流",加快资产、原料、科技等生产要素的集聚,吸引国际竞争力的知名品牌和优势企业,有力支撑鄂州与周边区域发展。依托航空物流枢纽、长江黄金水道及优势口岸,加速与武汉及周边城市交通路网的连接,开通经上海至全球的国际集装箱快线及江海直达航线,深入推进以"航空+高铁""航空+中欧班列""航空+卡车航班""航空+水运"为基础的多式联运新模式,有效增强与"一带一路"的有效衔接。

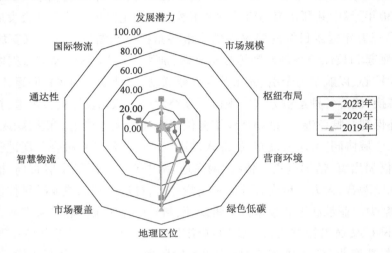

图13-5　鄂州市物流竞争力细分指标雷达图

图13-6　鄂州花湖机场俯视图
资料来源:中国航空新闻网。

(二)突破性发展空港经济,构建高质量现代空港经济体系

鄂州临空经济区是中部地区重要的"空中出海口",拥有得天独厚的地理优势,发展空港经济具有极大的潜力。临空经济区将以创建国家级航空经济示范区为主线,探索"港、产、城"融合发展新模式,构建"一港五区"的总体空间发展格局,依托全球第四个、亚洲第一个专业货运机场枢纽,推动产城融合发展区、航空物流集聚区、先进制造引领区、综合服务创新区、生态基底保护区协同建设,构建引领区域高质量发展的现代空港经济体系。鄂州临空经济区"一港五区"总体空间发展格局如图13-7所示。2024年,苹果、施耐德等8家世界500强企业的中国区中心仓于鄂州市临空经济区设立。鄂州市将围绕"一区四园"布局,加快临空产业集聚区形成,进一步推动空港综合保税区、智能制造和航空物流产业园、医疗健康产业园、顺丰产业园与光电子产业园建设,提升产业吸引力。全力推进智慧物流全电子化应用体系建设,在港口、机场推广无纸化作业,完善"一站式""一网通"等信息服务系统,实现贸易作业单证和业务项目办理电子化、在线化、简易化,推进国际贸易便利化。

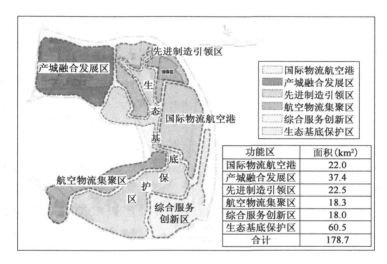

图13-7 鄂州临空经济区"一港五区"总体空间发展格局

资料来源:鄂州市人民政府。

(三)全力推进武鄂同城化,打造武汉城市圈同城化核心区

作为武汉都市圈核心发展区中的协同发展示范区,鄂州积极融入湖北省"一主引领、两翼驱动、全域协同"区域发展布局。2023年,鄂州全面落实武汉新城省级战略,鄂州境内谋划亿元以上重大关联项目217个,总投资1260亿元,其中已开工项目138个,完成投资256.08亿元。依托武汉天河机场、鄂州花湖机场国际航空客货运"双枢纽",统筹推进铁路、公路、港航、机场等基础设施建设,加快形成武鄂"1小时通勤圈",推动"武鄂黄黄"核心区综合交通体系建设,助力湖北打造武汉城市圈同城化核心区、中部地区对外开放的新高地。依托武汉科技创新中心资源优势,加快光谷科创大走廊鄂州功能区建设,助

力葛店经济技术开发区协同武汉打造世界级光电子信息产业集群，推动临空产业、高新技术制造业、现代服务业等产业链梯度合理布局，全面提升区域产业集群竞争力。促进武鄂区域产业政策协同联动，打破两地行政壁垒和区域限制，促进要素跨区域配置、产业一体化布局。

本章参考文献

[1] 鄂州市人民政府. 走进鄂州[EB/OL]. (2024-02-08)[2024-08-06]. https://www.ezhou.gov.cn/zjez/ezgk/202107/t20210715_411738.html.

[2] 中华人民共和国交通运输部. 现代综合交通枢纽体系"十四五"发展规划[EB/OL]. (2022-01-29)[2024-08-07]. https://www.mot.gov.cn/zhuanti/shisiwujtysfzgh/202201/t20220129_3639070.html.

[3] 湖北省人民政府. 刷新中国速度彰显中国智慧——细数"花湖之最"[EB/OL]. (2024-07-15)[2024-08-07]. https://www.hubei.gov.cn/hbfb/szsm/202407/t20240715_5268394.shtml.

[4] 鄂州市人民政府. 2023年鄂州市国民经济和社会发展统计公报[EB/OL]. (2024-04-15)[2024-08-07]. https://www.ezhou.gov.cn/gk/xxgkml/tjxx/tjgb/202404/t20240415_622159.html.

[5] 鄂州市人民政府. 鄂州市国民经济和社会发展第十四个五年规划和2035年远景目标纲要[EB/OL]. (2024-04-15)[2024-08-07]. https://www.ezhou.gov.cn/gk/xxgkzt/ezsswgh/ghgy/202111/t20211121_442644.html.

[6] 鄂州市人民政府. 2024年鄂州市政府工作报告[EB/OL]. (2024-02-09)[2024-08-09]. https://www.zhoukou.gov.cn/page_pc/zwgk/jcxxgk/zfgzbg/article7397e5edbb474ca6bd08aafabd650dd7.html.

[7] 湖北省邮政管理局. 2023年鄂州市邮政行业发展统计公报[EB/OL]. (2024-05-17)[2024-08-09]. http://hb.spb.gov.cn/hubsyzglj/c104797/c104812/c104818/202405/60daebf01d2248578e195d66bdbfb015.shtml.

[8] 鄂州市人民政府. 访谈主题：《鄂州市物流业中长期发展规划（2021—2030年）》助力鄂州打造空港型国家物流枢纽[EB/OL]. (2021-07-15)[2024-08-10]. https://www.ezhou.gov.cn/zmhd/zxft1/wqhg/202107/t20210715_411654.html.

[9] 鄂州市人民政府. 市人民政府关于印发鄂州市综合交通运输"十四五"发展规划的通知[EB/OL]. (2022-07-29)[2024-08-10]. https://www.ezhou.gov.cn/gk/zcwdpt/zxzc/202209/t20220914_496769.html.

[10] 葛店经济技术开发区管理委员会. 葛店，加速"融圈"! [EB/OL]. (2024-05-10)[2024-08-11]. https://gdkfq.ezhou.gov.cn/xwzx/gdyw/202405/t20240527_628477.html.

[11] 鄂州市人民政府.《鄂州市临空经济区国民经济和社会发展第十四个五年规划和二〇三五年远景目标纲要》解读[EB/OL]. (2023-04-11)[2024-08-11]. https://www.ezhou.

gov. cn/gk/xxgkzt/ezsswgh/qjgh/lkjjq/202111/t20211121_442638. html.

[12] 鄂州市人民政府. 打造内陆开放"空中出海口"——写在鄂州空港保税物流中心(B型)获批设立之际[EB/OL].(2024-03-25)[2024-08-11]. https://www. ezhou. gov. cn/zt/zdzt/hkcs/ywdt/202403/t20240325_618675. html.

[13] 鄂州市人民政府. 鄂州市国民经济和社会发展第十四个五年规划和2035年远景目标纲要[EB/OL].(2023-03-26)[2024-08-12]. https://www. ezhou. gov. cn/gk/xxgkzt/ezsswgh/ghgy/202111/t20211121_442644. html.

第四篇 专 题 篇

第十四章　中国城市物流竞争力专项榜单

城市物流竞争力评价体系在体现城市物流综合竞争力以及城市物流吸引力和城市物流辐射力等不同发展维度的同时,通过对地区经济发展状况、城市物流企业布局、物流发展支持政策等指标的深入分析,可以探究不同视角下的城市物流发展特征。本章分别从经济视角、市场视角和政策视角构建城市物流发展潜力指数、城市物流市场欢迎指数、城市物流政策支持指数,探讨最具发展潜力、最受企业欢迎和最受政策支持等物流城市专项榜单,丰富对于城市物流多元发展维度的量化认识。

第一节　经济视角:谁是最具发展潜力的物流城市

一、物流势能指数

从系统的运动与演进的视角来看,物流发展与经济发展是一种相互依赖、相互协调、相互促进的动态关联关系。对于区域经济的发展而言,物流系统具有显著的先行引领和正向促进作用,通过降低物流成本、优化资源配置和构建高效的物流体系,显著提升经济运行效率和质量,增强产业核心竞争力,为经济高质量发展提供有力支撑。现代物流产业是我国现阶段国民经济发展的重要支柱产业,其整体发展质量及成效在一定程度上反映着我国现代化建设进程及整体综合实力。

本节从经济视角出发,以物流势能指数——经济排名与城市物流竞争力指数排名的差值,分析城市物流发展潜力。若经济排名高于城市物流竞争力指数排名,代表该城市物流潜力尚未充分释放,物流能力对于城市经济发展起着某种程度的制约作用;若城市物流竞争力指数排名高于经济排名,代表该城市的物流发展处于领先水平,对于城市经济发展起着带动支撑作用。通过对物流势能指数进行分析,可以体现经济视角下城市物流业发展与经济发展之间的关系,反映出城市物流发展潜力。

根据2023年度城市物流竞争力指数,上海、重庆、广州、深圳等97个城市物流势能处于[-10,10)区间,经济发展水平与物流综合实力基本协调;中山、温州、泸州、宜宾等100个城市物流势能处于[-60,-10)区间,物流稍稍落后于经济水平,需要以经济实力为依托,快速提升物流水平,缓解物流对于经济发展的凭借制约;东营、宁德、玉林、延安等27个城市物流势能处于[-190,-60)区间,物流滞后于经济水平情况较重,需要集中资源加快物流能力建设;

南宁、厦门、珠海、贵阳等90个城市物流势能处于[10,60)区间,钦州、丹东、拉萨、海口等32个城市物流势能处于[60,190)区间,物流能力基本满足当前经济发展的需求,且对于经济发展起到一定的支撑与拉动作用,如图14-1所示。

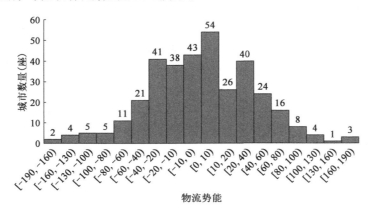

图14-1　2023年度物流势能城市区间分布图

结合物流势能分布情况,[-40,-20)区间共有41个城市,仅次于[-10,0)和[0,10)区间,该组城市有机会利用经济发展优势,迅速提升物流综合实力,实现经济发展与物流能力提升的正向循环促进。物流势能处于[-190,0)和[0,190)区间分别有170和176个城市,分布较为均等,部分城市物流提升空间较大。

表14-1列出了2023年度物流潜力最大的20座城市,其中,伊犁哈萨克自治州、红河哈尼族彝族自治州、昌吉回族自治州、阿克苏地区、凉山彝族自治州、文山壮族苗族自治州、巴音郭楞蒙古自治州、黔西南布依族苗族自治州、大理白族自治州、黔南布依族苗族自治州是2023年物流竞争力分析报告中新增的10个城市,全部来源于新疆、云南、贵州、四川四个省及自治区。对比2020年度物流势能指数发现,除去2023年新增的城市,玉溪、茂名、曲靖、大庆、龙岩、漳州、三明这7座城市依旧位居前10,其中玉溪、茂名、曲靖仍然位居榜单前3位,延安、玉林、绥化则是首次出现。这些城市的物流发展空间巨大,应大力依托城市经济发展,迅速提升物流竞争力表现。

城市物流势能排行榜　　　　表14-1

城市	2023年度物流能差	城市	2023年度物流能差
伊犁哈萨克自治州	185	巴音郭楞蒙古自治州	103
红河哈尼族彝族自治州	175	黔西南布依族苗族自治州	99
玉溪	151	龙岩	97
昌吉回族自治州	151	大理白族自治州	93
茂名	142	漳州	86

续上表

城市	2023年度物流能差	城市	2023年度物流能差
阿克苏地区	131	延安	85
曲靖	127	玉林	79
大庆	115	绥化	79
凉山彝族自治州	107	黔南布依族苗族自治州	77
文山壮族苗族自治州	105	三明	76

二、典型城市分析

(一)三明市

三明市物流发展潜力快速释放。三明市城市物流能差从2020年的94下降为2023年的76,正借助着城市经济发展优势推动物流行业向好发展,迅速释放城市物流潜力。三明市社会货物运输量实现平稳发展,2023年公路、铁路货运量分别上涨6.2%和1.3%,城市公路运输网络优化完善,村镇运输服务站点建设持续推进,如图14-2所示。

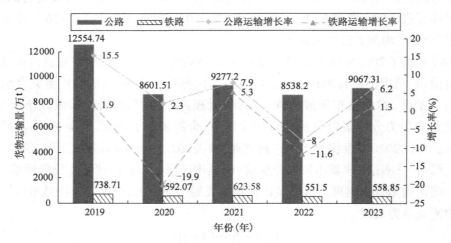

图14-2 2019—2023年三明市公路、铁路货运情况
数据来源:三明市国民经济和社会发展统计公报。

三明市作为全国100个、福建省3个国家级公路枢纽城市之一,"海陆空"立体交通网络已基本形成,快速铁路、高速公路、机场、陆地港一应俱全,从北上广深等国内一线城市乘飞机、福厦泉等沿海城市坐动车,2h可抵达三明,形成"2小时经济圈",三明市的物流发展潜力有待进一步释放。

(二)漳州市

漳州市城市物流能差从2020年的99下降至2023年的85。作为福建省南部的重要交通枢纽,近年来漳州市经济增速较快,漳州市物流产业发展稳中向好。2019年,漳州市政府出台了《漳州市促进现代交通物流业发展十条措施》,重点解决物流业面临的恶性竞争、运输效率低下等问题,提升物流业的整体发展水平。漳州市积极助推物流枢纽建设,通过打造多层级枢纽体系和优化电商物流基础设施,提升联运转运效率,完善电商物流基础设施网络,进一步释放物流发展潜力。2019—2023年漳州市地区生产总值及增速如图14-3所示。

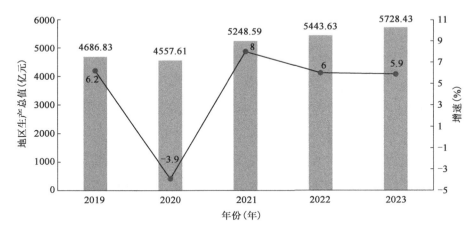

图14-3　2019—2023年漳州市地区生产总值及增速
数据来源:漳州市国民经济和社会发展统计公报。

(三)鄂尔多斯市

对比2023年度物流竞争力前百强城市的地区生产总值与物流竞争力排名,有19个城市尚未充分发挥物流发展潜力(图14-4),主要分布在江苏、山东、浙江、广东等经济发展处于前列的省份。

鄂尔多斯是物流竞争力前百强城市中物流能差最大的城市。鄂尔多斯市紧紧抓住国家西部大开发的战略机遇,促进了经济的腾飞,其经济增速连续15年全内蒙古第一,人均GDP全国第一,素有"中国迪拜"之称。2023年,鄂尔多斯地区生产总值是5849.86亿元,全国排名第47位,其物流竞争力排名位于第96位。鄂尔多斯市将借助经济发展优势,大力发展物流产业。依托丰富的煤炭、电力等资源,以及便利的交通条件,鄂尔多斯市大力发展铁路货运业务,2023年全市铁路货物发运量达4.7亿t,比2022年增长0.6%。此外,鄂尔多斯市在"十四五"期间对铁路基础设施投入不断加大,新增铁路营业里程753km,路网密度达到全国平均水平的2倍,为铁路货运提供了良好的基础条件。2023年,鄂尔多斯市人民政府印发了《鄂尔多斯市加快农村牧区寄递物流体系建设工作实施方案》等政策文件,结合《鄂尔多斯市"十四五"物流发展规划》,未来鄂尔多斯市将健全农产品上行平台、完善县域寄递物流配送体系建设,加快物流园区的布局和完善。未来,鄂尔多斯市持续完善实体经济、科技创新、现代金融、人力资源协同发展的产业体系,推动产业结构优化升级,尤其是在工业品物流、跨境电商等领域的快速发展,为物流产业提供了广阔的市场空间和发展机遇,物流竞争力有望进一步提升。

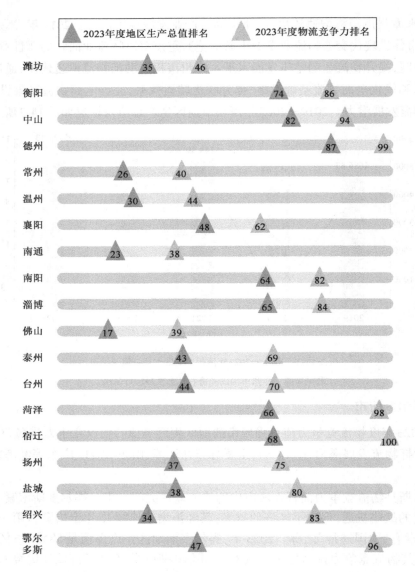

图14-4 2023年度物流竞争力前百强中物流潜力城市

(四) 绍兴市

绍兴市也是物流竞争力前百强城市中物流能差较大的城市。绍兴市的经济发展速度较快,2023年,绍兴市地区生产总值为7791亿元,较上年增长7.8%,全国排名第34位,物流竞争力排名位居第83位。2023年,绍兴市电子商务工作总体呈现"两快、两好"的特点,电商主体培育不断壮大,产业集群快速集聚。截至2023年末,绍兴市累计培育跨境电商应用企业近5000家,"综试区+综保区"两大平台的叠加效应得到充分发挥,京东、菜鸟、抖音三大头部电商平台项目落户绍兴综保区。2023年,绍兴市网络零售额首次突破千亿元,达到1040.2亿元,跨境电商进出口额突破200亿元。

如此大规模、高速度的电商发展对城市物流企业提出了较大的挑战。为此，绍兴市实施了现代化仓储中心建设行动，优化大型仓储中心布局，并鼓励社会力量建设规模化仓储中心以满足电子商务的物流需求。同时绍兴市积极引导外贸、电商、物流等企业开展重点市场海外仓建设布局，预计每年建成1个公共海外仓，到2025年，海外仓数量达到30个。未来绍兴市将继续优化跨境电商综试区综合服务平台，联动抖音、淘宝等平台，推动"直播+非遗""直播+好物"等多种形式融"慧"贯通，绍兴市物流潜力有望进一步释放。

总体来看，大部分城市的物流产业仍存在较大的发展空间。为了激发城市物流发展潜力，首先要着力统筹现代物流与相关产业融合发展，使现代物流深度融入现代化产业体系，尤其是重点关注汽车、家电、电子、医药、服装等产业链条长、配套环节多的产业，以及粮食、矿产、能源和关键零部件等对国计民生和经济安全影响大的产业，加大双向投资、流程嵌套和信息对接，建立互信互利、包容共生、长期主义的战略合作伙伴关系。其次，应着力提升高质量供给，推动城市物流新业态新模式应用。随着电子商务、线上消费的趋势愈演愈烈，传统物流要深化与生产、流通和消费联动融合，依托数字经济，变革即时物流模式，促进消费线上线下结合。与此同时，应加大"最后一公里"物流保障力度，关注城市物流改造升级，完善城乡物流网络，健全分级配送网络体系，尤其要抓住乡村振兴、新型城镇化建设的机遇，挂动县域和城乡双向物流畅通。

第二节 市场视角：谁是受企业欢迎的物流城市

一、市场欢迎指数

物流规模大、物流节点多且分布广、物流短链化等特点是城市吸引企业的突出优势条件。物流企业通常会综合考虑城市的物流市场规模、发展潜力、枢纽布局、地理区位等多种因素，选定物流节点和网络的城市布局，高效搭建物流网络。市场规模大、枢纽布局完善、地理区位良好的城市会促进大型物流园区的建设和吸引物流企业的聚集，从而促进城市物流竞争力的提升。本节将从市场角度出发，对市场欢迎指数——城市物流园区布局和物流企业数量等与市场选择相关的细分指标进行深入分析，探索城市物流产业的发展情况。

通过梳理传化物流集团有限公司（简称"传化物流"）、顺丰、德邦物流、普洛斯投资（上海）有限公司（简称普洛斯）、京东物流股份有限公司（简称"京东物流"）、菜鸟网络科技有限公司（简称"菜鸟网络"）等物流企业网络资源在城市的分布情况，以及城市3A级及以上物流企业数量、物流园区建设数量，可以反映城市在物流企业中的受欢迎程度，以及物流市场的繁荣程度。通过对"物流企业布局""城市物流园数量""3A级以上物流企业数量"等市场选择指标进行整理分析，2023年度城市物流市场欢迎度排名前十的城市为武汉、上海、深圳、广州、苏州、郑州、天津、成都、北京、杭州，见表14-2。

2023年度物流市场欢迎度排行榜　　　表14-2

城市	城市物流竞争力指数	排名	物流市场欢迎度	排名
武汉	37.34	6	97.60	1
上海	71.74	1	94.63	2
深圳	52.62	2	66.07	3
广州	51.39	3	64.43	4
苏州	33.71	11	61.25	5
郑州	31.89	12	60.73	6
天津	36.88	7	60.66	7
成都	36.43	8	59.58	8
北京	41.63	4	49.60	9
杭州	36.36	9	46.93	10
西安	30.83	14	45.25	11
青岛	35.41	10	43.35	12
重庆	38.33	5	42.89	13
合肥	24.76	17	39.21	14
长沙	24.93	16	39.15	15
济南	22.76	20	36.37	16
沈阳	20.23	28	33.62	17
宁波	31.38	13	32.65	18
东莞	23.14	19	32.02	19
潍坊	16.23	46	30.14	20
石家庄	19.50	30	30.13	21
无锡	21.35	23	29.26	22
南昌	18.31	33	27.86	23
长春	17.05	42	26.96	24
泉州	20.97	24	26.63	25
佛山	17.71	39	26.47	26
南京	30.05	15	25.25	27
厦门	24.68	18	23.34	28
昆明	18.23	35	23.17	29
太原	19.70	29	21.83	30

二、典型城市分析

（一）武汉市

武汉市位列城市物流市场欢迎度榜单首位。"城市物流园数量""3A级以上物流企业数量"细分指标均位列第一，"物流企业布局"得分仅次于成都和上海。武汉作为华中地区特大中心城市，素有"九省通衢"之称，既是全国交通枢纽，也是全国重要的商品流通中心、物资集散地以及华中经济中心。优越的地理位置加速武汉市铁路、公路、水路的运输体系建成。武汉市的铁路网络已经形成连接东南西北四站鼎立的发展格局，成为全国独有的"五主两辅"铁路发展格局的一部分，能够实现"一小时快速联通圈"内兄弟城市。通过不断建设和优化公路网络，武汉市已经构建了一个包括国家高速公路和省级高速公路在内的综合交通网络。长江及其最长支流汉水横贯武汉市区，形成了武昌、汉口、汉阳三镇隔江鼎立的格局，为武汉提供了良好的水路交通条件。

成熟的物流运输体系使得主要网络型物流企业均在武汉布局核心节点，具有极高的物流市场欢迎度。2023年3月，顺丰泰森控股集团、长江航运集团等15家"武鄂黄黄都市圈"骨干物流企业在汉"结盟"，发布协同推进综合货运枢纽补链强链行动宣言，吹响加快打造武鄂黄黄都市圈全国重要物流枢纽号角。2023年11月，沃德通供应链总部落户于武汉经开综合保税区及港口物流园，致力于提供国际快件的物流、报关一体化服务。敦豪全球货运（中国）有限公司、菜鸟网络、京东物流等网络型物流企业的引进有效带动了本地物流企业的发展。

（二）上海市

上海市位居城市物流市场欢迎度榜单第2，仅次于武汉市，"物流企业布局"细分指标连续数年均位列第1。上海市城市物流园数量达123座，3A级以上物流企业数量达191家，稍稍落后武汉、位居第2。上海市通过实施"一照多址""一址两用"等政策，持续优化营商环境，为企业的快速发展提供更多便利和可能。例如，瑞士莲史宾利公司选择上海作为其亚太地区的分装和物流分拨中心，利用"一址两用"政策，充分利用有限空间内的资源，降本增效。上海市独特的地理位置和港口优势为物流企业提供了便捷的进出口通道和广泛的物流服务网络。上海市通过数字化赋能快递物流企业，加速快递物流上下游产业供应链与生态圈建设。例如，虹桥数字物流装备港依托上海商贸服务型国家物流枢纽建设，推动快递服务业向智能制造和供应链金融等高端服务业"两端"延伸；中通数字产业基地，计划建设"数智科技IT、无人机研发制造、无人车研发制造、测绘地理信息、智慧城市"五大平台为特色的数智科技园区生态体系。不仅如此，上海市支持企业建设海外仓，实现国际化发展，畅通快递出海"快车道"。例如，青浦海关调研区内快递产业集群和跨境电商出口企业充分利用特殊监管区域和海外仓的双重政策优势，助力企业实现国际化发展。营商环境持续优化、独特的地理位置和港口优势、数字化赋能、国际化发展趋势，使上海市成为物流企业的首选聚集地。

（三）成都市

成都市作为内陆崛起城市的代表，成为物流企业在西南部地区布局的首选，物流市场欢迎度排名全国第8位。地处"一带一路"重要节点、欧亚航路中间节点、距离欧洲最近的国家中心城市，成都以全球视野谋划国际战略通道布局，经过多年发展和积累，"两场两港"枢纽优势逐渐凸显，内陆门户通达能力持续增强。德国DHL快递、法国邮政DPD等国际巨头，携手邮政、京东物流、顺丰、中通、圆通等国内行业领军企业，齐聚成都，竞相建设物流基地与区域性枢纽项目。一系列重大基础设施的建成投运与扩能升级，不仅构筑了成都快递物流业的坚实基石，更以产业园区的形式，汇聚了电商网购、直播带货等上下游产业的蓬勃力量，为成都的物流发展提供了强劲的动力。

（四）天津市

天津市作为重要港口城市，物流企业布局和城市物流园区数量表现突出，城市物流园数量达105座，3A级以上物流企业数量达23座，包括海南航空、中国国际货运航空、TCS、FedEx、中远空运、顺丰等一大批航空物流巨头纷纷来津扎根。京津冀交通一体化战略、智能高效的海陆空综合交通物流体系、优势支柱产业明显、独特的区位优势等全方位的环境优势让众多物流企业在天津扎根。在缓解非首都核心功能的引导下，物流园区逐步从城市周边往外迁徙，京津周边地区成为首选之地，也推动天津的物流企业布局及物流企业总部数量均处于较高水平。

（五）杭州市

杭州市作为"中国电子商务之都"，快递发送量连年攀升，如图14-5所示。巨大的货运需求吸引着众多物流企业，同时杭州是跨境电子商务综合试验区的先行区，菜鸟网络、百世快递等一批知名快递企业总部落户杭州，拥有坚实的物流产业基础。目前杭州市拥有45座城市物流园，50家3A级以上物流企业，市场欢迎度排名全国第10位。广州市作为粤港澳大湾区的重要城市，是物流企业网络布局的重要节点，发达的铁路、公路、水路和航空运输网络，使得广州成为连接国内外的重要物流枢纽，吸引了DHL中外运敦豪、飞特物流、广州启泰国际物流等众多国际物流企业。

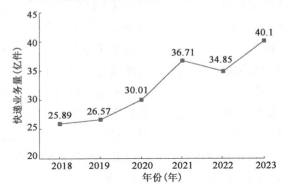

图14-5　2018—2023年杭州市快递业务量

数据来源：杭州市邮政行业发展统计公报。

第三节　政策视角：谁是受政策支持的物流城市

一、政策支持指数

政策支持是城市物流业发展的基础和动力，对物流业降本增效，行稳致远具有重要意义。近年来,国家和各级政府不断加大对物流业的政策支持力度,陆续推出多项物流专项规划、支持政策和试点示范工程。本节从政策视角出发,通过政策支持指数——对"城市在物流规划中的层级"、国家和地方相关"物流优惠政策""物流试点示范"等重要政策支持指标进行梳理分析,客观体现物流政策资源在城市的分布情况,从政策的视角深入探讨城市物流竞争力的提升路径。

通过对近年来国家和各级政府部门发布的交通强国试点、国家多式联运示范工程、供应链创新试点城市、跨境电商零售进口试点、中国快递示范城市等各项"物流优惠政策""物流试点示范""物流专项规划"支持政策进行整理分析,2023年度城市物流政策支持度排名前十的城市为广州、天津、武汉、重庆、上海、郑州、南京、西安、深圳、厦门,见表14-3。

2023年度物流政策支持度排行榜　　　　表14-3

城市	城市物流竞争力指数	排名	物流政策支持度	排名
广州	51.39	3	89.58	1
天津	36.88	7	86.96	2
武汉	37.34	6	86.58	3
重庆	38.33	5	81.33	4
上海	71.74	1	76.00	5
郑州	31.89	12	75.38	6
南京	30.05	15	74.00	7
西安	30.83	14	73.75	8
深圳	52.62	2	73.67	9
厦门	24.68	18	72.33	10
成都	36.43	8	70.33	11
宁波	31.38	13	69.00	12
青岛	35.41	10	67.08	13
北京	41.63	4	64.83	14
乌鲁木齐	13.29	58	64.17	15
沈阳	20.23	28	59.17	16
合肥	24.76	17	57.46	17
哈尔滨	16.67	43	54.83	18
无锡	21.35	23	54.17	19
太原	19.70	29	53.67	20

续上表

城市	城市物流竞争力指数		排名	物流政策支持度		排名
大连	20.93		25	52.25		21
兰州	13.74		54	52.00		22
长沙	24.93		16	51.83		23
苏州	33.71		11	51.33		24
杭州	36.36		9	51.17		25
济南	22.76		20	49.25		26
南宁	16.26		45	48.50		27
金华	20.47		27	48.08		28
温州	16.44		44	46.67		29
临沂	15.27		49	46.58		30

广州、天津、武汉、重庆、上海等城市受到政策支持力度最大,部分代表性城市物流业发展政策文件见表14-4。

部分代表性城市物流业发展政策文件　　　　　　　　　　　　　　表14-4

城市	印发时间	文件名称	主要内容
广州市	2024年	广州市促进保税物流创新发展若干措施	为进一步发挥保税物流企业在服务经济高质量发展的融通支撑作用,针对保税物流发展制定的一系列措施
	2024年	建设广州国际航运枢纽三年行动计划(2024—2026年)	围绕提升国际航运枢纽能级、增强港口综合服务能力等八个方面提出的一系列行动计划
天津市	2024年	天津市交通运输系统2024年营商环境质量提升实施方案	围绕深化"放管服"改革、营造公平竞争市场环境、做好物流保通保畅工作等六个方面内容提出的一系列方案
	2021年	天津市关于加快推进快递包装绿色转型的若干措施	围绕加强快递行业包装治理,加快推进快递包装绿色转型等目标制定的一系列举措
郑州市	2024年	郑州市空气质量持续改善行动计划	围绕郑州市生态环境治理、加快推动产业结构、能源结构、交通运输结构优化调整等目标制定的一系列举措
	2024年	郑州市加快培育低空经济产业创新发展行动方案(2024—2026年)	围绕培育低空经济产业创新发展,推动低空制造、低空消费、低空服务等全产业链融合等目标,针对低空飞行保障体系、低空产业生态体系等制定的一系列举措
	2023年	关于推进郑州市智能快件(信包)箱建设的实施意见	围绕促进传统信包箱转型升级,持续优化社区末端配送服务等目标,针对住宅小区、商务楼宇等区域提出具体实施意见,明确政府各部门职责

续上表

城市	印发时间	文件名称	主要内容
武汉市	2023年	武汉市加快推进物流业高质量发展的若干政策措施	围绕构建"通道+枢纽+网络+平台"现代物流体系的发展目标,从提升物流枢纽服务能级、加强铁水公空能力建设、拓展内畅外联物流通道等八个方面提出的具体措施
武汉市	2022年	武汉市现代物流业发展"十四五"规划	以打造国家商贸物流中心为主题,重点完善国际物流通道和建设"五型"国家物流枢纽,从产业规模、服务能力、成本效益、市场主体四个方面,提出的15项具体指标
重庆市	2024年	重庆市加速推进现代生产性服务业高质量发展行动方案(2024—2027年)	围绕打造新时代西部大开发重要战略支点、内陆开放综合枢纽"两大定位",推动生产性服务业向专业化和价值链高端延伸等总体要求提出的一系列举措
重庆市	2022年	重庆市现代物流业发展"十四五"规划(2021—2025年)	为加快现代物流业发展,推动重庆全面融入共建"一带一路"和长江经济带发展,围绕优化物流空间布局、提升市域物流设施服务能级等方面提出了一系列措施
上海市	2022年	上海市推进多式联运发展优化调整运输结构实施方案	以提升面向全球的运输服务能力为重点,聚焦上海国际航运中心集疏运体系优化完善,在提高多式联运承载能力和衔接水平、优化多式联运组织模式等方面提出的一系列措施

二、典型城市分析

(一)广州市

广州市连续数年位居政策支持榜单首位。近年来,广州市进一步发挥保税物流企业在服务经济高质量发展的融通支撑作用,加快推动广州外贸提质增效。截至2024年6月,我国共有保税物流中心(B型)89家,广东省有7家,仅次于江苏省,见图14-6。《广州市促进保税物流创新发展若干措施》指出,要鼓励开展保税物流业务,支持做大业务规模,依托南沙综合保税区、白云机场综合保税区、黄埔综合保税区、知识城综合保税区等海关特殊监管区域和保税监管场所,大力发展国际中转、国际采购、国际配送、国际分拨以及国际转口贸易;鼓励保税物流企业利用广州国际航空和航运枢纽作为其全球或区域性物流分拨业务节点,支持保税物流企业拓展市场和进出口商品品类,提升供应链管理服务能力和辐射能级。自政策推出以来,广州市政府将保税物流中心建设作为工作重心。2024年1月,广州两会报告提出,加快东部公铁联运枢纽建设,谋划建设保税物流中心。目前,广州市区科工商信局已公开遴选"加快推动增城保税物流中心(B型)建成运营,助推增城外向型产业发展"专题研究项目服务机构,广州市保税物流中心建成指日可待。除此之外,广州市大力支持港口经济发展,通过物流网络优化、智慧港口建设、多式联运建设推动广州市向港口型国家物流枢纽发展。2024年8月,《建设广州国际航运枢纽三年行动计划(2024—2026年)》(以下简称《三年行动计划》印发,提出要着力优化联运枢纽和通道功能布局,形成铁路港、公路港、海港、空港"四港联动"协同发展格局。同时,广州市注重汽车物流、冷链、海工装备等产业布局,谋划重点产业集群发展,争取沙仔岛纳入南沙综合保税区范围,服务汽车"保税+"业务发展,同时优化南沙汽车口岸与花都、东莞等地区双向汽车物流通道,打造滚装驳船港澳线精品服务,拓展南沙港区商品汽车辐射范围。2023年,广州港货物运输保持"双增长",港口集装箱年吞吐量为2541万TEU,近五年均位居全国第5,同比增长2.2%;货物年吞吐量为6.75亿t,近五年均居全球第5,同比增长2.9%。在各级政策的引导下,预计2026年,广州港货物吞吐量将达到7亿t,集装箱吞吐量达到2700万TEU。

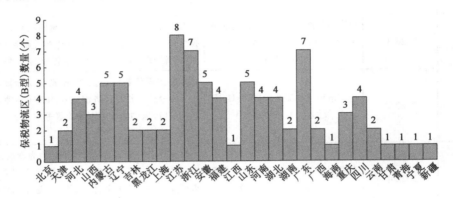

图14-6 我国保税物流区(B型)分布情况
数据来源:成都市跨境电子商务协会。

(二)天津市

2023年,天津市物流支持度指数为86.96,仅次于广州市,位居全国第二。一直以来,天津市积极营造良好的营商环境,充分激发城市交通运输市场主体内生动力和创新活力。《天津市交通运输系统2024年营商环境质量提升实施方案》提出了深化"放管服"改革、营造公平竞争市场环境、做好物流保通保畅工作等六个方面内容,为进一步营造公开透明的港口收费环境、提升物流信息化水平、促进多式联运发展提供政策基础。不仅如此,天津市致力于持续降低运输物流成本,助力企业轻装上阵。2024年以来,天津市交通运输委员会在严格执行全国性免收车辆通行费政策的同时,持续落实天津市地方收费公路通行费优惠政策,促进物流业降本增效。《关于加快我市高速公路联网电子不停车收费技术推广应用的实施意见》《交通运输部办公厅关于大力推动高速公路ETC发展应用工作的通知》《天津市交通运输委员会天津市发展和改革委员会关于调整我市高速公路差异化收费政策的通知》等文件提出客货车ETC9.5折、国际标准集装箱9折、京津高速差异化优惠政策6.5折等优惠政策。2024年上半年,政策惠及车辆累计达到1.26亿辆次,累计减免车辆通行费59444万元;其中地方性车辆通行费减免政策惠及车辆累计1.11亿辆次,累计减免车辆通行费26595万元。天津市真正做到了以"硬措施"优化营商"软环境"。

天津市还积极响应国家高质量发展战略,大力推动物流业绿色低碳发展。2021年,《天津市关于加快推进快递包装绿色转型的若干措施》正式印发,3年内累计投入地方资金124万元,支持寄递企业采购使用3000个快递包装废弃物回收装置、10万个可循环快递包装箱和近100万个获得绿色产品认证的可降解塑料包装袋;2023年,天津电商快件不再二次包装率超过90%,寄递企业年度回收复用瓦楞纸箱超过1000万个,使用可循环包装的邮件快件数量达到1300万件,企业采购经过绿色产品认证的包装数量占采购包装总数的比例达到7%。天津市以厚植邮政快递业高质量发展绿色底色为主线,不断拓宽行业绿色低碳发展之路,全面提升行业绿色低碳发展水平。

(三)郑州市

郑州市作为"中国铁路心脏",一直致力于优化交通结构,加快多式联运枢纽站场建设,完善绿色运输体系。2024年7月,郑州市人民政府发布《郑州市空气质量持续改善行动计划》(以下简称《计划》)。《计划》提到,要鼓励大宗货物中长距离运输优先采用铁路、水路,短距离运输优先采用封闭式皮带廊道或新能源车船,到2025年,全市集装箱公铁、铁水联运量预计增长15%以上,力争全市公路货物周转量占比较2022年下降10%。为了实现公铁联运及大宗货物的铁路运输,圃田(占杨)铁路物流基地、薛店铁路物流基地、中国储运(郑州)物流产业园等多式联运枢纽站场加快建设;货物集散量较大的企业会增设铁路专用线,例如郑州中车四方轨道车辆有限公司专用铁路、国家成品油储备能力建设737处工程铁路专用线、中铁联运河南物流有限公司铁路专用线等,增强了郑州市"铁路枢纽"的带动作用。除此之外,郑州市积极完善城乡配送设施,鼓励企业在主城区新投入运营智能快件箱、新建或改扩建乡镇综合运输服务站及村级物流服务网点,对符合条件的给予一次性奖励,以提升城乡配送效率。自从2020年印发了《关于优化智能快件箱发展的实施方案》,郑州市智能快件箱数量激增,截至2021年末,全市累计智能快件箱达到1.1万组、格口100万个以上,智能快件箱覆盖率全国领先。2023年4月,郑州市邮政管理局联合多部门推进智能快件(信包)箱建设,联合印发《关于推进郑州市智能快件(信包)箱建设的实施意见》,城乡配送设施进一步完善。郑州市还加速培育低空经济产业,通过发布《郑州市加快培育低空经济产业创新发展行动方案(2024—2026年)》,推动低空消费、低空飞行器制造、低空运营服务等全产业链融合发展,加快形成新质生产力。

总体来看,国家支持政策集中在优化商贸流通基础设施布局、推进现代化产业体系建设、打造公平有序的营商环境、努力实现碳达峰、碳中和目标等方向。我国对于物流的政策支持力度在不断加大,中央和地方陆续推出了相关规划政策,陆续开展多批次多式联运、综合货运枢纽补链强链、物流园区、城市绿色货运配送等示范工程,推动物流企业以多式联运运营线路、物流园区布局方案为基础整合资源。与此同时,适应时代机遇和数字经济发展的要求,物流行业数字化、智能化转型升级也是各级政策鼓励发展的重要方向。2021年,江苏省发展改革委印发《江苏省重点物流企业认定管理办法》,政府鼓励物流企业朝着数字化、智能化和标准化的方向发展。《全国供应链创新与应用示范创建工作规范》《"十四五"交通领域科技创新规划》等文件均强调要强化科技成果应用、加强智能化建设、加速产业数字化转型。

此外，物流服务业态应向专业化、精细化转变，冷链物流、大件运输、危险品物流等专业化物流服务业态应快速发展。我国第一个专业物流领域的五年规划《"十四五"冷链物流发展规划》对专业物流给予了高度重视。随着行业竞争的加剧，传统物流市场争夺更加紧张，专业物流存在巨大的市场潜力和发展空间。

本章参考文献

[1] 李宝志. 现代物流业对经济发展的影响探讨[J]. 中国航务周刊, 2024, (22): 57-59.

[2] 刘维林. 区域物流系统与经济增长的动态耦合机理与实证仿真[J]. 经济地理, 2011, 31(09): 1493-1498, 1510.

[3] 三明市商务局. 三明市区位优势[EB/OL]. (2024-05-28)[2024-08-10]. http://swj.sm.gov.cn/xxgk/sqgk/tzhj/202405/t20240528_2029931.htm.

[4] 漳州市人民政府. 关于印发漳州市促进现代交通物流业发展十条措施的通知[EB/OL]. (2019-06-21)[2024-08-10]. https://www.zhangzhou.gov.cn/cms/infopublic/publicInfo.shtml?id=604663910974700004&siteId=6204168119084400000.

[5] 漳州市发展和改革委员会. 服务业发展|漳州市发改委积极助推物流枢纽建设[EB/OL]. (2024-04-25)[2024-08-10]. http://fgw.zhangzhou.gov.cn/cms/html/zzsfzhggwyh/2024-04-25/2088823833.html.

[6] 内蒙古新闻网. 鄂尔多斯市空港物流园区着力推动经济高质量发展[EB/OL]. (2018-04-24)[2024-08-10]. https://inews.nmgnews.com.cn/system/2018/04/24/012484137.shtml.

[7] 王琦凡, 刘庆玮. 鄂尔多斯地区铁路现代物流发展探究[J]. 中国物流与采购, 2024, (13): 47-48.

[8] 湖北省人民政府. "黄鄂黄"物流结链成网畅通武鄂黄黄大动脉[EB/OL]. (2023-05-30)[2024-08-10]. https://www.hubei.gov.cn/hbfb/rdgz/202305/t20230530_4682704.shtml70.

[9] 上海市人民政府. "一址两用"为企业带来更多机遇上海持续优化营商环境不断改革创新吸引更多头部企业落户[EB/OL]. (2024-07-29)[2024-08-10]. https://www.shanghai.gov.cn/nw4411/20240729/a6a468149f7b428c9ab79fbac07e9226.html.

[10] 广州市人民政府. 广州市商务局关于印发《广州市促进保税物流创新发展若干措施》的通知[EB/OL]. (2024-04-10)[2024-08-10]. https://www.gz.gov.cn/xw/tzgg/content/post_9590212.html.

[11] 广州市人民政府.《建设广州国际航运枢纽三年行动计划(2024—2026年)》出台[EB/OL]. (2024-08-08)[2024-08-10]. https://gwj.gz.gov.cn/xwzx/gzgxw/content/post_9803398.html.

[12] 人民网. 天津：拓展电子证照应用场景推进交旅融合发展[EB/OL]. (2024-07-28)[2024-08-10]. http://tj.people.com.cn/n2/2024/0728/c375366-40925974.html.

[13] 天津市交通运输委员会. 我市持续降低运输物流成本, 助力企业轻装上阵[EB/OL].

（2024-07-17）[2024-08-10]. https://jtys. tj. gov. cn/ZWXX2900/TPXW/202407/t20240723_6681499. html.

[14] 天津市人民政府. 我市出台措施推进快递包装绿色转型到2022年底电商快件不再二次包装比例达95%[EB/OL]. (2021-07-16)[2024-08-10]. https://www. tj. gov. cn/sy/tjxw/202107/t20210716_5510400. html.

[15] 郑州市人民政府. 关于印发郑州市空气质量持续改善行动计划的通知[EB/OL]. (2024-07-04)[2024-08-10]. https://public. zhengzhou. gov. cn/D0104X/8512857. jhtml.

[16] 河南省邮政管理局. 郑州局联合多部门推进智能快件（信包）箱建设[EB/OL]. (2023-04-28)[2024-08-10]. http://ha. spb. gov. cn/hnsyzglj/c104081/c104085/202305/51857ad609c7436795084ed08ef6b876. shtml.

[17] 郑州市人民政府. 关于印发郑州市加快培育低空经济产业创新发展行动方案（2024—2026年）的通知[EB/OL]. (2024-07-26)[2024-08-10]. https://public. zhengzhou. gov. cn/D0104X/8579508. jhtml.

第十五章 城市物流新质生产力与数字化转型

　　城市物流是新质生产力创新落地应用最丰富的场景,也是发展新质生产力最为迫切的行业。目前,我国在物流科技创新应用、物流产业转型升级、物流新业态新模式、物流新型生产关系等方面取得了阶段性进展,但仍存在城市物流有效服务供给不足、货物运输结构性矛盾较突出、数据整合和开放程度不高、新型劳动者队伍仍需加强、配套政策机制不够完善等问题。通过加强物流新质场景探索、促进物流智能化技术应用、培育物流新模式新产业、推动政商物流数字化转型、深化物流重点领域改革等举措,大力培育和发展新质生产力,对于推进城市物流提质增效降本、提升城市竞争力具有重要意义。

第一节 新质生产力的提出及内涵

一、新质生产力的概念

　　我国经济已由高速增长阶段转向高质量发展阶段,正处在转变发展方式、优化经济结构、转换增长动力的攻关期。高质量发展需要新的生产力理论来指导,而新质生产力已经在实践中形成并展示出对高质量发展的强劲推动力、支撑力,需要从理论上进行总结、概括,用以指导新的发展实践。新质生产力是习近平总书记从新的实际出发,把马克思主义政治经济学基本原理同新时代经济发展实践相结合,对高质量发展底层逻辑进行深邃思考而创造性提出的概念。

　　2023年9月,习近平总书记在黑龙江考察调研时首次提出"新质生产力"的概念,强调要"整合科技创新资源,引领发展战略性新兴产业和未来产业,加快形成新质生产力"[1]。2023年12月,习近平总书记在中央经济工作会议指出,要以科技创新推动产业创新,特别是以颠覆性技术和前沿技术催生新产业、新模式、新动能,发展新质生产力[2]。2024年1月,习近平总书记在中共中央政治局第十一次集体学习时,首次系统论述了以加快发展新质生产力推动高质量发展的重要概念和基本内涵,即"新质生产力是创新起主导作用,摆脱传统经济增长方式、生产力发展路径,具有高科技、高效能、高质量特征,符合新发展理念的先进生产力

---

[1] 《习近平在黑龙江考察时强调 牢牢把握在国家发展大局中的战略定位 奋力开创黑龙江高质量发展新局面》,《人民日报》2023年09月09日。

[2] 《中央经济工作会议在北京举行》,《人民日报》2023年12月13日。

质态❶。它由技术革命性突破、生产要素创新性配置、产业深度转型升级而催生,以劳动者、劳动资料、劳动对象及其优化组合的跃升为基本内涵,以全要素生产率大幅提升为核心标志,特点是创新,关键在质优,本质是先进生产力"。2024年3月,"新质生产力"首次被写入政府工作报告,"大力推进现代化产业体系建设,加快发展新质生产力"被列为2024年政府工作任务之首。2024年7月,党的二十届三中全会通过的《中共中央关于进一步全面深化改革、推进中国式现代化的决定》提出"健全因地制宜发展新质生产力体制机制",深化了对新质生产力发展方式的认识,为加快构建现代化产业体系、推动高质量发展提供了科学的方法论和行动指南。

此外,在我国31个省(区、市)的地方政府工作报告中,有29个省(区、市)提及"新质生产力"。如辽宁省提出"加快形成新质生产力",支持沈阳、大连深入开展国家中小企业数字化转型试点,打造沈阳北方算谷、大连数谷,培育数字经济新优势。山西省要求"瞄准科技前沿,挖掘优势潜力,布局发展高速飞车、绿色氢能、量子信息、前沿材料等未来产业,支持发展氢能制储运加用全产业链,加快形成新质生产力"。

二、新质生产力的内涵

传统生产力以传统产业为载体,依靠大量资源投入、高度消耗资源能源,技术含量和劳动生产率较低,且对生态环境造成了一定的负面影响。随着数字经济的全面开启和高质量发展的不断推进,传统生产力对经济发展的引领支撑作用已经达到瓶颈。与之相比,新质生产力以转型升级后的传统产业和运用新技术的新产业为载体,以高技术、高效能、高质量为特征,创新在其中起主导作用,技术含量高、劳动生产率较高、增长速度较快,是数字时代更具融合性、更体现新内涵、符合高质量发展要求的先进生产力质态。

(一)"新":以科技创新推动产业创新

新质生产力的特点是创新,即新技术、新产业。需要注意的是,新质生产力的"新"并非是较长时间尺度内出现的新特征,而是较短时间内发生的跃迁与质变。具体来看,新技术表现为5G、清洁能源、人工智能、生物制造等颠覆性技术和前沿技术,新产业包括基于新技术发展壮大的新一代信息技术、新能源、新材料、高端装备、新能源汽车、绿色环保、民用航空、船舶与海洋工程装备等战略性新兴产业(下文简称"战新产业"),以及元宇宙、量子信息、人形机器人、生成式人工智能、未来显示、新型储能等未来产业。

(二)"质":数字化绿色化共促高质量发展

新质生产力的关键在质优,包括质态、质效两个方面。从质态上看,是生产力在信息化、数字化、智能化趋势下,因科技突破创新与产业转型升级衍生出的新要素、新方式,主要表现为数据要素和绿色发展方式。数据作为驱动经济运行的新型生产要素,已快速融入生产、分

---

❶ 《习近平在中共中央政治局第十一次集体学习时强调 加快发展新质生产力 扎实推进高质量发展》,《人民日报》2024年02月02日。

配、流通、消费和社会服务管理等各环节,推动土地、资本、技术等传统生产要素的数字化变革,促进产业转型升级。绿色发展作为新型发展方式,蕴含着巨大的发展机遇和潜力,正在成为世界经济企稳复苏的重要动能。从质效上看,是符合高质量发展要求的质量和效益全面提升的发展状态,即创新成为第一动力、协调成为内生特点、绿色成为普遍形态、开放成为必由之路、共享成为根本目的的发展。

(三)"生产力":以新型劳动者和新型生产关系为依托

新质生产力的本质是先进生产力,当代先进生产力以技术的革命性突破为前提,以战新产业和未来产业为产业体现,新型劳动者及新型生产关系是其重要依托。劳动者是生产力中最积极、最活跃的要素,在其发展过程中起决定性作用。生产关系是生产力发展的产物,对生产力具有能动的反作用。在生产关系不能适应生产力发展要求的情况下,需要及时变革旧的生产关系、建立新的生产关系,以推动生产力的发展。培育形成新质生产力,必然要依托于新型劳动者队伍,包括能够创造新质生产力的战略人才和能够熟练掌握新质生产资料的应用型人才,充分调动和激发新型劳动者作为创新主体的内生动力,并形成与新质生产力发展要求相适应的新型生产关系。

三、新质生产力的重点

习近平总书记关于发展新质生产力的一系列重要论述、一系列重大部署,深刻回答了"什么是新质生产力、为什么要发展新质生产力、怎样发展新质生产力"的重大理论和实践问题。高质量发展是新时代的硬道理,发展新质生产力是推动高质量发展的内在要求和重要着力点,以科技创新推动产业创新,特别是以颠覆性技术和前沿技术催生新产业、新模式、新动能,发展新质生产力,是高质量发展的根本动力。

一是,大力推进科技创新。新质生产力主要由技术革命性突破催生而成。科技创新能够催生新产业、新模式、新动能,是发展新质生产力的核心要素。这就要求加强科技创新特别是原创性、颠覆性科技创新,加快实现高水平科技自立自强。要深入实施科教兴国战略、人才强国战略、创新驱动发展战略,坚持"四个面向",强化国家战略科技力量,有组织推进战略导向的原创性、基础性研究。要聚焦国家战略和经济社会发展现实需要,以关键共性技术、前沿引领技术、现代工程技术、颠覆性技术创新为突破口,充分发挥新型举国体制优势,打好关键核心技术攻坚战,使原创性、颠覆性科技创新成果竞相涌现,培育发展新质生产力的新动能。

二是,以科技创新推动产业创新。科技成果转化为现实生产力,表现形式为催生新产业、推动产业深度转型升级。因此,要及时将科技创新成果应用到具体产业和产业链上,改造提升传统产业,培育壮大新兴产业,布局建设未来产业,完善现代化产业体系。要围绕发展新质生产力布局产业链,推动短板产业补链、优势产业延链、传统产业升链、新兴产业建链,提升产业链供应链韧性和安全水平,保证产业体系自主可控、安全可靠。要围绕推进新型工业化和加快建设制造强国、质量强国、网络强国、数字中国等战略任务,科学布局科技创新、产业创新。要大力发展数字经济,促进数字经济和实体经济深度融合,打造具有国际竞争力的数字产业集群。要围绕建设农业强国目标,加大种业、农机等科技创新和创新成果应用,用创新科技推进现代农业发展,保障国家粮食安全。

三是,着力推进发展方式创新。绿色发展是高质量发展的底色,新质生产力本身就是绿色生产力。必须加快发展方式绿色转型,助力碳达峰、碳中和。要牢固树立和践行"绿水青山就是金山银山"的理念,坚定不移走生态优先、绿色发展之路。加快绿色科技创新和先进绿色技术推广应用,做强绿色制造业,发展绿色服务业,壮大绿色能源产业,发展绿色低碳产业和供应链,构建绿色低碳循环经济体系。持续优化支持绿色低碳发展的经济政策工具箱,发挥绿色金融的牵引作用,打造高效生态绿色产业集群。同时,在全社会大力倡导绿色健康生活方式。

四是,扎实推进体制机制创新。生产关系必须与生产力发展要求相适应。发展新质生产力,必须进一步全面深化改革,形成与之相适应的新型生产关系。新质生产力既需要政府超前规划引导、科学政策支持,也需要市场机制调节、企业等微观主体不断创新,是政府"有形之手"和市场"无形之手"共同培育和驱动形成的。因此,要深化经济体制、科技体制等改革,着力打通束缚新质生产力发展的堵点卡点,建立高标准市场体系,创新生产要素配置方式,让各类先进优质生产要素向发展新质生产力顺畅流动。同时,要扩大高水平对外开放,为发展新质生产力营造良好国际环境。

五是,深化人才工作机制创新。要按照发展新质生产力要求,畅通教育、科技、人才的良性循环,完善人才培养、引进、使用、合理流动的工作机制。要根据科技发展新趋势,优化高等学校学科设置、人才培养模式,为发展新质生产力、推动高质量发展培养急需人才。要着力培养造就战略科学家、一流科技领军人才和创新团队,着力培养造就卓越工程师、大国工匠,加强劳动者技能培训,不断提高各类人才素质。要健全要素参与收入分配机制,激发劳动、知识、技术、管理、资本和数据等生产要素活力,更好体现知识、技术、人才的市场价值,营造鼓励创新、宽容失败的良好氛围。

第二节　城市物流新质生产力的内涵和要点

一、城市物流新质生产力的概念

新一轮科技革命和产业变革给我国物流业发展带来了新的机遇和挑战。一方面,物流增长动能加速向高端化、数字化、绿色化方向转换。以物联网、云计算、大数据、人工智能(AI)等为代表的新一代信息技术相继步入产业化阶段,与运输调度、仓储管理、装卸搬运等传统物流要素紧密结合,智能分拨、下一代智能包装、数字供应链控制塔、交互式AI、地理大模型、清洁能源解决方案等新兴物流科技不断涌现,为物流业转型升级创造了新的机遇。另一方面，专业化物流服务竞争更加激烈。在我国制造业迈向价值链中高端及跨境电商、新零售等新业态、新模式兴起的背景下，物流服务需求趋于多样化和个性化，供应链数字化、绿色化、可视化和韧性越发受到关注，物流新旧业态竞争日趋激烈，对提升物流服务质量效率、打造核心竞争力提出了更高要求。

新质生产力已经在实践中形成并展示出对高质量发展的强劲推动力、支撑力。推动我国物流业高质量发展，需要将新质生产力应用于城市物流领域，培育城市物流新质生产力。所谓"城市物流新质生产力"，是以新一代信息技术等科技创新为核心驱动力，以物流业制造业深度融合创新及由此产生的新产业、新业态、新模式为载体，通过在技术创新、数据赋能、设施改造、装备应用、业态创新、人才培育、机制完善等方面采取措施，推动技术、数据、资本、土地、人才、管理等生产要素创新性配置，打造"创新链""数智链""绿色链""安全链""经济链"等五链融合，推进物流提质增效降本而催生的先进生产力。培育形成城市物流新质生产力的逻辑框架如图15-1所示。

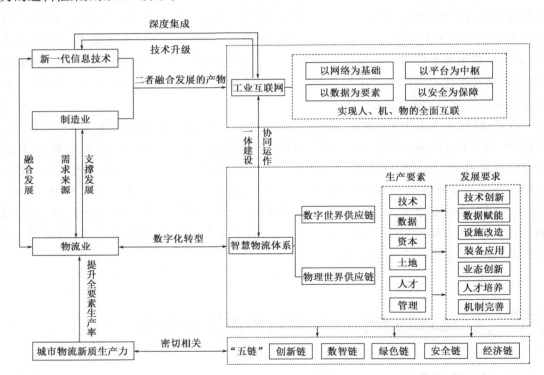

图15-1 培育形成城市物流新质生产力的逻辑框架

一方面，新一代信息技术通过与制造业深度融合，诞生了工业互联网这一全新工业生态、关键基础设施和新型应用模式。工业互联网是对云计算、AI等新一代信息技术的深度集成，以网络为基础、以平台为中枢、以数据为要素、以安全为保障，能够实现人、机、物的全面互联。同时，它能够反作用于新一代信息技术所属的数字产业，推动新一代信息技术的全面突破和迭代创新。

另一方面,新一代信息技术通过与物流业深度融合、推动其数字化转型,诞生了智慧物流这一新兴领域。适应于制造业物流业融合发展,智慧物流体系需要与工业互联网同步设计、一体建设、协同运作,以后者赋能传统物理世界的供应链向数字世界的延展,完成物流、信息流、资金流在数字世界中的映射,实现对市场需求的快速响应。为此,需要加快生产要素创新性配置,推进关键物流环节和流程数字化转型、智慧化升级,开展制造业与物流业之间的流程优化、信息共享、技术共创和业务协同等创新,做好"创新链""数智链""绿色链""安全链""经济链"相关工作,培育形成城市物流新质生产力。

二、城市物流新质生产力的发展要求

加快发展城市物流新质生产力是城市物流打造"五链"、实现换道超车的必然选择,包括"创新链""数智链""绿色链""安全链""经济链"五个方面。而数字化转型作为物流业的核心竞争力和重要资源,能够提升物流要素质量和资源配置效率、增强行业发展动能,成为培育城市物流新质生产力、助力形成"五链"的重要动能之一,并推动形成与城市物流新质生产力发展相适应的生产关系。

(一)技术创新促进城市物流服务质效提升

城市物流服务质效的提升离不开数字技术的支持。随着物联网、大数据、云计算、AI等新一代信息技术应用于物流业,以"互联网+物流"为特征的智慧物流体系建设正加快推进,针对运输、仓储、包装、装卸搬运、流通加工、配送等环节的设施、设备进行数字化改造,助推物流运行效率提升、成本降低。高效率、低成本的实现将推动新一代信息技术在物流业的更大规模应用,应用场景的探索创新又将加速技术迭代,形成"创新链"与"数智链"的良性循环。

(二)创新链赋能物流业与制造业深度融合

制造业是物流业需求的重要来源。受俄乌冲突、红海危机等因素影响,逆全球化趋势与全球价值链重构相伴而行,对我国产业链、供应链的稳定性构成了较大威胁,亟须推动物流业制造业深度融合发展,形成以国内大循环为主体、国内国际双循环相互促进的新发展格局。"创新链"是推动物流业转型升级和跨界融合的重要力量。围绕大宗商品物流、国际物流和应急物流等重点领域,推广应用工业互联网标识解析技术和基于物联网、云计算等智慧物流技术装备,发展城市物流领域高端装备制造、新材料、新能源、新能源汽车、节能环保等战新产业,能够带动物流业制造业融合水平提升,实现紧密化、可控化,做好物流"安全链"。

(三)数据要素推动新业态新模式低碳"向绿"

数据要素可以赋能实体经济,进而提升全要素生产率。"十四五"时期,我国数字经济转向深化应用、规范发展、普惠共享的新阶段,催生出平台经济、共享物流、网络货运等新业态、新模式,提升物流资源能源利用效率。以网络货运为例,通过构建网络货运平台,不仅能够实现物流运输全程透明高效、减少资源消耗，还可基于对用户数据和物流数据的合法合规使用，赋能高效决策管理，不断拓展在物流路径优化、新能源基础设施布局等场景的应用，打造"创新链""绿色链"。

（四）推动形成与之发展相适应的物流生态

数字经济催生了一批物流新业态新模式，在淘汰部分不适应其发展就业岗位的同时，也诞生了大量新的就业岗位。现存岗位和新的岗位，如智慧仓规划设计、物流大数据分析、无人机驾驶等，都对劳动者的数字技能和素质提出了更高要求。同时，数字化转型将推动形成城市物流的新型生产关系，让各类优质生产要素向培育城市物流新质生产力的方向顺畅流动，共同构成与城市物流新质生产力发展相适应的物流生态，实现"经济链"。

综上所述，城市物流新质生产力与数字化转型的内在逻辑在于后者对前者在城市物流服务质效提升、物流业与制造业融合水平提升、新业态新模式低碳"向绿"、形成与之发展相适应的物流生态等方面的促进作用，共同推动城市物流的创新、数智、绿色、安全、高效发展。

三、城市物流新质生产力的发展重点

发展城市物流新质生产力，需要围绕技术、数据、资本、土地、人才、管理等生产要素，在物流新技术、物流新产业、新型生产要素、新型劳动者和新型生产关系等方面持续发力。

（一）推广物流新技术

新质生产力要求实现技术颠覆性突破，加快实现高水平科技自立自强。发展城市物流新质生产力，要不断增强物流创新能力，强化城市物流领域高质量科技供给。为此，需要深入开展物流流程优化、运输结构调整、智能传感、复合材料等城市物流基础研究和应用研究，聚焦智能仓储、智慧运输、智慧物流园区等典型城市物流场景及智能物流装备，整合优化科技创新资源供给，打好关键核心技术攻坚战、补短助长，加快实现前瞻性行业研究、引领性原创成果重大突破，努力抢占一批科技制高点，持续完善城市物流科技创新体系，为实现城市物流高质量发展奠定坚实基础。

（二）升级物流新产业

新质生产力要求推进产业布局优化，更好支撑我国现代化产业体系建设。发展城市物流新质生产力，要锚定数据要素和绿色发展方式，改造焕新传统产业、培育壮大新兴产业、超前布局未来产业。为此，需要以超大规模物流设施网络为载体，加速建设卫星互联网、区块链、数据中心等信息基础设施，推动新一代信息技术、先进制造技术、绿色低碳技术向传统物流基础设施融合赋能，全面发展智慧物流、工业互联网平台、能源互联网等智慧交通物流设施和智慧能源设施，前瞻部署创新基础设施，壮大高端装备制造、新材料、新能源、新能源汽车、节能环保、低空物流等城市物流相关战新产业，推动网络货运、共享物流等新业态新模式稳步发展，按需布局智能传感、元宇宙、大模型、新型储能等未来产业，在我国建设现代化产业体系、构建新发展格局的过程中发挥更大作用。

(三)挖掘物流新要素

新质生产力要求激发数据要素潜能,数据赋能产业链供应链循环畅通。发展城市物流新质生产力,要推动数据、技术、场景和市场深度融合,强化数字基础设施联通,打造具有全链条服务功能的一体化供应链,以数字化赋能绿色化。为此,需要依托数字基础设施,有序开展城市物流领域的数据采集、存储、处理等工作,打造及时高效、信息共享的数据基底,推动数据在物流供应链各环节和场景的广泛应用,构建一体化供应链物流平台,实现全产业链数据贯通、业务协同,为使用者提供更多情景化指导和决策参考,从而提升供应链的柔性、可视性和可持续性。

(四)培育新型劳动者

新质生产力要求打造新型劳动者队伍,多维度健全人才培养激励机制。发展城市物流新质生产力,要着力培养城市物流高水平创新人才、复合管理人才和高技能人才,多措并举提升各环节劳动者的数字素养与高级劳动技能。为此,需要探索建立城市物流新型劳动者评价标准,鼓励做好各类人才的培育工作。针对高水平创新人才,将组织核心技术攻关能力、研发投入和创新绩效作为重点考核评价指标,完善以自主创新为导向的薪酬体系和中长期激励机制。针对复合管理人才,深化其对于城市物流新质生产力与数字化转型相关政策及发展现状的认识,注重顶层设计、客户需求思维的培养。针对操作人才及高技能人才,定期开展操作技术和数字化技能培训,以新型劳动者队伍的量变推动生产力的质变。

(五)改革新型生产关系

新质生产力要求塑造新型生产关系,推动改革深化提升行动落地见效。发展城市物流新质生产力,要深入推进物流基础设施、物流服务相关体制机制改革,着力打通束缚城市物流高质量发展的堵点、卡点,创新生产要素配置方式,让各类先进优质生产要素向发展新质生产力顺畅流动。为此,需要构建与城市物流新质生产力与数字化转型相适应的制度体系和治理体系,围绕劳动力、土地、资本、信息、数据、人才等生产要素,完善城市物流政策、标准、法规,鼓励各地大胆探索、勇于创新,形成更多可复制、可推广的经验做法。

第三节 我国城市物流新质生产力的整体现状

一、发展现状

(一)物流科技创新应用蓬勃发展

近年来,我国供应链物流的数字化、自动化、智能化应用经历了不同程度的周期性技术迭代。在智能化领域,物流科技以AI技术为核心加快向外延伸应用,赋能供应链物流的智能流程管理与决策发展。一方面,AI的自然语言处理(NLP)、大语言模型(LLM)两大领域在词嵌入之后加速发展,我国物流大模型生态正在形成。顺丰科技、京东物流、菜鸟、货拉拉等物流企业纷纷进入大模型赛道,发布了丰知、物流超脑、天机π、货运无忧大模型等产品。另一方面,AI通过与物联网、区块链、控制塔、数字孪生等技术的结合使用,诞生了供应链数字计划、智能供应链区块链、第四代供应链控制塔、数字孪生系统,如IBM® Sterling订单和履行套件、顺丰的数字孪生中转场等。在数字化领域,云计算、区块链、大数据等技术在2017年之后迭代升级加快,加之不断提升的供应链协同管理需求,数字化供应链协同平台快速发展,如美团牵牛花系统、京东工业的"太璞数智供应链解决方案"、厦门象屿的"屿链通"数字供应链服务平台。在自动化领域,机器人、无人驾驶、5G、计算机视觉、远程工作和遥操作等技术广泛应用于城市物流的仓储和运输环节,如中国外运的智能盘点机器人"小悠盘"、上海洋山四期集装箱码头通过F5G固网技术实现了对6台桥式起重机的远程控制。

(二)现代物流行业加快转型升级

我国大力发展智慧物流和绿色物流,现代物流业数字化、绿色化转型升级的速度有所加快。在智慧物流领域,深度应用AI、大数据、5G、移动互联网等技术,物流业数字化新基建加速推进,如深圳市深国际龙华数字物流港打造了双数字孪生智慧物流园区;推进多式联运智慧物流枢纽建设,引领传统物流业向先进生产性服务业转型升级,如上海市松江区打造国际多式联运智慧物流枢纽、成都开工传化多式联运智慧枢纽项目;推动物流业运输装备向无人化演变,无人配送车加速落地,如洛阳市首批无人驾驶快递配送车在伊川县试运营、盐城市无人快递车在中通网点大量投入使用。在绿色物流领域,推动物流基础设施绿色低碳化,在仓储设施、物流园区、道路桥梁等场景不断探索,如圆通揭阳集运中心光伏发电年减碳超3000t、京东"亚洲一号"西安智能产业园成为我国首个"零碳"物流园区、济青中线济南段至潍坊段成为我国首条"零碳"智慧高速公路;持续推动运输结构调整,多地工作初见成效,如苏州市在2022年度运输结构调整示范建设市绩效评价中获得A档、北京市2024年上半年铁路运输进京砂石料近180万t;加强新能源清洁能源装备在城市物流领域的应用,绿色配送不断发展,如南京市区累计新增新能源城市配送车辆8118辆、唐山市电动重卡数量突破1万辆。

(三)物流新业态新模式不断涌现

随着现代综合交通运输体系的不断完善,交通物流深度融合发展,涌现出"高速+物流""低空+物流"等新业态、新模式。在"高速+物流"方面,布局建设物流仓储设施,探索"服务区+物流"新业态,如广州市在从化南服务区规划设计物流集散区、遵义市团泽服务区建设仓储物流园;建立供应链金融服务平台,创新物流金融服务新模式,如山东高速国家林产工业科技示范园成功落地首笔"高速e融"运贸一体化供应链金融业务。在"低空+物流"方面,《城市场景物流电动多旋翼无人驾驶航空器(轻小型)系统技术要求》《无人驾驶航空器飞行管理暂行条例》《通用航空装备创新应用实施方案(2024—2030年)》等政策性文件引领助推低空物流蓬勃发展,2024年十堰、深圳、中山、上饶、成都、镇江、自贡等市均在这一领域展开探索。3月23日,十堰市茅塔河小流域综合治理试点低空物流配送路线成功首飞。4月12日,粤港澳大湾区首条跨海低空物流商业化航线(深圳—中山)完成首飞。5月18日,江西省首条商业级"无人机配送"航线在上饶市开通。6月28日,成都市"干—支—末"跨省低空物流首航成功。7月4日,江苏首条跨省低空航线(江苏镇江—浙江建德)正式开通运营。8月11日,我国自主研发的大型双发无人运输机在四川省自贡凤鸣通航机场首飞取得圆满成功,拥有2t级的商载能力。

(四)物流新型生产关系持续完善

多地研究制定相应的扶持政策、完善机制法规,推动物流业改造升级及新产业、新业态、新模式发展。在物流数字化转型方面,北京、湖州、杭州等地陆续完善有关物流配送无人车的管理办法,颁发车辆编码或路测牌照。北京市制定《北京市无人配送车道路测试与商业示范管理办法(试行)》,颁发国内首批无人配送车车辆编码。湖州市德清县发放国内首批"主驾无人"载货汽车路测牌照,允许无人载货汽车在指定区域(包括部分高速路段)开展路测。杭州市印发《杭州市智能网联车辆测试与应用管理办法》,优先支持在物流配送、短途接驳等领域开展智能网联车辆测试与应用。在物流绿色化转型方面,武汉、南京、宝鸡等地印发实施方案,推动打造城市绿色货运配送示范工程创建城市。在"低空+物流"方面,深圳、苏州等地分别就低空起降设施、低空空中交通出台了相关方案和规定。深圳市发布《深圳市低空起降设施高质量建设方案(2024—2025)》,提出"力争到2025年,全市120m以下适飞空域开放面积占比突破75%,低空商业航线总数突破1000条"的目标。苏州市探索出台全国首部低空"交规"《苏州市低空空中交通规则(试行)》,规定了服务管理、运营管理、空域管理、飞行活动管理、飞行保障等方面的低空空中交通规则。

二、现存问题

(一)城市物流服务有效供给不足

一是物流枢纽建设缺乏统筹规划,无法满足制造业发展产生的运输、仓储和配送需求,亦不能实现有机衔接和协同联动。我国机场货运能力整体较弱,铁路货运场站、公路货运站、物流园区等枢纽与城市产业功能区布局不匹配,高峰时期"爆仓"严重。二是中小微物流企业数字化转型难度大,中高端服务供给不足。企业数字化转型需要在硬件设备、软件系统、人才引进等方面投入大量资金。但是,我国物流业市场主体多为"小、散、弱",资金周转和融资压力较大,数字化转型速度较慢,物流运营服务效率偏低。

(二)货物运输结构性矛盾较突出

一是公路运输占据主导地位,运输结构仍有待优化。我国公路传统运力过剩、过度竞争严重,加之较高的运输成本和碳排放水平导致需求减少,供需市场面临失衡。水、铁、空等运输方式在大宗物流、应急物流等方面存在优势,但发展程度不足,相应设施、服务与物流市场需求不相匹配。二是集疏运体系衔接不足,铁水联运比例偏低。我国多种运输方式衔接融合不够,存在转换效率偏低、多式联运发展滞后、末端循环不畅等问题。截至2020年底,我国铁水联运占港口集装箱吞吐量比重仅为2.6%,影响到铁路进港资源效率。

(三)数据整合和开放程度不高

一是数据标准不统一,存量物流数据整合力度较弱。城市物流涉及的环节和主体较多,不同系统和平台的数据格式和标准存在差异,导致物流数据繁杂,对物流业数据整合与共享提出了挑战。二是数据安全管理制度和技术防护措施不够完善,主体之间数据共享程度不高。许多物流企业的数据安全管理意识、技术、能力不足,对收集、存储、使用、传输、共享等过程中的数据安全表示担忧,同时铁路、港口相关企业的数据相对封闭,总体来看开放程度不足。

(四)新型劳动者队伍仍需加强

一是物流人才需求与供给之间缺口较大,劳动者素质有待提高。城市物流新质生产力与数字化转型对人才的供应链思维、自主创新能力、数字化能力和跨领域跨专业能力提出了更高要求。但是,我国多层次、多样化的物流教育和人才培养体系尚未建立,导致高水平创新人才、复合管理人才、高技能人才存在缺口。二是物流人才评价认定标准不够完善,考核激励机制有待健全。目前,新型劳动者评价标准体系尚未建立,"重技术、重管理、轻技能"的传统观念仍未彻底打破,薪资相对较低,高技能人才缺乏开拓创新的动力。

(五)配套政策机制不够完善

一是物流科技创新应用和新业态新模式发展仍处于探索阶段,在资金、用地、机制等方面需要破除诸多阻碍。以无人配送车为例,在产品技术标准、生产许可、产品认证、特征豁免等方面尚未形成统一的行政管理体系,使其规模化推广面临阻力。二是全国物流统一大市场尚未建立,缺乏市场准入制度、负面清单等基础制度。目前,我国"大市场、大流通"的市场体系尚未完全形成,且物流企业"小、散、弱"的格局没有从根本上改变,缺乏链主企业,导致物流产业链向深处拓展存在困难。

第四节 城市物流新质生产力的发展对策

一、推进企业"智改数传",推动新质场景落地

一是推动物流企业智能化转型。鼓励物流企业联合腾讯、华为等科技企业,增强生成式AI和大模型在城市物流领域的应用,探索AI技术与其他技术的融合使用,辅助提升决策质量和效率,推动物流业务提质增效降本。二是加快物流企业数字化转型。完善数据基础制度体系,逐步构建有利于保护各方权益、释放数据要素价值的数据产权制度,加快培育多样

化多层次的数据流通交易体系,推动供应链物流各方共同搭建供应链数字化平台,鼓励基于物流数据打造数据产品。三是提高物流企业自动化水平。鼓励物流企业对集运中心、物流园区等进行改造,支持建设智能化物流立体高标仓,加大存量物流设备的更新力度,推广自动分拣机器人、无人车等,培育一批物流科技创新应用示范试点企业和园区,给予适当奖补,并加大宣传推广力度。

二、加大科研经费投入,健全激励转化机制

一是强化科研投入保障。加大城市物流R&D经费投入强度,持续提高基础研究在中央与地方财政性R&D经费投入中所占比例,探索建立基础研究多元化投入机制,落实好结构性减税降费政策,通过税收优惠等方式激励企业加大基础研究投入、扩大有效投入。针对城市物流重点领域,设立财政奖补资金以支持专精特新中小企业开展关键核心技术攻关。二是推动物流科技成果转化。加强共性技术平台、中试验证平台建设,落实完善首台(套)重大技术装备、新材料首批次应用保险补偿政策,鼓励支持物流企业与国家实验室、高等院校、科研机构合作,通过组建创新联合体或技术创新战略联盟,打通科技创新-成果转化-产业化的上中下创新链条。三是完善成果保护机制。不断完善我国知识产权保护体系,提高法治化水平。

三、优化物流新基建布局,助推战新产业发展

一是统筹擘画城市物流新基建蓝图。研究制定城市物流新基建中长期及五年发展规划,分类推动传统物流基础设施数字化改造升级,统筹推进感知设施、网络设施、算力设施、数据设施、新技术设施等信息基础设施建设,按需部署创新基础设施。二是完善新基建相关机制。探索制定支持符合物流新基建发展趋势的投融资机制,鼓励物流企业、金融机构等通过直接融资、间接融资参与到建设中,建立健全物流新基建评价验收体系。三是鼓励发展战新产业和未来产业。深入推进国家战新产业集群发展工程,出台战新产业专项规划,通过财政补贴、税收优惠、专项债券等方式,鼓励物流业有关企业(特别是央企、国企)加快高端装备制造、新材料、新能源、新能源汽车、节能环保等战新产业布局,创建战新产业发展示范区和未来产业先导区。四是探索推动新业态新模式发展。在财政投入、金融信贷、土地利用、人才培养、法律规范等方面采取措施,为网络货运、定制物流、低空物流等新业态新模式的发展提供优质土壤。

四、加强数字政府建设,提升管理服务能力

一是夯实城市物流管理的数据底座。将新一代信息技术广泛应用于政府管理,深入推进城市物流领域数字政府建设,探索发展服务于数字政府的城市大脑、区块链基础设施,建设城市大数据中心,加快推进跨层级、跨地域、跨系统、跨部门、跨业务的政务协同管理和服务,提高城市物流便利化水平。二是开展城市物流治理模式创新。聚焦城市物流领域的特

定场景,推进数字政府与数字社会的双向互动,将政务数据与场景化的城市物流数据深度融合,辅助有关部门进行科学决策,推动治理模式创新。三是技术赋能政务服务能力提升。利用生成式AI和大模型等技术,打造城市物流交互式AI机器人和地理大模型,为公众、企业和其他社会主体提供更高质量的服务,培育数字生态。

五、完善人才评价标准,出台激励保障措施

探索制定城市物流领域新型劳动者的评定标准,分类制定管理、培育、激励、保障的相关举措。对于高水平创新人才,加强人才引进的规划和系统布局,完善科技创新人才发现机制,以创新能力、质量和贡献为重点,改进完善高校和科研院所的人才考核评价制度,落实好科技成果转化奖励政策。对于复合管理人才和高技能人才,打造劳动教育、教学新形态,完善高校城市物流人才培养体系,鼓励开展校企联合培养,产教结合以深化人才对行业的认识、使人才快速成长。对于共享物流、平台经济等新就业形态劳动者,加快完善劳动规则、权益保障等法律法规,探索规范管理新路径,切实保障新就业形态劳动者权益。

本章参考文献

[1] 新华网. 第一观察丨习近平总书记首次提到"新质生产力"[EB/OL].(2023-09-10)[2024-09-16]. http://www.news.cn/politics/leaders/2023-09/10/c_1129855743.htm.

[2] 吕薇,金碚,李平,等. 以新促质,蓄势赋能——新质生产力内涵特征、形成机理及实现进路[J]. 技术经济,2024,43(03):1-13.

[3] 中华人民共和国中央人民政府. 中央经济工作会议在北京举行 习近平发表重要讲话[EB/OL].(2023-12-12)[2024-09-16]. https://www.gov.cn/yaowen/liebiao/202312/content_6919834.htm.

[4] 求是网. 发展新质生产力是推动高质量发展的内在要求和重要着力点[EB/OL].(2024-05-31)[2024-09-16]. http://www.qstheory.cn/dukan/qs/2024-05/31/c_1130154174.htm.

[5] 中国经营网. 新质生产力列为政府工作十大任务之首[EB/OL].(2024-03-09)[2024-09-16]. http://www.cb.com.cn/index/show/bzyc/cv/cv135213871647.

[6] 新华网. 受权发布丨中共中央关于进一步全面深化改革 推进中国式现代化的决定[EB/OL].(2024-07-21)[2024-09-16]. http://www.news.cn/politics/20240721/cec09ea2bde840dfb99331c48ab5523a/c.html.

[7] 求是网. 因地制宜发展新质生产力[EB/OL].(2024-07-27)[2024-09-16]. http://www.qstheory.cn/dukan/hqwg/2024-07/27/c_1130185881.htm.

[8] 中国社会科学网. 准确把握新质生产力与传统生产力的区别[EB/OL].(2024-02-01)[2024-09-16]. https://www.cssn.cn/skgz/bwyc/202402/t20240201_5731701.shtml.

[9] 新华网. 新质生产力的理论贡献、内涵特征和发展路径[EB/OL].(2024-07-17)[2024-09-16]. http://www.xinhuanet.com/politics/20240717/906a944f241e4bceb9dc89a4de6e571c/c.

html.

[10] 新华网. 理解新质生产力的三重维度[EB/OL]. (2024-04-29)[2024-09-16]. http://www.xinhuanet.com/politics/20240429/60b3dc599e224a3eb77a3ea121da9401/c.html.

[11] 光明网. 以绿色发展引领经济高质量发展[EB/OL]. (2023-04-28)[2024-09-16]. https://news.gmw.cn/2023-04/28/content_36529677.htm.

[12] 中华人民共和国中央人民政府. 中央经济工作会议在北京举行[EB/OL]. (2017-12-20)[2024-09-16]. https://www.gov.cn/xinwen/2017-12/20/content_5248899.htm.

[13] 求是网. 努力成为世界主要科学中心和创新高地[EB/OL]. (2021-03-15)[2024-09-16]. http://www.qstheory.cn/dukan/qs/2021-03/15/c_1127209130.htm.

[14] 渠慎宁. 加快发展新质生产力:时代背景、主要特征、支撑载体与实现路径[J]. 当代世界与社会主义,2024,(02):39-46.

[15] 中华人民共和国国家发展和改革委员会. 现代化新征程上的物流新体系[EB/OL]. (2020-11-30)[2024-09-16]. https://www.ndrc.gov.cn/fgsj/tjsj/jjmy/ltyfz/202011/t20201130_1251736.html.

[16] 央视网. 新动能领域物流回升增长动力更趋高端、智能、绿色[EB/OL]. (2024-02-07)[2024-09-16]. https://news.cctv.com/2024/02/07/ARTIHPBBFWmnMraKKatTFkgw240207.shtml.

[17] 央广网. 菜鸟发布2023十大物流科技趋势,无人卡车、地理大模型等入选[EB/OL]. (2023-01-11)[2024-09-16]. https://tech.cnr.cn/techph/20230111/t20230111_526120608.shtml.

[18] 中华人民共和国中央人民政府. 国务院办公厅关于印发"十四五"现代物流发展规划的通知[EB/OL]. (2022-12-15)[2024-09-16]. https://www.gov.cn/zhengce/content/2022-12/15/content_5732092.htm.

[19] 中国物流与采购网. 何黎明:构建中国现代物流发展新模式 夯实物流高质量发展基本盘[EB/OL]. (2024-01-20)[2024-09-16]. http://www.chinawuliu.com.cn/lhhzq/202401/20/625283.shtml.

[20] 经济参考报. 加快发展工业互联网 促进数实经济深度融合[EB/OL]. (2024-09-12)[2024-09-16]. http://www.jjckb.cn/20240912/f6aa4d4d34444515bcc6b78813ef3895/c.html.

[21] 中国日报. "制造+物流"深度融合,制造强国步履铿锵[EB/OL]. (2022-05-07)[2024-09-16]. https://cn.chinadaily.com.cn/a/202205/07/WS62761c09a3101c3ee7ad43ae.html.

[22] 工业互联网联盟. 基于工业互联网的供应链创新与应用白皮书[EB/OL]. (2021-12-16)[2024-09-16]. https://www.aii-alliance.org/resource/c331/n2702.html.

[23] 中华人民共和国中央人民政府. 解读:大力推进工业互联网建设 赋能制造业转型升级[EB/OL]. (2019-03-10)[2024-09-16]. https://www.gov.cn/xinwen/2019-03/10/con-

tent_5372600.htm.

[24] 张任之.数字平台企业高质量发展驱动形成新质生产力的内在逻辑和实现路径[J].理论学刊,2024(04):122-130.

[25] 人民网.多国智慧物流加速发展(国际视点)[EB/OL].(2022-01-06)[2024-09-16]. https://baijiahao.baidu.com/s?id=1721153483107138786&wfr=spider&for=pc.

[26] 李然,孙涛,曹冬艳.平台经济视角下新物流新业态运营模式研究[J].当代经济管理,2023,45(06):25-34.

[27] DHL.THE DHL LOGISTICS TREND RADAR 7.0[EB/OL].(2024-09-02)[2024-09-16]. https://www.dhl.com/discover/en-global/news-and-insights/reports-and-press-releases/logistics-trend-radar-2024.

[28] 苏州市人民政府.苏州探索出台全国首部低空"交规"[EB/OL].(2024-07-14)[2024-09-16]. https://www.suzhou.gov.cn/szsrmzf/szyw/202407/71600e26006c4b2aaeaca89f3e6e1bf2.shtml.

第十六章　区域物流韧性分析:以京津冀雨洪灾害为例

韧性(Resilience)亦可称弹性、恢复力,应用于特定系统属性的确定,即系统在受到外界干扰的情况下吸收干扰、保持或恢复系统原有状态及自我组织的能力。随着高频高损冲击成为新常态,区域物流系统的韧性越发受到关注,提高物流韧性逐渐成为国际共识。2023年7月底至8月初,极端暴雨灾害突袭京津冀区域,在造成北京、河北等地重大人员伤亡的同时,还对区域物流网络产生了巨大冲击。量化评价暴雨对京津冀区域物流系统的冲击影响,对于加快开展气候包容性的物流韧性能力建设、推动物流业可持续发展至关重要。

第一节　京津冀区域物流特征

一、国家战略:推动京津冀协同发展

2014年2月,以习近平同志为核心的党中央站在国家发展全局的高度,作出了推进京津冀协同发展的重大战略决策。京津冀地域面积约21.6万 km^2,包括北京、天津、河北三省市和雄安新区,具备相互融合、协同发展的天然基础。作为我国四大国家级城市群之一、北方地区唯一的城市群,京津冀区域在"以首都为核心的世界级城市群、区域整体协同发展改革引领区、全国创新驱动经济增长新引擎、生态修复环境改善示范区"的定位愿景下,紧抓有序疏解北京非首都功能这一"牛鼻子",扎实推进区域协同发展。

过去十年,京津冀协同发展取得了显著成效,重点领域协同发展水平持续提升。2015年6月,中共中央、国务院批复《京津冀协同发展规划纲要》,描绘了京津冀协同发展的宏伟蓝图。2016年2月,全国首个跨省级行政区的《"十三五"时期京津冀国民经济和社会发展规划》印发,明确了京津冀区域未来五年的发展目标。2018年4月,中共中央、国务院批复《河北雄安新区规划纲要》,对于高起点规划、高标准建设雄安新区具有重要意义。同年12月,中共中央、国务院批复《北京城市副中心控制性详细规划(街区层面)(2016年—2035年)》,以规划建设城市副中心为契机,持续优化北京的功能布局。2019年9月,北京大兴机场正式投入运营,大兴国际机场临空经济区随之激活,成为带动京津冀协同发展的新引擎。2022年2月,北京冬奥会成功举办,"绿色、共享、开放、廉洁"的办奥理念引领京津冀在多个领域展开深入合作,是京津冀协同发展的点睛之笔。

二、地理区位：地处平原且流域面积大

京津冀区域处在华北平原北部，东临渤海湾，西倚太行山，南面海河平原，背靠燕山山脉，由西北向的燕山—太行山山系构造向东南逐步过渡为平原，呈现出西北高、东南低的地势特点。海河流域由海河、滦河、徒骇马颊河三大水系组成，先后开辟了永定新河、潮白新河、独流减河、子牙新河、漳卫新河等人工入海河道，以"扇面"的形式在京津冀区域铺展开来。

三、气候气象：年降水量集中在夏季

京津冀区域位于中温带和南温带，具有较强的大陆性，年降水量分布不均且集中在夏季，"七下八上"暴雨频繁。近年来，京津冀降水集中程度上升，降水日数减少、单日降水强度增加，强降雨和极端降雨频率上升。地质灾害多表现为山洪诱发的滑坡、泥石流和土壤侵蚀等，以7月为对称轴呈现出明显的季节性，与暴雨发生时间呈正相关。2008—2022年京津冀区域年度降水量见图16-1。

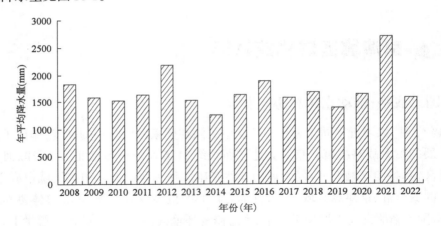

图16-1　2008—2022年京津冀区域年度降水量

资料来源：北京市水务局、天津市水务局、河北省水利厅。

四、常住人口：千万人口城市相对集中

2022年，京津冀区域常住人口达到1.1亿。北京市2184.3万人，在全国各市中排名第3位；天津市1363万人，在全国各市中排名第8位；河北省7420万人，在全国各省份中排名第6位。

从城市层面来看，京津冀区域常住人口主要分布在北京、天津两市。北京市超过2000万人，天津市、石家庄市以超过1000万人的规模紧随其后，邯郸市、保定市超过900万人，唐山市、沧州市、邢台市处在700万～900万人之间，廊坊市、衡水市、张家口市、承德市和秦皇岛市则处在300万～700万人之间。

从县(市、区)层面来看,常住人口低于50万的区县最多,涉及123个区县。在常住人口超过50万的区县中,处在50万~60万、70万~80万、100万以上这三个区间的数量较多。具体情况如下:北京市朝阳区、海淀区的常住人口超过300万人;北京市昌平区、丰台区和天津市滨海新区超过200万人;北京市大兴区、通州区、顺义区,天津市西青区、武清区和河北省石家庄市长安区、秦皇岛市海港区等超过100万人;天津市北辰区、津南区和河北省石家庄市桥西区、廊坊市三河市、保定市莲池区处在90万~100万人之间,天津市南开区、河东区、东丽区、河西区,河北省邯郸市永年区、武安市、沧州市任丘市处在80万~90万人之间;北京市东城区、天津市宝坻区,河北省石家庄市新华区、唐山市丰润区、邯郸市魏县等处在70万~80万人之间;天津市河北区,河北省保定市涿州市、唐山市玉田县等处在60万~70万人之间;北京市石景山区,河北省廊坊市固安县、邯郸市邯山区等处在50万~60万人之间。2022年京津冀区域各县(市、区)常住人口分布情况见图16-2。

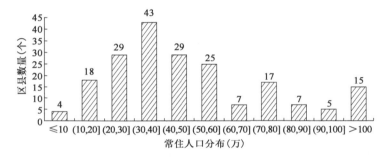

图16-2 2022年京津冀区域各县(市、区)常住人口分布情况

资料来源:北京市、天津市、河北省人民政府。

五、经济产业:三省市发展各有侧重

京津冀协同发展功能定位明确,三省市各有侧重。在京津冀"以首都为核心的世界级城市群、区域整体协同发展改革引领区、全国创新驱动经济增长新引擎、生态修复环境改善示范区"的整体定位下,北京市、天津市和河北省的发展定位分别为"全国政治中心、文化中心、国际交往中心、科技创新中心""全国先进制造研发基地、北方国际航运核心区、金融创新运营示范区、改革开放先行区"和"全国现代商贸物流重要基地、产业转型升级试验区、新型城镇化和城乡统筹示范区、京津冀生态环境支撑区"。

2023年,京津冀区域生产总值(GDP)10.4万亿元,三次产业构成为4.6:27.7:67.7,见表16-1。其中,北京市和河北省接近4.4万亿元,分别约占京津冀GDP总量的41.9%、42.1%,三次产业构成分别为0.2:14.9:84.8、10.2:37.4:52.4。天津市GDP约1.7万亿元,约占京津冀GDP总量的16.0%,三次产业构成为1.6:35.7:62.7。然而,京津冀多数县(市、区)GDP不足250亿元,GDP在1500亿~3000亿元之间、超过3000亿元的区(县)集中分布在北京、天津两市,区域差异显著。

聚焦建设现代化产业体系,三省市在主导产业方面也各有侧重。北京市重点发展高精尖产业,建设科技创新中心;天津市以智能科技产业为引领,建设全国先进制造研发基地;河北省则致力于疏解首都非核心功能,推进产业转型升级试验区建设。

京津冀三省市的发展定位、经济规模和产业情况　　　　　表 16-1

区域	发展定位	GDP（万亿元）	产业结构	主导产业
京津冀	以首都为核心的 世界级城市群	10.4	4.6:27.7:67.7	现代化产业体系
北京	全国政治中心 文化中心 国际交往中心 科技创新中心	4.38	0.2:14.9:84.8	重点发展高精尖产业 科技创新中心
天津	全国先进制造研发基地 北方国际航运核心区 金融创新运营示范区 改革开放先行区	1.67	1.6:35.7:62.7	智能科技产业为引领 全国先进制造研发基地
河北	全国现代商贸物流重要基地 产业转型升级试验区 新型城镇化与城乡统筹示范区 京津冀生态环境支撑区	4.39	10.2:37.4:52.4	疏解首都非核心功能 产业转型升级试验区

资料来源:工业和信息化部、北京市、天津市、河北省人民政府。

六、交通网络:"四纵四横一环"主骨架基本建成

在综合交通方面,京津冀区域已经基本形成了以"四纵四横一环"运输通道为主骨架、多节点网格状的区域交通新格局,初步构建了现代化高质量综合立体交通网。其中,"四纵"通道包括沿海、京沪、京九、京承—京广,"四横"通道包括秦承张、京秦—京张、津保、石沧,"一环"通道则是首都地区环线通道。

在公路网络方面,京昆高速公路(2014年通车)、京台高速公路(2016年通车)、京开高速公路改扩建(2017年通车)、京秦高速公路(2018年通车)、首都环线高速公路通州至大兴段(2018年通车)、京礼高速公路兴延段(2019年通车)、大兴国际机场高速公路(2019年通车)、京礼高速公路延崇北京段(2020年通车)、大兴国际机场北线高速公路(中段2019年通车、东段2021年通车、西段2022年通车,至此全线贯通)、京雄高速公路北京段(六环至市界段2022年通车)等10条高速路相继建成,共同构成了京津冀三地四通八达的高速公路"主骨架"。截至2023年底,北京市高速公路总里程达到1211.1km,天津市高速公路总里程达到1358km,河北省高速公路总里程达到8613km。京津冀高速公路网络发展历程见图16-3。

2014年	2016年	2017年	2018年	2019年	2022年	2023年
京昆高速公路通车	京台高速公路通车	京开高速公路改扩建通车	京秦高速公路通车首都环线高速公路通州至大兴段通车	京礼高速公路兴延通车大兴国际机场高速公路通车京礼高速公路延崇北京段通车	大兴国际机场北线高速公路西段通车（中段2019年通车、东段2021年通车）京雄高速公路北京段（六环至市界段）通车	京雄高速公路（北京段）将于年内全线通车

图16-3 京津冀高速公路网络发展历程

资料来源：国家发展和改革委员会、交通运输部，河北省发展和改革委员会，北京市人民政府。

七、物流枢纽：立体物流网不断织密

截至2023年底，京津冀货运总量达到34.5亿t，占全国总量的6.3%。其中，北京市、天津市、河北省分别达到2.6亿t、5.7亿t和26.2亿t，约占京津冀货运总量的7.5%、16.6%和75.9%。

在民航运输方面，2023年北京首都机场、北京大兴机场、天津滨海机场、石家庄正定机场分别完成货邮吞吐量111.6万t、24.4万t、12.7万t、6.1万t。2023年京津冀区域主要机场吞吐量见表16-2。

2023年京津冀区域主要机场吞吐量　　表16-2

机场	旅客吞吐量及排名		货邮吞吐量及排名	
	吞吐量（万人次）	排名	吞吐量（万t）	排名
北京首都国际机场	5287.9	3	111.6	4
北京大兴国际机场	3941.1	11	24.4	17
天津滨海国际机场	1847.3	25	12.7	28
石家庄正定国际机场	986.3	39	6.1	39

资料来源：民用航空局。

在水路运输方面，唐山港、天津港、黄骅港等港口表现突出。2023年，唐山港的货物吞吐量首次超过8亿t，位居全球沿海港口第二；天津港完成货物吞吐量55881万t，集装箱吞吐量2218.7万TEU；黄骅港的货物吞吐量连续四年突破3亿t，煤炭下水量居全国第一。2023年京津冀区域主要港口吞吐量见表16-3。

2023年京津冀区域主要港口吞吐量　　表16-3

港口	货物吞吐量（万t）	集装箱吞吐量（万TEU）
秦皇岛港	18964	55
黄骅港	33083	62
唐山港	84218	209
天津港	55881	2219

资料来源：交通运输部。

北京市、天津市和河北省石家庄、唐山、秦皇岛、沧州、保定、邯郸等六市均被赋予国家物流枢纽承载城市的重大使命。北京市为空港型国家物流枢纽承载城市,天津市同时入选港口型、空港型、生产服务型和商贸服务型国家物流枢纽承载城市,石家庄市入选陆港型、生产服务型和商贸服务型国家物流枢纽承载城市,保定市入选陆港型和商贸服务型国家物流枢纽承载城市,唐山市入选港口型和生产服务型国家物流枢纽承载城市,沧州市、秦皇岛市均为港口型国家物流枢纽承载城市,邯郸市为生产服务型国家物流枢纽承载城市,见表16-4。

京津冀区域国家物流枢纽承载城市分布情况　　　　　　　　　表16-4

城市	港口型	空港型	陆港型	生产服务型	商贸服务型
北京		√			
天津	√	√		√	√
沧州	√				
保定			√		√
唐山	√			√	
邯郸				√	
石家庄			√	√	√
秦皇岛	√				

资料来源:国家发展和改革委员会。

在此基础上,北京、天津、石家庄、唐山、沧州、保定、邯郸等市被列入国家物流枢纽建设名单。如表16-5所示,北京市为空港型国家物流枢纽建设城市,天津市为港口型、空港型和商贸服务型国家物流枢纽建设城市,石家庄市为陆港型和生产服务型国家物流枢纽建设城市,唐山市、沧州市均为港口型国家物流枢纽建设城市,保定市为商贸服务型国家物流枢纽建设城市,邯郸市则是生产服务型国家物流枢纽建设城市。

京津冀区域国家物流枢纽建设城市分布情况　　　　　　　　　表16-5

城市	港口型	空港型	陆港型	生产服务型	商贸服务型
北京		√			
天津	√	√			√
沧州	√				
保定					√
唐山	√				
石家庄			√	√	
邯郸				√	

资料来源:国家发展和改革委员会。

近年来,物流园区在提高物流组织化、规模化、网络化水平方面发挥了重要的骨干引领作用,如北京市平谷马坊物流基地、马驹桥物流基地、空港物流基地和京南物流基地,天津市东疆保税港区、天津空港航空物流园区、武清物流园,河北省东部现代物流枢纽基地、迁安钢铁物流园区、唐山海港物流产业集聚区、好望角物流园区、新发地农副产品物流和天环冷链物流产业园等。京津冀区域重点物流园区见表16-6。

京津冀区域重点物流园区　　　　　表16-6

省(市)	城市	物流园区
北京	北京	平谷马坊物流基地、马驹桥物流基地、空港物流基地、京南物流基地
天津	天津	东疆保税港区、天津空港航空物流园区、武清物流园
河北	石家庄	东部现代物流枢纽基地
	唐山	迁安钢铁物流园区、唐山海港物流产业集聚区
	邢台	好望角物流园区
	保定	新发地农副产品物流园
	廊坊	天环冷链物流产业园

资料来源:北京市、天津市、河北省人民政府。

第二节　京津冀区域城市物流竞争力

2023年京津冀区域城市物流竞争力空间分布不均、差异较大。北京、天津两市的物流竞争力较高,分别以41.63、36.88的指数全国排名第4位、第7位。除此之外,仅有唐山市、石家庄市进入全国前50名,廊坊市、邯郸市、保定市、秦皇岛市处在全国第50~100名的区间内,沧州、邢台、承德、张家口、衡水等市则全国排名第100~200位之间,如图16-4所示。

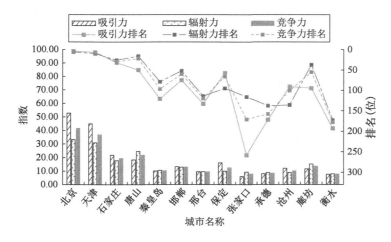

图16-4　2023年京津冀区域城市物流竞争力指数及排名

从城市物流竞争力来看,2023年北京市物流吸引力提升、辐射力减弱,物流竞争力排名稳居前4位;天津市物流辐射力略有减弱,物流竞争力排名回落至第7位;石家庄市物流吸引力、辐射力指数均较往年有所下降,物流竞争力指数和排名降低;廊坊市物流辐射力从前100名开外进入前50位,拉动物流竞争力上升至第55位;保定市物流吸引力排名提高、接近前50位,物流辐射力排名稳步提升,物流竞争力升至第66位。从城市物流吸引力和辐射力来看,2023年北京市、天津市、保定市的吸引力排名优于辐射力排名,石家庄市、廊坊市与上述三市相反。2023年京津冀区域主要城市物流竞争力指数及排名见表16-7。

京津冀区域主要城市物流竞争力指数及排名　　　　　表16-7

年份	城市	城市物流竞争力指数	排名	城市物流吸引力指数	排名	城市物流辐射力指数	排名
2023	北京	41.63	4	52.75	4	33.28	6
	天津	36.88	7	44.95	7	30.81	10
	石家庄	19.50	30	21.77	32	17.80	26
	廊坊	13.68	55	11.61	95	15.24	37
	保定	12.60	66	16.09	57	9.99	95
2020	北京	46.05	4	51.32	5	40.56	4
	天津	40.84	6	46.07	7	35.39	9
	石家庄	27.60	23	28.37	32	26.80	20
	廊坊	15.50	97	19.41	81	11.42	138
	保定	17.77	70	22.29	62	13.07	97
2019	北京	57.15	4	55.32	3	58.98	4
	天津	50.99	7	51.97	7	50.02	10
	石家庄	31.25	29	27.96	31	34.54	28
	廊坊	17.99	131	13.61	147	22.38	126
	保定	21.08	81	18.96	77	23.20	109

从城市物流竞争力的二级指标来看,北京市在发展潜力、市场规模、营商环境、市场覆盖等指标上优势明显;天津市的枢纽布局、绿色低碳、智慧物流、通达性发展较为突出,其发展潜力、市场规模、营商环境、国际物流仅次于北京市;石家庄市的地理区位优势显著,其市场覆盖、智慧物流分别仅次于北京市、天津市;廊坊市的地理区位仅次于石家庄市、北京市,通达性较好;保定市的营商环境、地理区位尚可,其他指标仍有较大发展空间。2023年京津冀区域主要城市物流竞争力二级指标雷达图如图16-5所示。

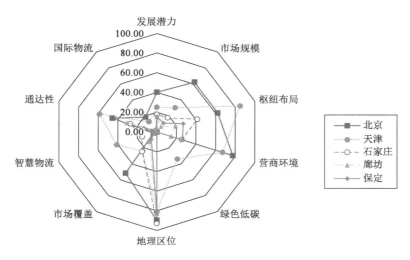

图16-5 2023年京津冀区域主要城市物流竞争力二级指标雷达图

第三节 京津冀区域物流分布格局：区县视角

一、数据说明

研究所用数据主要包括重卡物流起止点数据（简称"OD数据"）和气象观测数据。其中，重卡OD数据涉及2023年7月17日0时至8月14日24时京津冀区域约81万辆车、1600万车次，涵盖车辆编号、出发点/到达点所在区县名称、出发/到达日期和时段、主要运输货类、车辆额定总质量、车辆额定载重等方面。特别说明，本章中的"物流量"指完成从出发地到目的地的公路货物运输过程，按"车次"计算。气象观测数据是京津冀区域176个气象观测站从2023年7月17日0时至8月14日24时的逐小时观测结果，涵盖日期、时间、测站编号、测站名称、经纬度、测站高度、所在地市、温度、小时降雨量、平均风速等方面。

二、区县日均出发物流量和到达物流量

京津冀各县（市、区）的日均出发物流量和日均到达物流量都呈现出京津周边及河北中部较多、西北部和东南部较少的特点。如表16-8所示，日均出发/到达物流量前10位的县（市、区）完全重合，从高到低分别是天津市滨海新区、北京市通州区、邯郸市武安市、天津市东丽区、唐山市曹妃甸区、北京市大兴区、天津市静海区、北京市顺义区、唐山市迁安市、沧州市黄骅市。

用日均出发物流量减日均到达物流量得到的结果来衡量物流净流入/流出量，可以发现京津冀各县（市、区）物流流入/流出量的分布情况与出发/到达量类似。

京津冀日均出发/到达物流量前10位的县(市、区)　　　表16-8

排名	城市	县(市、区)	出发物流量	到达物流量
1	天津市	滨海新区	35000~40000	35000~40000
2	北京市	通州区	10000~15000	10000~15000
3	邯郸市	武安市	10000~15000	10000~15000
4	天津市	东丽区	10000~15000	10000~15000
5	唐山市	曹妃甸区	10000~15000	10000~15000
6	北京市	大兴区	10000~15000	10000~15000
7	天津市	静海区	5000~10000	5000~10000
8	北京市	顺义区	5000~10000	5000~10000
9	唐山市	迁安市	5000~10000	5000~10000
10	沧州市	黄骅市	5000~10000	5000~10000

如表16-9所示,物流净流入量(即日均出发量减日均到达量小于0)前5位的区县分别是邯郸市武安市、北京市通州区、唐山市迁安市、天津市东丽区、廊坊市文安县,前四者在日均出发/到达物流量前十的区县中亦有出现。

京津冀物流净流入量前5位的县(市、区)　　　表16-9

排名	城市	县(市、区)	物流净流入量
1	邯郸市	武安市	150~200
2	北京市	通州区	50~100
3	唐山市	迁安市	50~100
4	天津市	东丽区	50~100
5	廊坊市	文安县	50~100

如表16-10所示,物流净流出量(即日均出发量减日均到达量大于0)前5位的区县分别是唐山市丰润区、唐山市滦南县、邯郸市永年区、唐山市乐亭县、天津市武清区。

京津冀物流净流出量前5位的县(市、区)　　　表16-10

排名	城市	县(市、区)	物流净流出量
1	唐山市	丰润区	100~150
2	唐山市	滦南县	100~150
3	邯郸市	永年区	50~100
4	唐山市	乐亭县	50~100
5	天津市	武清区	50~100

三、区县货物出发热点和到达热点

对比2023年7月17日京津冀各县(市、区)的货物出发热点和到达热点,可以发现排名前10位的县(市、区)基本重合,分别是天津市滨海新区、北京市通州区、承德市宽城满族自治县、唐山市乐亭县、唐山市迁安市、天津市静海区、承德市滦平县、石家庄市新华区、邯郸市武安市、北京市顺义区,县(市、区)内均分布有物流集聚地及代表性物流节点或设施。以排在首位的天津市滨海新区为例,区内物流聚集地为天津港,代表性物流节点和设施有天津港集装箱码头、天津新港站、保税物流园。2023年7月17日京津冀货物出发热点和到达热点见表16-11。

2023年7月17日京津冀货物出发热点和到达热点　　　　表16-11

排名	城市	县(市、区)	物流聚集地	代表性物流节点和设施
1	天津市	滨海新区	天津港	天津港集装箱码头、天津新港站、保税物流园等
2	北京市	通州区	马驹桥物流基地	马驹桥物流产业园、国家智能汽车创新园等
3	承德市	宽城满族自治县	矿区	矿业集团等
4	唐山市	乐亭县	唐山港	京唐港煤炭港埠等
5	唐山市	迁安市	钢厂	钢铁公司、工贸公司等
6	天津市	静海区	钢管贸易	钢贸公司等
7	承德市	滦平县	矿区	矿业公司等
8	石家庄市	新华区	建材厂	水泥公司、机械公司等
9	邯郸市	武安市	钢厂	钢铁公司、矿业公司等
10	北京市	顺义区	首都机场	空港物流基地等

四、京津冀区县之间的物流联系

京津冀内部联系较为紧密的县(市、区)集中分布在北京、天津、唐山、邯郸四市。如表16-12所示,物流联系度前10位的县(市、区)对分别是天津市东丽区—天津市滨海新区、北京市大兴区—北京市通州区、天津市宁河区—天津市滨海新区、唐山市丰南区—天津市滨海新区、邯郸市武安市—邯郸市涉县、北京市朝阳区—北京市通州区、唐山市丰南区—唐山市曹妃甸区、天津市滨海新区—天津市静海区、天津市北辰区—天津市滨海新区、天津市津南区—天津市滨海新区。作为物流联系度排在首位的县(市、区)对,天津市东丽区—天津市滨海新区2023年7月17日至7月26日的日均OD量(往返OD量之和)处在4000～4500的区间范围内,远高于其他县(市、区)对。

京津冀物流联系度前10位的县(市、区)对　　　　　表16-12

排名	出发地	到达地	7月17日至7月26日的日均OD量(往返OD量之和)
1	天津市东丽区	天津市滨海新区	4000~4500
2	北京市大兴区	北京市通州区	2500~3000
3	天津市宁河区	天津市滨海新区	2000~2500
4	唐山市丰南区	天津市滨海新区	2000~2500
5	邯郸市武安市	邯郸市涉县	1500~2000
6	北京市朝阳区	北京市通州区	1500~2000
7	唐山市丰南区	唐山市曹妃甸区	1500~2000
8	天津市滨海新区	天津市静海区	1000~1500
9	天津市北辰区	天津市滨海新区	1000~1500
10	天津市津南区	天津市滨海新区	1000~1500

五、京津冀与外部省份的物流联系

与京津冀城市群外部联系最为紧密的前三个区域外省份分别是山东省、山西省、内蒙古自治区,如图16-6所示。2023年7月17日—7月26日,山东省、山西省、内蒙古自治区与京津冀区域的日均OD量(往返OD量之和)分别处在70000~75000、45000~50000、25000~30000的区间范围内。京津冀区域内物流量和京津冀区域外物流量之比为1.15∶1,京津冀流入物流量和京津冀流出物流量之比为0.90∶1,可见京津冀区域内物流量更高,流出物流量高于流入物流量。

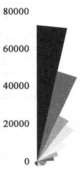

图16-6　京津冀与其他省（区、市）OD联系情况

第四节 "23·7"雨洪灾害对京津冀区域物流的冲击复盘

一、整体时间线复盘

（一）海河"23·7"流域性特大洪水

2023年7月28日—8月1日，受台风"杜苏芮"北上与冷空气交绥影响，海河流域中部、南部出现强降雨，发生流域性较大洪水。如图16-7所示，本书将2023年7月17日—8月14日划分为雨洪前（7月17日—7月26日）、雨洪中（7月27日—8月2日）、雨洪后（8月3日—8月14日）三个阶段，将7月17日、7月31日、8月14日分别作为雨洪前、雨洪中、雨洪后的特征时间点，分析京津冀区域降雨量、货运量、物流联系与热点等数据变化情况。

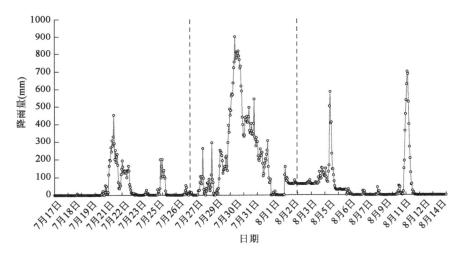

图16-7 海河"23·7"流域性特大洪水时间线

选取保定市涿州市、北京市房山区、廊坊市霸州市作为重点县（市、区），根据降雨量时间线对受灾时段进行具体划分，如图16-8所示。其中，保定市涿州市的雨洪前、中、后时段分别为7月17日—7月28日、7月29日—7月31日、8月1日—8月14日，北京市房山区的雨洪前、中、后时段分别为7月17日—7月28日、7月29日—8月2日、8月3日—8月14日，廊坊市霸州市的雨洪前、中、后时段分别为7月17日—7月28日、7月29日—8月1日、8月2日—8月14日。

雨洪前（7月17日—7月26日），京津冀总降雨量9287.4mm、日均降雨量928.7mm，仅有部分县（市、区）出现少量降雨，其余县（市、区）累计降雨量均少于10mm。雨洪中（7月27日—8月2日），京津冀总降雨量40097.9mm、日均降雨量5728.3mm，北京、天津两市及河北省中部、西南部的部分县(市、区)累计降雨量大幅增加,特别是北京市门头沟区、房山区和保定市的22个县(市、区)。雨洪后(8月3日—8月14日),京津冀总降雨量10327.1mm、日均降雨量860.6mm,绝大多数县(市、区)的累计降雨量回到10mm以下。

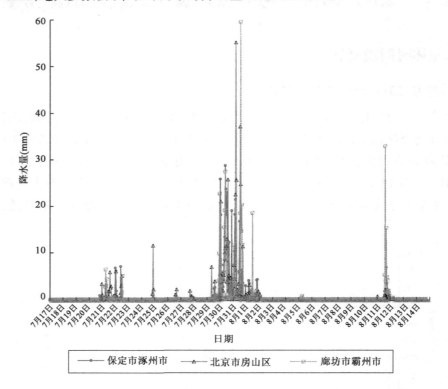

图16-8 2023年7月17日—8月14日保定市涿州市、北京市房山区、廊坊市霸州市降水量时间线

(二)出发和到达物流量变化情况

对比雨洪前、中、后的京津冀出发物流量和到达物流量,可以发现7月17日—8月14日货运物流量呈"U"形反弹曲线,如图16-9所示。雨洪前(7月17日—7月26日),京津冀总物流量1226万车次、日平均物流量122万车次。雨洪中(7月27日—8月2日)总物流量588万车次、日平均物流量84万车次,较雨洪前大幅减少,并在8月1日前后降至最低。雨洪后(8月3日—8月14日)总物流量1411万车次、日平均物流量118万车次,基本恢复到灾前水平。

具体来看,雨洪前(7月17日—7月26日)京津冀各县(市、区)总出发量616万车次、总到达量610万车次,东部、西南部地区的日平均物流量相对较高。雨洪中(7月27日—8月2日)总出发量292万车次、总到达量296万车次,较雨洪前显著减少,中部、西南部的县(市、区)日平均物流量亦有减少。雨洪后(8月3日—8月14日)总出发量705万车次、总到达量707万车次,基本恢复到灾前水平。

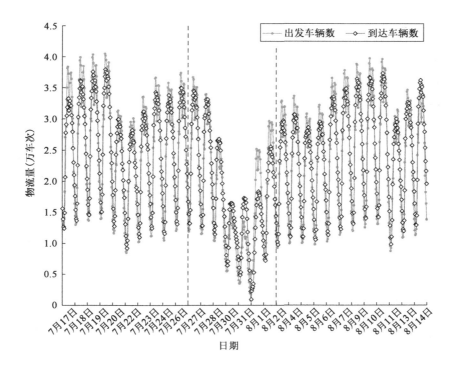

图16-9 2023年7月17日—8月14日京津冀出发物流量与到达物流量变化情况

(三)县(市、区)之间的物流联系

对比雨洪前、中、后京津冀各县(市、区)的物流联系,可以发现雨洪后(8月14日)已经基本恢复至雨洪前(7月17日)的水平。

构建由199个京津冀区域内县(市、区)、1个简化的区域外节点组成的200×200OD矩阵,根据冲击不同时间内京津冀县(市、区)之间物流联系的统计数据及分布情况,对比雨洪前(7月17日)、中(7月31日)、后(8月14日)三个特征时间点县(市、区)之间的物流联系,见表16-13和表16-14。

冲击不同时间内京津冀县(市、区)间物流联系统计数据 表16-13

日期	7月17日	7月31日	8月14日
最大物流量	18342	8835	16795
物流量大于0的OD对占比	46.1%	21.6%	46.5%
90%分位数物流量	45	30	42
75%分位数物流量	10	10	10
50%分位数物流量	3	1	3

冲击不同时间内京津冀县(市、区)间物流联系分布情况　　　　　　表16-14

OD对数量	7月17日	7月31日	8月14日
物流量>10000	1	0	1
物流量>10000	1	0	1
物流量>3000	16	4	16
物流量>1000	92	21	74
物流量>500	240	41	189

结果表明,雨洪对京津冀县(市、区)的对外货运量造成了较大影响。雨洪前(7月17日),同一城市县(市、区)间货运联系密切,天津市、北京市、唐山市和石家庄市各县(市、区)的对外货运量较大;雨洪中(7月31日),大部分城市县(市、区)受暴雨影响,对外货运大幅下滑,保定市、石家庄市货运量下滑严重;雨洪后(8月14日),货运量基本恢复至灾前水平,且出省货运量恢复快于入省货运量。

二、冲击不同阶段的物流运行

(一)雨洪前和雨洪中

受雨洪冲击影响,京津冀县(市、区)出发和到达物流量锐减。雨洪前(7月17日),京津冀出发物流量59万车次、到达物流量59万车次。雨洪中(7月31日),出发物流量、到达物流量分别下降了71.3%、62.3%,降至17万车次、22万车次。

对外货运量下降严重,共9817对县(市、区)之间的物流量降至0。选择7月17日物流量大于500车次的240组县(市、区)对进行分析。相对于雨洪前(7月17日),北京、天津、唐山、石家庄等市下辖县(市、区)货运减少量较多,且原货运量越多,受影响程度越大;北京、唐山、保定、邯郸、承德等市下辖县(市、区)货运量下降的百分比最大。在雨洪冲击导致物流联系下降量最大的前15个区县中,承德市宽城满族自治县、沧州市黄骅市、邯郸市武安市、石家庄市鹿泉区等均有出现。受雨洪冲击物流联系下降量最大的前15个县(市、区)见表16-15。

受雨洪冲击物流联系下降量最大的前15个县(市、区)　　　　　　表16-15

排名	出发地	到达地	7月31日与7月17日OD差
1	天津市滨海新区	天津市滨海新区	−10000
2	天津市滨海新区	天津市区域外县(市、区)	−5000
3	北京通州区	北京通州区	−4000
4	天津市区域外县(市、区)	天津市滨海新区	−4000
5	承德市宽城满族自治县	承德市宽城满族自治县	−4000
6	北京市昌平区	北京市昌平区	−4000
7	北京市顺义区	北京市顺义区	−4000

续上表

排名	出发地	到达地	7月31日与7月17日OD差
8	沧州市黄骅市	沧州市黄骅市	-3000
9	北京市大兴区	北京市大兴区	-3000
10	天津市东丽区	天津市东丽区	-3000
11	北京市房山区	北京市房山区	-2000
12	邯郸市武安市	邯郸市区域外县(市、区)	-2000
13	邯郸市区域外县(市、区)	邯郸市武安市	-2000
14	北京市朝阳区	北京市朝阳区	-2000
15	石家庄市鹿泉区	石家庄市鹿泉区	-2000

下降幅度最大的前15个区县对集中在保定、廊坊、沧州、唐山等市的县(市、区)和北京市门头沟区。受雨洪冲击物流联系下降幅度最大的前15个县(市、区)见表16-16。

受雨洪冲击物流联系下降幅度最大的前15个县(市、区) 表16-16

排名	出发地	到达地	7月31日与7月17日OD比值
1	保定市涞水县	保定市涞水县	0.4%
2	保定市阜平县	保定市阜平县	0.6%
3	保定市唐县	保定市唐县	0.9%
4	保定市易县	保定市易县	1.0%
5	廊坊市霸州市	保定市区域外县(市、区)	1.1%
6	沧州市任丘市	沧州市区域外县(市、区)	1.2%
7	廊坊市区域外县(市、区)	廊坊市文安县	1.3%
8	廊坊市文安县	廊坊市区域外县(市、区)	1.6%
9	保定市曲阳县	保定市曲阳县	1.9%
10	保定市区域外县(市、区)	廊坊市霸州市	2.0%
11	唐山市曹妃甸区	唐山市区域外县(市、区)	2.1%
12	保定市区域外县(市、区)	保定市高碑店市	2.2%
13	邯郸市魏县	邯郸市魏县	2.4%
14	北京市门头沟区	北京市门头沟区	2.4%
15	石家庄市赞皇县	石家庄市赞皇县	2.5%

(二)雨洪中和雨洪后

随着雨洪过去,京津冀县(市、区)出发和到达物流量逐渐恢复。雨洪中(7月31日),京津冀出发物流量17万车次、到达物流量22万车次。雨洪后(8月14日),出发物流量、到达物流量分别上升了238.0%、157.8%,均增至57万车次(相当于雨洪前出发物流量的97.1%、到达物流量的97.2%)。

选择7月17日物流量大于500车次的240组县(市、区)对进行分析。从整体上看,原先货运量较大的恢复较快,出省货运量恢复快于入省货运量,可能是由于救援车辆返回;各地恢复百分比很高。在雨洪冲击导致物流联系增长量最大的前15个区县中,北京市、天津市下辖县(市、区)多次出现,承德市宽城满族自治县、唐山市迁安市、承德市滦平县、石家庄市鹿泉区、邯郸市武安市亦然。增长幅度最大的前15个区县对集中在北京、天津、承德、唐山等市的下辖县(市、区)。雨洪冲击过后物流联系增长量最大的前15个区县见表16-17。

雨洪冲击过后物流联系增长量最大的前15个区县　　表16-17

排名	出发地	到达地	8月14日与7月31日OD差
1	天津市滨海新区	天津市滨海新区	8000
2	天津市滨海新区	天津市区域外县(市、区)	5000
3	北京市顺义区	北京市顺义区	5000
4	北京市通州区	北京市通州区	5000
5	北京市昌平区	北京市昌平区	4000
6	承德市宽城满族自治县	承德市宽城满族自治县	3000
7	承德市滦平县	承德市滦平县	3000
8	北京市大兴区	大北京市兴区	3000
9	天津市东丽区	天津市东丽区	3000
10	北京市房山区	北京市房山区	3000
11	唐山市迁安市	唐山市迁安市	3000
12	石家庄市鹿泉区	石家庄市鹿泉区	2000
13	邯郸市武安市	邯郸市区域外区县	2000
14	北京市朝阳区	北京市朝阳区	2000
15	天津市静海区	天津市静海区	2000

雨洪冲击过后物流联系增长幅度最大的前15个区县见表16-18。

雨洪冲击后物流联系增长幅度最大的前15个区县　　表16-18

排名	出发地	到达地	8月14日与7月31日OD比值
1	承德市丰宁满族自治县	承德市丰宁满族自治县	143.8%
2	唐山市迁西县	唐山市迁西县	142.1%
3	石家庄市平山县	石家庄市平山县	141.8%
4	石家庄市平山县	石家庄市鹿泉区	137.6%
5	石家庄市鹿泉区	石家庄市平山县	131.9%
6	北京市平谷区	北京市平谷区	130.1%
7	北京市朝阳区	北京市通州区	126.4%
8	天津市静海区	天津市滨海新区	125.0%

续上表

排名	出发地	到达地	8月14日与7月31日OD比值
9	唐山市丰润区	唐山市迁安市	124.6%
10	唐山市滦州市	唐山市滦州市	124.2%
11	承德市滦平县	承德市滦平县	122.3%
12	北京市通州区	北京市朝阳区	122.2%
13	唐山市丰南区	唐山市区域外县(市、区)	122.0%
14	邯郸市魏县	邯郸市魏县	119.7%
15	北京市顺义区	北京市顺义区	118.8%

三、重点区县的物流运行情况

(一)保定市涿州市

涿州市位于保定市以北,境内拒马河是京冀两地重要的行洪河道。2023年7月29日8时—8月1日11时,涿州市平均降雨量为355.1mm,北拒马河上游来水最大洪峰达到4500m³/s。受暴雨影响,涿州市物流日出发量较雨洪前的3800车次下降了59.4%、降至1500车次,雨洪后增长35.3%、增至2100车次。物流日到达量则较雨洪前的3800车次下降了53.7%、降至1700车次,雨洪后增长15.3%、增至2100车次。雨洪前(7月17日)至雨洪后(8月14日)涿州市物流日出发量和到达量见图16-10。

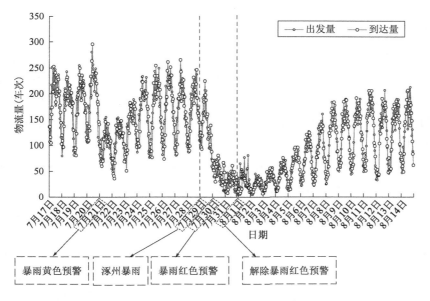

图16-10 雨洪前(7月17日)至雨洪后(8月14日)涿州市物流日出发量和到达量

从物流联系来看,雨洪对涿州市和其他县(市、区)的物流联系影响较大。雨洪前(7月17日),涿州市与北京市房山区、保定市高碑店市和保定市涞水县联系紧密;雨洪中(7月31

日),周边县(市、区)受暴雨影响较大,对外货运量下滑严重;雨洪后(8月14日),货运量基本恢复到雨洪前的水平。

从物流日出发量和到达量来看,涿州市雨洪前(7月17日)至雨洪后(8月14日)OD差较大。灾前(7月17日—7月28日)出发量和到达量较为平衡,OD差相近。灾中(7月29日—7月31日)出发量、到达量受灾害影响明显减少,7月29日—8月1日出发量和到达量差距较大。灾后除8月1日外,出发量和到达量较为平衡,OD差相近。雨洪前(7月17日)至雨洪后(8月14日)涿州市OD差见图16-11。

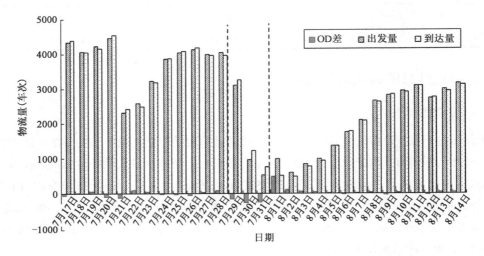

图16-11　雨洪前（7月17日）至雨洪后（8月14日）涿州市OD差

(二)北京市房山区

2023年7月29日,北京市平均降雨量80.3mm,最大降雨出现在房山区三流水村。受暴雨影响,房山区物流日出发量较雨洪前的4900车次下降了69.6%、降至1500车次,雨洪后增长193.7%、增至4400车次。物流日到达量则较雨洪前的4900车次下降了57.9%、降至1500车次,雨洪后增长189.0%、增至4400车次。雨洪前(7月17日)至雨洪后(8月14日)房山区物流日出发量和到达量见图16-12。

从物流联系来看,雨洪对房山区和其他县(市、区)的物流联系影响较大。雨洪前(7月17日),房山区与北京市大兴区、丰台区和保定市涿州市联系紧密。雨洪中(7月31日),周边县(市、区)受暴雨影响较大,对外货运量下滑严重。雨洪后(8月14日),货运量基本恢复到雨洪前的水平。

从物流日出发量和到达量来看,房山区雨洪前(7月17日)至雨洪后(8月14日)OD差较大。灾前(7月17日—7月28日)出发量和到达量较为平衡,OD差相近。灾中(7月29日—8月2日)出发量和到达量差距较大,前期到达量大于出发量,后期出发量大于到达量。灾后到达量相对减少、出发量相对增多,出发量和到达量较为平衡,OD差相近。雨洪前(7月17日)至雨洪后(8月14日)房山区OD差见图16-13。

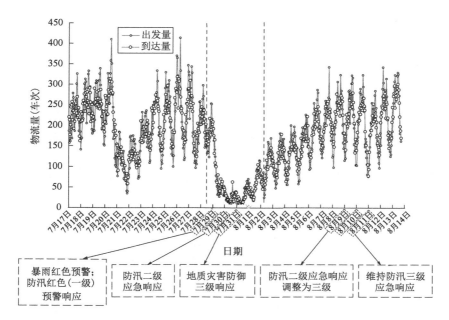

图16-12 雨洪前(7月17日)至雨洪后(8月14日)房山区物流日出发量和到达量

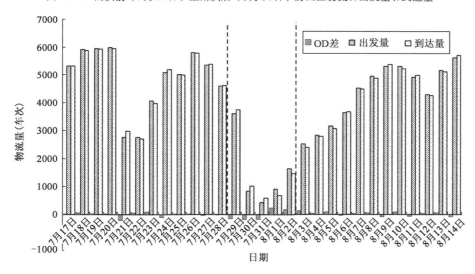

图16-13 雨洪前(7月17日)至雨洪后(8月14日)房山区OD差

(三)廊坊市霸州市

霸州市位于河北省中部、廊坊市中部,地处冀中平原东部。2023年7月31日下午5时,霸州市突降大暴雨,霸州市物流日出发量较雨洪前的6100车次下降了50.0%、降至3100车次,雨洪后增长78.6%、增至5500车次。物流日到达量则较雨洪前的6100车次下降了46.9%、降至3200车次,雨洪后增长65.8%、增至5300车次。雨洪前(7月17日)至雨洪后(8月14日)霸州市物流日出发量和到达量见图16-14。

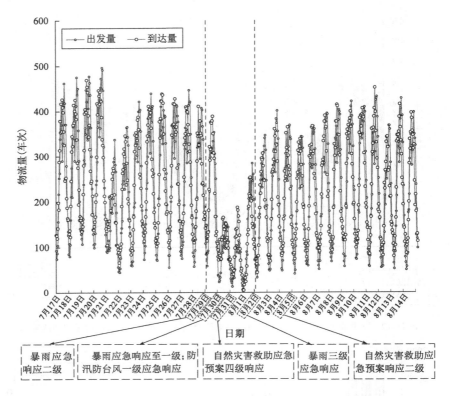

图16-14 雨洪前(7月17日)至雨洪后(8月14日)霸州市物流日出发量和到达量

从物流联系来看,雨洪对霸州市和其他县(市、区)的物流联系影响较大。雨洪前(7月17日),霸州市与廊坊市文安县、保定市雄县、天津市滨海新区联系紧密。雨洪中(7月31日),周边区县货运量受暴雨影响较大,霸州市与保定市雄县货运强度显著下降,对外货运下滑严重。雨洪后(8月14日),货运量基本恢复到雨洪前的水平。

从物流日出发量和到达量来看,霸州市雨洪前(7月17日)至雨洪后(8月14日)OD差较大。灾前(7月17日—7月28日)出发到达量较为平衡,OD差相近。灾中(7月29日—8月1日)出发到达量差距较大,最后一天(8月1日)出发量大于到达量。灾后到达量相对减少、出发量相对增多,出发到达量较为平衡,OD差相近。雨洪前(7月17日)至雨洪后(8月14日)霸州市OD差见图16-15。

四、雨洪冲击下的区域物流韧性测度

(一)计算说明

绘制韧性三角形如图16-16所示。图中各参数定义如下:$\bar{v}_{正常}$、$\bar{v}_{恢复}$分别为灾前阶段、灾后稳定阶段的周转量平均值;v_{t_0}为受灾起始时刻的周转量,该日期以首次小于灾前阶段周转量平均值算起;v_{t_a}为灾中抵抗与灾后恢复阶段交界点的值,即周转量最小值;v_{t_1}为灾后恢复阶段时周转量,该日期以周转量等于灾前周转量平均值时算起。

238

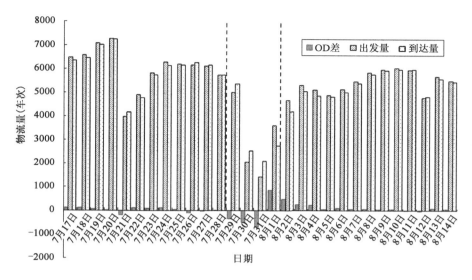

图 16-15 雨洪前（7月17日）至雨洪后（8月14日）霸州市 OD 差

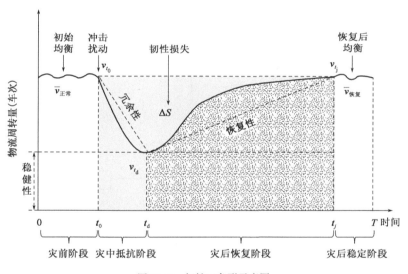

图 16-16 韧性三角形示意图

韧性三角形各部分定义及计算公式如下：

(1) 冗余性（Redundancy）：灾害开始阶段抵抗冲击风险的能力。

$$R_{\text{ed}} = 1 - \frac{\left| \dfrac{v_{t_d}}{\overline{v}_{\text{正常}}} - \dfrac{v_{t_0}}{\overline{v}_{\text{正常}}} \right|}{t_d - t_0} \tag{16-1}$$

(2) 恢复性（Recoverability）：灾害发生后恢复到正常服务状态的能力。

$$R_{\text{ec}} = \frac{\left| \dfrac{v_{t_j}}{\overline{v}_{\text{恢复}}} - \dfrac{v_{t_d}}{\overline{v}_{\text{恢复}}} \right|}{t_j - t_d} \tag{16-2}$$

(3)稳健性(Robustness):灾害发生过程中最大抵抗风险的能力。

$$R_{ob} = \min\left(\frac{v_t}{\bar{v}_{正常}}\right) \quad (16\text{-}3)$$

(4)应变性(Resourcefulness):一定时间内保持正常服务状态的能力。

$$R_{es} = 20 - (t_j - t_0) \quad (16\text{-}4)$$

(5)适应性(Reconstructability):灾害发生后恢复到新状态的能力。

$$R_{ecs} = \frac{\bar{v}_{恢复}}{\bar{v}_{正常}} \quad (16\text{-}5)$$

(6)韧性损失(Resilience Loss):由于灾害韧性不足造成的损失比例。

$$\Delta S = \sum_{t_{受灾}}\left(1 - \frac{v_{t_{受灾}}}{\bar{v}_{正常}}\right) \quad (16\text{-}6)$$

(7)韧性(Resilience):物流系统应对灾情抵抗、吸收和恢复的整体能力。

$$R_{es} = \frac{\bar{v}_{正常}t_0 + \bar{v}_{正常}\left[(t_j - t_0) - \Delta s\right] + \bar{v}_{恢复}(T - t_j)}{\bar{v}_{正常}t_0 + \bar{v}_{正常}(t_j - t_0) + \bar{v}_{恢复}(T - t_j)} \quad (16\text{-}7)$$

绘制雨洪冲击识别流程图,如图16-17所示。

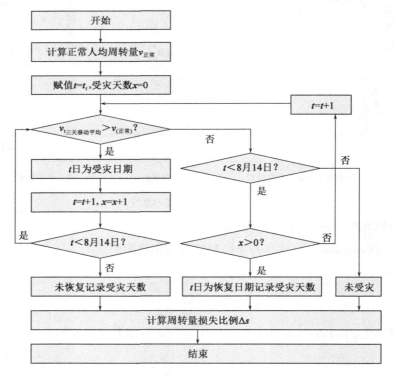

图16-17 雨洪冲击识别流程图

计算周转量损失比例 ΔS 步骤如下：

①计算正常日均周转量 $\bar{v}_{正常}$，赋值 $t = t_i$，受灾天数 $x = 0$。

②判断 $v_{t_{三天移动平均}}$ 与 $\bar{v}_{正常}$ 的关系，根据不同分支可得出"未恢复，记录受灾天数""t 日为恢复日期，记录受灾天数""未受灾"三种结果之一。

a. 若 $v_{t_{三天移动平均}} < \bar{v}_{正常}$，则 t 日为受灾日期，令 $t=t+1$，$x = x+1$，进一步判断"t 是否小于 8 月 14 日"。若判断结果为"否"，则表示"未恢复，记录受灾天数"；反之，重新判断 $v_{t_{三天移动平均}}$ 与 $\bar{v}_{正常}$ 的关系，直到"t 小于 8 月 14 日"的判断结果为"否"。

b. 若受灾天数 $v_{t_{三天移动平均}} \geq \bar{v}_{正常}$，则直接进入对"$t$ 小于 8 月 14 日"的判断。若判断结果为"是"且 $x > 0$，则表示"t 日为恢复日期，记录受灾天数"；若判断结果为"是"且 $x \leq 0$，则令 $t=t+1$，重新判断 $v_{t_{三天移动平均}}$ 与 $\bar{v}_{正常}$ 的关系；若判断结果为"否"，则表示"未受灾"。

③计算周转量损失比例 Δs，结束整个流程。

根据高德地图爬取的起终点距离、公路运输阶梯运价、车辆额定载重及 30% 的空载率假设，由下方公式计算得出 OD 运费。基于上述计算得出的受灾时长、OD 运费及实际数据，根据"公路货运物流行业损失=正常日均运费×受灾时长－受灾时段内各天运费和"，计算得出潜在损失为 300.4 亿元。公路运输阶梯运价见表 16-19。

$$\text{OD 运费} = \text{里程} \times \text{运价} \times \text{车辆额定载重} \times (1 - \text{空载率}) \tag{16-8}$$

（高德爬取起终点距离 → 里程；公路运输阶梯运价 → 运价；取 30% → 空载率）

公路运输阶梯运价 表 16-19

运输距离	里程范围	运价（元/t·km）*
短途	50km 以内	0.8
中途	50～200km	0.6
长途	200km 以上	0.4

注：*运价受多重因素影响，本书采用简单阶梯运价方式进行估算。

（二）实证研究

（1）京津冀韧性损失计算

绘制京津冀物流网络韧性损失图，如图 16-18 所示。

①根据下式，计算得出基准周转量为 22.4 亿 t·km。

$$\bar{v}_1 = \frac{1}{10} \sum_{t_{正常}} v_{t_{正常}} \tag{16-9}$$

$t_{正常} \in [7月17日, 7月26日]$，共 10 天

②识别受灾时段共 12 天，判断 $v_t < \bar{v}_{正常}$。

$$t_{受灾} \in [7月27日, 8月7日], 共12天$$

③ 计算得出韧性损失比例为2.60。

$$\Delta S = \sum_{t_{受灾}} \frac{\overline{v}_{正常} - v_{t_{受灾}}}{\overline{v}_{正常}} \qquad (16-10)$$

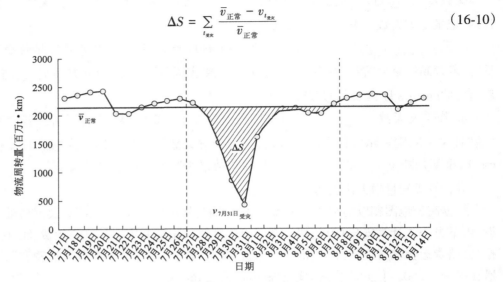

图 16-18 京津冀物流网络韧性损失示意图

(2)重点县(市、区)韧性损失对比

根据京津冀典型县(市、区)韧性指标对比图及物流网络韧性损失示意图,可以发现:北京市房山区表现较好,韧性损失相对较小,适应性、应变性、恢复性优于京津冀整体;廊坊市霸州市韧性损失相对较小,韧性、冗余性表现较好;保定市易县、保定市涿州市和北京市门头沟区的韧性损失较大,适应性、应变性、稳健性、恢复性、冗余性及韧性均不及京津冀整体,提升空间较大。京津冀典型县(市、区)韧性指标对比图物流网络韧性损失示意图见图16-19、图16-20。

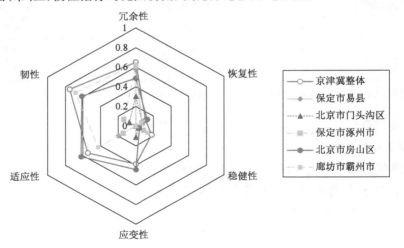

图 16-19 京津冀典型县（市、区）韧性指标对比图

注：图中相关指标均归一化处理。

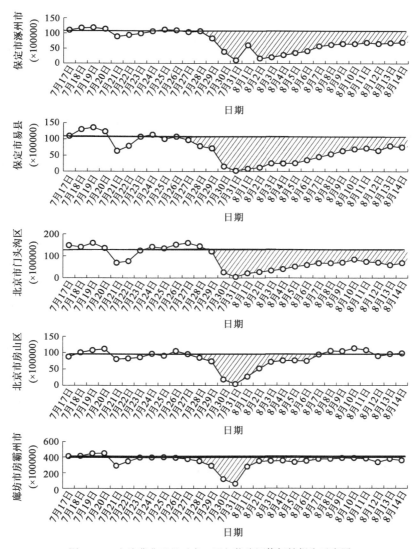

图16-20 京津冀典型县（市、区）物流网络韧性损失示意图

(3) 韧性指数分布情况

京津冀物流网络具备较强韧性,整体韧性指数为0.91,平均韧性损失为2.6天,但恢复性能力是最大短板,计算结果见表16-20。绝大部分县(市、区)物流系统韧性较好,91个县(市、区)的物流恢复时间在3天以内,116个县(市、区)的物流量恢复到冲击前的水平,139个县(市、区)韧性指数达到0.9以上,韧性指数最低为0.64。雨洪冲击对于不同县(市、区)的影响分化,31个县(市、区)的物流恢复时间超过10天,46个县(市、区)的最低物流量仅相当于冲击前的10%,25个县(市、区)的物流量较冲击前增加10%以上。

韧性指数最小的10个县(市、区)集中在北京市、石家庄市和保定市,见表16-21。北京市门头沟区、石家庄市新华区及保定市易县、涞源县、涿州市、阜平县等亟须采取相应措施,提升物流网络韧性能力。

计算结果 表16-20

地区	受灾日期	恢复日期	受灾天数	最低点日期	正常日均周转量（亿t·km）	受灾日均周转量（亿t·km）	韧性	冗余性	恢复性	稳健性	应变性	适应性
京津冀整体	2023年7月27日	2023年8月8日	12	2023.07.31	26.16	20.49	0.91	0.84	0.10	0.19	8	1.01

韧性指数最小的10个县（市、区） 表16-21

排名	城市	区县	韧性指标
1	保定市	易县	0.6418
2	北京市	门头沟区	0.6683
3	保定市	涞源县	0.6734
4	保定市	涿州市	0.6906
5	保定市	阜平县	0.7393
6	石家庄市	新华区	0.7816
7	保定市	定兴县	0.7971
8	保定市	涞水县	0.7983
9	保定市	高碑店市	0.8016
10	保定市	唐县	0.8019

第五节　区域物流系统韧性提升策略

一、高频高损冲击成为"新常态"

联合国减灾办公室《人类灾害成本：2000—2019近20年回顾》指出，2000—2019年期间，全球报告灾害数量较1980—1999年增加了74%；在平均每年发生的367起灾害中，洪水占比达到44%；受灾次数最多的国家是中国。世界气候组织《2022年全球气候状况》报告显示，从2022年1月至9月，全球平均气温比工业化前(1850—1900年)水平高(1.15±0.13)℃；尽管拉尼娜效应使全球气温连续第二年保持低位，但2022年仍可能是有记录以来第五或第六热的年份，过去的8年很可能是有记录以来最热的8年；2022年，中国中东部出现自1961年有完整气象观测记录以来综合强度最强的区域性高温过程，具有持续时间长、极端性强、范围广等特点。世界经济论坛发布的《2023年全球风险报告》列出了2年和10年期间可能产生的影响（严重程度）最大的十大风险，自然灾害和极端天气事件分别排在第2位和第3位。根据麦肯锡《应对气候变化：中国对策》，类似1980年"五十年一遇"的强降水概率也会迅速上升，到2030年将增长2~3倍，到2050年将增长3~6倍。

二、提高供应链物流韧性成为国际共识

根据世界银行《生命线：韧性基础设施机遇》，全球约27%的公路和铁路资产面临至少1种灾害，而公路和铁路网最容易受到地表洪水的影响；中国的交通基础设施预期损失占比最高，虽然公路和铁路里程只占全球的6%，但每年预期风险损失却占全球的24%；中国交通基础设施的预期风险损失大约为1093美元/km（影响最大的是洪水），同样排在全球前列。国际贸易组织《世界贸易报告2023：再全球化，为更加韧性、更加包容的未来》指出，多边贸易面临新冠、冲突、政策等多重危机，全球化"支离破碎"；全球贸易流仍保持韧性，更加数字化、更加绿色、更加包容；开放的贸易政策更能实现供应链韧性、保障经济安全；更加分裂的世界更加需要再全球化，以实现包容性增长。世界银行《联接以竞争2023：不确定的全球经济中的贸易物流——物流绩效指数及其指标》显示，全球各国物流绩效指数（LPI）得分总体稳中有升，物流绩效普遍具备韧性能力；内陆发展中国家和小岛屿发展中国家受制于脆弱的连通性；端到端数字化对于提升供应链可靠性至关重要；绿色物流需求和环境影响监管压力愈来愈大。

三、发达国家积极打造韧性交通体系

为应对气候变化、自然灾害等环境因素影响，美国、日本等发达国家积极打造韧性交通体系。美国国家建筑科学研究所分析发现，交通基础设施韧性建设每投入1美元可产生4美元的未来收益。2019年，美国国家科学院、工程院和医学院倡议国会立法制定州际公路系统更新和现代化计划（RAMP），将"实施交通基础设施韧性提升举措"作为重要内容。2021年，美国"两党法案"使增强韧性成为1100亿美元道路和重大交通项目投资的重要目标，并且专门列支了应对气候变化的460亿美元韧性投资，这是美国历史上规模最大的防灾减灾投资。2023年11月，美国拜登政府召开白宫供应链韧性会议，成立"供应链韧性委员会"。美国韧性基础设施建设的投入产出比见表16-22。

美国韧性基础设施建设的投入产出比　　表16-22

总体灾害费用效益比	超出通用建设标准 1:4	满足通用建设标准 1:11	交通基础设施项目 1:4	联邦赠款支持项目 1:6
洪涝	1:5	1:6	1:8	1:7
强风	1:5	1:10	1:7	1:5
地震	1:4	1:12	1:3	1:3
火灾	1:4	—	—	1:3

资料来源：美国国家建筑科学研究所。

日本《2021年道路数据手册》提出了2021—2025年日本公路基础设施的绩效评价指标体系，将公路发展重点凝练为防灾减灾、设施维护、宜居城市、循环经济、数字转型与低碳发展六大类。日本公路基础设施的绩效评价指标体系的具体内容见表16-23。

2021—2025年日本公路基础设施的绩效评价指标体系　　　　　表16-23

策略目标	政策措施	评价指标	初始值（2019年）	目标值
防灾减灾	考虑气候变化影响，促进流域管理	保护应急运输道路沿线桥梁和建筑物的要求措施实施率	0%	约28%
		应急运输道路沿岸坡地核河岸加固率	约55%	约73%
	减轻随时可能发生的灾害风险，包括地震、海啸	应急运输道路途径桥梁的加固率	79%	84%
	保证灾害发生时的运输功能	重点发展路段的高标准（收费）公路四车道改造工程开工率	约13%	约47%
		高标准公路缺失路段改善率	0%	约30%
		应急运输道路途径桥梁的加固率	79%	84%
		市区应急运输道路上电线杆拆除工程开工率	约38%	约52%
		应急运输道路沿岸坡地和河岸加固率	约55%	约73%
	促进基于灾害风险的危机管理措施	作为紧急疏散路线的国家直接管辖高速公路高价路段疏散设施改善率	约27%	100%
		区域防灾规划中路边休息区业务连续性计划制定率	3%	100%

资料来源：日本《2021年道路数据手册》。

四、我国倡导"韧性、包容"基础设施体系

2023年夏季入汛以来，重庆、京津冀和东北等地先后出现多次强降雨过程。习近平总书记密切关注全国汛情、时刻牵挂受灾群众的安危冷暖，多次作出重要指示。2023年7月4日，重庆等地遭遇强降雨，习近平总书记对防汛救灾工作作出重要指示❶。8月1日，华北、黄淮等地出现极端降雨，习近平总书记再次对防汛救灾工作作出重要指示，要求进一步提升我国防灾减灾救灾能力❷。8月17日，习近平总书记主持召开中央政治局常委会会议，研究部署防汛抗洪救灾和灾后恢复重建工作❸。9月7日，习近平总书记考察遭受洪涝灾害的哈尔滨市尚志市老街基乡龙王庙村❹。11月10日，习近平总书记考察北京市、河北省受灾较重的门头沟区、保定市涿州市❺。10月24日，我国增发1万亿元国债，用于支持灾后恢复重建和提

---

❶ 《习近平对防汛救灾工作作出重要指示 要求加强统筹协调 强化会商研判 做好监测预警 切实把保障人民生命财产安全放到第一位 努力将各类损失降到最低》，《人民日报》2023年07月05日。

❷ 《习近平对防汛救灾工作作出重要指示 要求全力搜救失联被困人员 尽最大限度减少人员伤亡 紧盯防汛重点部位 落实落细各项防汛措施 全力保障人民群众生命财产安全和社会大局稳定》，《人民日报》2023年08月02日。

❸ 《中共中央政治局常务委员会召开会议 研究部署防汛抗洪救灾和灾后恢复重建工作》，《人民日报》2023年08月18日。

❹ 《"我牵挂着受灾的地方"（微镜头·习近平总书记在黑龙江考察）》，《人民日报》2023年09月09日。

❺ 《习近平在北京河北考察灾后恢复重建工作时强调 再接再厉抓好灾后恢复重建 确保广大人民群众安居乐业温暖过冬》，《人民日报》2023年11月11日。

升防灾减灾救灾能力。

党的二十大报告提出"着力提升产业链供应链韧性和安全水平"。2023年9月25日,国家主席习近平向全球可持续交通高峰论坛致贺信,指出"建设安全、便捷、高效、绿色、经济、包容、韧性的可持续交通体系,是支撑服务经济社会高质量发展、实现'人享其行、物畅其流'美好愿景的重要举措"❶。10月18日,国家主席习近平在第三届"一带一路"国际合作高峰论坛开幕式上的主旨演讲中提出了我国支持高质量共建"一带一路"的八项行动,包括构建"一带一路"立体互联互通网络,同共建"一带一路"各国加强能源、税收、金融、绿色发展、减灾、反腐败、智库、媒体、文化等领域的多边合作平台建设❷。11月5日,国家主席习近平在给第六届中国国际进口博览会的致信中强调,中国将始终是世界发展的重要机遇,将坚定推进高水平开放,持续推动经济全球化朝着更加开放、包容、普惠、平衡、共赢的方向发展❸。11月18日,国家主席习近平在亚太经合组织第三十次领导人非正式会议上发表重要讲话,提出"建设开放、活力、强韧、和平的亚太共同体"❹。

五、提高我国物流韧性能力的对策建议

交通物流韧性包括平时稳健运行、事前能力冗余、事中抵抗冲击、事后快速恢复四个部分。为提高我国物流韧性能力,可以从以下四个方面推进工作:

一是开展国家交通物流"生命线"分级分类规划。识别全时空不中断的国家交通物流"生命线"基础设施,完善"大网格+大通道+区域储备中心"的区域管理机制,定期开展交通物流基础设施韧性评估与中断风险识别,推动交通物流韧性常态化知识培训和治理能力建设。

二是提高关键交通物流基础设施防灾能力。提高区际多式联运通道的多元性和冗余性,提升区域关键交通物流基础设施的建设标准,推进平战结合的物资储备物流园区建设,推进平时防灾、韧性减灾与应急救灾的机制标准协同。

三是建立国家综合立体交通网风险时空大数据系统。融合气象、地质、交通、经济、应急等多源高频实时数据,构建交通物流冲击-中断长周期历史观测模型,完善交通物流运行全息感知和风险实时预警体系,建立冲击风险前推演仿真和后复盘评价数字孪生平台。

四是军企民协同完善应急交通物流体系建设。强化平时的末端社会组织自配送体系,提高急时的战略应急物资全球投送能力,推进军民物流体系常态化深度融合发展,完善"一带一路"国际物流大通道。

本章参考文献

[1] Klein, Richard J. T., et al. Resilience to natural hazards: How useful is this concept?[J]. Global Environmental Change Part B: Environmental Hazards, 2003, 5: 1610123.

[2] 光明日报. 京畿大地起宏图——推进京津冀协同发展9周年综述[EB/OL]. (2023-02-26)

---

❶ 《习近平向全球可持续交通高峰论坛致贺信》,《人民日报》2023年09月26日。
❷ 《习近平出席第三届"一带一路"国际合作高峰论坛开幕式并发表主旨演讲》,《人民日报》2023年10月19日。
❸ 《习近平向第六届中国国际进口博览会致信》,《人民日报》2023年11月06日。
❹ 《习近平出席亚太经合组织第三十次领导人非正式会议并发表重要讲话》,《人民日报》2023年11月19日。

[2024-08-06]. https://news.gmw.cn/2023-02/26/content_36391044.htm.

[3] 中华人民共和国国家发展和改革委员会. 京津冀协同发展[EB/OL]. (2019-11-27)[2024-08-06]. https://www.ndrc.gov.cn/gjzl/jjjxtfz/201911/t20191127_1213171.html#:~:text=%E4%BA%AC%E6%B4%A5%E5%86%80%E5%8C%85%E6%8B%AC%E5%8C%97%E4%BA%AC%E3%80%81,%E5%85%A8%E5%9B%BD%E7%9A%849.4%25%E3%80%82.

[4] 首都经济贸易大学特大城市经济社会发展研究院, 叶堂林, 王雪莹, 江成, 刘佳. 京津冀发展报告(2024)[M]. 北京: 社会科学文献出版社, 2024.

[5] 新华网. (两会受权发布)中华人民共和国国民经济与社会发展第十四个五年规划和2035远景目标纲要[EB/OL]. (2021-03-13)[2024-08-06]. http://www.xinhuanet.com/2021-03/13/c_1127205564_2.htm.

[6] 中华人民共和国中央人民政府. 国家发展改革委关于印发"十四五"新型城镇化实施方案的通知[EB/OL]. (2022-06-21)[2024-08-06]. https://www.gov.cn/zhengce/zhengceku/2022-07/12/content_5700632.htm.

[7] 中华人民共和国中央人民政府. 中共中央 国务院关于对《河北雄安新区规划纲要》的批复[EB/OL]. (2018-04-20)[2024-08-06]. https://www.gov.cn/gongbao/content/2018/content_5288813.htm.

[8] 北京市人民政府. 北京城市总体规划(2016年—2035年)[EB/OL]. (2017-09-29)[2024-08-06]. https://www.beijing.gov.cn/gongkai/guihua/wngh/cqgh/201907/t20190701_100008.html.

[9] 中华人民共和国中央人民政府. 中共中央 国务院关于对《北京城市副中心控制性详细规划(街区层面)(2016年—2035年)》的批复[EB/OL]. (2019-01-03)[2024-08-06]. https://www.gov.cn/zhengce/2019-01/03/content_5354591.htm.

[10] 北京市人民政府. 大兴区: 临空经济区打造京津冀协同发展新引擎[EB/OL]. (2022-08-26)[2024-08-06]. https://www.beijing.gov.cn/ywdt/gqrd/202208/t20220826_2801229.html.

[11] 人民网. 聚焦"践行办奥理念 共赴冰雪盛会"系列报道——绿色办奥, 让北奥会"冰雪之约"变得"绿意盎然"[EB/OL]. (2022-01-17)[2024-08-06]. http://finance.people.com.cn/n1/2022/0117/c1004-32333359.html.

[12] 河北新闻网. 三至五月, 河北省气象扩散条件总体不利[EB/OL]. (2019-03-06)[2024-08-06]. https://hebei.hebnews.cn/2019-03/06/content_7360352.htm.

[13] 水利部海河水利委员会. 海河流域概况[EB/OL]. (2023-08-29)[2024-08-06]. http://www.hwcc.gov.cn/wwgj/jishupd/202308/t20230829_113400.html.

[14] 徐嵩. 应对山洪灾害的京津冀山地城镇生态防灾规划方法研究[D]. 天津: 天津大学, 2019.

[15] 北京市水务局. 水资源公报[EB/OL]. [2024-08-06]. https://swj.beijing.gov.cn/zwgk/szygb/.

[16] 天津市水务局. 统计信息[EB/OL]. [2024-08-06]. https://swj.tj.gov.cn/zwgk_17147/

xzfxxgk/fdzdgknr1/tjxx/index.html.

[17] 河北省水利厅.水资源公报[EB/OL].[2024-08-06].http://slt.hebei.gov.cn/dynamic/search.jsp.

[18] 河北省气象局.气候公报[EB/OL].(2023-02-06)[2024-08-06].http://he.cma.gov.cn/qxfw/qhfx/qhgb/.

[19] 北京市统计局.协同发展十年路 京畿大地启新章——数说京津冀协同发展十年成效系列之综合篇[EB/OL].(2024-02-18)[2024-08-06].https://tjj.beijing.gov.cn/zt/jjjjdzl/jjjztbg/202402/t20240222_3567005.html.

[20] 北京市统计局.北京市2023年国民经济和社会发展统计公报[EB/OL].(2024-03-21)[2024-08-06].https://tjj.beijing.gov.cn/tjsj_31433/sjjd_31444/202403/t20240319_3594001.html.

[21] 天津市统计局.2023年天津市国民经济和社会发展统计公报[EB/OL].(2024-03-18)[2024-08-06].https://stats.tj.gov.cn/tjsj_52032/tjgb/202403/t20240318_6563697.html.

[22] 河北省统计局.河北省2023年国民经济和社会发展统计公报[EB/OL].(2024-03-01)[2024-08-06].http://tjj.hebei.gov.cn/hbstjj/sj/tjgb/101703556533408.html.

[23] 新京报.京津冀区域整体实力持续提升!雄安新区建设实现新突破[EB/OL].(2024-07-10)[2024-08-06].https://www.bjnews.com.cn/detail/172058764219577.html.

[24] 中华人民共和国工业和信息化部.一图读懂京津冀产业协同发展实施方案[EB/OL].(2023-05-23)[2024-08-06].https://wap.miit.gov.cn/zwgk/zcjd/art/2023/art_f6c5e58938f4413fbc0a00464e13fe28.html.

[25] 中华人民共和国中央人民政府.京津冀加快构建互联互通综合交通网络[EB/OL].(2021-05-09)[2024-08-06].https://www.gov.cn/xinwen/2021-05/09/content_5605436.htm.

[26] 中华人民共和国中央人民政府.《京津冀协同发展交通一体化规划》发布[EB/OL].(2015-12-09)[2024-08-06].https://www.gov.cn/xinwen/2015-12/09/content_5021821.htm.

[27] 河北省规划综合管理信息平台.河北省"十四五"现代综合交通运输体系发展规划[EB/OL].(2022-05-06)[2024-08-06].http://hbdrc.hebei.gov.cn:8083/Content/5_4427943809615175 68.html.

[28] 北京市人民政府.京津冀交通一体化发展白皮书(2014-2020年)[EB/OL].(2021-12-24)[2024-08-06].https://www.beijing.gov.cn/ywdt/yaowen/202112/t20211224_2571761.html.

[29] 北京市人民政府.城市建设[EB/OL].(2024-03-21)[2024-08-06].https://www.beijing.gov.cn/renwen/bjgk/csjs/202403/t20240322_3597103.html.

[30] 天津市人民政府.我市高速公路多项数据持续向好——"8横6纵"高速路网激活天津

澎湃发展动能[EB/OL].(2024-01-18)[2024-08-06].https://www.tj.gov.cn/sy/zwdt/bmdt/202401/t20240118_6513653.html.

[31] 河北新闻网.河北省2023年完成交通投资1040亿元 公路水路投资增速居全国前列[EB/OL].(2024-01-19)[2024-08-06].https://hebei.hebnews.cn/2024/01/19/content_9129698.htm.

[32] 中国民用航空局.2023年全国民用运输机场生产统计公报[EB/OL].(2024-03-20)[2024-08-06].https://a.tydcdn.com/2024/04/7fd1663d934537984e6651b0a15b71027b4c1c41.pdf.

[33] 中华人民共和国交通运输部.2023年全国港口货物、集装箱吞吐量[EB/OL].(2024-04-16)[2024-08-06].https://xxgk.mot.gov.cn/2020/jigou/zhghs/202404/t20240416_4128399.html.

[34] 港口网.2023年河北省港口货物吞吐量13.6亿吨[EB/OL].(2024-01-27)[2024-08-06].https://www.chinaports.com/portlspnews/15491.

[35] 中华人民共和国中央人民政府.两部门关于印发《国家物流枢纽布局和建设规划》的通知[EB/OL].(2018-12-25)[2024-08-06].https://www.gov.cn/xinwen/2018-12/25/content_5351874.htm.

[36] 中华人民共和国国家发展和改革委员会.国家发展改革委发布"十四五"首批国家物流枢纽建设名单[EB/OL].(2021-11-29)[2024-08-06].https://www.ndrc.gov.cn/fzggw/jgsj/jms/sjdt/202111/t20211129_1305756.html?code=&state=123.

[37] 中华人民共和国中央人民政府.中共北京市委办公厅 北京市人民政府办公厅关于印发《北京培育建设国际消费中心城市实施方案(2021—2025年)》的通知[EB/OL].(2021-09-24)[2024-08-06].https://www.gov.cn/xinwen/2021-09/24/content_5639077.htm.

[38] 天津市人民政府.天津市人民政府关于天津市物流业空间布局规划(2019—2035年)的批复[EB/OL].(2019-07-30)[2024-08-06].https://www.tj.gov.cn/zwgk/szfwj/tjsrmzf/202005/t20200519_2366074.html.

[39] 中华人民共和国中央人民政府.台风"杜苏芮"影响海河全域 水利部全力做好海河洪水防御工作[EB/OL].(2023-08-01)[2024-08-06].https://www.gov.cn/lianbo/bumen/202308/content_6895846.htm.

[40] 河北省现代物流协会.河北省人民政府办公厅关于印发河北省建设全国现代商贸物流重要基地"十四五"规划的通知[EB/OL].(2021-11-23)[2024-08-06].https://www.hebeiwl.net/article/zcfg/4198.html.

[41] 郭九霞.新一代民航运输系统安全韧性理论与方法研究[D].成都:电子科技大学,2021.

[42] 邱桐,陈湘生,苏栋.城市地下空间综合韧性防灾抗疫建设框架[J].清华大学学报(自然科学版),2021,61(02):117-127.

[43] 司昌平.基于多源数据的城市群综合交通运输网络韧性研究[D].济南:山东交通学

院,2023.

[44] 新华网.习近平总书记关切事丨确保受灾群众安全温暖过冬——京津冀和东北等地灾后重建最新进展[EB/OL].(2023-11-08)[2024-08-06].http://www.xinhuanet.com/2023-11/08/c_1129965402.htm.

[45] 中华人民共和国中央人民政府.习近平对防汛救灾工作作出重要指示 要求加强统筹协调 强化会商研判 做好监测预警 切实把保障人民生命财产安全放到第一位 努力将各类损失降到最低[EB/OL].(2023-07-05)[2024-08-06].https://www.gov.cn/yaowen/liebao/202307/content_6889949.htm.

[46] 中华人民共和国中央人民政府.习近平对防汛救灾工作作出重要指示[EB/CL].(2023-08-01)[2024-08-06].https://www.gov.cn/yaowen/liebao/202308/content_6895939.htm.

[47] 中华人民共和国中央人民政府.中共中央政治局常务委员会召开会议研究部署防汛抗洪救灾和灾后恢复重建工作 中共中央总书记习近平主持会议[EB/OL].(2023-08-17)[2024-08-06].https://www.gov.cn/yaowen/liebao/202308/content_6898793.htm.

[48] 中华人民共和国中央人民政府.特写:"保证受灾群众入冬前能入住"——习近平总书记在黑龙江尚志市看望慰问受灾群众[EB/OL].(2023-09-09)[2024-08-06].https://www.gov.cn/yaowen/liebao/202309/content_6903044.htm.

[49] 中华人民共和国中央人民政府.习近平在北京河北考察灾后恢复重建工作[EB/OL].(2023-11-10)[2024-08-06].https://www.gov.cn/yaowen/liebao/202311/content_6914766.htm.

[50] 四川省财政厅.将增发1万亿元国债!怎么用?权威回应[EB/OL].(2023-10-26)[2024-08-06].https://czt.sc.gov.cn/scczt/c109661/2023/10/26/75244eca9af043e8a3bd559162218c08.shtml.

[51] 中华人民共和国中央人民政府.习近平:高举中国特色社会主义伟大旗帜 为全面建设社会主义现代化国家而团结奋斗——在中国共产党第二十次全国代表大会上的报告[EB/OL].(2022-10-25)[2024-08-06].https://www.gov.cn/xinwen/2022-10/25/content_5721685.htm.

[52] 中华人民共和国中央人民政府.习近平向全球可持续交通高峰论坛致贺信[EB/OL].(2023-09-25)[2024-08-06].https://www.gov.cn/yaowen/liebao/202309/content_6906150.htm.

[53] 中国人大网.习近平在第三届"一带一路"国际合作高峰论坛开幕式上的主旨演讲(全文)[EB/OL].(2023-10-18)[2024-08-06].http://www.npc.gov.cn/npc/c2/kgfb/202310/t20231018_432145.html.

[54] 中华人民共和国中央人民政府.习近平向第六届中国国际进口博览会致信[EB/OL].(2023-11-05)[2024-08-06].https://www.gov.cn/yaowen/liebao/202311/content_6913659.htm.

[55] 中华人民共和国中央人民政府.坚守初心 团结合作 携手共促亚太高质量增长

[EB/OL]. (2023-11-17)[2024-08-06]. https://www.gov.cn/gongbao/2023/issue_10846/202311/content_6917323.html.

[56] United Nations Office for Disaster Risk Reduction. The human cost of disasters: an overview of the last 20 years (2000-2019)[EB/OL]. (2021-07-16)[2024-08-06]. https://www.undrr.org/publication/human-cost-disasters-overview-last-20-years-2000-2019.

[57] World Meteorological Organization. State of the Global Climate 2022[EB/OL]. (2023-04-21)[2024-08-06]. https://wmo.int/zh-hans/node/21357.

[58] World Economic Forum. Global Risks Report 2023[EB/OL]. (2023-01-11.)[2024-08-06]. https://cn.weforum.org/publications/global-risks-report-2023/data-on-global-risk-perceptions-2023/.

[59] 麦肯锡大中华区. 应对气候变化:中国对策[EB/OL]. (2020-06-12)[2024-08-06]. https://www.mckinsey.com.cn/wp-content/uploads/2020/06/%E9%BA%A6%E8%82%AF%E9%94%A1_%E5%BA%94%E5%AF%B9%E6%B0%94%E5%80%99%E5%8F%98%E5%8C%96_%E4%B8%AD%E5%9B%BD%E5%AF%B9%E7%AD%96.pdf.

[60] World Bank. Lifelines: The Resilient Infrastructure Opportunity[EB/OL]. (2019-06-19)[2024-08-06]. https://openknowledge.worldbank.org/entities/publication/c3a753a6-2310-501b-a37e-5dcab3e96a0b.

[61] World Trade Organization. World Trade Report 2023—Re-globalization for a secure, inclusive and sustainable future[EB/OL]. (2023-09-12)[2024-08-06]. https://www.wto.org/english/res_e/publications_e/wtr23_e.htm.

[62] World Bank. Connecting to Compete, the Logistics Performance Index (LPI)[EB/OL]. (2023-04-21)[2024-08-06]. https://lpi.worldbank.org/index.php/about.

第五篇 国 际 篇

第十七章 LPI视角下全球国际物流发展分析

物流绩效指数(LPI)是了解全球物流趋势和效率的重要基准工具。根据世界银行(World Bank)2023年发布的最新一期《联接以竞争》物流绩效指数报告,全球物流总体表现出相当的韧性,LPI综合得分和单项指标分数保持稳定或有所改善,但得分差距略有扩大。我国2023年LPI综合得分较2018年大幅提升,排在全球第19位,创历史新高,但与世界主要发达国家和地区相比仍存在较大差距。借鉴物流强国的发展经验,我国需要在国际多式联运通道建设、供应链物流数字化、国际物流绿色可持续发展、国际供应链风险评估等方面持续发力,这些措施对于保障我国产业链供应链安全稳定具有战略意义。

第一节 LPI内涵及总体得分情况

一、LPI概念内涵及发展历程

LPI是物流绩效指数(Logistics Performance Index)的简称,来源于世界银行2007年以来每两年编写一期的《联接以竞争》物流绩效指数(Connecting to Compete, the Logistics Performance Index)报告。该指数基于跨国货运代理商、快递承运商等国际物流运营商的问卷反馈结果,从海关、基础设施、国际货物运输、物流能力与质量、及时性、跟踪与追踪等6个维度,对相关国家和地区快速可靠跨境运输货物的能力进行了定性评估,旨在帮助其确定自身在贸易物流中面临的机遇和挑战。LPI单项指标的定义见表17-1。

LPI单项指标的定义　　　　　　　　　　表17-1

指标名称	定义
海关	海关和边境管理通关的效率(1=很低 至 5=很高)
基础设施	贸易和运输相关基础设施的质量(1=很低 至 5=很高)
国际货物运输	安排价格有竞争力的国际运输的难度(1=很低 至 5=很高)
物流能力与质量	提供物流服务的能力和质量(1=很低 至 5=很高)
及时性	货物在预定或预期时间内送达收货人的频率(1=很低 至 5=很高)
跟踪与追踪	追踪查询货物的能力(1=低 至 5=高)

资料来源:世界银行(World Bank)。

2023年4月21日,世界银行发布了第七期《联接以竞争》物流绩效指数报告,即《联接以竞争2023:不确定的全球经济中的贸易物流——物流绩效指数及其指标》(Connecting to

Compete 2023:Trade Logistics in an Uncertain Global Economy-The Logistics Performance Index and its Indicators),内容涉及139个国家和地区的LPI综合得分、单项指标分数及排名情况。在此基础上,报告还拓展了新的关键绩效指标(KPI),基于涵盖集装箱、集装箱船舶、航空货物和邮政运输(包裹)的大型全球供应链跟踪数据集(大数据),用天数或简单计数来衡量世界各地的贸易速度,但仅作为LPI的补充材料被提供和使用,未被纳入相关国家和地区的得分和排名中。KPI的定义见表17-2。

KPI的定义　　　　　　　　　　　表 17-2

指标名称		定义
连通性	航运连通性	通过(船舶)直接服务可进入的伙伴国家和地区数量
	航空连通性	直接航空连接点数量(国家和地区)
	邮政连通性	国际邮政连接点数量(国家和地区)
时间	港口停留时间	集装箱在港口(出口或进口)停留的时间
	综合停留时间	集装箱停留在港口和内陆多式联运通关设施的时间
	航空停留时间	货物在机场所花费的时间
	邮政送达时间	邮寄物品从抵达该国家和地区的邮政局到最终(或首次尝试失败)送达收件人的时间
	交货时间	从始发港到目的港的集装箱交货时间
	周转时间	集装箱船舶停靠港口的时间,不包括在锚地等待时间

资料来源:世界银行(World Bank)。

二、全球LPI得分总体情况

(一)LPI综合得分

根据第七期《联接以竞争》物流绩效指数报告,2023年全球LPI综合得分最高的是新加坡,分数为4.3。除新加坡之外,芬兰等11个国家和地区的LPI综合得分也达到或超过4.0,分别排在第二、第三、第七的位置,但与新加坡仍有一定差距。LPI综合得分最低的是阿富汗和利比亚两个国家,分数不及2.0。

从分布情况来看,2023年全球LPI综合得分区间为[1.9,4.3],平均值为3.0,中位数处在(2.4,2.9]区间内。如图17-1所示,2023年全球LPI综合得分呈右偏态分布,仅有柬埔寨、斐济、委内瑞拉等25个国家和地区处在1.9至2.4(不包括1.9)的区间范围内,其余国家和地区的LPI综合得分均高于2.4。其中,LPI综合得分落在2.4至2.9(不包括2.4)之间的国家和地区数量最多、占比超过35%,落在3.9至4.4(不包括3.9)之间的国家和地区最少。

与2018年相比,2023年全球LPI综合得分的平均值提高了0.1,物流绩效整体有所改善。一方面,是因为部分国家和地区的物流绩效表现得更加强劲,LPI综合得分高于2.9的国家和地区数量增加。另一方面,LPI综合得分受到样本量缩减的影响,2023年参与LPI评估的国家和地区数量较2018年减少了21个,其中包括20个2018年LPI综合得分不超过2.6、平均值为2.4的国家和地区。

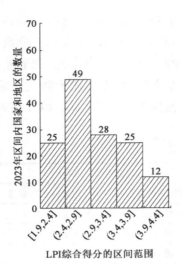
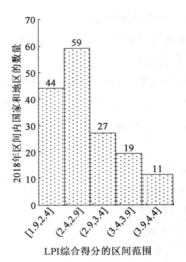

图 17-1 2023年(左)与2018年(右)全球LPI综合得分直方图对比

资料来源:世界银行(World Bank)。

以2023年LPI综合得分排名前30位的国家和地区为例,进行具体分析。由于爱沙尼亚等八个国家和地区均以3.6的LPI综合得分并列第26名,故2023年全球LPI综合得分排名前30位的国家和地区共有33个,分别为新加坡、芬兰、丹麦、德国、荷兰、瑞士、奥地利、比利时、加拿大、中国香港、瑞典、阿联酋、法国、日本、西班牙、中国台湾、韩国、美国、澳大利亚、中国、希腊、意大利、挪威、南非、英国、爱沙尼亚、冰岛、爱尔兰、以色列、卢森堡、马来西亚、新西兰、波兰。相关国家和地区的LPI综合得分、单项分数及排名见表17-3。

2023年LPI综合得分排名前30位的国家和地区　　　　表17-3

国家（地区）	LPI		LPI单项指标											
			海关		基础设施		国际货物运输		物流能力与质量		及时性		跟踪与追踪	
	得分	排名	得分	排名	得分	排名	得分	排名	得分	排名	得分	排名	得分	排名
新加坡	4.3	1	4.2	1	4.6	1	4.0	2	4.4	1	4.3	1	4.4	1
芬兰	4.2	2	4.0	4	4.2	5	4.1	1	4.2	3	4.3	1	4.2	3
丹麦	4.1	3	4.1	2	4.1	9	3.6	14	4.1	9	4.1	10	4.3	2
德国	4.1	3	3.9	7	4.3	3	3.7	8	4.2	3	4.1	10	4.2	3
荷兰	4.1	3	3.9	7	4.2	5	3.7	8	4.2	3	4.0	17		
瑞士	4.1	3	4.1	2	4.4	2	3.6	14	4.3	2	4.2	4	4.2	3
奥地利	4.0	7	3.7	14	3.9	16	3.8	4	4.0	11	4.3	1	4.2	3
比利时	4.0	7	3.9	7	4.1	9	3.8	4	4.2	3	4.2	4	4.0	16
加拿大	4.0	7	4.0	4	4.3	3	3.6	14	4.2	3	4.1	10	4.1	11

续上表

国家（地区）	LPI		LPI单项指标											
			海关		基础设施		国际货物运输		物流能力与质量		及时性		跟踪与追踪	
	得分	排名	得分	排名	得分	排名	得分	排名	得分	排名	得分	排名	得分	排名
中国香港	4.0	7	3.8	12	4.0	14	4.0	2	4.0	11	4.1	10	4.2	3
瑞典	4.0	7	4.0	4	4.2	5	3.4	26	4.2	3	4.2	4	4.1	11
阿联酋	4.0	7	3.7	14	4.1	9	3.8	4	4.0	11	4.2	4	4.1	11
法国	3.9	13	3.7	14	3.8	19	3.7	8	3.8	20	4.1	10	4.0	16
日本	3.9	13	3.9	7	4.2	5	3.3	38	4.1	9	4.0	17	4.0	16
西班牙	3.9	13	3.6	20	3.8	19	3.7	8	3.9	14	4.2	4	4.1	11
中国台湾	3.9	13	3.5	22	3.8	19			3.9	14	4.2	4	4.2	3
韩国	3.8	17	3.9	7	4.1	9	3.4	26	3.8	20	3.8	25	3.8	23
美国	3.8	17	3.7	14	3.9	16	3.4	26	3.9	14	3.8	25	4.2	3
澳大利亚	3.7	19	3.7	14	4.1	9	3.1	47	3.9	14	3.6	35	4.1	11
中国	3.7	19	3.3	31	4.0	14	3.6	14	3.8	20	3.7	30	3.8	23
希腊	3.7	19	3.2	37	3.7	25	3.8	4	3.8	20	3.9	21	3.9	20
意大利	3.7	19	3.4	24	3.8	19	3.4	26	3.8	20	3.9	21	3.9	20
挪威	3.7	19	3.8	12	3.9	16	3.0	57	3.8	20	4.0	17	3.7	29
南非	3.7	19	3.3	31	3.6	30	3.6	14	3.8	20	3.8	25	3.8	23
英国	3.7	19	3.5	22	3.7	25	3.5	22	3.7	28	3.7	30	4.0	16
爱沙尼亚	3.6	26	3.2	37	3.5	39	3.4	26	3.7	28	4.1	10	3.8	23
冰岛	3.6	26	3.7	14	3.6	30	3.3	38	3.5	38	3.6	35	3.7	29
爱尔兰	3.6	26	3.4	24	3.5	39	3.6	14	3.6	33	3.7	30	3.7	29
以色列	3.6	26	3.4	24	3.7	25	3.5	22	3.8	20	3.7	30	3.7	29
卢森堡	3.6	26	3.6	20	3.6	30	3.6	14	3.9	14	3.5	46	3.5	37
马来西亚	3.6	26	3.3	31	3.6	30	3.7	8	3.7	28	3.7	30	3.7	29
新西兰	3.6	26	3.4	24	3.8	19	3.2	43	3.7	28	3.8	25	3.8	23
波兰	3.6	26	3.4	24	3.5	39	3.3	38	3.6	33	3.9	21	3.8	23

资料来源：世界银行（World Bank）。

从得分情况来看，2023年前30位的国家和地区的LPI综合得分分布较为集中，除新加坡和芬兰两国分别以4.3、4.2的得分位居榜首和第二之外，其余分数均出现了多个国家和地区排名并列的情况。与2018年相比，前30位的国家和地区的LPI综合得分的最大值（4.3）和最小值（3.6）提升了0.1，和图16-1中（3.4,3.9]、（3.9,4.4]两区间内国家和地区数量的增加相印证。

从空间地域来看，LPI综合得分前30位的国家和地区主要分布在欧、亚两大洲，在33个国家和地区中占比达到84.85%，包括北欧五国（丹麦、瑞典、挪威、芬兰和冰岛）、西欧和中南欧的高收入经济体，以及东亚、东南亚的高收入和中高等收入经济体。北美洲、大洋洲和非洲仅涉及加拿大、美国、澳大利亚、南非、新西兰等5个国家。

（二）LPI单项指标分数

LPI包括海关、基础设施、国际货物运输、物流能力与质量、及时性、跟踪与追踪等6个单项指标，体现出一定的韧性。在全球供应链紊乱、中断延迟现象频发的背景下，2023年"及时性"分数的平均值和中位数保持在3.2的水平，其余指标分数的平均值和中位数均较2018年提高了0.1～0.2。但是，国家和地区之间的差距有所扩大。除"基础设施"和"跟踪与追踪"之外，"海关""国际货物运输""物流能力与质量"等3项指标分数呈现出最大值提高、最小值降低的情况。2023年与2018年LPI单项指标的数据特征对比见表17-4。

2023年与2018年LPI单项指标分数的数据特征对比　　　　　表17-4

指标名称	数据特征	2023	2018
海关	区间	[1.5,4.2]	[1.6,4.1]
	平均值	2.8	2.7
	中位数	2.7	2.6
基础设施	区间	[1.7,4.6]	[1.6,4.4]
	平均值	2.9	2.7
	中位数	2.7	2.5
国际货物运输	区间	[1.7,4.1]	[1.8,4.0]
	平均值	2.9	2.8
	中位数	2.9	2.7
物流能力与质量	区间	[1.8,4.4]	[1.9,4.3]
	平均值	3.0	2.8
	中位数	2.9	2.7
及时性	区间	[2.1,4.3]	[2.0,4.4]
	平均值	3.2	3.2
	中位数	3.2	3.2
跟踪与追踪	区间	[1.6,4.4]	[1.6,4.3]
	平均值	3.1	2.9
	中位数	3.0	2.8

资料来源：世界银行（World Bank）。

选取2023年LPI单项指标排名前3位的国家和地区进行具体分析（表17-5），涉及新加坡、丹麦、瑞士、德国、加拿大、芬兰、中国香港、荷兰、比利时、瑞典、奥地利、中国台湾、美国等11个高收入经济体。相对发达的经济基础为上述国家和地区投资基础设施和科学技术提供了坚实的要素保障。相关投资的效果直接体现在当地基础设施质量的提升、跟踪与追踪技术的发展,还可间接见于海关和边境管理通关效率的提高。而"基础设施""海关"等单项指标对于改善LPI综合得分至关重要。一方面,能够有效减少延误,提高"及时性"。根据世界银行发布的全球集装箱港口绩效指数(Container Port Performance Index,简称"CPPI"),港口停留时间过长的国家可能在港口基础设施和码头生产率方面面临严重制约,海关对进口交易和货物的控制也是造成延误的原因之一。另一方面,还能够吸引更多国际物流运营商进入所在国家和地区,为"物流能力与质量""国际货物运输"分数的提高创造条件。

对比表17-3列出的2023年LPI综合得分前30位的国家和地区,可以发现LPI单项指标排名前3位的13个高收入经济体均有出现。尤其是新加坡、丹麦、瑞士、德国、加拿大等5个"海关"或"基础设施"单项指标分数排在前3位的国家,LPI综合得分分别位居榜首、第三、第三、第三、第七,进一步论证了上文的观点。

2023年LPI单项指标分数排名前3位的国家和地区 表17-5

LPI指标名称	LPI指标分数排在前3位的国家和地区
海关	新加坡、丹麦、瑞士
基础设施	新加坡、瑞士、德国、加拿大
国际货物运输	芬兰、新加坡、中国香港
物流能力与质量	新加坡、瑞士、芬兰、德国、荷兰、比利时、加拿大、瑞典
及时性	新加坡、芬兰、奥地利
跟踪与追踪	新加坡、丹麦、芬兰、德国、瑞士、奥地利、中国香港、中国台湾、美国

资料来源:世界银行(World Bank)。

三、主要发达国家和地区LPI得分情况

(一)LPI综合得分

凭借多维度的较强实力,世界主要发达国家和地区LPI综合得分虽然自2007年起时有波动起伏,但是大致处在相对固定的区间范围内。在经济复苏前景黯淡的情况下,世界主要发达国家和地区2023年LPI综合得分依然占据领先地位,甚至在分数上较2018年有所提升,新加坡、荷兰和中国香港LPI综合得分及排名均呈上升趋势,如图17-2所示。其中,新加坡的物流绩效显著提升,在2023年以4.3的LPI综合得分超越德国、升至榜首。德国、美国的LPI综合得分较2018年减少了0.1,在排名上分别被荷兰、中国香港追平或超越,但仍居于前3强、前20强。

(二)LPI单项指标分数

对比2023年与2018年世界主要发达国家和地区的LPI单项指标分数情况,如图17-3所示。

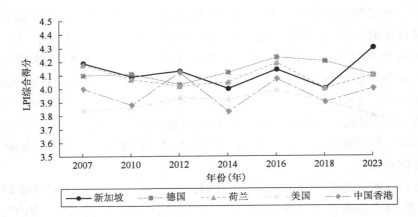

图17-2 2007年至2023年世界主要发达国家和地区LPI综合得分情况

资料来源：世界银行（World Bank）。

（1）新加坡：全球核心物流枢纽

新加坡2023年LPI综合得分位居榜首，进一步证实了其在全球物流枢纽中的核心地位。除"及时性"分数稳定在4.3之外，其余5个单项指标均取得了不低于0.3的分数提升。全球第一的清关效率、相对完善的物流基础设施、定制化供应链解决方案、先进的物流管理系统和技术等，使得新加坡在"海关""基础设施""物流能力与质量""及时性""跟踪与追踪"等方面位于领先地位，"国际货物运输"排名能力仅次于芬兰、位居第二。

（2）德国：欧洲最大的物流市场

制造业是物流业的重要基础，并对物流业发展不断提出新的要求。作为制造强国，德国已成为欧洲最大的物流市场，其物流业在全球范围内处于领先地位。根据往期《联接以竞争》物流绩效指数报告，德国LPI综合得分始终处在前四强的位置，且曾连续三期排在榜首（2014年、2016年、2018年）。2023年，在俄乌冲突、能源危机等因素的综合作用下，德国经济面临挑战，物流业也受到影响。除"跟踪与追踪"分数保持不变之外，其余5个LPI单项指标的分数及排名均呈下降趋势，LPI综合得分降至第3位。

（3）荷兰：通往欧洲的物流门户

荷兰是欧洲的物流中心之一，拥有强盛的物流业和以创新著称的物流服务能力。2023年，在"及时性"分数减少至4.0的情况下，荷兰凭借世界前五水准的"基础设施"、不断提升的"物流能力与质量"和"跟踪与追踪"能力，LPI综合得分达到4.1、进入世界前三。但还需关注"海关""国际货物运输"的发展，减少短板对其LPI综合得分提升的制约作用。

（4）美国：物流网络和技术优势突出

美国物流业发展起步较早，依托相对完善的水、陆、空物流网络和数字化技术，LPI综合得分始终处于全球前20位，2023年"跟踪与追踪"能力进一步提升，排在第3位。但随着通货膨胀居高不下、电子商务增长放缓和物流成本上升,美国在"海关""基础设施""国际货物运输""及时性"等方面面临多重挑战,相关指标分数和排名较2018年降低。

(5)中国香港:亚洲重要物流枢纽

中国香港地处亚洲要冲,是亚洲重要的物流枢纽。截至2023年,已拥有位居世界前列的国际机场、港口设施及连接香港、广东珠海和澳门的港珠澳大桥,且致力于提升货物清关效率、促进跨境货物流通,"海关"和"基础设施"分数保持稳定。此外,中国香港在"国际货物运输""物流能力与质量""跟踪与追踪"能力方面获得了更高分数,LPI综合得分回升至4.0、排在全球第7位。

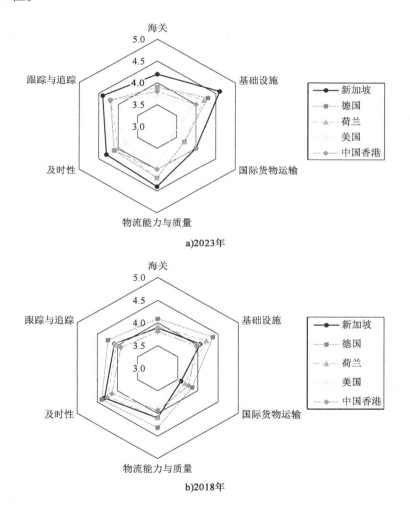

图17-3 2023年与2018年世界主要国家和地区LPI单项分数对比

资料来源:世界银行(World Bank)。

第二节 我国LPI得分情况及经验借鉴

一、LPI综合得分

我国物流业发展起步较晚,但发展速度较快、趋势向好。根据往期《联接以竞争》物流绩效指数报告,我国LPI综合得分及排名总体呈上升趋势,与世界主要发达国家和地区之间的差距逐渐缩小,如图17-4所示。2007年我国LPI综合得分为3.3、排在第30位,2016年超过3.6、进入前三十强(第27名)。2018年LPI综合得分虽然较2016年略微降低,但与美国的差距已缩小至0.3分以下。2023年,我国LPI综合得分至3.7、进入前二十强(第19名),与美国的得分差距进一步缩小,在中高等收入经济体中处于领先地位。

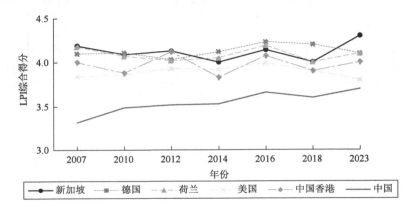

图17-4 2007—2023年我国与主要发达国家和地区LPI综合得分对比

资料来源:世界银行(World Bank)。

二、LPI单项指标分数

2023年,除"及时性"分数下降、"海关"分数持平外,我国"基础设施""国际货物运输""物流能力与质量""跟踪与追踪"等单项指标的分数均较2018年有所增加。其中,"基础设施"和"物流能力与质量"的改善程度最为明显,分数提升了0.2,排名也分别上升至第14位、第20位。2007—2023年我国LPI单项分数变化情况如图17-5所示。

但是,我国与新加坡、德国、荷兰等世界主要发达国家和地区之间仍有较大差距。我国仅有"基础设施"(第14位)、"国际货物运输"(第14位)和"物流能力与质量"(第20位)位列单项指标排名的前二十强,"跟踪与追踪"(第23位)、"及时性"(第30位)和"海关"(第31位)均排在二十名开外。其中,"跟踪与追踪"在分数上有所增加,但其排名与新加坡、德国、荷兰、美国相比差距极大。改善"海关"分数对于提高LPI综合得分非常重要,我国的"海关"分数与上期持平,但和新加坡差距显著。"及时性"分数的下降,进一步拉开了我国与主要发达国家和地区之间的分数和排名差距。2023年我国与主要发达国家和地区LPI单项指标分数对比如图17-6所示。

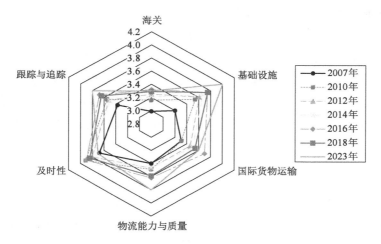

图17-5　2007—2023年我国LPI单项分数变化情况

资料来源：世界银行（World Bank）。

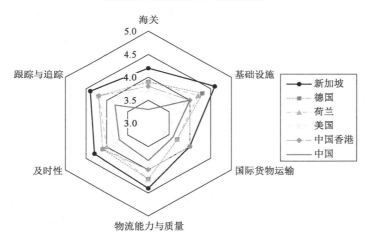

图17-6　2023年我国与主要发达国家和地区LPI单项指标分数对比

资料来源：世界银行（World Bank）。

三、主要发达国家和地区经验借鉴

(一)持续优化营商环境

营商环境是市场主体生存发展的土壤，其优劣将直接影响市场主体的兴衰、生产要素的聚散和发展动力的强弱。开放的营商环境不仅能够吸引更多企业入驻，为提高物流服务能力与质量、安排价格有竞争力的国际货物运输提供条件，还有助于简化通关手续、提高效率。

在此方面，新加坡、中国香港的做法极具代表性。一是出台种类繁多的营商优惠政策。新加坡经济发展局（Economic Development Board，简称EDB）推出了总部活动计划、先锋企业优惠、发展与扩张优惠等多重措施，鼓励企业在当地设立总部和开展商业活动。中国香港则实行简单低税率政策和自由贸易政策，开设公司程序快捷简易且成本低廉。根据世界银行《营商环境报告》（Doing Business），中国香港在过去多年间持续位于全球前列，2020年便利营商程度排名全球第三，在缴纳税款、开办企业等方面处于190个经济体的前五。二是不断完善自由贸易园区（简称"自贸区"）网络。新加坡自贸区采取"境内关外"的管理模式，货物在进入园区时可直接凭过境提单办理通关。截至2023年12月，新加坡自贸区数量已增加至9个。

（二）推广数字通关系统

海关作为国家和地区对外开放的重要门户，一头连着国内企业，一头连着国际市场。在国际贸易中，海关通关效率对货物运送的及时性和企业的运营成本具有直接影响。推动大数据、互联网等技术与海关业务相融合，打造智能高效的通关系统，能够助力实现高效便利化通关、优化口岸服务。

2023年，新加坡、荷兰等国家和地区的"海关"分数在139个国家和地区中名列前茅，其发展经验具有一定借鉴意义。新加坡推出digitalPORT@SG数字港口计划，为抵港船舶提供一站式清关服务，预计每年能够为新加坡航运业节省10万个工时。此外，新加坡与日本、澳大利亚共同作为召集方，从2019年开始推动世界贸易组织（WTO）电子商务谈判，截至2023年12月已完成电子认证和电子签名、无纸化交易、单一窗口等13个条款的谈判。荷兰则针对货物跨境流动方面的重要问题，加强对物联网、区块链等技术的研究，目前使用的所有申报流程实现了完全的无纸化和自动化。

（三）数智赋能业务转型

根据《智慧供应链白皮书》，可靠、可视、高效协同是供应链当下面临的三大挑战。以数字化技术和物联网技术赋能传统物流运作流程智化，能够提升物流可视性和透明度、推动各方实现高效协同，对于推动物流降本增效、优化服务质量具有重要意义。

新加坡、美国在此方面不断努力，取得了一定成效。新加坡政府于2016年推出"物流业转型蓝图"（Logistics Industry Transformation Map），通过部分财政经费为相关企业发展提供针对性援助，并启动针对中小企业的Start Digital项目。目前，新加坡的许多物流公司基于无线扫描设备、全自动立体仓库等设施设备，搭建专业技术平台，基本实现了物流运作全过程的自动化。2019年，美国货运物流公司US Xpress将数字架构改造为灵活的多云平台，并在自身运营中注入人工智能、机器人流程自动化（RPA）等技术，达到吸引更多货车驾驶员、有效预测货运量和路线的目的。

第三节 LPI视角下国际物流发展的主要趋势

一、物流绩效整体稳定或有所改善,但差距略有扩大

在世界经济环境面临更多不确定性和挑战性的情况下,最新一期报告所涵盖国家和地区的LPI综合得分整体保持稳定或有所提高。与2018年相比,更多国家和地区的物流绩效表现强劲,LPI综合得分的平均值上升了0.1,落在3.5附近的国家和地区较以往明显增多,如卡塔尔(3.5)、泰国(3.5)在2023年进入3.5及以上的区间范围。同时,低绩效国家和地区的LPI平均得分随着时间推移而上升,综合得分落在1.9至2.9区间范围内的国家和地区数量显著下降。然而,仍有部分低绩效国家和地区的LPI综合得分未见明显提升,如老挝(2.4)、斐济(2.3)、吉尔吉斯斯坦(2.3)、阿富汗(1.9)等国家和地区,使LPI平均得分与高绩效国家和地区之间的差距进一步扩大。

二、内陆和小岛屿发展中国家受到脆弱连通性的影响

国家和地区的连通性与其物流绩效密切相关,主要受驱动于国家和地区的规模经济和全球地理网络。由于经济规模较小、对外联系较少,内陆发展中国家(LLDC)和小岛屿发展中国家(SIDS)大多依赖转运来进入主要市场,不仅需要更长的贸易时间,而且极易受到额外延误和供应链不可靠性的影响,物流绩效提升受限。2023年,除博茨瓦纳(3.1)、北马其顿(3.1)之外的内陆和小岛屿发展中国家和地区,LPI综合得分不超过3.0,且仅有所罗门群岛(2.8)、巴布亚新几内亚(2.7)、几内亚比绍(2.6)、津巴布韦(2.5)和中非(2.5)的LPI综合得分较2018年显著提升,多数国家提升幅度较小或呈下降趋势。

三、端到端数字化对于提升供应链可靠性至关重要

国际货物运输的延误主要发生在海港、机场和多式联运环节。针对以上环节采取简化清关流程、投资港口或机场基础设施建设、采用数字化技术等措施,有助于提升供应链的可靠性。其中,端到端数字化能够实现供应链端到端流程的实时可视性,减少延迟、缓解中断,对于提升供应链的可靠性和敏捷性至关重要。根据世界银行的第七期《联接以竞争》物流绩效指数报告,印度等新兴经济体利用供应链可视性平台和射频识别技术(RFID),为收货人提供在途货物的可视化追踪,使港口延迟时间较高收入经济体缩短了约70%,LPI综合得分大幅提高。但部分中等收入和低收入经济体存在港口规模较小、基础设施条件差、管理制度松散等问题,加上海洋灾害对港口运营的冲击,端到端数字化推行缓慢,供应链可靠性受到延迟中断的影响。

四、对环境可持续性的需求和监管压力越来越大

物流业是可持续发展的重要环节,环境可持续的物流选择在减少供应链碳足迹、保持贸

易畅通上发挥着重要作用。托运人群体的绿色物流需求普遍存在且日益增长,75%的托运人在向高收入经济体出口时寻求环保运输方式。与此同时,航空、公路和海运领域的环保监管压力不断加大。2023年6月,欧盟"Fit for 55"一揽子气候计划中关于将航运业纳入碳排放交易体系(ETS)的法案正式生效,于2024年1月1日开始实施。同年7月,国际海事组织(IMO)海上环境保护委员会第80次会议(MEPC 80)审议通过了《2023年IMO船舶温室气体减排战略》(2023 IMO Strategy on Reduction of GHG Emissions from Ships),明确将"到2030年,国际海运温室气体年排放总量比2008年至少降低20%,并力争降低30%"作为指示性校核点,对航运企业提出了采用低碳技术或燃料的要求。需求方和监管方的双重压力,使国际物流发展面临绩效提升与减排转型的双重挑战。

第四节 提升我国国际物流绩效的对策建议

物流高质量发展是推动经济高质量发展的重要力量。国家主席习近平在第三届"一带一路"国际合作高峰论坛开幕式上的主旨演讲提出,构建"一带一路"立体互联互通网络,会同各方搭建以铁路、公路直达运输为支撑的亚欧大陆物流新通道❶。为保证我国国际产业链供应链安全稳定,建议以"一带一路"国际物流体系建设为核心,围绕通道建设、供应链数字化、绿色物流、风险评估等方面强化国际物流能力。

一、加快推动"一带一路"国际多式联运通道建设

加快建设连通共建"一带一路"国家、辐射全球经济圈的多式联运通道。以中欧班列为依托,深入推进与共建"一带一路"国家政府间合作机制建设,借助亚洲基础设施投资银行(AIIB)、丝路基金、基础设施领域不动产投资信托基金(REITs)等投融资渠道,完善国际物流枢纽节点和集疏运网络体系,推动中欧班列国内拥堵路段升级改造和重点口岸站扩能改造。以国际产能和境外经贸合作区为基地,布局建设一批海外仓,调整中欧班列线路及班次密度,持续实施扩编增吨措施,加强国际公铁联运、海铁联运统筹规划,支持开展"全程时刻表+"分拨模式等新模式、"中欧班列+跨境电商"等新业态创新。加快西部陆海新通道综合冷链物流集散基地、临空物流产业园和"空中走廊"建设,支持在海关监管作业场所开展组货业务及内外贸货物混编运输业务,推动西部陆海新通道与中欧班列、长江黄金水道之间的衔接互通,共建"一带一路"陆海空双向开放的"金色纽带",推动"空中丝绸之路"高质量发展。

二、积极引导共建国际供应链物流数字化生态

积极引导国际物流业参与方共同搭建以客户为中心的国际物流数字化生态圈。统筹考虑国际信息标准和行业发展需要,推进国际集装箱货物流转三大纸质单证(设备交接单、装

---

❶ 《习近平出席第三届"一带一路"国际合作高峰论坛开幕式并发表主旨演讲》,《人民日报》2023年10月19日。

箱单、提货单)及国际公路运输公约(TIR)业务电子化,健全国际多式联运单证格式、数据交换等方面的技术标准,利用数据接口、应用程序编程接口等技术,加快对接、系统整合不同运输环节的信息数据及服务系统,推动圈内各参与方之间的信息集成、资源共享。深化国际贸易"单一窗口"建设,通过数据标准化、云计算实现"一站式"全场景联接,与国家"单一窗口"及由 IMO 推出、并于 2024 年强制实施的海事单一窗口(MSWs)形成有机衔接,探索"通关+物流"等新型服务模式、拓展特色服务功能,引导跨境贸易相关业务通过"单一窗口"渠道统一办理,提高国际物流"一单制"数字化效率。推进我国与共建"一带一路"国家通关监管合作和信息互换,积极对接《区域全面经济伙伴关系协定》(RCEP)中的贸易便利化相关规则,推动"单一窗口"与境外互联互通。

三、大力推动国际物流绿色可持续发展

积极参与双多边区域绿色物流合作及治理体系建设,共建区域绿色物流示范区。稳固壮大"一带一路"绿色发展国际联盟,搭建区域绿色物流技术交流平台,加强绿色清洁能源合作和技术交流,推动我国新能源物流装备技术"走出去",助力共建"一带一路"国家建设光伏电站等绿色物流基础设施。在履行《联合国气候变化框架公约》(UNFCCC)、《巴黎协定》(The Paris Agreement)和《2023 年 IMO 船舶温室气体减排战略》的同时,推动构建关于促进区域绿色物流发展的沟通对话机制,积极参与国际绿色物流规则制定,加大南南合作投入,为小岛屿发展中国家、最不发达国家等欠发达地区物流业实现绿色转型提供技术和资金援助,采取区域性措施,与 RCEP 成员国等周边国家共同打造绿色物流示范区。

四、开展国际物流供应链风险评估工作

定期开展国际物流供应链风险评估工作,强化规划统筹引领。明确影响物流供应链运转的关键因素及可能由此产生的风险,建立评价指标体系及模型,全面评估贸易物流相关的国家物流供应链可能面临的主要风险,按风险的发生概率和影响程度划分优先级,制定应急处理预案,并根据实际情况进行动态完善。根据各国的风险评估结果,及时调整、完善相关领域规划,加强政策引导,培育一批在物流、港航等专业领域具有国际竞争力和话语权的领军企业,优化区域通道布局,完善国际物流服务网络。

本章参考文献

[1] World Bank. Connecting to Compete 2023: Trade Logistics in an Uncertain Global Economy-The Logistics Performance Index and its Indicators (English)[EB/OL]. (2023-04-28)[2024-08-23]. https://documents.worldbank.org/en/publication/documents-reports/documentdetail/099042123145531599/p17146804a6a570ac0a4f80895e320dda1e.

[2] World Bank. Logistics Performance Index (LPI) Report: The Gap Persists [EB/OL]. (2014-03-20)[2024-08-23]. https://www.worldbank.org/en/news/press-release/2014/03/20/logistics-performance-index-gap-persists.

[3] World Bank. LPI 2023 Press Release(Chinese)[EB/OL].(2023-04-21)[2024-08-23]. https://lpi.worldbank.org/sites/default/files/2023-04/LPI_2023_Press_release_Chinese.pdf.

[4] World Bank. The Container Port Performance Index 2023:A Comparable Assessment of Performance based on Vessel Time in Port(English)[EB/OL].(2023-07-18)[2024-08-23]. http://documents.worldbank.org/curated/en/099060324114539683/P1758331389230087be641a5ea7b90e0e6.

[5] 香港贸易发展局经贸研究.香港物流业概况[EB/OL].(2023-11-09)[2024-08-23]. https://research.hktdc.com/sc/article/MzExMjkxOTgy.

[6] 中华人民共和国香港特别行政区政府商务及经济发展局.便利货物清关[EB/OL].(2023-02-13)[2024-08-23]. https://www.cedb.gov.hk/sc/policies/cargo-customs-facilitation.html.

[7] 人民网.解读《"十四五"市场监管现代化规划》系列之八 持续优化营商环境 促进市场主体活力迸发[EB/OL].(2022-02-24)[2024-08-23]. http://finance.people.com.cn/n1/2022/0224/c1004-32358858.html.

[8] 新加坡安顺律师事务所驻上海代表处.在新加坡设立区域总部:机遇和鼓励政策[EB/OL].(2024-05-06)[2024-08-23]. https://www.allenandgledhill.com/cn/perspectives/articles/27961/%E5%9C%A8%E6%96%B0%E5%8A%A0%E5%9D%A1%E8%AE%BE%E7%AB%8B%E5%8C%BA%E5%9F%9F%E6%80%BB%E9%83%A8-%E6%9C%BA%E9%81%87%E5%92%8C%E9%BC%93%E5%8A%B1%E6%94%BF%E7%AD%96.

[9] 香港贸易发展局经贸研究.香港营商指南[EB/OL].(2019-11-26)[2024-08-23]. https://research.hktdc.com/sc/guides-and-resources/business-guides/hong-kong.

[10] 陈伟强.新加坡自贸区的自主实践[J].群众(决策资讯版),2021,(20):65-66.

[11] 宋鹏霖,李飞,夏小娟.对标新加坡提升自贸试验区贸易便利化的路径与思考——以上海自贸试验区为例[J].上海对外经贸大学学报,2018,25(1):59-66.

[12] 人民网.海关总署回复人民网网友:持续提升通关效率 积极探索构建智慧核查体系[EB/OL].(2021-09-10)[2024-08-23]. http://finance.people.com.cn/n1/2021/0910/c1004-32223555.html.

[13] 宁波广电网.专访新加坡海事及港务局局长柯丽芬:数字化、自动化、可持续发展,应对全球挑战的港口发展方案[EB/OL].(2022-06-22)[2024-08-23]. https://www.ncmc.nbtv.cn/xwdsg/nb/30697450.shtml.

[14] 王雅丽.荷兰海关风险管理启示[J].中国海关,2022(08):76-78.

[15] International Maritime Organization. 2023 IMO Strategy on Reduction of GHG Emissions from Ships[EB/OL].(2023-07-07)[2024-08-23]. https://www.imo.org/en/OurWork/Environment/Pages/2023-IMO-Strategy-on-Reduction-of-GHG-Emissions-from-Ships.aspx.

[16] 中华人民共和国商务部.习近平在第三届"一带一路"国际合作高峰论坛开幕式上的主旨演讲(全文)[EB/OL].(2023-10-18)[2024-08-23]. https://m.mofcom.gov.cn/article/syxwfb/202310/20231003446760.shtml.

第十八章　国际物流城市发展经验：新加坡

新加坡坐落于亚洲与大洋洲、印度洋与太平洋的"世界十字路口"，区位优势得天独厚。依托优越的地理位置和填海造地计划，新加坡积极完善综合交通网络，建成了新加坡港、樟宜机场两大航运、航空领域的重要枢纽，并凭借稳健开放的营商环境吸引了一批物流企业入驻，自由贸易区和海外工业园区蓬勃发展，对外互联互通深入推进，全球物流竞争力处于领先水平。根据世界银行发布的物流绩效指数（LPI），2023年新加坡的物流绩效指数首次跃居全球第一。

第一节　新加坡基本情况

新加坡位于马来半岛南端、马六甲海峡出入口，占地735.2km²，是东南亚地区的经济中心和金融中心，长期以来被视为通往亚洲的战略门户、印度洋与太平洋的"咽喉"。同时，新加坡拥有世界领先的中转港口及联系亚洲、欧洲、非洲、大洋洲的航空枢纽，在我国"一带一路"倡议和全球物流供应链中具有重要地位。

一、地理位置得天独厚，填海造地拓展空间

地理位置优越。新加坡地处低纬度热带区域，位于马来半岛南端、连接印度洋和太平洋的海上通道上，扼守西北宽、东南窄的马六甲海峡，北隔柔佛海峡与马来西亚相邻，南隔新加坡海峡与印度尼西亚相望。地理位置的优越性和独特性使其在东南亚诸多国家和城市中脱颖而出，成为全球最重要的物流中转站之一。从东南亚各国运抵的商品经常在新加坡被重新包装、组合，再转运至中东和欧洲各地；反之，中东和非洲地区的很多货物也在此打包之后分销到亚洲各国。

实施填海造地。新加坡是典型的"城市式国家"，国土面积狭小。通过实施填海造地计划，新加坡得以打破地理边界限制、不断拓宽发展空间，为物流基础设施建设和经贸增长奠定基础。20世纪60年代至70年代，为适应外向型枢纽经济发展，新加坡将填海所得土地主要用在了与进出口贸易有关的项目上，在此期间建成了当时亚洲最大的集装箱码头（丹戎巴葛）和具有世界级航空枢纽地位的樟宜机场。20世纪80年代，新加坡仅围填了6.9km²的海域，主要用于公共基础设施的建设与完善。20世纪90年代，新加坡通过填海造地，将裕廊以南的亚逸查湾岛、北塞岛、梅里茂岛、亚逸美宝岛、沙克拉岛、巴

高岛和西拉耶岛等7个小岛合并为裕廊岛,如今已成为新加坡的炼油基地。统计数据显示,新加坡在过去60年间填海造地约150km²,国土面积较20世纪60年代的581.5km²增加了约25%、达到了733.2km²。根据新加坡政府规划,未来将继续在大士码头、巴西班让码头、裕廊岛、樟宜东等区域推进填海工程,预计到2030年实现增加100km²国土面积的目标。

二、以先进制造业和现代服务业为经济引擎

作为东南亚唯一的发达国家,新加坡拥有坚实的经济基础。根据新加坡国家统计局(DOS)数据,2023年国内生产总值(GDP)现价总量6733.0亿新元(约合4879.0亿美元),较上年实际增长了1.1%,人均国内生产总值达到11.4万新元(约合8.2万美元),高居地区榜首。制造业和服务业是新加坡的支柱产业和是经济引擎。其中,服务业创造了超过70%的GDP名义增加值,涵盖批发和零售贸易、商业服务、金融保险、交通和仓储以及信息和通信等重要领域。制造业占GDP总量之比为18.6%,主要包括电子、生物医药、化学与化工、精密机械、交通设备、成品油等产品。2019年至2023年新加坡GDP(现价本币单位)及年增长率如图18-1所示。

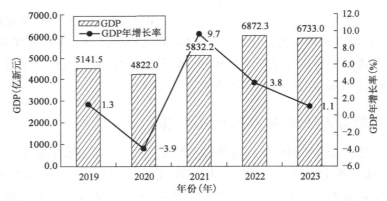

图18-1　2019年至2023年新加坡GDP(现价本币单位)及年增长率
资料来源:世界银行(World Bank)。

先进制造业全球领先。在全球制造业竞争愈演愈烈的背景下,新加坡在电子、石油化工等多个领域占据领先地位,发展潜力较大。2021年新加坡的彭博创新指数(Bloomberg Innovation Index,简称"BII")仅次于韩国,在制造能力方面位列全球第三,可见其制造业实力之强劲。世界知识产权组织(WIPO)发布的《2023年全球创新指数》(Global Innovation Index 2023)显示,新加坡是最具创新力的经济体之一,名列全球第五、亚洲第一。新加坡政府在"制造业2030愿景"(Singapore Manufacturing 2030 Vision)中提出,将通过投资先进制造业的基础建设、建立强大的研究生态系统、支持企业采纳工业4.0转型等方式,推动传统制造业向先进制造业转型升级。全球领先的制造业为物流服务的开展提供了坚实基础,也对现代物流发展模式的转换提出了更高要求。

现代服务业体系完善。自20世纪80年代起,新加坡将现代服务业确立为经济发展的重要引擎,通过一系列产业政策和扶持措施引导现代服务业发展,服务经济由此成为新加坡经济的主体、占GDP总量超过70%。截至目前,新加坡重点发展商贸物流、金融保险、法律仲裁等现代服务业,建立了相对完善的现代服务业体系,服务效率和质量较高。以航运领域为例,新加坡能够提供引航、拖航、淡水补给、污水处理、船员更换、船舶供应等海事服务,满足抵港船舶及货物的多种需求。新加坡2023年度产业结构示意图如图18-2所示。

图18-2 新加坡2023年度产业结构示意图

资料来源:新加坡国家统计局(DOS)。

三、综合交通网络便捷,全球多地互联互通

公路网络加强衔接。新加坡将12%的土地用于建设道路,以10条高速公路为主线的公路网连接着岛上的各个角落,道路和高速公路里程超过9500km。新加坡陆路交通管理局(LTA)负责建造、管理和维护广泛的公路网和相应基础设施,升级现有路线以提高可靠性和连通性。LTA充分考虑现有和未来区域的预期增长,仔细规划道路使用。目前,正在建设从淡滨尼高速公路到泛岛高速公路(西行)和樟宜东路上段的双车道单向高架桥、通往实旦达连接线的新道路,以及由罗阳高架桥、地面公路等组成的樟宜北部走廊工程,增加交通便利性,缩短出行时间,改善城内和城际连通性。

航运网络遍布全球。新加坡港是世界上最繁忙的转运港口和最大的燃油供应港口,通过200条航线与123个国家的600个港口相连,处理了全球1/7的集装箱转运吞吐量。此外,新加坡还是船舶融资、船舶经纪、风险管理、海上保险等领域全球领先企业的亚洲门户。凭借其战略位置、先进的港口设施和造船厂,已发展成为首屈一指的国际海事中心。根据挪威船级社(DNV)和梅农经济(Menon Economics)合作编写的《2024年世界领先海事之都》(The Leading Maritime Cities of the World in 2024)研究报告,新加坡在国际海事中心的综合排名中位居榜首,大量的外资、绿色化数字化转型方面的创新和投资策略使其在全球范围内具有较强的吸引力,见表18-1。

《2024年世界领先海事之都》综合及分项排名前5位的城市　　　表18-1

排名	航运	金融与法律	海事服务	港口与物流	吸引力与竞争力	综合排名
1	新加坡	伦敦	釜山	新加坡	新加坡	新加坡
2	雅典	纽约	新加坡	上海	鹿特丹	鹿特丹
3	东京	奥斯陆	奥斯陆	鹿特丹	伦敦	伦敦
4	上海	新加坡	上海	宁波	哥本哈根	上海
5	汉堡	东京	伦敦	汉堡	汉堡	奥斯陆

资料来源:挪威船级社(DNV)、梅农经济(Menon Economics)。

具体来看,新加坡港主要由新加坡国际港务集团(PSA)、裕廊、大士等3大港区组成。其中,PSA码头是新加坡最大的集装箱码头,处理了新加坡港大部分集装箱业务,拥有丹戎巴葛(Tanjong Pagar)、吉宝(Keppel)、布拉尼(Brani)和巴西班让(Pasir Panjang)等4个码头。裕廊码头位于新加坡西部、裕廊工业区南岸,是亚洲最大的散装货运码头、唯一的干货集散码头,每日提供2次驳船服务,将其与布拉尼、巴西班让、大士等码头连接起来。大士码头(Tuas Terminal)则是新加坡"2030年下一代港口"(NGP 2030)的核心。新加坡将各类先进的港口技术应用于大士码头,并关注清洁能源的使用、港口水域生态保护和港城协调发展等可能存在的问题,计划在30年内通过四个阶段的施工,建成占地面积超过1330hm²、年吞吐量6500万TEU的综合码头。新加坡海事和港口管理局(MPA)表示,大士码头一期工程的8个泊位已投入运营,二期工程的填海部分已完成70%。到2027年,丹戎巴葛、吉宝、布拉尼等码头的集装箱业务将转移到大士码头,减少码头间的运输业务。到2040年,即该项目的预定完成日期,巴西班让码头也将得到整合。

空运网络持续搭建。新加坡在全球范围内拥有广泛的航空货运网络,使用货机、新加坡航空及酷航运营的客机货舱,将货物运往100多个城市,卡车服务也可以前往选定目的地。新加坡航空货运的代表是樟宜国际机场,已连续多年被Skytrax机构评为"世界最佳"机场。樟宜机场占地1300hm²,包含两条4km跑道、4座每年客流量可达8500万的旅客航站楼以及一个由7个货运站组成的航空货运中心,年货物处理量为300万t。机场内设有樟宜航空货运中心,能够提供装卸航空货物所需的设备和服务,货物从飞机卸下送到收货人手里前后仅需1h。

第二节 新加坡物流发展历程

一、发展历程

(一)起步期(19世纪20年代—20世纪70年代)

1819年,作为将爪哇归还给荷兰的交换条件,英国在马来亚半岛南端的一个小岛上扶植了新的柔佛苏丹,斯坦福·莱佛士爵士在此建立了一个自由贸易港,即新加坡。在1824年《英荷条约》签订之后,新加坡沦为英国殖民地,在殖民者实行的自由贸易港政策下参与到第一次全球化进程中。随着殖民主义逐渐瓦解,新加坡在1962年与马来亚、沙巴、砂拉越共同组成了马来西亚联邦,现代物流业开始起步,但以满足当地需求为主,应征关税的商品项目较多。

(二)发展期(20世纪70年代—20世纪90年代)

新加坡于1965年正式独立,并在两年之后与印度尼西亚、马来西亚、菲律宾、泰国组成东南亚国家联盟,使经济腹地扩大至约6.39亿的人口区域。1969年,新加坡在裕廊码头内划设了第一个自由贸易区,能够提供集中、便利的物流服务。在大量引进外资和技术的背景下,新加坡完成了从劳动密集型产业向技术和资本密集型产业的转型升级,经济基础逐渐稳固,成为亚洲新兴工业国、"亚洲四小龙"之首。为适应新阶段的物流需求,新加坡依据1971年概念规划,推动高速路网、港口、机场等大型工程和基础设施建设,物流业加速发展。

(三)繁荣期(20世纪90年代—2021年)

随着当地经济的腾飞,新加坡物流业繁荣发展。在航运方面,新加坡港的集装箱吞吐量在1990年首次超过中国香港、跃居世界第一,吉宝码头、巴西班让码头分别于1991年和2000年开始启用,裕廊岛在合并完成后逐渐成为拥有完整产业链的石化品生产基地。截至2021年,新加坡港集装箱吞吐量达到3750万TEU、创历史新高。在空运方面,樟宜机场的T2、T3、T4航站楼及"星耀樟宜"陆续投入使用,2010年至2017年期间的商业收入平均增长率维持在7%左右。2021年,樟宜机场的航空货运活动强劲复苏,迎来了韩国的普莱米亚航空、印度的SpiceXpress、巴林的海湾航空、中国台湾的星宇航空、澳大利亚的塔斯曼货运航空、日本的ZIPAIR航空等6家航空公司。

(四)转型期(2021年至今)

为寻求长远经济发展,新加坡制定了"经济2030愿景"(Singapore Economy 2030),并在此框架下分别发布了制造业、服务业、贸易、企业等四大支柱的规划蓝图,均与新加坡物流业发展密切相关。在制造业方面,要求实现"到2023年将制造业附加值提高50%,并使新加坡成为先进制造业的全球商业、创新和人才中心"的目标;在服务业方面,要求利用可持续发展和数字化领域的新增长机会,巩固新加坡作为企业中心、流动中心和人才中心的地位;在贸易方面,要求加强新加坡的经济互联互通和一体化,建立强大的贸易公司生态系统,吸引更多的转口和转运流量,使更深地融入全球供应链中;在企业方面,要求建立一批强大的本地成长型、高增长且具有全球竞争力的公司,并支持中小企业实现数字化、创新化和国际化。

二、发展现状

以"一带一路"倡议的提出为契机,我国与新加坡的务实合作与时俱进,经贸联系不断深化。2013年至今,我国已连续11年成为新加坡最大贸易伙伴,新加坡则连续11年成为我国最大的新增投资来源国。中新关系从"与时俱进的全方位合作伙伴关系"提升为"全方位高质量的前瞻性伙伴关系",对于加强两国在贸易和投资、绿色和数字经济、粮食安全、金融、航空以及人文交流等领域的全面创新合作具有重要意义。2023年,我国与新加坡双边货物进出口总额7617.4亿元(折合1083.9亿美元),其中,对新加坡出口商品总额5407.7亿元(折合769.6亿美元),自新加坡进口商品总额2209.7亿元(折合314.3亿美元)。经贸往来创造了良好的发展机遇,新加坡在"一带一路"倡议中的重要支点作用日益凸显。

(一)航运和空运网络不断拓展

港口集装箱吞吐量创历史新高。受益于区域贸易的复苏及工会、行业、政府之间强有力的三方合作,新加坡港在2023年实现了全方位增长。在航线网络方面,新加坡到美东、地中海、北欧等地区的航线数量有所增加。根据容易船期的分析报告(截至2023年7月),新加坡增加了2条亚洲到美东的航线、3条亚洲到地中海的航线和3条亚洲到北欧的航线,在出发港挂靠数量中分别排名第五、第四、第四,如表18-2所示。

新加坡作为出发港在亚洲到美东、地中海、北欧航线中的挂靠数量(单位:条)　　表18-2

年份	亚洲到美东航线数量	亚洲到地中海航线数量	亚洲到北欧航线数量
2019	8	11	7
2021	6	10	9
2022	7	10	8
2023	9	13	11

资料来源:容易船期。

在港口绩效方面,注册地为新加坡的船舶首次超过9960万GT。如图18-3所示,年船舶抵港吨位30.9亿GT,较上年显著增长9.4%;货物吞吐量从2022年的5.78亿t上升至5.92亿t;集装箱吞吐量同比增长4.6%,达3901万TEU,创历史新高。

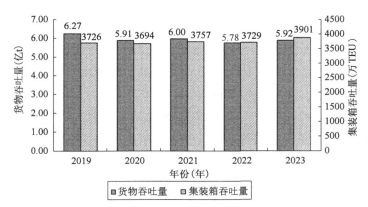

图18-3 2019—2023年新加坡港货物吞吐量及集装箱吞吐量

资料来源:新加坡海事和港口管理局(MPA)。

新增3家航空公司的货运服务。根据樟宜机场集团发布的回顾报告,2023年度樟宜机场起降航班约32.8万次,实现货邮吞吐量174万t,前五大航空货运市场分别为中国内地、澳大利亚、中国香港、美国和印度。2023年12月,樟宜机场开设了3项新的航空货运服务,分别来自MSC Air cargo(由阿特拉斯航空运营)、四川航空、缅甸国家航空等航空公司。截至2024年1月,共有93家航空公司在樟宜机场运营超过6700班次的定期航班,连接新加坡与全球49个国家和地区的154个城市。

(二)开设空海联运增值业务

基于世界顶级的航运枢纽和航空枢纽,新加坡的海港、空港合作开设了空海联运这一增值业务,通过海运和空运的配合与衔接,有效利用两种运输方式的优点,满足用户的特殊需求。2021年1月起,新加坡政府机构和业界合作,推出衔接新加坡和印度尼西亚巴淡岛的快捷多式联运方案,用以运输电子组件等高价值、须快速发货的物品。在巴淡岛制造的这类物品会先通过海运运抵新加坡港口,再由卡车送往机场,最后空运到其他国家,整个运输过程可在一天内完成,在速度上快于全程海运、在成本上低于全程空运。采用上述空海联运服务的业者包括敦豪(DHL)、Batam Logistics和施耐德电气等。

(三)拥有一批自由贸易区和海外工业园区

建设了9个自由贸易区。自由贸易区(FTZ)为寻求全球增长、效率和可持续发展的企业提供了大量机会,在新加坡国际贸易发展过程中起到不可或缺的作用。新加坡自由贸易区由PSA、裕廊集团、樟宜机场集团等机构负责运营,截至目前已经形成了横跨新加坡的广泛网络,涵盖丹戎巴葛码头和吉宝码头、三巴旺码头、布拉尼码头、吉宝物流园、吉宝物流园连接桥、巴西班让码头、裕廊码头、新加坡空港物流园、樟宜机场货运站综合大楼等九大关键区域。其中,裕廊工业区建于1961年,由裕廊集团负责运营,是全球典型的现代规模化园区,相关产业的兴建直接带动了裕廊码头的发展壮大。

打造了一批海外工业园区。由于土地资源稀缺、人口密度大,新加坡致力于发展外向型枢纽经济,从20世纪90年代开始实施"区域经济发展战略",采用集中式的产业园区规划及特有的园区建设模式,在中国、越南、菲律宾、印度尼西亚等海外区域开展工业园区建设和运营。以新加坡与印度尼西亚政府于1990年共同建成的巴淡岛工业区园区为例,该园区距新加坡仅20km,占地面积320hm²,依托巴都安帕港、杭纳丁机场和较低的制造成本,从事电子加工、服装鞋帽等轻工业及钢铁、钻油等重工业,无进口税、销售税和奢侈品税,免增值税,且可享东盟特惠关税,与52个国家和地区签署避免双重征税协议优惠,与33个国家和地区达成普惠制协议,允许100%海外控股、无外汇管制,吸引了DHL、HLN等跨国企业的进驻。

第三节 新加坡物流发展特色

一、推进数字化转型,鼓励技术创新

(一)提前投资规划数字基础设施建设

数字经济以数据资源为关键要素,是构建现代化经济体系的重要引擎。数字基础设施是数字经济发展的坚实底座。新加坡是全球数字基础设施最发达的经济体之一,在经济学人智库发布的"亚洲数字化转型指数"中位居榜首,在凯谛思数据中心全球选址指数(Arcadis Data Center Location Index)中仅次于美国。根据新加坡经济发展局(EDB)的相关数据,新加坡拥有159%的数字渗透率、与23条主动式海底电缆相连的顶级海底电缆枢纽和全世界最快的宽带速度,网速延迟仅为30.7毫秒,能够有效满足大数据、物联网、云计算等信息技术的应用需求,推动供应链透明度和效率改善。如新加坡邮政为1.5万个投递点配置了近场通信(NFC)标签,可对寄递业务进行跟踪,服务质量、经营效率和客户体验均得到提升。2023年6月,新加坡推出"数字互联互通发展蓝图"(Digital Connectivity Blueprint),表示将提前投资、规划建设硬件、软件和实体与数字混合基础设施。同年8月,新加坡企业发展局(ESG)和信息通信媒体发展局(IMDA)更新"物流业数字化计划"(Logistics Industry Digital Plan),为从业者在不同阶段采取何种数字化解决方案、制定何种员工培训计划提供指引,新增了数字交易平台、供应链分析、能源有效管理、分布式账本技术、扩展现实(AR)/虚拟显示(VR)技术运用等五大数字化解决方案,中小企业可根据实时数据做出决定。

(二)优化国际贸易"单一窗口"和配套系统

新加坡持续推动国际贸易"单一窗口"更新换代,并建立了电子商务系统、数据交换平台等配套系统。1989年,率先推出全球首个贸易管理电子平台"贸易网"(TradeNet),将海关、

税务等多个政府机构通过单一平台实现连接,为企业提供便捷的一站式通关服务。2007年,启动了中立、安全的集成化平台"贸易交换网"(TradeXchange),以服务贸易、物流行业团体和政府部门的IT系统进行流程与数据处理,为企业向海港、机场、海事管理机构、关税局和其他主管部门递交申请、进行咨询等完整流程提供单一电子化窗口。2018年,在整合TradeNet所涉及通关业务和TradeXchange商贸通计划的基础上,推出"互联贸易平台"(Networked Trade Platform,简称NTP)。NTP连接了海关、检验检疫、税务、军控、安全等35个政府部门,与进口、出口(包括转口)贸易有关的申请、申报、审核、许可、管制等全部监管流程均可通过其准确、高效地完成。次年,PORTNET®上线后也被接入NTP。为提升供应链的可视性和效率,新加坡还建立了"新加坡贸易数据共享平台"(Singapore Trade Data Exchange,简称SGTraDex),协助从业者更准确地实时监控、核实和分享货流信息,现已有多家企业和机构加入。

(三)鼓励数字技术在物流领域的应用创新

新加坡加快数字技术在商贸物流中的部署应用,鼓励开展技术创新。在技术应用方面,新加坡的物流企业几乎都配置了高技术仓储设备、全自动立体仓库、无线扫描设备、自动提存系统等现代信息技术设备及电脑技术平台,不仅基本实现了运作过程的自动化,还提高了可视性和效率,如无线扫描设备和条形码的使用让每天多达数千万份的货物运送准确率超过99.99%。在技术创新方面,新加坡注重物流人才的培养,推出了多项物流人才培训计划,并定期举办物流展览会、研讨会,为物流企业搭建了一个充满活力的创新生态系统。海柔创新作为全球箱式仓储机器人(ACR)行业的领跑者,于2021年在新加坡成立东南亚总部,与新加坡共和理工学院的供应链管理创新中心(COI-SCM)合作探索更智能的仓储自动化解决方案,并于次年推出了HAI RaaS服务。该服务是一种更高效的物流仓储运营模式,客户可根据自身需求调控仓储机器人的使用数量,无须对仓库进行大量的重组或翻新,即可实现合理控制库存运行成本的目的。海柔创新的箱式仓储机器人如图18-4所示。

图18-4 海柔创新的箱式仓储机器人

资料来源:海柔创新(HAI ROBOTICS)。

二、政策法规塑造开放的营商环境

(一)护照优势相对突出

根据国际知名投资移民咨询公司亨氏(Henley & Partners)推出的最新"亨利护照指数",新加坡位居榜首。《2024年新加坡护照免签国家名单》显示,新加坡护照持有人可免签进入中国、日本、德国、意大利等155个国家和地区,落地签进入沙特阿拉伯、马尔代夫等30个国家和地区,并可在访问加拿大、新西兰、澳大利亚、美国等10个国家和地区之前获得电子旅行授权(eTA)。突出的护照优势使供应链的采购商和供应商能够便捷地进出新加坡,进行实地考察、商务谈判以及产品展示等活动,加快供应链上下游之间的信息流动和合作进度。

(二)资本市场高度开放

新加坡以友好开放的资本环境而闻名,受益于政府的亲商理念和高效的监管框架,在新加坡注册公司所需时间短,成本低,税收直接高效,吸引了DHL、联邦快递(FedEx)、德铁信可(DB Schenker)、德迅(Kuehne Nagel)等一批物流龙头企业在此设立东南亚区域或全球总部。这些企业借助新加坡来开展大型物流和供应链业务、施展专业化能力、从事创新活动,提供物流专线、集运服务、海运小包服务等全新供应链解决方案,共同构成了专业性强、服务集中度高的新加坡现代物流业。

(三)法治体系严密及时

新加坡在沿袭英国普通法系的基础上,结合物流业发展的具体需求,不断完善法律法规,为相关业务的开展提供保障。在多式联运领域,新加坡通过了《2021年多式联运法案》(The Singapore Multimodal Transport Act 2021),推动了《东盟多式联运框架协定》(AFAMT)的核准。当全体东盟成员国完成批准AFAMT协定后,符合条件的区域物流业者只需向政府注册成为多式联运运营商,即可在统一框架下凭单一运输文件在东盟跨境开展多式联运(此处的"多式联运"指以空运、海运、陆运、铁路和水路等五种运输方式中的至少两种跨境运送货物。)。在自由贸易区领域,新加坡制定有专门的自由贸易区法《1966年自由贸易区法》(Free Trade Zones Act 1966)。作为新加坡自贸区运行的核心法律,该法从战略定位、功能作用、管理体制、优惠政策、监管措施等方面,对自贸区的建设、运营和管理进行了明确安排。

三、积极的扩张政策推动互联互通

(一)政府主导对外合作

在自由贸易区方面,新加坡拥有广泛的"自由贸易协定"网,如《中国-新加坡自由贸易协定》(CSFTA)、《欧盟-新加坡自由贸易协定》(EUSFTA)等双边自由贸易协定,《东盟自由贸易区》(AFTA)、《中国-东盟自由贸易区》(ACFTA)、《区域全面经济伙伴关系协定》(RCEP)、《全面和进步跨太平洋伙伴协定》(CPTPP)等区域自由贸易协定,以增加其进入主要市场的机会。许多企业因此选择在新加坡经营业务,借助频繁可靠的互联互通来快速抵达全球市场,甚至让货物经新加坡更快到达目的地。在航运方面,MPA与美国洛杉矶港和长滩港、荷兰鹿特丹港先后签署了谅解备忘录,建立世界上最长的"绿色和数字航运走廊"(GDSC)。在空运方面,新加坡民航局与其他130个国家和地区签订了《航空运输协定》,以增加航班连接数。目前,已有逾130家航空企业落户新加坡。

> **专栏　中新自由贸易协定**
>
> 2008年10月,《中华人民共和国政府和新加坡共和国政府自由贸易协定》(简称"《中国-新加坡自由贸易协定》"或"中新自由贸易协定")签署,于2009年1月1日起实施,有力地推动了双边经贸关系发展。党的十九大提出,"促进自由贸易区建设,推动建设开放型世界经济"。2018年11月,《中华人民共和国政府与新加坡共和国政府关于升级<自由贸易协定>的议定书》(简称"中新自贸协定升级议定书")签署。中新自贸协定升级议定书不仅对原产地规则、海关程序与贸易便利化、贸易救济、服务贸易、投资、经济合作等6个领域进行了升级,还新增了电子商务、竞争政策和环境等3个领域。2020年12月,双方对协定再次升级,启动后续谈判,基于负面清单模式推动双方服务贸易和投资进一步自由化。2023年,《中华人民共和国政府和新加坡共和国政府关于进一步升级<自由贸易协定>的议定书》(简称"进一步升级议定书")签署。中新在进一步升级议定书中以负面清单模式作出服务和投资开放承诺,为双方投资者和服务提供者提供更为广阔的市场空间,并进一步拓展数字经济等新兴领域合作。

(二)鼓励私营部门参与

PSA作为世界知名的港口运营商,不但经营着世界上最大的中转枢纽港,还通过与世界范围内的多个港口和航运公司紧密合作,打造了世界最密集的航运网络之一。2022年,PSA与我国北部湾港集团签署了合作备忘录,合作共建北部湾港。同年,加入由劳氏船级社(LR)和基金会联合倡议发起的"Silk Alliance",致力于亚洲集装箱船舶的燃料转型。大多数航运公司的货物通过新加坡港口时,PSA能够通过其拥有或合作的港口提供几乎覆盖全世界的连接服务。

总体来看,新加坡以得天独厚的地理位置为基础,通过填海造地拓展发展空间,以先进制造业和现代服务业为引擎,不断完善综合交通网络,建成运营了一批自由贸易区和海外工业园区,2023年港口集装箱吞吐量创历史新高、航空货运服务网络拓展,在全球经济面临不确定性和挑战的环境下实现了1.1%的实际增长。根据世界银行发布的《联接以竞争》物流绩效指数报告,新加坡2007年以来始终位居亚洲榜首,2023年以4.3的综合得分排在全球首位,在我国"一带一路"倡议乃至全球的支点枢纽地位有所巩固。参考借鉴新加坡城市物流发展经验,我国港口城市应以港口交通优势为基础,加快部署数字基础设施,推动国际贸易"单一窗口"和数据交换系统更新升级,推进大数据、云计算、区块链等数字技术应用于物流运作,科技创新、业态创新、模式创新赋能物流业数字化转型。用好金融工具和法治手段,加大交通物流领域信贷支持力度、优化债券融资安排等措施,满足物流企业的融资需求,完善多式联运、自由贸易区等领域的相关法律法规,推进多式联运"一单制""一箱制"发展。加强与共建"一带一路"国家和地区之间的通关便利化合作,鼓励有关港口企业参与"一带一路"港口建设与运营,提升国内外物流知名度,逐步打造区域、全国乃至国际性物流枢纽。

本章参考文献

[1] 中国一带一路网. 新加坡[EB/OL]. (2019-06-21)[2024-08-08]. https://www. yidaiyilu. gov. cn/p/10005. html.

[2] 国家国际发展合作署. 新加坡国家概况[EB/OL]. [2024-08-08]. http://www. cidca. gov. cn/gjhdq/yz/xjp. htm.

[3] 中国自由贸易区服务网. 新加坡:自贸区助推整体经济升级[EB/OL]. (2014-05-15)[2024-08-08]. http://fta. mofcom. gov. cn/article/fzdongtai/201405/15699_1. html.

[4] 龙花楼. 论土地利用转型与土地资源管理[J]. 地理研究,2015,34(9):1607-1618.

[5] 刘国强. 城市土地利用与城市交通研究[D]. 西安:西安建筑科技大学,2003.

[6] 中国企业联合会可持续发展工商委员会(中国可持续发展工商理事会). 新加坡的城市可持续发展路径研究[EB/OL]. (2022-06-16)[2024-08-08]. http://www. cbcsd. org. cn/xws/xw/20220616/103474. shtml.

[7] Centre for Liveable Cities. Port and the City:Balancing Growth and Liveability [EB/OL]. (2018-04-30)[2024-08-08]. https://www. clc. gov. sg/docs/default-source/urban-systems-studies/rb162799-mnd-uss-bk4-seaports-final. pdf?sfvrsn=68b2339d_4.

[8] Centre for Liveable Cities. Energising Singapore:Balancing Liveability and Growth [EB/OL]. (2018-11-29)[2024-08-08]. https://www. clc. gov. sg/docs/default-source/urban-systems-studies/uss-energising-singapore. pdf?sfvrsn=9c9973bd_10.

[9] 新华网. 地下再建一个新加坡[EB/OL]. (2024-04-18)[2024-08-08]. http://www. xinhuanet. com/globe/2024/04/18/c_1310771443. htm.

[10] Singapore Department of Statistics. Singapore in Figures [EB/OL]. (2024-08-23)[2024-08-30]. https://www. singstat. gov. sg/publications/reference/singapore-in-figures.

[11] World Bank. GDP (current LCU)-Singapore [EB/OL]. (2024-09-19)[2024-10-15]. https://data. worldbank. org/indicator/NY. GDP. MKTP. CN?locations=sg.

[12] World Bank. GDP per capita growth (annual %)-Singapore [EB/OL]. (2024-09-19)[2024-10-15]. https://data. worldbank. org/indicator/NY. GDP. PCAP. KD. ZG?_gl=1%2Aanus7f%2A_gcl_au%2AMTY3MDA0MDE4Mi4xNzIyNDExNTYx&locations=SG.

[13] 狮城新闻. 热点:制造业全球第二的新加坡,到底厉害在哪?[EB/OL]. (2021-02-07)

[2024-08-08]. https://www. shicheng. news/v/oqeLr#new.

［14］21经济网. 东盟观察｜新加坡制造业渐复苏,扩大对华合作将有助稳经济［EB/OL］. (2023-12-22)［2024-08-08］. https：//www. 21jingji. com/article/20231222/herald/8e1c69a02080112c7901e903e0f9f75f. html.

［15］Land Transport Authority（LTA）. Roads［EB/OL］.（2023-10-02）［2024-08-08］. https://www. lta. gov. sg/content/ltagov/en/who_we_are/our_work/road. html.

［16］Land Transport Authority（LTA）. Growing Singapore's land transport network［EB/OL］.（2024-05-15）［2024-08-08］. https://www. lta. gov. sg/content/ltagov/en/upcoming_projects. html#road_commuter_facilities.

［17］中华人民共和国商务部. 对外投资合作国别（地区）指南 新加坡（2023年版）［EB/OL］.（2024-05-29）［2024-08-08］. http://opendata. mofcom. gov. cn/front/data/detail？id=C5E1C2CA614F1C512980B497A98BE71C.

［18］Det Norske Veritas（DNV）. Leading Maritime Capitals Of The World Report［EB/OL］.（2024-04-15）［2024-08-08］. https://www. dnv. com/publications/leading-maritime-cities-lmc-2024-report-publication/.

［19］罗本成. 从新加坡港看全球智慧港口的发展趋势［J］. 中国港口,2020(11):5-9.

［20］PSA Singapore. Our Business［EB/OL］.［2024-08-08］. https://www. singaporepsa. com/our-business/port/.

［21］Changi Airport Group. Our Story［EB/OL］.［2024-08-08］. https://www. changiairport. com/corporate/about-us/our-story. html.

［22］Singapore Airlines. Where we fly［EB/OL］.［2024-08-08］. https://www. singaporeair. com/en_UK/cn/plan-travel/destinations/where-we-fly/.

［23］中国港口协会. 历史视角下的自由贸易港［J］. 珠江水运,2019,(20):98-103.

［24］盛裕控股集团. 新加坡物流业发展经验［EB/OL］.（2018-05-08）［2024-08-08］. https://www. surbanajurong. com. cn/perspective/singapore-logistics-industry-development-experience/.

［25］狮城新闻. 后疫情时代,新加坡如何重启自救？细数新加坡建国以来五次经济转型［EB/OL］.（2020-08-13）［2024-08-08］. https://www. shicheng. news/v/zymEV#google_vignette.

［26］PSA Singapore,Our Story［EB/OL］.［2024-08-08］. https://www. singaporepsa. com/about-us/our-story/.

［27］谭韵涵. 新加坡樟宜机场商业成就探讨［J］. 中外企业家,2019,(09):224.

［28］航空圈. 新加坡樟宜机场2021年客运量逐步稳定增长 货运量超疫前水平［EB/OL］.（2022-01-22）［2024-08-08］. http://www. air66. cn/mh/29056. html.

［29］新华网. 元首外交｜中国新加坡开启"高质量"合作新时代［EB/OL］.（2023-04-01）［2024-08-08］. http://www. news. cn/world/2023-04-01/c_1211963419. htm.

［30］中华人民共和国外交部. 中华人民共和国和新加坡共和国关于建立全方位高质量的前瞻性伙伴关系的联合声明［EB/OL］.(2023-04-01)［2024-08-08］. https://www. mfa. gov. cn/

wjb_673085/zzjg_673183/yzs_673193/xwlb_673195/202304/t20230401_11053005.shtml.

[31] 容易船期.2023年亚洲到美东航线密度及分析[EB/OL].(2023-07-21)[2024-08-08]. https://www.ezocean.com/newsfile/2023/2023%E5%B9%B4%E4%BA%9A%E6%B4%B2%E5%88%B0%E7%BE%8E%E4%B8%9C%E8%88%AA%E7%BA%BF%E6%8C%82%E9%9D%A0%E6%B8%AF%E5%AF%86%E5%BA%A6%E5%8F%8A%E5%88%86%E6%9E%90.pdf.

[32] 容易船期.2023年亚洲到地中海航线挂靠港密度及分析[EB/OL].(2024-07-26)[2024-08-08]. https://www.ezocean.com/newsfile/2023/2023%E5%B9%B4%E4%BA%9A%E6%B4%B2%E5%88%B0%E5%9C%B0%E4%B8%AD%E6%B5%B7%E8%88%AA%E7%BA%BF%E6%8C%82%E9%9D%A0%E6%B8%AF%E5%AF%86%E5%BA%A6%E5%8F%8A%E5%88%86%E6%9E%90.pdf.

[33] 容易船期.2023年亚洲到北欧航线密度及分析[EB/OL].(2023-07-24)[2024-08-08]. https://www.ezocean.com/newsfile/2023/2023%E5%B9%B4%E4%BA%9A%E6%B4%B2%E5%88%B0%E5%8C%97%E6%AC%A7%E8%88%AA%E7%BA%BF%E6%8C%82%E9%9D%A0%E6%B8%AF%E5%AF%86%E5%BA%A6%E5%8F%8A%E5%88%86%E6%9E%90.pdf.

[34] 国际海运网.2023年是新加坡港口创纪录的一年[EB/OL].(2024-01-16)[2024-08-08]. http://info.shippingchina.com/bluenews/index/detail/id/212494.html.

[35] 中华人民共和国商务部.新加坡与峇淡岛推出"多式联运"快速运输高价值电子组件等物品[EB/OL].(2021-01-14)[2024-08-08]. https://m.mofcom.gov.cn/article/i/jyjl/j/202101/20210103031005.shtml.

[36] Singapore Company Formation.新加坡裕廊港自由贸易区的优势[EB/OL].[2024-08-08]. https://www.singaporecompanyformation.com.sg/zh-cn/xin-jia-po-yu-lang-gang-zi-you-mao-yi-qu-de-you-shi/.

[37] Ministry of Trade & Industry(MTI). Singapore Economy 2030[EB/OL].(2024-10-14)[2024-10-15]. https://www.mti.gov.sg/COS-2023/Committee-of-Supply-2023/Singapore-Economy-2030.

[38] 中华人民共和国中央人民政府.国务院关于印发"十四五"数字经济发展规划的通知[EB/OL].(2022-01-12)[2024-08-08]. https://www.gov.cn/zhengce/content/2022-01/12/content_5667817.htm.

[39] 新加坡经济发展局.面向未来的基础设施[EB/OL].(2024-05-25)[2024-08-08]. https://www.edb.gov.sg/cn/why-singapore/future-ready-infrastructure.html.

[40] 中华人民共和国商务部.新加坡物流业数码化蓝图更新5300公司逾8.6万员工将受益[EB/OL].(2020-08-15)[2024-08-08]. https://m.mofcom.gov.cn/article/i/jyjl/j/202008/20200802992802.shtml.

[41] 新加坡经济发展局.Networked Trade Platform[EB/OL].(2023-04-11)[2024-08-08].

https://www.edb.gov.sg/cn/our-industries/company-highlights/ntp.html.

[42] 陈泽金,邵冠华.中新国际贸易"单一窗口"互联互通及经验研究[J].中国海关,2024,(05):84-85.

[43] 央视网.新加坡推出贸易数据共享平台[EB/OL].(2021-07-31)[2024-08-08].https://m.news.cctv.com/2021/07/13/ARTIiEPHjGhO6g5WUfwV77or210713.shtml.

[44] 立邦物流.国际物流:新加坡物流业的发展分析[EB/OL].(2021-01-23)[2024-08-08].https://www.lbexps.com/2507.html.

[45] 新加坡经济发展局.海柔创新:出海狮城 引领智能物流发展[EB/OL].(2022-11-11)[2024-08-08].https://www.edb.gov.sg/cn/our-industries/company-highlights/hai-robotics-leading-the-development-of-smart-logistics.html.

[46] 海柔创新.出海领航|新加坡经济发展局点赞海柔创新[EB/OL].(2022-09-14)[2024-08-08].https://www.hairobotics.cn/news/singapore-economic-development-board-praised-hai-robotics.

[47] Visaindex.2024年新加坡护照免签国家名单[EB/OL].[2024-08-08].https://visaindex.com/zh-hans/visa-requirement/singapore-passport-visa-free-countries-list/.

[48] 环球会展信息网.有望成为亚洲供应链采购中心,新加坡实力何在?2024亚太纺织服装供应链展一探究竟[EB/OL].(2024-08-08)[2024-08-08].https://www.worldexpoinfo.com/32667.html.

[49] Singapore Company Formation.在新加坡创办公司:综合指南[EB/OL].[2024-08-08].https://www.singaporecompanyformation.com.sg/zh-cn/zai-xnjip-chuangban-gngs-zonghe-zhnan/.

[50] 中国自由贸易区服务网.中华人民共和国政府和新加坡共和国政府自由贸易协定[EB/OL].(2008-10-23)[2024-08-08].http://fta.mofcom.gov.cn/singapore/doc/cs_xieyi_cn.pdf.

[51] 人民网.商务部国际司负责人解读中国—新加坡自由贸易协定升级议定书[EB/OL].(2018-11-12)[2024-08-08].http://finance.people.com.cn/n1/2018/1112/c1004-30396417.html.

[52] 新华网.中国与新加坡宣布实质性完成自贸协定升级后续谈判[EB/OL].(2023-04-01)[2024-08-08].http://www.news.cn/world/2023/04/01/c_1129487331.htm.

[53] 中华人民共和国中央人民政府.商务部国际司负责人解读中新自由贸易协定进一步升级议定书[EB/OL].(2023-12-08)[2024-08-08].https://www.gov.cn/zhengce/202312/content_6919123.htm.

[54] World Bank Blogs.Three factors that have made Singapore a global logistics hub[EB/OL].(2017-01-26)[2024-08-08].https://blogs.worldbank.org/en/transport/three-factors-have-made-singapore-global-logistics-hub.

[55] 央广网."一带一路"倡议为中国北方港口城市打开国际经贸之窗[EB/OL].(2023-10-21)[2024-08-08].https://news.cnr.cn/native/gd/20231021/t20231021_526459188.shtml.

第十九章　国际物流城市发展经验：迪拜

迪拜（Dubai）位于阿拉伯联合酋长国（阿联酋）东南部，是阿联酋人口最多的城市，也是中东地区的全球贸易枢纽。迪拜拥有约330万人口，其中外籍居民占总人口的90%以上，是典型的多元文化国际都市。作为连接欧洲、亚洲和非洲的全球贸易枢纽，迪拜凭借其世界级的港口设施、繁忙的国际机场和先进的公路网络，成为中东地区首屈一指的空运和海运中心，也是全球最重要的物流产业聚集地之一。

第一节　迪拜基本情况

一、区位优势得天独厚

迪拜是阿拉伯联合酋长国（UAE）的第二大酋长国，位于阿拉伯半岛东北部，濒临波斯湾，地理位置极为优越。迪拜的总面积为4114km，人口约为360万，是阿联酋人口最多的酋长国。迪拜位于亚洲、非洲和欧洲交会处，成为全球贸易的重要节点。迪拜拥有全球最繁忙的港口之一——杰贝阿里（Jebel Ali）港口，以及世界上最繁忙的国际机场之一——迪拜国际机场（DXB），这使得迪拜在国际物流网络中占据了核心地位。

根据《迪拜物流集群》（Dubai Logistics Cluster）报告，迪拜与全球75%的人口所在区的距离都在8h飞行范围内，这意味着从迪拜出发，可以在短时间内抵达全球几乎所有主要市场。这一地理优势使得迪拜成为跨国企业设立地区总部、分拨中心和物流枢纽的理想选择。2023年，迪拜的国内生产总值经济为4290亿迪拉姆（1167亿美元）。迪拜的区位优势使其成为全球供应链中不可或缺的一部分。

迪拜拥有全球最繁忙的物流枢纽。迪拜的杰贝阿里（Jebel Ali）港口每年处理超过1350万TEU的货物量，常年位居世界港口前列。迪拜国际机场（DXB）年货运量超过250万t，是全球排名前三的货运航空枢纽之一。与此同时，迪拜的公路网络也极为发达，连接阿联酋的其他主要城市以及邻近的国家，为货物的陆路运输提供了高效的解决方案。依托这些先进的设施，每年有大量的全球货运量途经迪拜，吸引了超过22000家企业在迪拜自由区设立业务，其中包括多家国际大型物流企业（DHL、Agility等）的区域总部。这些企业的运营和发展，为迪拜经济的持续增长提供了强劲的动力。2023年，迪拜的物流产业贡献了约占GDP的6%，成为推动该市经济发展的重要引擎。高效的物流体系不仅是迪拜在全球经济中保持竞争力的重要保障，也为其在全球物流网络中占据领先地位奠定了基础，使迪拜成为多式联运和全球供应链管理的典范城市。

二、基础设施全球领先

迪拜的基础设施建设水平在全球范围内名列前茅,尤其在海运和空运方面,迪拜已经建立起了世界一流的物流集群。Jebel Ali 港口作为迪拜的物流中心,同时也是中东地区最大的港口。2023年,Jebel Ali 港口处理的集装箱量达到 1447 万 TEU,在全球港口中排名第 9 位,2023年全球港口集装箱处理量排行见表 19-1。

2023年全球港口集装箱处理量排行 表 19-1

排名	港口名称	2021年集装箱处理量(万TEU)
1	中国上海	4916
2	新加坡	3901
3	中国宁波-舟山	3530
4	中国深圳	2988
5	中国青岛	2875
6	中国广州	2541
7	韩国釜山	2275
8	中国天津	2217
9	迪拜杰贝阿里	1447
10	中国香港	1434

资料来源:World Shipping Council(WSC)。

在空运方面,迪拜国际机场(DXB)和迪拜世界中央机场(DWC)为全球货物运输提供了重要的支持。迪拜国际机场是全球最繁忙的国际客运机场,同时也是全球领先的货运枢纽之一,2023年,迪拜国际机场旅客吞吐量 8699.44 万人次,在全球机场中排名第二,仅次于美国亚特兰大机场;货运吞吐量超 180 万 t。DWC 作为新兴的物流中心,其设计目标是年处理 1200 万 t 货物和 1.6 亿人次的乘客,预计将成为全球最大的机场之一,2023年全球机场旅客吞吐量及排名情况见表 19-2。

2023年全球机场旅客吞吐量及排名情况 表 19-2

序号	机场	国家	地区	旅客吞吐量(万人次)
1	亚特兰大国际机场	美国	亚特兰大市 佐治亚州	10465.34
2	迪拜国际机场	阿拉伯联合酋长国	迪拜酋长国迪拜市	8699.44
3	达拉斯—沃思堡国际机场	美国	得克萨斯州达拉斯	8175.56
4	伦敦希思罗机场	英国	伦敦	7918.34

续上表

序号	机场	国家	地区	旅客吞吐量（万人次）
5	东京羽田机场	日本	东京都	7871.93
6	丹佛国际机场	美国	科罗拉多州丹佛市	7783.79
7	伊斯坦布尔机场	土耳其	土耳其伊斯坦堡省	7602.73
8	洛杉矶国际机场	美国	加利福尼亚州洛杉矶县	7505.09
9	奥黑尔国际机场	美国	伊利诺伊州芝加哥市	7389.42
10	英迪拉·甘地国际机场	印度	印度新德里	7221.78

资料来源：Airports Council International（ACI）。

迪拜的物流集群不仅包括海运和空运设施，还涵盖了广泛的物流服务，如货运代理、仓储管理、供应链解决方案等。得益于其世界级的基础设施，迪拜已经成为中东及全球跨境贸易的重要枢纽。

三、贸易政策自由开放

迪拜政府在发展物流产业方面表现出高度的战略性眼光。早在20世纪80年代，迪拜就开始推行经济多元化战略，逐步减少对石油收入的依赖。通过一系列经济改革和政策支持，迪拜成功将物流和交通运输产业发展成为其经济多元化的重要支柱。如今，非石油部门在迪拜国内生产总值中的占比已超过70%，其中物流和交通运输业贡献显著。

为吸引全球投资者，迪拜建立了一系列自由贸易区（FTZs），其中最著名的当属杰贝阿里（Jebel Ali）自由区（JAFZA）（图19-1）。JAFZA成立于1985年，是全球最大的自由区之一，占地57km²，入驻企业超过8700家。该区为企业提供100%外资所有权、50年免企业所得税等优惠政策，并免除进口和再出口关税。这些政策大大降低了跨国公司在迪拜运营的成本，促进了物流产业的迅速发展。JAFZA的企业贡献了迪拜20%以上的GDP，雇用了约135000名员工，进一步推动了当地经济的发展。

图19-1　Jebel Ali自由区

在政策支持方面,迪拜还推出了"迪拜丝绸之路战略",该战略旨在通过加强空运和海运的结合,缩短新兴市场与全球主要市场之间的物流时间。这一战略的实施,进一步巩固了迪拜在全球供应链中的重要地位,并吸引了大量跨国企业在迪拜设立物流中心。2020年,迪拜港口运营商DP World处理了超过7100万TEU的货物,占全球海运集装箱吞吐量的10%。

此外,迪拜还注重推动科技创新和可持续发展,通过引入区块链技术、物联网(IoT)和人工智能(AI)等新兴技术,提升物流产业的效率和透明度。例如,迪拜已经在港口和机场的货物处理过程中广泛应用了区块链技术,以提高货物流通的透明度和追踪能力。根据《2025—2030年阿联酋物流行业投资前景及风险分析报告》的数据显示,区块链技术的应用减少了20%的物流成本,同时提高了货物追踪的准确性和安全性。这些创新举措使得迪拜在全球物流产业中的竞争力不断提升,进一步巩固了其作为全球物流枢纽的地位。

第二节 迪拜物流发展历程

一、发展历程

迪拜物流产业的发展历程可以大致分为四个阶段:20世纪70年代至80年代的起步与初步发展期,以杰贝阿里(Jebel Ali)港口和迪拜国际机场的建设为标志,奠定了迪拜作为区域物流枢纽的基础;20世纪90年代至21世纪初的快速发展期,自由贸易区(如JAFZA)的建立大幅推动了跨国企业的入驻,使迪拜成为中东地区的重要物流中心;21世纪初至10年代初的全球化与现代化期,随着全球供应链的扩展和电子商务的崛起,迪拜在全球物流网络中的地位显著提升,基础设施进一步完善;21世纪10年代至今的多样化与创新驱动期,通过引入区块链、物联网(IoT)、人工智能(AI)等新兴技术,迪拜的物流产业不断创新,保持了其在全球市场中的竞争优势。进入21世纪,迪拜的多式联运和全球供应链管理体系已经日益成熟,并正在逐步形成一个现代化、可持续发展的全球物流枢纽。

(一)起步与初步发展(20世纪70年代至80年代)

迪拜的物流产业最早可以追溯到20世纪70年代,当时阿联酋刚刚成立。迪拜凭借其战略性位置,逐步成为中东地区的贸易中心。1971年,阿联酋正式成立,而迪拜作为其第二大酋长国,立即展现出其雄心勃勃的经济多元化愿景。尽管当时迪拜的经济仍然高度依赖石油收入,但迪拜的统治者迅速认识到单一经济结构的局限性,并开始探索其他经济支柱。

1979年,杰贝阿里(Jebel Ali)港口正式投入运营,这是迪拜物流产业发展的一个里程碑。杰贝阿里(Jebel Ali)港口是当时世界上最大的人工港口之一,极大地提升了迪拜在全球贸易中的地位。港口的建立标志着迪拜在全球物流网络中的初步定位,也为后续的发展奠定了坚实的基础。尽管物流产业在当时并非迪拜经济的核心,但港口和交通基础设施的建设为迪拜后来的物流发展奠定了基础。1985年,迪拜国际机场(DXB)启用,这进一步增强了迪拜在空运领域的竞争力,并为迪拜吸引国际航空公司和货运企业提供了便利。

(二)快速发展与自由贸易区的兴起(20世纪90年代至21世纪初)

进入20世纪90年代,迪拜的物流产业进入了快速发展的阶段。这一时期的标志性事件是1995年杰贝阿里自由区(JAFZA)的成立。JAFZA的建立是迪拜政府推动经济多元化战略的重要一步,通过提供优惠政策,如100%外资所有权、50年免企业所得税等,JAFZA迅速吸引了大量跨国公司入驻。到2000年,JAFZA已经发展成为全球最大的自由贸易区之一,占地面积达57km²,入驻企业数量超过7000家。这些企业涵盖了物流、制造、贸易等多个领域,进一步推动了迪拜物流产业的快速发展。JAFZA的成功为迪拜其他自由贸易区的建立提供了模板,随后迪拜政府在城市的其他区域设立了多个自由贸易区,使得迪拜成为全球重要的物流和商业中心。

与此同时,迪拜国际机场的货运能力也在这一阶段得到大幅提升。1998年,Emirates SkyCargo成立,作为阿联酋航空的货运部门,其迅速成为全球领先的货运航空公司之一。到2000年,迪拜国际机场的年货运量已经达到100万t,成为全球最繁忙的货运机场之一。

(三)全球化与现代化(21世纪初至10年代初)

在21世纪初,随着全球化的深入和电子商务的兴起,迪拜的物流产业迎来了新的发展机遇。迪拜政府在这一时期继续加大对基础设施的投资,不仅扩建了杰贝阿里(Jebel Ali)港口,还建设了新的物流园区和仓储设施。2001年,迪拜政府启动了迪拜世界中央机场(DWC)项目,这是世界上最大的航空物流中心之一,预计年货运处理能力为1200万t。DWC的建设进一步巩固了迪拜在全球空运市场中的地位,并为迪拜提供了更大的物流处理能力。到2005年,杰贝阿里(Jebel Ali)港口的货物吞吐量已经达到950万TEU,成为全球十大最繁忙的港口之一。这一时期,迪拜的物流产业不仅在中东地区占据主导地位,还成为连接亚洲、欧洲和非洲的关键节点。

此外,自由贸易区的数量和规模也在这一阶段不断扩大。到2010年,迪拜已经拥有22个自由贸易区,涵盖了从物流、制造到科技、媒体的各个行业。这些自由贸易区为全球企业提供了一个高效的商业环境,使得迪拜成为跨国企业设立地区总部的首选地之一。

(四)多元化与创新驱动(21世纪10年代至今)

进入21世纪10年代,迪拜的物流产业逐步迈向多样化和创新驱动的发展阶段。在全球供应链日益复杂的背景下,迪拜通过创新技术的引入,提升了物流产业的效率和竞争力。区块链技术、物联网(IoT)和人工智能(AI)等新兴技术在迪拜物流体系中的广泛应用,使得迪拜在全球物流市场中保持了领先地位。

2013年,迪拜推出了"迪拜丝绸之路战略",该战略旨在通过加强空运和海运的结合,缩短新兴市场与全球主要市场之间的物流时间。这一战略的实施,不仅巩固了迪拜在全球供应链中的地位,还进一步吸引了大量跨国企业在迪拜设立物流中心。此外,迪拜还在可持续发展方面取得了显著进展。通过实施绿色物流政策和引入可再生能源,迪拜的物流企业在减少碳排放、提高能源效率方面取得了显著成效。这不仅有助于提升迪拜在全球市场中的形象,也符合全球日益严格的环保标准。

二、发展现状

迪拜作为中东及北非地区(MENA)乃至全球最重要的物流枢纽之一,物流与运输行业已经成为迪拜经济的重要组成部分。据统计,迪拜的物流与运输行业直接雇用了超过70万人,覆盖了海运、空运、陆运、多式联运、港口运营与仓储管理等多个领域,每年为迪拜贡献了超过400亿美元的地区生产总值和约15亿美元的税收。

迪拜在全球物流网络中占据着极其重要的地位,其物流产业的专业化水平居于全球领先地位。得益于先进的基础设施、优越的地理位置和政府的大力支持,迪拜的交通运输与物流业形成了高度集成的产业集群。该产业集群不仅为迪拜带来了显著的经济效益,还带动了超过12万个工作岗位和超过200亿美元的地区生产总值。

(一)海空多式联运效率突出

杰贝阿里港(Jebel Ali Port)是全球最繁忙的集装箱港口之一,2023年的集装箱吞吐量达到了1447万TEU(图19-2)。该港口与阿勒马克图姆国际机场(DWC)形成了紧密的海空联运系统。通过这两个枢纽的无缝连接,迪拜能够在短短6小时内完成货物从海运到空运的转换。这种高效的多式联运模式,使得从亚洲到欧洲的运输时间缩短了50%,而成本仅为单纯空运的50%。这一系统的成功吸引了众多国际货运企业在迪拜设立运营中心,如全球第三大航空货运公司——Emirates SkyCargo,该公司依托这一联运系统,每年处理超过270万t的货物。

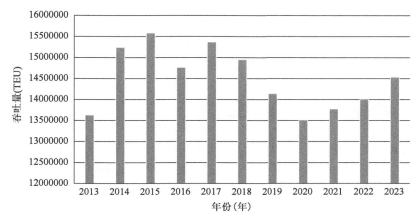

图19-2 2013—2023年杰贝阿里港(Jebel Ali Port)集装箱年吞吐量
资料来源:Statista。

迪拜南部物流园区(Dubai South)是另一个多式联运的成功案例,该园区紧邻阿勒马克图姆国际机场,专门服务于全球物流企业。园区内的物流设施包括自动化仓储、货运航站楼以及高速公路网络,使得企业能够快速响应全球市场需求。例如,UPS在该园区设立了其中东地区的主要分拨中心,每天处理来自全球的数万件包裹,保证了其客户的准时交付。

(二)自由商贸物流快速发展

迪拜政府通过设立自由贸易区,大力推动物流行业的发展,为全球企业提供了极具吸引力的营商环境。杰贝阿里自由区(JAFZA)是全球最大的自由贸易区之一,吸引了超过7500家企业入驻,其中包括许多世界500强企业。自由区内企业享受免公司税、100%外资所有权等多项优惠政策,这使得迪拜成为全球物流企业的首选。例如,全球物流巨头 DHL 和 FedEx 均在 JAFZA 设立了其区域运营中心,JAFZA 每年处理的货运量达到5000万t,年贸易额超过870亿美元。迪拜机场自由区(DAFZA)专门服务于航空物流企业,凭借其紧邻迪拜国际机场的优势,为企业提供快速高效的物流解决方案。该自由区内的企业可以直接通过机场处理进出口货物,无需关税,使得货物周转时间大大缩短。例如,Emirates SkyCargo 和 DP World 在 DAFZA 的运营,使得迪拜成为全球航空货运的重要枢纽。

(三)智慧技术赋能物流发展

随着全球物流行业的快速发展,迪拜在技术创新方面的投入极大地提升了其物流效率,巩固了其在全球市场中的竞争地位。迪拜在全球率先引入了区块链技术,以提升物流透明度和操作效率。Dubai Trade 平台通过区块链技术实现了无纸化操作,使得货物的进出口流程变得更加高效。该平台集成了迪拜海关、DP World 以及其他相关机构的服务,企业可以在一个平台上完成所有物流操作,大幅减少了行政成本和时间。

为了应对不断增长的市场需求,迪拜的物流企业纷纷引入自动化仓储系统。这些系统不仅提高了仓储效率,还降低了人力成本。例如,阿勒马克图姆国际机场的自动化货运设施能够处理各种复杂的物流需求,确保货物的准时交付。此外,UPS 在迪拜南部物流园区内的自动化仓库,使得包裹的处理速度提升了30%,极大地满足了电商物流的需求。

第三节 迪拜物流发展特色

迪拜作为全球物流中心的崛起,充分体现了其在全球化进程中的战略重要性。凭借得天独厚的地理位置、先进的基础设施、创新驱动的政策,以及卓越的公私合作模式,迪拜的物流产业已经成为推动其经济多元化发展的重要引擎。

一、地理位置与基础设施的战略整合

迪拜凭借其得天独厚的地理位置,迅速崛起为连接全球市场的物流枢纽。位于欧亚非三大洲的交会处,迪拜成为东西方贸易往来的重要节点,其战略位置使得货物能够在最短的时间内覆盖全球主要市场。迪拜通过积极投资建设世界一流的基础设施,将其地理优势

转化为实际的物流能力,使其能够在全球供应链中发挥核心作用。

迪拜的基础设施建设是其物流业发展的重要支撑。杰贝阿里港作为全球最繁忙的港口之一,其现代化的设施和高效的运营模式,使得迪拜能够快速处理来自全球的货物。与此同时,迪拜国际机场作为全球货运量最大的机场之一,其与杰贝阿里港的紧密连接,形成了无缝的海空联运网络。这种网络不仅加快了货物的转运速度,还降低了物流成本,提升了迪拜在全球物流市场的竞争力。迪拜的政府在基础设施建设方面采取了长远的规划和持续的投入。例如,DWC是一个集物流、航空、商业等功能于一体的大型综合体,通过将物流设施与商业、住宅区的紧密结合,形成了一个高效的物流生态系统。迪拜政府的这种战略性布局,使得迪拜能够在全球化进程中不断巩固其物流枢纽的地位。

二、自由贸易区与政策创新的双轮驱动

迪拜的发展得益于其政府在政策创新和自由贸易区建设方面的前瞻性思维。作为全球化的积极推动者,迪拜率先在中东地区建立了自由贸易区,为国际企业提供了极具吸引力的投资环境。自由贸易区不仅为企业提供了优惠的税收政策和简化的行政程序,还通过完善的法律保障和高效的服务,使得企业能够在迪拜顺利开展业务。杰贝阿里自由区(JAFZA)是迪拜最成功的自由贸易区之一,其在推动迪拜成为全球物流中心的过程中发挥了关键作用。JAFZA为企业提供了零关税、100%外资所有权等优惠政策,吸引了全球超过7000家企业入驻。这些企业涵盖了从制造业到服务业的广泛领域,极大地推动了迪拜的经济多元化发展。

此外,迪拜的政策创新不仅体现在自由贸易区的建设上,还通过一系列促进贸易和投资的政策措施,使得迪拜在全球市场中的地位不断提升。例如,迪拜推出的"迪拜丝绸之路"战略,旨在通过加强与全球主要市场的物流联系,进一步巩固其作为全球贸易枢纽的地位。这一战略包括九大举措和33个项目,涉及航空、海运、公路等多个领域,充分体现了迪拜在全球化进程中的主动性和创新性。

三、技术创新与数字化转型的引领作用

迪拜的物流业在技术创新和数字化转型方面处于全球领先地位。随着全球物流行业进入数字化时代,迪拜积极采用新兴技术,以提升其物流服务的效率和质量。区块链、大数据、物联网等技术的应用,使得迪拜的物流企业能够实现更高效的货物管理和供应链优化。区块链技术的引入,使得迪拜的物流流程变得更加透明和安全。通过区块链技术,物流企业能够实时追踪货物的运输状态,确保每一个环节的准确性和可靠性。此外,大数据分析在需求预测、库存管理等方面的应用,帮助企业提高了运营效率,减少了库存成本。物联网技术则通过智能设备的应用,实现了对物流全过程的实时监控,大幅提高了物流运作的自动化程度。

迪拜的物流企业还积极推动物流自动化,以应对不断增长的物流需求。自动化仓储系

统和智能运输设备的应用,不仅减少了人工操作的错误率,还提升了物流响应速度和服务质量。例如,迪拜的一些仓库已经实现了全自动化的货物搬运和分拣系统,使得物流运营更加高效。此外,迪拜还在探索无人机配送等新兴技术,以进一步提升其物流服务的竞争力。

四、公私合作模式下的物流生态系统

迪拜的物流发展得益于政府与私营企业之间的紧密合作。政府通过政策支持和基础设施投资,创造了一个有利于私营企业发展的环境,而私营企业则通过创新和市场化运作,不断推动物流产业的进步。这种公私合作模式,不仅提升了物流行业的整体效率,还推动了迪拜经济的多元化发展。迪拜政府在基础设施建设方面的投入,为物流行业的发展奠定了坚实的基础。例如,政府大规模投资于港口、机场和道路网络的建设,使得迪拜能够处理来自全球的大量货物。私营企业则通过创新和市场化运作,提升了物流服务的质量和效率。杰贝阿里自由区的成功,正是公私合作的典型案例。通过政府的政策支持和私营企业的市场运作,杰贝阿里自由区已经成为全球最重要的物流中心之一。

此外,迪拜的公私合作模式还体现在物流行业的监管和运营方面。政府通过制定严格的行业标准和监管政策,确保物流服务的高质量和高效率。同时,私营企业在政府的支持下,得以充分发挥其创新能力和市场适应力,推动了物流行业的快速发展。迪拜的公私合作模式,不仅提升了物流行业的整体竞争力,还为其他地区提供了可借鉴的发展模式。

本章参考文献

[1] Agility. Agility Emerging Logistics index 2023[EB/OL]. [2024-08-07]. https://www.agility.com/en/emerging-markets-logistics%20index/.

[2] Victoria, Antti. Transportation and Logistics Opportunities in the UAE[EB/OL]. [2024-08-07]. https://its-finland.fi/wp-content/uploads/2023/10/business-finlandmobility-opportunities-in-the-uae.pdf.

[3] Alanood Bin Kalli, Camila Fernandez Nova, Hanieh Mohammadi, Yasmin SanieHay, Yaarub Al Yaarubi. The Dubai Logistics Cluster[EB/OL]. [2024-08-07]. https://www.isc.hbs.edu/Documents/resources/courses/moc-course-at-harvard/pdf/student-projects/Dubai_Logistics_Cluster_2015.pdf.

[4] World Shipping Council. The Top 50 Container Ports[EB/OL]. [2024-08-07]. https://www.worldshipping.org/top 50 ports.

[5] ACI. Top 20 busiest airports in the world confirmed by ACI World[EB/OL]. (2024-07-16) [2024-08-07]. https://aci.aero/2024/07/16.

第二十章　国际物流城市发展经验：卢森堡

卢森堡位于欧洲的地理中心，是全球最为发达的经济体之一。其首都卢森堡市是欧洲的重要交通枢纽与物流中心，拥有欧洲第六大货运机场——卢森堡机场，也是全球极负盛名的航空物流枢纽。在过去的十年里，卢森堡不断优化发展战略，以航空物流为锚点带动高附加产业发展，成为欧洲增值物流活动的洲际多式联运物流中心。凭借优越的地理区位、完备的物流基础设施、友好的政策及稳定的营商环境，卢森堡吸引了众多企业选择其作为产品在欧洲的中心分销地，不仅帮助相关企业取得了商业上的成功，更让自己成为国际化物流枢纽的典范。

第一节　卢森堡基本情况

一、优越的地理区位

卢森堡位于欧洲的中心，地理位置优越，在欧洲具有高度战略地位。卢森堡与法德两国接壤，坐落在欧洲多个主要市场核心位置，距离法国巴黎380km、德国法兰克福250km、比利时布鲁塞尔仅200km，为其成为物流枢纽提供得天独厚的地理优势。此外，卢森堡两小时航程覆盖欧盟60%的GDP区域，无疑是通往5亿欧盟消费者市场的黄金门户。

二、强劲的经济基础

卢森堡是典型的国小民富型国家，总面积虽仅有2586km²，但人均生产总值常年保持世界前三。2023年，卢森堡总人口为66.9万，人均生产总值达129810美元，位列世界第一。多年来卢森堡经济稳定发展，持续享有国际AAA信用评级。2024年，卢森堡在全球最具弹性经济体榜单中排名第二。卢森堡2013—2023年生产总值变化情况如图20-1所示。

金融、钢铁和广播电视业是卢森堡经济的三大支柱。自19世纪中叶至20世纪末，卢森堡以钢铁工业作为支柱产业，为国家和人民带来了财富，但单一的产业结构给卢森堡这样的小国带来巨大风险。因此，为实现经济多元化，卢森堡做出各种努力，不断改善产业结构。如今，第三产业占卢森堡国内生产总值的比重达到80%，其中近三分之一来自金融服务业。

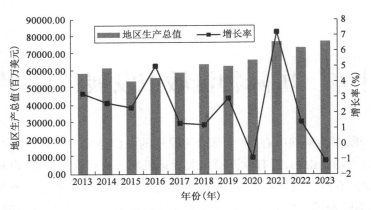

图20-1　卢森堡地区生产总值变化情况（2013—2023年）
资料来源：https://countryeconomy.com/。

卢森堡作为欧盟重要的成员国，是欧洲投资银行、欧洲审计院等诸多欧盟重要机构的所在地。此外卢森堡还是世界上政治最稳定的10个国家之一，首都卢森堡市被联合国连年评为"世界最安全城市"，失业率低于欧盟其他国家。强劲的经济表现和稳定的社会环境使得卢森堡成为理想的营商之地。

三、高度的交通便捷性

卢森堡坐落在欧洲"心脏"地带，构建了一个高度发达的综合交通体系，涵盖公路、铁路、航空和多式联运等多种运输方式。其交通体系不仅满足了国内的运输需求，还通过公路铁路与欧洲邻国无缝连接。此体系促进了卢森堡在欧洲经济和物流网络中的核心地位。

（1）航空方面：卢森堡拥有欧洲第六大货运机场——卢森堡机场，如图20-2所示。该机场占地约250hm²，设有两座航站楼、一个可以同时装卸12架大容量飞机的特殊货运坡道和一条长达4000m的跑道，能够容纳包括空客A380在内的各类大型飞机，机场内的现代化货运中心最大吞吐量高达120万t。卢森堡的航空货运网络，能将货物从机场货运中心运送到六大洲的100多个目的地。许多全球著名航空公司，如中国航空公司、阿联酋航空公司、西尔克韦航空公司、阿特拉斯航空公司和卡塔尔航空公司等，都将卢森堡视为其在欧洲的主要枢纽之选。卢森堡凭借完备及高科技的物流基础设施，实现了高效通关和卓越的冷链管理能力，特别适合处理电子产品、高科技产品以及医药、生命科学产品。2023年，卢森堡机场的货邮吞吐量达938000t。

图20-2　卢森堡机场
资料来源：https://logistics.public.lu/。

(2)水运方面:卢森堡仅有一条可通航的河流——摩泽尔河,是莱茵河的第二大支流,在卢森堡境内总长42km。梅尔泰特港(Mertert)位于摩泽尔河国际航线的208.48km处,占地65hm²,是卢森堡唯一的三式联运平台(水运/公路/铁路)。港口在石油、农业食品、黑色金属和建筑材料等重型材料的进出口方面发挥着重要作用。船舶定期驶往ARA港口(安特卫普、鹿特丹、阿姆斯特丹)和中欧其他内陆港口。2023年,内河运输量接近79万t(其中59%为进口产品),主要是石油和钢铁产品以及集装箱货物。

(3)铁路方面:卢森堡的铁路系统高度发达,是欧洲重要的交通枢纽之一。其国家铁路公司(CFL)运营着总长约275km的铁路网络,不仅连接国内各主要城市,还无缝对接比利时、法国和德国等邻国。铁路网络包括国际高速列车(TGV、ICE等)和区域列车,提供了便捷的跨境交通服务。CFL的货运部门2023年总营业额达2.62亿欧元,尽管与2022年相比略有下降,但长期战略聚焦于公路至铁路货运转移,支持绿色物流的发展。2023年,CFL通过多式联运服务成功转移近87000t公路运输至铁路,显著减少了碳排放。

(4)公路方面:卢森堡拥有总长约2900km的公路网络,其中包括总长约165km的高速公路,连接国内各主要城市和邻国。机场货运中心出口、贝唐堡多式联运终端和梅尔泰特港口均有直接连接的道路网络,确保火车能够由此轻松进入欧洲主要公路。由于距离欧洲各主要国家与城市的距离都不远,卢森堡为欧洲各主要消费市场提供24~48h的即时解决方案。

值得一提的是,卢森堡与我国保持着密切的交流,积极响应并支持"一带一路"倡议。2019年4月,卢森堡至成都中欧班列正式开通,该班列停靠在卢森堡迪德朗日站。此外在2014年,河南民航发展投资有限公司收购卢森堡货运航空公司35%股权,并在当年开通"郑州—卢森堡"国际货运航线,开启了中卢两国"空中丝绸之路"。

第二节 卢森堡物流发展历程

现代物流业已成为卢森堡闪耀的标志性产业。历经百余年积累,卢森堡借助其得天独厚的地理位置,从铁路到航空,促使物流业不断腾飞发展。整体上看,卢森堡物流业发展可随其产业结构变化分为三个阶段。

一、兴起前夜:铁路的出现与工业革命的号角(18世纪初至20世纪20年代)

18世纪初,卢森堡产业结构以农业为主。一些小型手工业工厂——制革厂、纺织厂、酿酒厂等也有分布,但都很分散且规模不大。1842年,卢森堡成为德国关税同盟的成员,为其提供了进入莱茵河两岸市场的机会,凭借在欧洲的地理位置,卢森堡成为连接低地国家、法国和德国的重要贸易通道。1859年,卢森堡第一条铁路线开通,标志着现代物流基础设施的起步。这条铁路将卢森堡与布鲁塞尔、巴黎和法兰克福等主要城市连接起来。1861年,另一条重要的铁路线开通,将卢森堡与法国的梅斯连接起来。这一扩展巩固了卢森堡作为欧洲大陆交通枢纽的地位。1900年,卢森堡国家铁路公司(CFL)正式成立,开始管理国内铁路网络。CFL的成立标志着铁路系统的国家化,统一管理提高了铁路运营的效率和覆盖范围。而在此之前,19世纪40年代初,卢森堡南部发现铁矿,以此为契机卢森堡开始了工业革命,在城市周围兴建了许多大型工业园区,钢铁工业由此兴起。

二、不断扩展:航空业的兴起(20世纪10年代至20世纪70年代)

在第一次世界大战期间,卢森堡的铁路成为重要的军事和后勤运输通道。一战后,卢森堡致力于基础设施重建和现代化建设,其中包括优化铁路系统和道路网络。1938年,卢森堡与比利时和法国签署了跨境铁路运输协议,进一步加强了与邻国的铁路联系,这一举措促进了区域经济的整合。二战后,卢森堡重启铁路重建与现代化之路,自1959年起,稳步推行铁路电气化进程。

1946年,卢森堡芬德尔机场开通,这是一个重要的里程碑,也是卢森堡发展航空工业的一个开端,如今,该机场成为欧洲重要的航空货运枢纽。1948年,卢森堡国家航空公司(Luxair)成立,最初运营的是短途航班,主要满足欧洲大陆内的旅行需求,这标志着卢森堡正式进入商业航空领域。1962年,卢森堡国家航空公司开通了飞往巴黎的国际航班,这是公司历史上的一个里程碑。此后,卢森堡国家航空公司逐步扩大其航线网络,连接欧洲主要城市。1970年,卢森堡成立了专门从事货运的卢森堡国际货运航空公司,它迅速成长为欧洲最大的全货运航空公司之一,成为卢森堡在全球航空货运领域的重要代表。1975年,卢森堡国际货运航空公司开通了首个跨大西洋航班,将货物从卢森堡运输到北美。这一航线的开通极大地提升了卢森堡在国际航空货运市场中的地位。与此同时,全球钢铁行业面临生产过剩的问题,钢铁工业强国卢森堡也受到了冲击,此次冲击促使其深思日后的转型之路。

三、物流中心的崛起(20世纪80年代至今)

1984年,卢森堡机场进行了大规模扩建,增加了新的跑道和货运设施。这次扩建使得机场能够处理更大容量的货物和容纳更多的航班,进一步促进了卢森堡作为欧洲航空货运枢纽的发展。1997年,Luxair加入了全球航空联盟,与其他国际航空公司建立了合作关系,进一步扩大了其航线网络和服务范围。2004年,卢森堡机场的年货运量首次突破100万t,成为欧洲最大的航空货运枢纽之一。这一成就标志着卢森堡建立在了全球航空货运市场中的核心地位,也预示着卢森堡以航空货物运输为核心的物流模式逐步形成。2008年,卢森堡自由港在机场附近投入使用,提供高安全性的仓储设施,专门用于存放艺术品、珠宝和其他高价值商品。自由港的建立进一步巩固了卢森堡作为全球物流和航空货运核心的地位。近年来,多式联运中心与物流园区的建立,结合航运过关流程的不断优化与高科技物流基础设施的升级,还在不断增强着卢森堡作为欧洲航空货运枢纽的吸引力。2015—2023年卢森堡航空货邮吞吐量如图20-3所示。

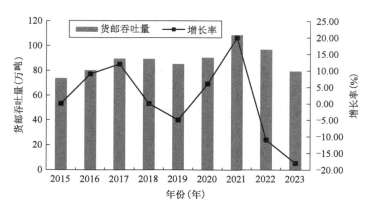

图20-3 2015—2023年卢森堡航空货邮吞吐量

资料来源:https://lustat.statec.lu/。

从20世纪中期的小型商业航空公司和简易机场起步,卢森堡发展成为今日欧洲乃至全球航空货运的重要枢纽。通过不断的基础设施升级、战略合作和业务扩展,卢森堡在全球航空业中占据了重要地位,尤其是在货运领域,不断强化其在国际航空市场中的影响力。

40年来,卢森堡的产业结构也发生了许多变化,钢铁工业自20世纪初以来长期衰退,现在创造的附加值仅占国内生产总值的2%左右。取而代之的是第三产业的兴起,卢森堡航空与物流业也随着国家产业结构变革进一步发展,如今乘着跨境电商的东风,卢森堡俨然成了欧洲理想的物流集散中心。

第三节 卢森堡物流发展特色

一、多式联运中心提高物流运行效率

卢森堡的多式联运中心位于卢森堡市南部。坐落于铁路货运走廊2号(北海—地中海)、南北和东西运输路线的十字路口,毗邻贝敦堡铁路编组站,这里是巩固欧洲及其他地区多式联运物流的理想国际枢纽。通过公路和铁路,该多式联运平台将卢森堡与北海、波罗的海和地中海的港口连接起来,使其能进入意大利、西班牙、英国和斯堪的纳维亚市场。通过与卢森堡机场的连接,航空货物可以迅速转移到铁路和公路运输网络中,实现快速配送。

该多式联运中心配备了专业丰富的货运基础设施,可满足各种货运需求。其拥有3台

门式起重机、4条700m长的综合铁路轨道、2个700m长的轨道公路系统平台（年生产30万辆半挂车）、840个半拖车停车位。

> **专栏　轨道公路系统**
>
> 　　轨道公路系统是一种结合铁路运输和公路运输的多式联运模式。它通常指的是一种特殊的铁路服务，能够运输整辆卡车（包括卡车头和挂车），或者只运输挂车，而无须卡车司机随车陪同。在轨道公路系统中，卡车或挂车通过公路驶入特定的装载站，然后整个车辆或其挂车部分被装载到专门设计的平板列车上。列车在预定的路线行驶，到达目的地后，车辆或挂车通过公路继续运输到最终目的地。
>
> 　　卢森堡多式联运中心配备的轨道公路系统平台（图20-4），使用洛尔铁路系统（LOHR）。洛尔铁路系统是将半挂车从公路转移到铁路最有效的系统，经过10多年的集约化经营经验，只需要36min就可以卸载30辆半挂车。通过轨道公路系统，卢森堡和法国南部之间可以进行超过1000km的非随车铁路运输，将欧洲西南部与欧洲西部和中部连接起来。
>
>
>
> 图20-4　卢森堡多式联运中心内的轨道公路系统
> 资料来源：卢森堡国家铁路公司（CFL）。
>
> 　　在欧洲，轨道公路系统被广泛用于跨国运输，减少了卡车司机的长途驾驶需求，并降低了公路交通负担、减少交通拥堵。此外由于铁路运输的碳排放较低，铁路公路系统有助于降低长途运输的碳足迹，助力减排环保。

　　卢森堡的物流园区为提高其物流行业运行效率也做出了贡献。卢森堡有中心物流园区与南部物流园区两大物流园区。其中中心物流园区位于机场附近，开展与航空货运有关的物流活动，已经投入运营多年。而南部物流园区正位于多式联运中心旁，主营铁路与公路相关业务。为了吸引更多物流业务，卢森堡政府在南部物流园区专门提供了仓库区域供相关有意向的公司租用。该仓库约10万m²（4栋建筑，每栋26000m²），可出租5000m²，位于贝敦堡的多式联运平台旁。卢森堡多式联运中心各区域示意如图20-5所示。

图20-5 卢森堡多式联运中心各区域示意图
资料来源：卢森堡国家铁路公司多式联运中心。

二、友好的税务政策助力降本增效

当第三国公司向欧洲国家进口货物，或是寻求欧洲市场分销地时，往往忽视间接税（含关税与增值税）。而这种忽视很可能严重影响公司的现金流。卢森堡为这一问题提供了两种解决方案，使供应链得到优化。

（1）货物在接到销售订单前，可以被存放在保税仓库。这种措施可以暂停缴纳任何关税、进口增值税等税费以及任何商业措施。在此期间，货物的处理或加工只能是为了保存或准备包装。

（2）废除B2B货物增值税预融资机制。除了关税之外，进口到欧盟的货物在进口国还要承担增值税责任，除非货物被放在保税仓库中。大多数欧盟国家要求立即缴纳增值税，但卢森堡凭借先进的增值税法规，免除了预先缴纳这一步骤。

三、多产品专业化战略保障服务质量

卢森堡物流部门推行多产品专业化战略，专为特定处理或存储需求的产品进行专业化服务。特殊产品如药物、危险品、活体动物、易腐品、贵重物品，普通产品如工业产品、高科技和电子产品、电子商务分销品等，这些都能在卢森堡机场享受高质量、高效率的运输。卢森堡机场为这些产品建立了广泛基础设施与定制服务，如真空冷却器、冷却室可用于保存易腐烂物品，高级安全中心可用于储存管理贵重物品，机场内的边境检疫站可现场进行兽医服务等。多年来高质量的物流服务让卢森堡收获世界好评。

> **专栏 卢森堡机场的医药中心**
>
> 制药和医疗行业在运输温度、运输时间等方面有着极为严格的要求，不仅需要承运方对复杂的物流流程有深入的专业知识，还需要全面掌握质量保证体系、法律法规框架、运输和装卸的具体要求。在卢森堡机场内，有一座3000m²的制药和医疗中心，能提供符合国际

制药行业GDP标准、世界卫生组织要求的端到端温度控制供应链解决方案。这也使卢森堡成为欧洲制药和医疗行业的主要物流航空货运中心。

从抵达到离开,每一批温度敏感的货物都受到专业团队和高科技检测设备的持续监控。该医药中心毗邻飞机停机坪,设有六个专用的温控卡车停靠点,在装卸过程的任何阶段都能保证货物冷链的完整性。且从飞机到医药中心的转运过程无须等待,不经转手,确保在五分钟的时间内安全运输药品。中心内相关设施如下:

- 818m² 的"寒冷"区域(2~8℃)
- 1600m² 的其他区域(15~25℃)
- 70个温度控制的ULD(单位负载装置)区域(2~25℃)
- 高活性、硬质和麻醉材料的单独区域等

四、高质量劳动力支撑行业进步

美国物料搬运协会和德勤的一项调查显示,57%的受访者表示在物流行业,雇用和留住合格工人面临困难。而卢森堡却有着很大的人才优势,且十分重视物流人才的培养。高质量的劳动力促使着卢森堡不断进步。

首先,高技能多语种人才为卢森堡的跨境贸易提供更多可能。作为欧盟人口国际化程度最高的国家,卢森堡劳动力因其跨国特征、语言技能和教育水平脱颖而出。卢森堡74%的劳动力由外国人组成,国民平均掌握3.6种语言,因此很容易招聘到具有国际业务所需的语言技能和跨文化经验的员工。跨境思维和劳动力的国际性促成卢森堡拥有高水平的劳动力。此外,与其他欧盟国家相比,卢森堡劳动生产率更高。在卢森堡,由于个人所得税和社会保障费用较低,工资总额相同的雇员对雇主的成本较低,工资较高。

为了不断为蓬勃发展的物流业输送人才,卢森堡还制定了专门的物流培训方案,开发从高中和职业培训到硕士学位和高管教育的各级培训项目。例如,卢森堡政府与麻省理工学院及卢森堡大学携手,在波士顿及本土建立了卢森堡物流和供应链管理中心(LCL),用于物流领域的研究、创新和教育。LCL是麻省理工学院SCALE网络的一部分,该网络是一个由供应链和物流领域的领先研究和教育中心组成的国际联盟。量身打造的物流培训课程为卢森堡物流行业输送了一大批专业知识储备充足的人才。

本章参考文献

[1] 中华人民共和国商务部. 对外投资合作国别(地区)指南　卢森堡[EB/OL]. (2024-05-08)[2024-09-03]. https://www.mofcom.gov.cn/dl/gbdqzn/upload/lusenbao.pdf.

[2] The Government of the Grand Duchy of Luxembourg. Single window for logistics[EB/OL]. [2024-09-03]. https://logistics.public.lu/en.html.

[3] The Government of the Grand Duchy of Luxembourg. Luxembourg Trade&Invest[EB/OL]. [2024-09-03]. https://www.tradeandinvest.lu/business-sector/logistic/.

[4] Ali Alwaleed Al-Thani, Sheikh Mohammed bin Hamad bin Faisal Al-Thani. 2030年物流业规模将超过18万亿美元,影响物流业发展的五大趋势有哪些?[EB/OL].(2024-07-25)[2024-09-03]https://cn.weforum.org/agenda/2024/07/ogistics-growth-trends-cn/.

第二十一章　国际物流城市发展经验：亚马逊+菲尼克斯

菲尼克斯（Phoenix），又名凤凰城，是美国亚利桑那州的首府和州内最大的城市，是美国重要的交通枢纽和物流中心。凭借良好的交通基础设施、低廉的用地成本、丰富的劳动力以及优质人才市场，菲尼克斯有力地支撑了企业柔性供应链的发展与壮大，提升了全市对全球化企业的吸引力，已成为包括亚马逊、UPS等多个企业的全球化物流集散中心，同时也是电子商务配送与物流运输的枢纽城市之一。

第一节　菲尼克斯基本情况

一、首府城市地位突出

菲尼克斯是美国亚利桑那州的州府及最大的城市，也是美国人口最多的州府，占地面积1345 km²，位列全美城市第11位。根据2022年美国人口普查数据，菲尼克斯城市人口约164万，位居全美第五。2022年菲尼克斯-梅萨-斯科茨代尔（大都市统计区）地区生产总值约3620.87亿美元，全美第14位。由于其阳光充足的独特气候条件，太阳能产业蓬勃发展，清洁能源处于全美居领先地位。菲尼克斯发展早期依赖铜、棉花、牛、柑橘和旅游业等产业经济，至今仍是美国最大的铜矿产区和四大产棉区之一，铜产量占全国的60%，长绒棉产量约占全美一半。旅游业因其独特的自然景观和文化活动而非常发达，每年吸引着来自世界各地的游客。近年来，菲尼克斯在高科技和创新产业、生物科学、医疗保健、光学、先进制造、商业服务和养老产业等方面的发展较为迅速，产业不断升级。

二、交通基础设施完善

菲尼克斯天港国际机场是美国十大最繁忙的机场之一，面积3400英亩（约1375.9万 m²），位于城市中心南部地带，毗邻多条高速公路的交会点。该机场是全美航空公司、西南航空公司的枢纽机场，也是美国西南地区重要的航空枢纽之一。2023年，机场提供120多个国内国际直飞航线，每日约有1200个航班，服务乘客超过4800万名。同时，菲尼克斯拥有美国最大、发展最快的高速公路系统之一，城市高速公路质量在全国排名第一，其中包含州际公路、美国国道（60号公路）和州际高速公路（10号、17号公路）等8条线路。BNSF Railway（伯灵顿北方圣塔菲铁路公司)和 Union Pacific Railroad(联合太平洋铁路公司)在菲尼克斯境内建有铁路线路,货运铁路系统超过1700mile(1mile=1609.344m),提供了与美国其他地区以及加拿大和墨西哥的铁路运输服务。虽然菲尼克斯位于美国西南部内陆,但依然毗邻圣地亚哥、洛杉矶和长滩港等港口,通过公路与铁路网络有效地与港口相连,提升了城市的物流运输能力。

三、企业营商环境良好

作为全美第五大人口城市,菲尼克斯所在的亚利桑那州企业所得税税率仅为4.9%,用地成本相较于拉斯维加斯和里弗赛德等竞争市场节省12%,超过1000家外资企业聚集于此,低廉的税率和丰富的劳动力为亚马逊、沃尔玛和UPS等电商物流企业的发展提供了良好环境。同时菲尼克斯还是美国西南地区的高新技术产业的重要基地,航空航天、自动驾驶、新能源汽车和半导体等行业蓬勃发展,霍尼韦尔航空航天部门总部、英特尔、恩智浦与台积电等企业选择在菲尼克斯建设工厂与存放设备。

第二节 亚马逊基本情况

一、电商帝国引领全球

亚马逊(Amazon)是美国的一家网络电子商务公司,由杰夫·贝佐斯于1995年创立,总部位于美国华盛顿州西雅图。起初作为一个在线书店,亚马逊迅速扩展成为全球最大的在线零售商之一,提供各种商品和服务,包括电子产品、服装、食品以及数字内容和流媒体服务。亚马逊通过不断探索新的领域和商业模式,创建自己的配送网络和数据中心,逐渐成为全球性的物流和技术领导者,以高品质供应链物流服务每天为全球用户提供数以亿计订单需求的高效履约。2024年《财富》世界500强企业,亚马逊以5747亿美元收入排名第二。亚马逊2024年第一季度财报显示,净销售额为1433.13亿美元,同比增长13%,净利润为104.31亿美元,同比大幅增长229%。表21-1为亚马逊历年营业收入。

亚马逊历年营业收入　　　　　　　　　　　　　　　表21-1

年份(年)	营业收入(亿美元)	年份(年)	营业收入(亿美元)
1997	1.47	2004	69.40
1998	6.06	2005	84.90
1999	15.76	2006	107.10
2000	27.60	2007	148.40
2001	31.15	2008	216.60
2002	39.31	2009	245.10
2003	52.70	2010	342.10

续上表

年份(年)	营业收入(亿美元)	年份(年)	营业收入(亿美元)
2011	480.70	2018	2328.87
2012	610.00	2019	2805.22
2013	744.50	2020	3860.64
2014	889.88	2021	4698.22
2015	1070.06	2022	5139.83
2016	1359.87	2023	5747.85
2017	1778.66		

二、物流网络不断优化

自1995年成立以来,亚马逊物流网络演变分为多个重要阶段,每个阶段的发展和创新都极大地推动了亚马逊物流网络的优化和扩展,从而形成了一个全球性、高效且多元化的供应链体系。

起步发展阶段。1995年亚马逊成立,最初作为在线图书零售商。亚马逊于1997年首次推出其分销网络,在西雅图和特拉华州的纽卡斯尔设有履约中心(Fulfillment Center)。2000年亚马逊在其网站推出Marketplace商店,引入第三方卖家,开始扩展商品品类。Marketplace的推出极大地丰富了亚马逊上的商品种类,使得亚马逊能够更好地满足消费者的多样化需求。通过第三方卖家的参与,亚马逊不仅增加了平台的交易量,还通过佣金和费用等方式获得了额外的收入来源。虽然亚马逊与第三方卖家在某些产品上存在竞争关系,但整体上这种模式增强了亚马逊的市场竞争力,使其能够提供更全面的商品和服务。

自建基础设施阶段。2005年推出Prime会员制,为开通会员提供更快的配送服务。2006年推出FBA(Fulfillment by Amazon)服务,吸引更多第三方卖家,第三方卖家可以将产品存放在亚马逊的仓库中,亚马逊负责这些产品的存储、分拣、包装和发货,提升物流效率。2013年之前,亚马逊的物流运输和配送也主要依赖三方物流,而美国邮政、UPS和联邦快递等第三方物流在高峰期会出现严重延误,不能满足亚马逊的配送需求。直到2013年,UPS世界港中心物流瘫痪,对亚马逊数十万包裹的配送产生影响,亚马逊决定大规模自建物流网络。2019—2023年亚马逊包裹订单量如图21-1所示。

物流网络扩张与创新阶段。2014年,亚马逊开始逐渐减少对外部承运的依赖,逐步加速自建分拣中心、配送站,形成自己的末端物流运输网络,启动同城配送的Prime Now设施并招募车队和配送人员,使Prime会员可以在一小时甚至更短的时间内收到其需要的商品。2015年亚马逊组建自己的Amazon Prime Air航空公司(2017年改名为Amazon Air,Amazon Prime Air现指无人机项目),专门用于运输亚马逊包裹,于次年推出航空货运网络Amazon Air Network,加强跨区域仓库和枢纽之间的高效调拨,提高物流运输能力。

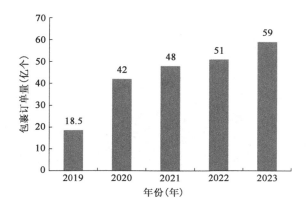

图 21-1　2019—2023年亚马逊包裹订单量

全球化与技术领先阶段。亚马逊持续投资全球履约中心、分拣中心及配送站建设，形成全球高效的物流服务网络。2018年，亚马逊甚至推出了一项名为"送货伙伴计划"（Delivery Service Partners, DSP）的新计划，鼓励企业购买自己的专属车队，成为亚马逊的配送合作伙伴，这一策略有助于亚马逊进一步增强其物流能力。同时不断推进 Prime Air 项目，对无人机配送等创新模式不断测试和应用，以减少配送时间和成本，特别是对于偏远地区的递送。2022年之后，亚马逊着力推行区域化物流模式，将美国配送网络分为八个区域，以有效地缩短包裹在美国境内的运输距离、更快地将产品送到顾客手中。亚马逊推行区域化运营服务将运营中心和配送网络划分为更小、更易于服务的区域，从而更高效地利用各个区域内的库存。菲尼克斯作为重要的物流节点，依托FBA模式和区域化运营服务，在满足当地需求的同时，又能快速应对周边地区的订单。亚马逊物流远程配送计划（NARF）支持卖家将存储在亚马逊菲尼克斯运营中心的商品销售到加拿大和墨西哥站点，无需将库存直接运送到这些国家地区。

三、物流科技推动发展

亚马逊作为全球知名的电子商务和云计算公司，其物流科技的发展不断推动着整个供应链管理领域的创新。2012年，亚马逊为实现仓储中心自动化、提升物流效率，斥资7.75亿美元收购了机器人制造商 Kiva Systems。亚马逊开发并部署了大量的自动化设备和系统，包括自动导引车（AGVs）、机器人拣选、装载和包装系统，以及用于仓库管理和货物追踪的技术。同时，为实现更快捷的送货服务，亚马逊通过其 Prime Air 项目不断探索无人机配送的可能性。2024年美国联邦航空管理局（FAA）已经正式批准亚马逊 Prime Air 送货无人机进行超视距飞行，亚马逊无人机送货员将能够远程操作设备进行送货服务（图21-2）。此外，亚马逊智能派送柜服务（Amazon Locker）的推出，允许客户在非工作时间自助取件，增加了配送的灵活性。

图21-2 亚马逊MK27-2型号无人机

资料来源：亚马逊。

第三节 菲尼克斯物流发展历程

一、发展历程

（一）起步期（19世纪60年代—19世纪末）

在19世纪60年代，菲尼克斯还处于美国西部拓荒的前沿，这个时期的物流和运输主要依赖于基础的道路和畜力运输。由于地处干旱区域，城市发展初期面临着水资源短缺和交通不便的问题。直到1867年，随着Jack Swilling发现并开发了这片地区，建立了灌溉系统，菲尼克斯逐渐有了小规模的农业产出。同时丰富的矿产资源促进了矿业的繁荣，吸引了大量的工人和投资者，促进了当地经济的增长和社会基础设施的改善。农业与矿业的兴起为物流的发展提供了基础。

（二）发展期（20世纪初—20世纪末）

19世纪80年代，铁路的建设成为菲尼克斯经济起飞的第一个契机。从此货物大量地通过铁路进入菲尼克斯，物流能力得到了显著提升。铁路不仅为货物运输提供了快速、远程的选项，也促进了本地商品的外出和外部商品的进入。菲尼克斯位于美国西南部的战略位置上，通过铁路连接了东西部的市场，迅速成为一个重要的商品集散中心。此外，铁路的建设还带动了人口的增长和城市的扩张，使得菲尼克斯逐渐转变为一个商业和农业的中心。20世纪初随着汽车的普及和公路系统的发展，菲尼克斯开始着重发展公路物流，这一转变极大地提高了货物的灵活性和运输效率，促进了城市经济的快速发展。

20世纪40年代末至50年代，第二次世界大战结束后美国经济迅速扩张，菲尼克斯迎来了物流业的快速发展。菲尼克斯利用其地理位置和发展空间，大力发展了军事和民用物流基础设施。同时，随着邻近机场的建设和航空公司的引入，菲尼克斯开始利用航空物流，大大缩短了货物长途运输的时间,并且能够运送更加多样化和高价值的货物。菲尼克斯天港国际机场作为该地区的主要航空枢纽,提供了高效快捷的货物运输服务,机场的现代化设施和高效的运营为货物的快速流转提供了保障。

(三)转型期(21世纪初至今)

20世纪90年代以后,随着互联网技术和电子商务的迅猛发展,菲尼克斯逐步形成了一个高度集成的供应链网络,这一转变极大地提高了当地及区域间的物流效率并降低了运营成本,尤其是亚马逊等网络零售商的兴起,推动了菲尼克斯物流行业的发展。在21世纪,菲尼克斯物流发展进入了一个全新的阶段——智慧物流与绿色物流的推广。这主要得益于物联网、大数据分析和人工智能等现代信息技术的应用,使得供应链管理更加高效同时也更环保。此外,城市政策也开始倾向于支持可持续发展项目,如优化路线规划以减少碳排放,以及建设更多的环保型物流设施。

二、亚马逊物流在菲尼克斯的发展现状

(一)基础设施和服务的扩展

随着亚马逊物流的扩展,菲尼克斯的基础设施也在不断升级和扩展。亚马逊目前在全球拥有175个履约中心,其中17所履约中心坐落于菲尼克斯。2024年亚马逊在年美国已签订6份100万 ft²(1ft=0.3048m)以上的仓库租赁合约,其中3家位于菲尼克斯。亚马逊在菲尼克斯都市区的梅萨城区最新的仓储和配送中心,占地120万 ft²,货架面积超过1300万 ft²,是亚马逊在美国最大的仓储和配送中心之一(图21-3)。亚马逊60%的销售额来自于第三方零售商,在亚利桑那州,超过1万名第三方卖家使用亚马逊平台销售自己的产品,亚马逊充足的仓库资源支持第三方卖家将商品存入其仓库以维持正常的库存水平。

图21-3 亚马逊仓储与配送中心内部实景图

资料来源:Azcentral。

(二)智慧物流提升物流效率

亚马逊的智能仓库在菲尼克斯进行投入应用,打造高效、自动化的仓储环境,以提高订

单履行的速度和准确性,减少对人工的需求。仓库机器人能够自动存储和检索仓库内指定位置的货物,识别和挑选货架上的物品,并将其放置在正确的箱子里进行包装和运输。2023年,亚马逊网络服务在菲尼克斯进行 AWS Local Zones 部署,其基础设施为物流企业提供低延迟的数据处理服务,加快大量实时数据分析速度,以优化运输路线规划、库存管理和提升货物效率。随着 2024 年美国联邦航空管理局正式批准亚马逊 Prime Air 送货无人机进行超视距飞行,亚马逊无人机配送项目将进一步在菲尼克斯落实。

(三)区位优势助力国际贸易

菲尼克斯位于美国西南部,毗邻墨西哥边境,这使其成为将商品出口到拉美等国家的理想地点。亚马逊的菲尼克斯物流中心是其全球物流网络的一部分,能够高效地处理大量货物的存储和配送,为国际客户提供更便捷快捷的商品服务,为菲尼克斯的国际贸易提供有力的支持。同时作为美国第五大人口城市,菲尼克斯也为亚马逊等企业提供了优质的劳动力。此外,菲尼克斯有良好的公路系统和航空运输系统,具备"公空"联运优势,公路货物运输网络 24h 内的服务里程范围可覆盖菲尼克斯周围 7 个城市区域的 3500 万消费者,包括洛杉矶港和长滩港等主要海港,这有利于亚马逊面向全球化的物流运输。

第四节 "亚马逊+菲尼克斯"物流发展特色

一、高效物流运营模式促进企业降本增效

亚马逊在菲尼克斯区域的布局和配送模式包括 FBA 高效运营、区域化运营服务、仓储与分销网络等。亚马逊通过其 FBA 服务模式帮助卖家降本增效,通过将商品预先存储在靠近消费者的地点,亚马逊能够显著缩短配送时间,实现快速交付,提升消费者体验,使用 FBA 的卖家平均获得 20%~25% 的销售额提升。亚马逊在全球拥有庞大的仓储网络,仓库多分布在重要城市及人口密集区域。菲尼克斯作为美国西南地区的重要城市,其快速增长的经济和现代化的交通设施,使其成为仓库管理的理想选择,为仓储和物流产业提供了巨大的市场空间。气候干燥稳定,适合储存多种商品,减少仓储中的环境因素影响。菲尼克斯工业地产税率相较于拉斯维加斯和因兰恩派尔等西南地区城市低 10%,周边地区拥有大量廉价土地资源,便于建设大规模的仓储设施。菲尼克斯商业发展迅速,政府提供多项激励政策,吸引亚马逊等企业在此设立仓储和分销中心,提高物流运输效率,促进物流企业降本增效。

二、物流科技推动精准库存管理

亚马逊在菲尼克斯地区的运营中心使用了先进的自动化技术,比如机器人臂、自动化传送带和智能仓储系统。同时亚马逊是第一个将大数据推广到电商物流平台运作的企业,大数据在电商物流的应用,能够有效提升客户需求分析效率,实现订单快速处理,调整配送计

划,将货物按时精准送达。亚马逊运用先进的数据分析技术来预测不同地区的消费需求,从而有针对性地选择存储的商品种类和数量,该库存管理方式能够减少存货积压,降低过剩库存的风险,同时确保满足消费者的需求。亚马逊在菲尼克斯地区的运营中心通过使用先进的自动化与互联网技术,极大地提高了仓储和配送效率,同时也推动了整个物流行业的现代化进程。

三、快速末端配送提升客户满意度

亚马逊通过提供准确的预计送达时间和快速的配送服务,能够提高客户的购物满意度与忠诚度,增强消费者对平台的信任感。亚马逊的Prime Now服务是一项专注于快速配送的便利服务,旨在为Prime会员提供两小时内的免费送货上门服务。2023年,亚马逊逐渐将Prime Now的功能整合到其主应用程序和网站中,意味着用户可以在统一的平台上完成购物、订单跟踪以及客户服务联系等操作,这种整合不仅简化了用户体验,还提高了运营效率。在末端配送方面,亚马逊不仅依靠自己的物流网络,同时通过与USPS等快递企业合作、外包的Delivery Service Partners计划和Amazon Flex网络等方式覆盖其他地区,实现高效配送。

四、友好商业环境与人才政策夯实发展基础

菲尼克斯所在的亚利桑那州拥有相对优惠的税收政策,这为企业提供了良好的经济激励。同时作为亚利桑那州的首府、教育文化中心和全美人口第五大城市,菲尼克斯拥有美国西部第二大人才市场,亚利桑那州立大学、菲尼克斯大学等40所高等学府和机构坐落于此,具备30万余名电子商务、分销和物流行业的合格人才,为电商物流行业发展提供丰富的劳动力。此外,菲尼克斯通过优化的工作许可和居留政策吸引国际人才,例如国际留学生可通过延长实习期和简化绿卡申请流程留在菲尼克斯工作。这些政策不仅帮助企业招聘到所需的高技能人才,还为城市的技术创新和经济发展提供了动力。

本章参考文献

[1] 中国国际贸易促进委员会. 亚利桑那州(State of Arizona)[EB/OL]. (2022-04-11)[2024-08-20]https://www.ccpit.org/usa/a/20220411/20220411kcbx.html.

[2] 罗戈网. 市值万亿的亚马逊如何运转全球最大电商物流网络?[EB/OL]. (2023-03-13)[2024-08-20]. https://log2.logclub.com/articleInfo/NjAyODM=.

[3] 中华人民共和国国家邮政局. 亚马逊无人机配送超视距飞行获批[EB/OL]. (2024-06-27)[2024-08-20]. https://www.spb.gov.cn/gjyzj/c200007/202406/6910303107e146eda9cad13d3ac277ae.shtml.

[4] Visit phoenix. Phoenix Facts[EB/OL]. (2024-08-02)[2024-08-20]. https://www.visitphoenix.com/about-us/phoenix-facts/.

[5] Amazon Prep. Amazon FBA Locations[EB/OL]. (2024-08-02)[2024-08-20]. https://amz-

prep. com/fba-locations/.

[6] 招商证券. 2023年亚马逊研究报告：飞轮下的万亿商业帝国[R/OL]. (2023-10-11)[2024-08-20]. https://www.vzkoo.com/read/2023101131f8d2db3898d64596199dfd.html.

[7] Greater Phoenix Economic Council. Reach Consumers Quickly in Greater Phoenix[EB/OL]. (2024-08-02)[2024-08-20]. https://www.gpec.org/industries-operations/operations/ecommerce-logistics-distribution/.

[8] 王美心, 白杰. 跨境电商亚马逊的运营模式分析[J]. 现代营销(学苑版), 2021(06)：140-141.

第六篇 展 望 篇

第二十二章 "十五五"中国城市物流发展的展望与对策

我国物流业由高速增长转向高质量发展新阶段,支撑构建新发展格局、推动高质量发展要求物流业持续推动提质增效降本。面向未来,物流业发展仍需应对需求不足、预期减弱和灾害冲击等带来的挑战,也将迎来AI大模型、数字化、跨境市场等新机遇。展望"十五五",中国城市物流发展将继续融入国家发展战略,坚持稳中求进、以进促稳、先立后破,围绕降本增效、业态创新、绿色低碳、韧性安全、创新驱动等关键词,打造现代化物流枢纽城市。

第一节 中国城市物流业的发展趋势展望

一、新发展格局稳步推进 内陆地区的物流枢纽地位不断提升

新发展格局带动下,中西部和东北地区迎来了大量承接产业转移、延链补链强链新机遇,叠加对外开放大通道助力,重庆、郑州、西安、乌鲁木齐等城市已经实现由内陆腹地向开放高地的转变。2023年11月,国家推进"一带一路"建设工作领导小组办公室发布《坚定不移推进共建"一带一路"高质量发展走深走实的愿景与行动——共建"一带一路"未来十年发展展望》,站在新起点,"一带一路"产能合作发展动力保持强劲,同时助力全球价值链重构、提升产业链供应链稳定性的使命更加突出。2024年是《西部陆海新通道总体规划》颁布实施五周年,西部陆海新通道共建范围已经扩大至西部12省区市、海南省共13个省份,和广东湛江市、湖南怀化市形成"13+N"合作共建机制,覆盖全球124个国家和地区的518个港口,累计运输货物超310万TEU。

按照大通道、大枢纽、大口岸、大物流、大平台一体化协同发展趋势,内陆物流枢纽城市持续建设完善国家开放大通道物流基础设施,着力强化国际陆港、综合保税区等枢纽平台资源整合和平台服务能力,在通道实体化运营、组织中心建设、标准互联互通等方面发力,促进中欧班列、中老铁路等品牌运营线路由上规模向提质量转变,将带动中西部内陆地区的物流枢纽能级持续稳健提升。

二、高质量发展催生物流新需求 细分专业领域发展潜力巨大

2023年,民航全行业完成货邮运输量735.38万t,比上年增长21.0%。截至2023年底,获得通用航空经营许可证且使用民用无人机的通用航空企业19825家,比上年底净增4695家;全行业注册无人机共126.7万架,比上年增长32.2%。2024全国民航工作会议指出,2024年,民航将积极扩大与共建"一带一路"国家航权安排,深化与中亚、中东、非洲等地区的项目合作,支持航空公司根据航线网络拓展需要用好境外第五航权。在多式联运方面,随着多式联运试点示范、法规制度等不断完善,中欧班列、海铁联运、空陆联运、高铁快运等快速发展,将推动端到端供应链解决方案趋向多元化。

物流业高质量发展是适应现代产业体系对多元化专业化现代物流服务需求的必由之路,在大数据、云计算、人工智能等技术加持下,以服务与解决方案的落地为核心的"物流即服务"(LaaS)业务将带动物流业与制造业、商贸业深度融合,集成商贸、物流、金融、信用等综合服务,形成具有产业特色的物流产业盈利模式,多式联运、冷链物流、即时物流、数字货运、低空物流等细分专业领域也将迎来快速发展。

三、物流绿色低碳转型持续深化 ESG体系成为物流治理新标配

在政策和市场的双向驱动下实现快速发展,物流行业从"减碳"到"脱碳"的绿色低碳转型进展迅速,中外运、顺丰、京东等物流企业从社会责任和企业可持续发展需求出发,主动引领行业绿色创新。未来,物流企业将从ESG建设出发,进一步深化探索ESG的具体实践,聚合ESG视角与生态化资源,开展绿色基础设施投资建设、绿色运营、绿色技术研发和产品创新等多重实践,主动参与完善ESG评估标准体系建设。

物流枢纽城市建设将从ESG治理切入,将持续建立完善ESG监管、评级、投融资等多重保障体系,推动搭建ESG生态圈,鼓励ESG跨领域合作和科技创新实践,建立城市物流绿色低碳发展监测评估体系,为物流行业绿色低碳发展提供源源不断的动力。

四、通用大模型加速物流行业变革 数据成为物流新质生产力

AI大模型引领的新一轮技术变革为物流业发展带来了全新机遇,科技型企业纷纷进军物流大模型领域,通过与大数据、物联网等前沿技术及物流供应链理论的融合应用,实现更精准的需求预测、提升供应链的运作效率和可追溯性,推动新质生产力加速赋能物流增值服务。2024年3月,由中国物流与采购联合会、阿里云、菜鸟、高德地图、中远海运、东航物流、圆通速递、申通快递、中通快递、德邦快递、G7易流、地上铁、浙江大学智能交通研究所等共同参与,物流行业内首个专注于大模型应用研究与实践的联盟"物流智能联盟"在杭州成立。

随着AI大模型技术的不断发展和"数据二十条""数据要素×"等政策举措的相继出台,数据要素的作用和价值将更加凸显、应用广度和深度将大幅拓展,赋能供应链数字化平台、

智慧仓储、智慧园区、智能驾驶等新型运作方式蓬勃发展，提升物流要素质量和资源配置效率，加快物流业数智化转型和物流新质生产力形成。

五、农村客货邮融合发展深入推进 现代物流体系向县域下沉

农村作为扩大内需最大的增量空间，畅通农村物流体系，是实现乡村振兴和释放消费潜力等基础支撑。建立完善县域统筹，以县城为中心、乡镇为重点、村为基础的农村商业体系，离不开县域物流基础设施和物流模式的支撑。随着县域商业体系、物流配送体系和农村电商等发展不断成熟，我国农村客货邮融合发展从"试点示范"迈入"全面覆盖"阶段，县域物流现代化建设开启新篇章。

政府端将持续完善县乡村三级物流体系建设，加快寄递物流设施补短板，在"多站合一""一点多能"的基础上进一步实现农村物流的数字化、自动化、智能化。电商快递企业持续挖掘下沉市场，将促进产业生产不断完善，以平台或联盟的形式开展设施共用、物流共享和业务共赢，全面释放农产品上行和工业品下乡市场潜力，为乡村振兴和农业现代化注入全新的动力。

第二节　"十五五"提升城市物流枢纽地位的对策建议

一、创新交通物流融合规划理念

我国自1978年引进物流概念以来，现代物流经历了理念传播、实践探索、产业地位确立和创新发展的阶段，先后发布了《物流业调整和振兴规划》（国发〔2009〕8号）、《物流业发展中长期规划（2014—2020年）》（国发〔2014〕42号）、《"十四五"现代物流发展规划》（国办发〔2022〕17号）。《"十四五"现代物流发展规划》是我国现代物流领域第一份国家级五年规划，实施主体也由"物流业"扩展为"现代物流"，体现了现代物流与相关产业融合创新发展的趋势和规律。对城市而言，开展物流规划，是整合城市物流资源、构建现代物流体系，推进物流降本增效，促进经济社会高质量发展的重要抓手。

"十四五"以来，大部分城市都印发了物流发展相关规划，涉及物流业、现代物流产业、枢纽经济、空间布局等内容，如表22-1所示，规划组织部门包括市发展和改革委员会、交通运输局、自然资源局等。我国城市物流规划已经积累丰富的实践经验，但仍然面临着规划定位不明确、规划流程不清晰等问题，现代物流业在支撑和服务城市经济社会高质量运行的主体作用并未得到充分发挥。

面向"十五五"，有必要从现代物流体系的视角出发，充分考虑城市物流体系与交通运输、产业发展、枢纽经济等融合关系，深化城市物流需求预测、基础设施布局、市场主体培育、智慧绿色发展、政策支持引导等规划内容，开启创新性的现代物流规划融合发展模式。

部分城市"十四五"物流规划编制情况　　　表22-1

城市	物流规划
广州	广州"十四五"现代物流枢纽及产业发展土地利用规划
重庆	重庆市现代物流业发展"十四五"规划（2021—2025年）
武汉	武汉市现代物流业发展"十四五"规划
苏州	苏州市现代物流产业发展和空间布局规划(2023—2035)
南京	南京市"十四五"枢纽经济和现代物流业发展规划
合肥	合肥市"十四五"现代物流业发展规划
厦门	厦门市"十四五"现代物流产业发展规划
大连	大连市东北亚国际物流中心发展"十四五"规划

二、打造本土特色物流产业集群

对于城市物流发展而言，加快集聚城市物流产业集群是充分发挥物流产业规模效应、吸引物流产业要素集聚、带动产业链上下游协同发展的关键抓手。国际上已经形成西班牙萨拉戈萨、美国孟菲斯、荷兰鹿特丹、新加坡等代表物流产业集群。我国是全球需求规模最大的物流市场，港口吞吐量、快递包裹业务量均连续多年位居世界第一，为培育现代物流产业集群提供了强大的市场需求支撑。打造现代物流产业集群，将"物流流量"转化为"产业增量"，以大物流服务大产业，以大产业反哺大物流，将带动物流城市枢纽能级进一步提升。

加快集聚提升物流产业集群，要持续推进物流要素集聚，主动加强物流用地、支持政策保障，完善数字化智能化物流基础设施体系，发挥国家物流枢纽、综合保税区等平台作用，推动传统物流产业向高端化、智能化转型，提高城市物流吸引力和辐射力，以物流产业辐射带动本地高端制造、现代商贸等产业联动发展。

三、培育城市物流新质落地场景

"新质生产力"是我国迈入高质量发展阶段，以科技创新为主的新型生产力形态，也正在成为推动城市物流高质量发展的重要着力点。"物流+大模型"模式加快落地，低空物流在快递配送、农产品运输、医疗物资输送等领域得到应用，深圳、成都、青岛、长沙等城市已经开通低空物流应用航线。

培育释放城市物流新质生产力，要加快推动城市物流场景自动化和智能化，支持智慧仓储、智慧港口城市物流新型基础设施建设，打造推广低空物流、无人配送等应用场景，推动物流行业数据归集和价值挖掘，针对城市物流新业态新模式，加快相关标准、政策、法规的研究出台，提高推进新时代城市物流新技术、新业态、新模式发展的协调效率。

四、强化城市物流网络系统韧性

2023年，我国全年各种自然灾害共造成9544.4万人次不同程度受灾、倒塌房屋20.9万间、直接经济损失3454.5亿元，与近5年均值相比，受灾人次下降24.4%，但倒塌房屋数量、直接经济损失分别上升96.9%、12.6%。2023年全年出现区域暴雨过程35次,海河"23·7"流域性特大洪水对京津冀物流体系造成了强烈冲击,据测算,产生区域物流损失约300亿元。在自然灾害、地区冲突等高频高损冲击成为"新常态"的背景下,提升物流供应链韧性逐渐成为国际共识。美国、日本等发达国家积极打造韧性交通体系。随着我国经济加快融入全球市场、"走出去"步伐进一步提速,物流业保供稳链的作用将更加突出。

《"十四五"现代物流发展规划》提出要"提升现代物流安全应急能力""强化现代供应链安全韧性"。强化城市物流网络韧性,要持续加强供应链安全风险监测、预警、防控、应对等能力建设,发展应急物流,为维护全球产业链供应链韧性与稳定贡献中国智慧和力量。

五、推动物流企业智改数转升级

我国物流行业的飞速发展,诞生了一大批优秀的物流企业,截至2024年05月,我国共有A级物流企业9995家,星级冷链物流企业203家,网络货运平台A级企业73家。根据中国物流与采购联合会重点物流企业统计调查显示,中国远洋海运集团有限公司位列2024年中国物流企业榜首,顺丰控股股份有限公司位列2024年中国民营物流企业榜首。物流企业是决定城市物流竞争力的关键影响因素之一,在绿色低碳、智慧物流、数据治理、应急物流等前沿和难点领域,各类物流企业加快技术创新、管理创新和商业模式创新,发挥引领示范作用,成为推动物流提质、增效、降本的领头雁。

大力支持物流企业高质量转型要立足物流业发展的实际需要,培育专业化、绿色化、智能化、国际化物流企业,优化物流供给规划和服务创新,支持物流企业开展设备升级、服务升级、模式升级。有效平衡物流资源整合和市场开放竞争的关系,面向物流补短板、保障产业链供应链安全稳定等需求,整合相关资源,打造产业链条完整、综合实力强的现代物流企业,提升物流产业话语权和掌控能力。综合运用政策、金融、服务等手段,推动降低物流行业全链条成本,推动大型物流企业面向中小微企业提供普惠性服务,为物流企业发展提供高质量的发展环境。

本章参考文献

[1] 刘瑾. 基于产业供应链的区域物流规划研究[J]. 中国物流与采购,2023,(04):66-67.

[2] 国家防灾减灾救灾委员会办公室 应急管理部. 2023年全国自然灾害基本情况[EB/OL].(2024-01-20)[2024-08-06]. https://www.mem.gov.cn/xw/yjglbgzdt/202401/t20240120_475697.shtml.

[3] 王玉勤. 西安国际陆港物流产业集群的集聚效应研究[J]. 铁路采购与物流,2024,19(01):23-25.

[4] 邢虎松. 城市物流业规划存在的主要问题及对策[J]. 北京交通大学学报(社会科学版),2020,19(04):110-115.

[5] 现代物流高质量发展的"新蓝图"——《"十四五"现代物流发展规划》解读)[EB/OL].

（2023-12-25）[2024-08-06]. https://www.henan.gov.cn/2024/01-05/2880244.html.

[6] 陈斌,庞力文,代聪. 中国物流业在国民经济中的产业定位分析[J]. 北京交通大学学报（社会科学版）,2024,23(3).

[7] 洪国城,连兴,蔡培棋,等. 新发展格局下现代物流规划编制探索——以厦门市为例[C]//中国城市规划学会,成都市人民政府. 面向高质量发展的空间治理——2021中国城市规划年会论文集(14区域规划与城市经济). 厦门市城市规划设计研究院有限公司,2021:11.

附 录

COMPETITIVENESS OF
**CITY LOGISTICS
IN CHINA**
(2024)

附录一　中国城市物流竞争力评级指标与方法

物流是经济的血液，城市物流是产业要素的聚集地、经济势能的辐射源，城市物流竞争力则是指城市物流体系吸引周边生产要素聚集和带动城市经济发展的能力。为科学准确量化城市物流各项竞争能力，参考现有研究成果，本书构建了城市物流竞争力的理论框架和评价体系，经过数据整理和聚类分析，最终确定10个二级指标、37个三级指标作为评价指标，并采用多种评价方法验证结论的稳健性。

第一节　城市物流竞争力的内涵

一、现有研究综述

国内外对城市物流的研究兴起于20世纪初左右，研究主要侧重于城市物流系统的资源优化配置、城市物流系统运行效率评价。国内对城市物流的研究起始于对城市物流发展模式的探讨、城市物流发展模式解析以及城市物流规划方法。在资源配置优化层面，研究从早期静态的资源配置模型发展到考虑实时交通状态的运营方法；在发展模式解析层面，研究从早期简易的线性模型逐渐转向到深度的神经网络，积累至今，已形成了众多研究成果。城市物流竞争力的相关研究如附表1所示。

城市物流竞争力相关研究　　　　　　　　　　　　　　　　附表1

研究文章	研究对象	研究方法	评价指标
赵莉琴、郭跃显（2011）	某城市	德尔菲法、层次分析法、多层次模糊判断	3个大类指标（基础设施、相关主体、服务保障），8个二级指标，32个三级指标
谭观音、左泽平（2012）	海峡西岸10个城市	主成分分析、聚类分析	4个大类指标（基础设施竞争力、产业竞争力、经济竞争力、人才竞争力），9个二级指标，28个三级指标
张玲（2014）	山东17个城市	主成分分析	5个大类指标（需求条件、支持性产业、生产要素、物流产业规模、信息化水平），13个二级指标
王文铭、高艳艳（2016）	"一带一路"沿线8个城市	主成分分析	2个大类指标（物流产业竞争实力、物流产业竞争潜力），7个二级指标，21个三级指标

续上表

研究文章	研究对象	研究方法	评价指标
宗会明,冶建辉等（2017）	西部12个省会（首府、直辖市）城市	层次分析法,熵权法	5个大类指标(城市经济发展水平、社会消费能力、物流产业发展基础、物流人才水平、信息技术水平),19个二级指标
李平、谭群群 等（2018）	长江中游4个城市	主成分分析	5个大类指标(城市经济发展水平、城市物流产业发展基础及区位条件、城市物流需求状况、城市信息技术发展水平、城市物流发展人才环境),20个二级指标
李彤、李武选 等（2019）	12个港口城市	熵权法	4个大类指标(港口基础设施、物流产业规模、腹地经济发展、信息化水平),19个二级指标
朱坤萍、刘丁亚（2019）	河北11个城市	主成分分析	3个大类指标(经济发展水平、基础设施建设水平、物流业务发展水平),10个二级指标
邱志鹏、蔡松林（2020）	珠三角15个城市	主成分分析	4个大类指标(经济发展情况、物流业务规模、物流需求潜力、信息化程度),13个二级指标
李勇辉、白利鹏等（2020）	全国32个主要城市	数据包络分析、主成分分析、熵权法	3个大类指标(效率、绩效、竞争力),19个二级指标
宋敏、路欢欢 等（2020）	长三角5个城市	模糊综合评价	3个大类指标(基础设施建设、经营成本效益、行业服务水平),10个二级指标
吴少丽、刘秀红等（2021）	山东17个城市	熵权法	4个大类指标(基础资源、物流规模、社会经济发展水平、信息化发展水平),14个二级指标

从研究对象来看,大部分研究关注于某一类特征城市群(普遍按照地理区位划分,少部分按照功能划分)的物流竞争力分析,并且采集的城市样本一般不超过30个。

从研究方法来看,大部分研究采用一种基于数据驱动的权重确定方法,少部分研究采用专家评分法。相比于专家评分法(例如层次分析法),基于数据驱动的权重确定方法(例如熵权法、主成分分析)可以更为客观地描述数据本身的情况,避免受到主观判断偏差的影响。但是基于数据驱动的权重确定方法也容易受到数据本身缺陷的影响,例如熵权法对极端异常值较为敏感,同时无法避免评价指标间高度线性相关的问题。在此基础上,采用多种不同类型的数据驱动方法或者采用主客观结合的权重确定方法可以有效避免上述问题。

从评价指标来看,大部分研究从评价现有城市物流系统出发,选取不同类型的评价指标,主要包括城市经济发展水平、社会消费能力、物流产业发展基础、物流人才水平、信息技术水平,也有研究还考虑了城市物流体系的发展潜力。这些研究具体选取的定量化指标从10个到32个不等,都可以在一定程度上有效衡量城市物流竞争力。

二、城市物流竞争力的基本框架

城市物流竞争力是指城市物流体系吸引周边生产要素聚集和带动城市经济发展的能力，正确评价城市物流竞争力有助于衡量城市物流管理成效，直接关系到城市物流管理水平，而对竞争力构成的解析可以促进城市物流管理绩效的优化。城市物流是促进各类生产要素双向流动的桥梁，评价一个城市或者全区域物流发展水平主要考虑进向、出向两个方面。

物流进向方面，主要衡量城市（地区）的经济产业对于物流需求的带动程度，用于评价本城市（地区）对周边城市（地区）物流发展的吸引力。物流作为引致需求，即一个地区（城市）的经济规模越大、政策支持力度越大、发展理念越先进，则周边要素和资源越有可能向本城市（地区）流入，越有可能带动本城市（地区）物流业发展。

物流出向方面，主要衡量本地区（城市）物流发展能力对于周边物流和产业要素和资源的聚集程度，用于评价城市（地区）物流对于周边城市（地区）经济发展的辐射力。即一个城市（地区）的物流发展水平越先进，周边高端产业要素和资源在本地区（城市）的聚集程度越高，物流发展能级及其对于经济发展的带动能力越强。

基于吸引力和辐射力两大维度，可构建城市物流评价理论和分析模型。按照吸引力和辐射力相对能力大小，我国物流城市类型可以分为枢纽型、消费型、口岸型和一般型等四种。如附图1所示，消费型城市的物流吸引力强于辐射力，口岸型城市的物流辐射力强于吸引力。

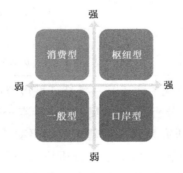

附图1 城市物流枢纽类型划分示意图

第二节 城市物流竞争力评价指标

一、评价指标构建

基于吸引力和辐射力两大维度，参考归纳现有文献资料，本书细化了二级评价指标，如附图2所示。其中，吸引力指标包括发展潜力、市场规模、枢纽布局、营商环境、绿色低碳等5

个二级指标,辐射力指标包括地理区位、市场覆盖、智慧物流、通达性、国际物流等5个二级指标。

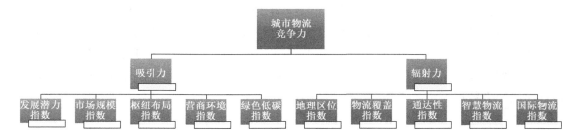

附图2　城市物流高质量发展评价指标体系

(一)城市物流吸引力

城市物流吸引力包括5个二级指标,具体情况如下。

(1)发展潜力指数:主要衡量地方经济发展水平及增长速度对于物流发展的潜在带动能力,发展潜力越大的城市物流吸引力越强。

(2)市场规模指数:主要衡量城市的货运、商贸、快递、外贸等类型物流市场的规模,市场规模越大的城市物流吸引力越强。

(3)枢纽布局指数:主要衡量城市在各级政府规划以及网络型物流企业业务布局中的层级,布局层级越高的城市物流吸引力越强。

(4)营商环境指数:主要衡量政府部门对于物流发展的支持和金融环境、营商环境,营商环境越好的城市物流吸引力越强。

(5)绿色低碳指数:主要衡量节能环保发展理念下城市物流绿色低碳化发展水平,绿色低碳发展水平越高的城市物流吸引力越强。

(二)城市物流辐射力

城市物流辐射力包括5个二级指标,具体情况如下。

(1)地理区位指数:主要衡量地区的地理、地形对于城市区位的制约情况和路网改善情况,综合交通覆盖人口越多的城市物流辐射力越强。

(2)市场覆盖指数:主要衡量以城市为起点的航班、班列等运输服务网络化水平和潜在覆盖范围,运输服务网络越发达的城市物流辐射力越强。

(3)智慧物流指数:主要衡量移动互联技术背景下城市节点对于线上信息资源的集散和掌控能力,信息化能力越高的城市物流辐射力越强。

(4)通达性指数:主要衡量机场、铁路、港口、高速公路等基础设施等级和城市间的通达性,通达性越高的城市物流辐射力越强。

(5)国际物流指数:主要衡量城市节点在国际物流体系中的规模大小和相对地位,国际化水平越高的城市物流辐射力越强。

二、评价指标体系

城市物流竞争力评价指标体系的构建是关系到评价结果可信度的关键因素,应遵循科学性、系统性、综合性、层次性、动态性、可比性等基本原则。本书最终选定37个三级评价指标构成评价体系,如附图3所示。除了选用传统的统计数据指标外,本书还选定了能够体现城市间时效性和流量流向的综合交通覆盖最大人口、城市间货车流量等大数据指标,这是国内首次应用大数据方法和指标进行竞争力评价分析。

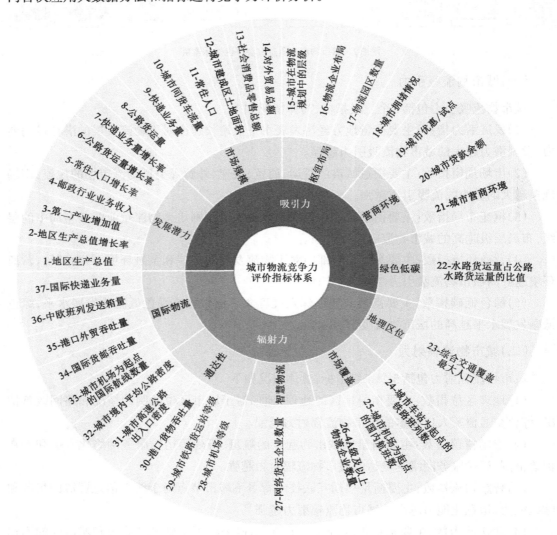

附图3 城市物流竞争力评价指标体系

37个三级评价指标中,大数据指标8个、结构化指标8个、统计指标21个,2024年报告绝大部分统计指标采用2023年数据,部分指标采用2022年数据。

(一)发展潜力指数

发展潜力指数包括7个三级指标,具体情况如下。

(1)1-地区生产总值:统计指标,2023年数据,数据来源于各城市发布的《2023年国民经济和社会发展统计公报》。

(2)2-地区生产总值增长率:统计指标,2023年数据,数据来源于各城市发布的《2023年国民经济和社会发展统计公报》。

(3)3-第二产业增加值:统计指标,2023年数据,数据来源于各城市发布的《2023年国民经济和社会发展统计公报》。

(4)4-邮政行业业务收入:统计指标,2023年数据,数据来源于各城市发布的《2023年邮政行业发展统计公报》。

(5)5-常住人口增长率:统计指标,2023年数据,数据主要根据各城市发布的《2022年国民经济和社会发展统计公报》《2023年国民经济和社会发展统计公报》常住人口数据计算得出,部分根据各城市统计局发布数据补充。

(6)6-公路货运量增长率:统计指标,2023年数据,数据主要根据各地市发布的《2022年国民经济和社会发展统计公报》《2023年国民经济和社会发展统计公报》公路货运量计算得出,部分根据各城市交通运输局网站发布数据、《中国城市统计年鉴》等渠道补充。

(7)7-快递业务量增长率:统计指标,2023年数据,数据来源于各城市发布的《2023年邮政行业发展统计公报》。

(二)市场规模指数

市场规模指数包括7个三级指标,具体情况如下。

(1)8-公路货运量:统计指标,2023年数据,数据主要来源于各城市发布的《2023年国民经济和社会发展统计公报》、部分根据各城市交通运输局网站等渠道补充。

(2)9-快递业务量:统计指标,2023年数据,数据来源于各城市发布的《2023年邮政行业发展统计公报》。

(3)10-城市间货车流量:大数据指标,通过对中交兴路重载货车轨迹数据进行处理分析,提取2023年4月城市间货车流量数据。

(4)11-常住人口:统计指标,2023年数据,数据来源于各城市发布的《2023年国民经济和社会发展统计公报》,部分根据各城市统计局发布数据补充。

(5)12-城市建成区面积:统计指标,2022年数据,数据主要来源于《中国城市统计年鉴》,自治州、盟、地区等选取州府、盟府、行政公署面积。

(6)13-社会消费品零售总额:统计指标,2023年数据,数据来源于各城市发布的《2023年国民经济和社会发展统计公报》。

(7)14-对外贸易总额:统计指标,2023年数据,数据来源于各城市发布的《2023年国民经济和社会发展统计公报》。

(三)枢纽布局指数

枢纽布局指数包括4个三级指标,具体情况如下。

(1)15-城市在物流规划中的层级:结构化指标,基于《国家综合立体交通网规划纲要》《国家物流枢纽布局和建设规划》等国家和各部门交通物流相关政策进行归纳整理。

(2)16-物流企业布局:结构化指标,2023年数据,基于京东、普洛斯、顺丰等网络化物流企业枢纽布局情况进行归纳整理。

(3)17-物流园区数量:大数据指标,2023年数据,数据来源于前瞻产业园等国内相关产业数据库网站收录的全国物流园区名单。

(4)18-城市拥堵情况:大数据指标,2023年数据,数据来源于公开发布的《2023年度中国主要城市交通分析报告》。

(四)营商环境指数

营商环境指数包括3个三级指标,具体情况如下。

(1)19-城市优惠/试点:结构化指标,2023年数据,对现代物流创新发展城市试点、供应链创新与应用试点、城市绿色货运配送示范工程、城乡高效配送专项行动等进行分析,统计城市开展试点示范工程和政策支持情况。

(2)20-城市贷款余额:统计指标,2023年数据,数据来源于各城市发布的《2023年国民经济和社会发展统计公报》。

(3)21-城市营商环境:结构化指标,2022年数据,数据来源于中国人民大学国家发展与战略研究院发布的《中国城市政商关系评价报告2022》。

(五)绿色低碳指数

绿色低碳指数包括1个三级指标——22-水路货运量占公路水路货运量的比值:统计指标,数据主要根据各城市发布的《2023年国民经济和社会发展统计公报》公路货运量、水路货运量计算得出,部分根据各地市交通运输局网站发布数据、《中国城市统计年鉴》等渠道补充。

(六)地理区位指数

地理区位指数包括1个三级指标——23-综合交通覆盖最大人口:大数据指标,数据定义为从一个城市出发,通过地图网站规划使用公路、铁路或航空交通方式,12h内可以到达的城市为综合交通覆盖城市,结合指标11-常住人口计算求和得出综合交通覆盖最大人口。

(七)市场覆盖指数

市场覆盖指数包括3个三级指标,具体情况如下。

(1)24-城市车站为起点的铁路班列数:大数据指标,数据定义为以一个城市为起点的铁路班列数量,数据抓取时间选定为2024年5月22日至2024年5月24日。

(2)25-城市机场为起点的国内航班数:大数据指标,数据定义为以一个城市为起点的航班数量,数据抓取时间选定为2024年5月22日至2024年5月24日。

(3)26-4A级及以上物流企业数量:结构化指标,2023年数据,数据根据中国物流与采购联合会发布的各批次全国A级物流企业名单整理得出。

(八)智慧物流指数

智慧物流指数包括1个三级指标——27-网络货运企业数量:结构化指标,2023年数据,数据根据国家交通运输物流公共信息平台、各地公布网络货运试点企业名单及互联网资料整理得出。

(九)通达性指数

通达性指数包括5个三级指标,具体情况如下。

(1)28-城市机场等级:结构化指标,2023年数据,机场名单来源于中国民用航空局发布的《2023年全国民用运输机场生产统计公报》,按照机场等级进行评分。

(2)29-城市铁路货运站等级:结构化指标,2023年数据,铁路货运站名单来源于中国铁路95306网站车站查询,根据铁路货运站等级进行评分。

(3)30-港口货物吞吐量:统计指标,2023年数据,数据来源于交通运输部发布的《2023年全国港口货物、集装箱吞吐量》。

(4)31-城市高速公路出入口密度:大数据指标,数据定义为一个城市范围所有的高速公路出入口数量除以城市土地面积。高速公路出入口数量来源于地图网站开放平台中搜索兴趣点(Point Of Interest,POI)API(应用程序编程接口),关键词分别为高速路出口及高速路入口,数据抓取时间为2024年7月17日,城市土地面积来源于《中国城市统计年鉴》,为2022年数据。

(5)32-城市境内平均公路密度:统计指标,2022年数据,数据定义为一个城市中所有公路里程除以城市土地面积,公路里程来源于各省(自治区、直辖市)发布的2023年统计年鉴,部分根据各地市交通局网站等渠道补充,城市土地面积来源于《中国城市统计年鉴》。

(十)国际物流指数

国际物流指数包括5个三级指标,具体情况如下。

(1)33-城市机场为起点的国际航线数量:大数据指标,2023年数据,数据来源于飞常准大数据平台。

(2)34-国际货邮吞吐量:统计指标,2023年数据,数据来源于中国民用航空局发布的《2023年全国民用运输机场生产统计公报》。

(3)35-港口外贸吞吐量:统计指标,2023年数据,数据来源于交通运输部发布的《2023年全国港口货物、集装箱吞吐量》。

(4)36-中欧班列发送箱量:统计指标,2023年数据,数据来源于中欧班列2023年开行数据总结分析。

（5）37-国际快递业务量：统计指标，2023年数据，数据来源于各地市发布的《2023年邮政行业发展统计公报》。

第三节 城市物流竞争力评价方法

为增强评价结果的稳健性，本书采用了信息熵方法、CRITIC（Criteria Importance Though Intercrieria Correlation，相关性权重确定）方法、主成分分析法等多种主客观评价方法，评价结果显示没有显著差异。

一、信息熵方法

（一）基本原理

信息熵这个词是信息论之父香农（Claude Elwood Shannon）从热力学中引申出来的，用于描述信源的不确定度，阐明了概率与信息冗余度的关系（Shannon，1950）。一个信源发送出符号是不确定的，衡量它可以根据其出现的概率来度量（Rothstein，1951；Skagerstam，1975）。若信源符号有 n 种取值：$U_1, U_2, \cdots, U_n$，对应概率为：$P_1, P_2, \cdots, P_n$，且各种符号的出现彼此独立。此时，用各个符号不确定性 $-\log_2 P_i$ 的统计平均值描述此信源的平均不确定性，称为信息熵，记为 $H(U)$，其计算公式为：

$$H(U) = E[-\log_2 P_i] = -\sum_{i=1}^{n} P_i \log_2 P_i \tag{1}$$

式（1）对数一般取2为底，单位为比特。但是，也可以取其他底数，采用其他相应的单位，他们间可用换底公式换算。从数学上看，式（1）表示了一个事件的信息量就是这个事件发生的概率的负对数的期望。在此定义下，香农总结了信息熵的三大性质：单调性——即发生概率越高的事件，其所携带的信息熵越低，或者说广为人知的信息没有意义；非负性——即信息熵不能为负，现实中不存在负信息量的信息，在得知了某个信息后，却增加了对事件分析的不确定性是不合逻辑的；累加性——即多随机事件同时发生存在的总不确定性的量度可以表示为各事件不确定性的量度之和，数学表达式为：

$$H(A, B) = H(A) + H(B) - I(A, B) \tag{2}$$

式（2）中 $I(A, B)$ 表示为事件 A, B 之间的互信息（Mutual Information），代表一个随机变量包含另一个随机变量信息量的度量，对于两个独立事件而言，$I(A, B) = 0$。除此之外，信息熵还具有一些数学性质：连续性、可加性、扩张性、上凸性、对称性等。

（二）评价模型

基于信息熵的权重确定方法主要依赖于信息熵的单调性定义，通过指标的离散程度来表示其重要性。具体含义为：对于任意一个指标，如果所有候选对象在该指标上基本相同，则信息熵较低，意为该指标对分类意义不大，因此对该指标赋予较低的权重；反之，如果某一指标在候选对象中差异较大,则信息熵较大,认为该指标是一个理想的可用于分类的依据,因此赋予该指标较大的权重。具体的计算步骤如下所示:

第一步,根据式(1)需要计算所有样本中,第j项指标的信息熵值$H_j(U)$,见式(3)。

$$H_j(U) = E_j[-\log_2 P_i] \tag{3}$$

第二步,根据指标的信息熵值,计算第j项指标的差异系数$D_j(U)$,引申为该指标的重要性,见式(4)。

$$D_j(U) = 1 - H_j(U) \tag{4}$$

第三步,通过对所有指标差异系数$D_j(U)$进行归一化处理,计算第j项指标的权重系数$w_j(U)$,见式(5)。

$$w_j(U) = \frac{D_j(U)}{\sum_j D_j(U)} \tag{5}$$

(三)评价结果

根据信息熵评价方案,得到指标权重的分配结果如附图4所示。

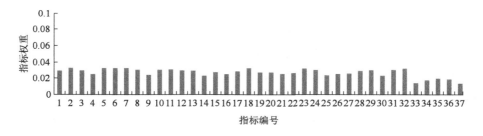

附图4　基于信息熵确定的指标权重

信息熵法侧重于关注同一指标下不同样本之间数据分布的差异性,指标权重由大到小前十依次为:2-地区生产总值增长率、7-快递业务量增长率、18-城市拥堵情况、6-公路货运量增长率、5-常住人口增长率、32-城市境内平均公路密度、23-综合交通覆盖最大人口、11-常住人口、10-城市间货车流量、8-公路货运量。

二、CRITIC方法

(一)基本原理

CRITIC方法的核心思想是基于各个指标之间的相关性大小,从而确定每个指标的相对重要性。其原理可以简单理解为,对于任意一个指标,如果该指标与其他指标的相关性较高,则认为这个指标可以用其他指标加权得到,则该指标能提供的"独有"信息较少,引旦为该指标不重要,则赋予其较低的权重。反之,如果某一指标与其他指标的相关性较低,则说明其难以由其他指标代替,该指标能够提供额外的信息,是一个良好的分类依据,因此,对该指标赋予一个较高的权重。

统计学中，通常用相关系数描述两个变量之间的相关程度。根据数据指标的结构特点和分析需求，有三种常用的相关系数。

皮尔逊相关系数(Pearson Correlation Coefficient)：广泛用于度量两个变量之间的相关程度(Profillidis and Botzoris,2019)。指标之间的皮尔逊相关系数可以由式(6)计算：

$$r(i,j) = \frac{Cov(i,j)}{\sqrt{Var(i)Var(j)}} \tag{6}$$

其中，$Cov(i,j)$表示指标i,j之间的协方差；$Var(i)$；$Var(j)$分别表示指标i,j的方差。皮尔逊相关系数描述的是线性相关关系，其取值范围为[-1,1]。负数表示负相关，正数表示正相关。在检验显著性的前提下，皮尔逊相关系数绝对值越大，相关性越强，绝对值为0，表示两个指标之间无线性关系；绝对值为1表示完全线性相关。一般认为绝对值小于0.39为低相关，大于0.89为高相关。

斯皮尔曼等级相关系数(Spearman's Rank Correlation Coefficient)：是一种无参数的等级相关系数，其值与两个相关变量的具体值无关，而仅仅与其值之间的大小关系有关(Lehmann and D'Abrera,2010)。指标之间的斯皮尔曼等级相关系数可以由式(7)计算：

$$\rho(i,j) = 1 - \frac{6\sum d_i^2}{n(n^2-1)} \tag{7}$$

式(7)中d_i^2表示两个变量分别排序后成对的变量位置差，n表示样本总量。斯皮尔曼等级相关系数表示了两个随机变量之间(独立变量X与依赖变量Y)的相关方向。如果当X增加时，Y趋向于增加，斯皮尔曼等级相关系数则为正；如果当X增加时，Y趋向于减少，斯皮尔曼等级相关系数则为负。特别地，当相关系数为0，表明当X增加时Y没有任何趋向性。当X和Y越来越接近完全的单调相关时，斯皮尔曼等级相关系数会在绝对值上增加。当且仅当随机变量X和Y完全单调相关时，其值的绝对值等于1。

肯德尔等级相关系数(Kendall Rank Correlation Coefficient)：是一个用来测量两个随机变量相关性的统计值(Kendall,1938)。肯德尔等级相关系数的取值范围在-1到1之间，当相关系数为1时，表示两个随机变量拥有一致的等级相关性；当相关系数为-1时，表示两个随机变量拥有完全相反的等级相关性；当相关系数为0时，表示两个随机变量是相互独立的。指标之间的肯德尔等级相关系数$\tau(i,j)$可以由式(8)计算：

$$\tau(i,j) = \frac{4P}{n(n-1)} - 1 \tag{8}$$

其中，P指在所有项目中，按两个排名排在给定项目之后的项目数量之和；n表示样本总量。

(二)评价模型

CRITIC方法是基于评价指标的对比强度和指标之间的冲突性来综合衡量指标的客观权重。考虑指标变异性大小的同时兼顾指标之间的相关性，并非数字越大就表示越重要，完全利用数据自身的客观属性进行科学评价。

对比强度是指同一个指标各个评价方案之间取值差距的大小,以标准差的形式来表现。标准差越大,说明波动越大,即各方案之间的取值差距越大,权重会越高。指标之间的冲突性,用相关系数进行表示,若两个指标之间具有较强的正相关,说明其冲突性越小,权重会越低。

对于CRITIC方法而言,在标准差一定时,指标间冲突性越小,权重也越小;冲突性越大,权重也越大;另外,当两个指标间的正相关程度越大时(相关系数越接近1),冲突性越小,这表明这两个指标在评价方案的优劣上反映的信息有较大的相似性。基于数据结构特点,本节采用皮尔逊相关系数$r(i,j)$作为CRITIC评价模型的基础。具体的计算步骤为:

第一步,基于式(9)计算第j项指标的冲突性R_j:

$$R_j = \sum_{i=1}^{n} 1 - r(i,j) \tag{9}$$

第二步,基于冲突性R_j,计算第j项指标所能提供的信息量C_j,如式(10):

$$C_j = Var(j)R_j \tag{10}$$

第三步,归一化处理指标的信息量C_j,得到计算第j项指标的权重系数w_j,如式(11):

$$w_j = \frac{C_j}{\sum_j C_j} \tag{11}$$

(三)评价结果

根据CRITIC评价方案,得到指标权重的分配结果如附图5所示。

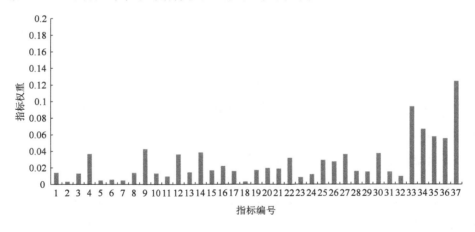

附图5 基于CRITIC确定的指标权重

CRITIC侧重于关注不同指标之间分布的差异性,指标权重由大到小前十依次为:37-国际快递业务量、33-城市机场为起点的国际航线数量、34-国际货邮吞吐量、35-港口外贸吞吐量、36-中欧班列发送箱量、9-快递业务量、14-对外贸易总额、30-港口货物吞吐量、4-邮政行业业务收入、27-网络货运企业数量。

三、主成分分析法

(一)基本原理

主成分分析(Principal Component Analysis,PCA)是一种目前使用最为广泛的数据降维算法(Jolliffe and Jackson,1993)。PCA的主要思想是将n维特征的数据重新映射到k维特征上,这k维特征是全新的正交特征,也被称为主成分,是在原有n维特征的基础上重新构造出来特征,数学表达式为:

$$\begin{pmatrix} p_1 \\ p_2 \\ \vdots \\ p_k \end{pmatrix} \begin{pmatrix} x_1 & x_2 & \cdots & x_M \end{pmatrix} = \begin{pmatrix} p_1 x_1 & \cdots & p_1 x_M \\ \vdots & \ddots & \vdots \\ p_k x_1 & \cdots & p_R x_M \end{pmatrix} \tag{12}$$

其中,p_i是一个k维向量,表示第i个基,x_j是一个n维列向量,表示第j个原始数据记录。如果基的数量少于向量本身的维数($n>k$),则主成分分析可以达到对原始数据进行降维的效果。同时为了在降低维度后尽量保存原始数据中所涵盖的信息量,映射后的映射值应尽可能分散。则其对应的优化目标为将一组n维向量降为k维向量($n>k>0$),其目标是选择k个单位正交基,使得原始数据变换到这组正交基上后,各字段(x_j)两两间协方差为0,而字段的方差则尽可能大。

假设原始数据集X为m个n维列向量,在对各维度进行0均值处理的情况下,则其协方差矩阵D可以表示为式(13):

$$D = \frac{1}{m} X X^{\mathrm{T}} = \begin{pmatrix} \frac{1}{m}\sum_{i=1}^{m} x_{i1}^2 & \cdots & \frac{1}{m}\sum_{i=1}^{m} x_{i1} x_{in} \\ \vdots & \ddots & \vdots \\ \frac{1}{m}\sum_{i=1}^{m} x_{in} x_{i1} & \cdots & \frac{1}{m}\sum_{i=1}^{m} x_{in}^2 \end{pmatrix} \tag{13}$$

其中,$\frac{1}{m}\sum_{i=1}^{m} x_{ij}^2 = var(x^j)$,表示数据在第$j$维上的方差,$\frac{1}{m}\sum_{i=1}^{m} x_{ij} x_{ik} = cov(x^j, x^k)$,表示数据在第$j$维和第$k$维上的协方差。假设存在映射矩阵$P$,使得原始数据集$X$经过$P$映射后得到数据集$Y$,其协方差矩阵表示为$C$,则可以得到(14)计算结果:

$$D = PCP^{\mathrm{T}} \tag{14}$$

根据降维的目标,D应是一个仅对角元素上有值,其余元素值为0的对角矩阵,因此,优化目标转换为寻找一个矩阵P,满足PCP^{T}是一个对角矩阵的条件,并且对角元素按从大到小依次排列,那么P的前k行就是要寻找的基,用P的前k行组成的矩阵乘以X就使得X从n维降到了k维,并满足上述优化条件。

同时,协方差矩阵C是一个是对称矩阵,满足以下两个性质:实对称矩阵不同特征值对应的特征向量必然正交;设特征向量λ重数为k,则必然存在k个线性无关的特征向量对应于λ,因此可以将这k个特征向量单位正交化。设这n个特征向量分别为$e_1,\cdots,e_n$,将其按列组

成矩阵 E，则可得：

$$E^{\mathrm{T}}CE = \Lambda = \begin{pmatrix} \lambda_1 & & \\ & \ddots & \\ & & \lambda_n \end{pmatrix}, \lambda_1 \geqslant \lambda_2 \geqslant \cdots \geqslant \lambda_n \tag{15}$$

其中，Λ 为对角矩阵，其对角元素为各特征向量对应的特征值。至此，得到映射矩阵 $P = E^{\mathrm{T}}$，并且其前 k 行为基，将原始数据 X 从 n 维降到了 k 维。

(二)评价模型

基于 PCA 的权重评价方法是一种无参数、数据驱动的评价方法，其原理在于借助 PCA 算法中所得到的对角矩阵 Λ，计算原始数据集 X 中每一个维度（评价指标）的贡献值，意味压缩后数据中原有评价指标的保留度。如果一项评价指标是无意义的，那么经过 PCA 处理后其对应的 $\lambda_k = 0$，换言之，如果一项评价指标所涵盖的信息是很重要的，那么 PCA 压缩后会尽量保留这部分信息，则其对应的 λ_k 应较大。具体的计算步骤为：

第一步，根据式(13)~式(15)计算得到对角矩阵 Λ。

第二步，通过归一化处理，计算各个特征值 λ_k 的主成分贡献率 w_k，见式(16)：

$$w_k = \frac{\lambda_k}{\sum_k \lambda_k} \tag{16}$$

(三)评价结果

根据 PCA 评价方案，得到指标权重的分配结果如附图6所示。

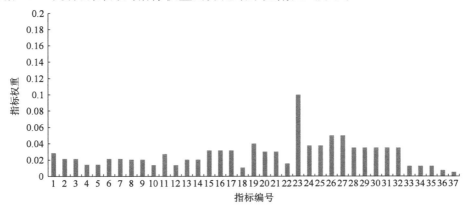

附图6 基于PCA确定的指标权重

基于 PCA 的权重评价方法侧重于关注同一指标下不同样本间的差异性，同时也考虑不同指标间的相关性。指标权重由大到小前十依次为：23-综合交通覆盖最大人口、26-4A级及以上物流企业数量、27-网络货运企业数量、19-城市优惠/试点、24-城市车站为起点的铁路班列数、25-城市机场为起点的国内航班数、28-城市机场等级、29-城市铁路货运站等级、30-港口货物吞吐量、31-城市高速公路出入口密度。

附图7对三种方法的结果进行了对比，可以看出，三种分析方法在整体评价趋势上基本相同，头部城市的排名保持一致，但尾部城市的排序有所差异，证明了结论的有效性。

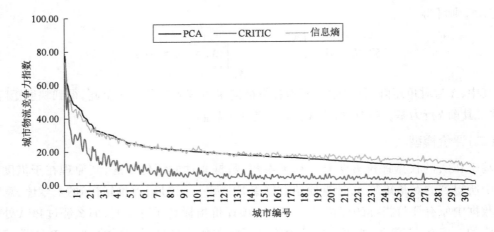

附图7　三种分析方法评价结果对比

受数据可得性、指标覆盖性和评价方法影响，评价结果尚存在改进空间，结论仅供参考。

附录二 中国城市物流竞争力2023年度榜单

榜单一 2023年中国地区生产总值前50位城市

城市	地区生产总值(亿元)	排名	城市物流竞争力指数	排名
上海	47218	1	71.74	1
北京	43760	2	41.63	4
深圳	34606	3	52.62	2
广州	30355	4	51.39	3
重庆	30145	5	38.33	5
苏州	24653	6	33.71	11
成都	22074	7	36.43	8
杭州	20059	8	36.36	9
武汉	20011	9	37.34	6
南京	17421	10	30.05	15
天津	16737	11	36.88	7
宁波	16452	12	31.38	13
青岛	15760	13	35.41	10
无锡	15456	14	21.35	23
长沙	14331	15	24.93	15
郑州	13617	16	31.89	12
佛山	13276	17	17.71	39
福州	12928	18	22.69	21
济南	12757	19	22.76	20
合肥	12673	20	24.76	17
泉州	12172	21	20.97	24
西安	12010	22	30.83	14
南通	11813	23	17.89	33
东莞	11438	24	23.14	19

续上表

城市	地区生产总值(亿元)	排名	城市物流竞争力指数	排名
烟台	10162	25	20.89	26
常州	10116	26	17.54	40
唐山	9133	27	21.88	22
徐州	8900	28	18.07	36
大连	8752	29	20.93	25
温州	8730	30	16.44	44
沈阳	8122	31	20.23	28
厦门	8066	32	24.68	18
昆明	7864	33	18.23	35
绍兴	7791	34	11.42	83
潍坊	7606	35	16.23	46
石家庄	7534	36	19.50	30
扬州	7423	37	11.89	75
盐城	7403	38	11.47	80
南昌	7303	39	18.31	33
榆林	7091	40	9.62	115
嘉兴	7062	41	17.05	41
长春	7002	42	17.05	42
泰州	6731	43	12.13	69
台州	6240	44	12.11	70
临沂	6105	45	15.27	49
金华	6011	46	20.47	27
鄂尔多斯	5849	47	10.43	96
襄阳	5842	48	12.74	62
宜昌	5756	49	15.43	48
漳州	5728	50	9.09	136

榜单二 2023年中国地区生产总值增长率前50位城市

城市	地区生产总值增长率(%)	排名	城市物流竞争力指数	排名
三亚	12.0	1	8.14	167
儋州	11.9	2	5.01	276
金昌	11.5	3	4.72	284
哈密	11.3	4	5.11	270
连云港	10.2	5	15.76	47
包头	10.2	6	9.47	124
日喀则	10.2	7	4.49	294
呼和浩特	10.0	8	12.57	67
昌都	9.7	9	2.89	329
拉萨	9.6	10	6.84	212
林芝	9.5	11	3.80	315
海口	9.3	12	12.05	73
文昌市	9.10	13	3.72	317
吐鲁番	9.0	14	5.48	259
酒泉	8.9	15	5.92	246
西双版纳傣族自治州	8.70	16	3.95	307
嘉峪关	8.7	17	4.91	280
宁德	8.6	18	8.60	155
西宁	8.6	19	9.24	130
防城港	8.6	20	8.91	145
庆阳	8.5	21	6.95	209
舟山	8.2	22	19.14	31
万宁市	8.20	23	3.23	326
克拉玛依	8.1	24	4.61	289
绵阳	8.0	25	9.76	110
山南	8.0	26	5.36	262
那曲	8.0	27	2.86	330
巴彦淖尔	7.9	28	5.56	256
绍兴	7.8	29	11.42	83
宿迁	7.8	30	15.09	50

续上表

城市	地区生产总值增长率(%)	排名	城市物流竞争力指数	排名
淮安	7.8	31	10.27	100
乌兰察布	7.8	32	8.28	163
神农架地区	7.80	33	5.33	264
昭通	7.70	34	4.25	299
昌吉回族自治州	7.7	35	5.59	254
临汾	7.6	36	9.59	118
揭阳	7.5	37	7.24	203
丽水	7.5	38	10.12	104
宜宾	7.5	39	10.52	95
曲靖	7.5	40	7.57	192
丽江	7.5	41	4.59	290
郑州	7.4	42	31.89	12
银川	7.2	43	11.62	77
吴忠	7.2	44	6.40	233
徐州	7.1	45	18.07	36
宜昌	7.1	46	15.43	48
中卫	7.1	47	5.02	275
凉山彝族自治州	7.0	48	10.43	96
东营	7.0	49	8.71	150
内江	7.0	50	8.05	169

榜单三 2023年中国快递业务量前50位城市

城市	国内快递业务量(万件)	排名	城市物流竞争力指数	排名
金华	1369413	1	20.47	27
广州	1145000	2	51.39	3
深圳	637000	3	52.62	2
揭阳	407226	4	10.52	95
杭州	401000	5	36.36	9
上海	370000	6	71.74	1
东莞	343032	7	23.14	19
汕头	297773	8	9.13	134
苏州	279000	9	33.71	11
泉州	247848	10	20.97	24
北京	227100	11	41.63	4
成都	215300	12	36.43	8
温州	196000	13	16.44	44
长沙	188704	14	24.93	16
武汉	188100	15	37.34	6
郑州	182900	16	31.89	12
佛山	182700	17	17.71	39
临沂	176800	18	15.27	49
保定	157700	19	12.60	66
石家庄	153800	20	19.50	30
台州	148285	21	12.11	70
天津	145000	22	36.88	7
宁波	143955	23	31.38	13
重庆	140900	24	38.33	5
嘉兴	135629	25	17.05	41
合肥	133700	26	24.76	17
绍兴	132630	27	11.42	83
廊坊	129238	28	13.68	55
南通	115852	29	17.89	33
中山	110300	30	10.53	94

续上表

城市	国内快递业务量(万件)	排名	城市物流竞争力指数	排名
青岛	102204	31	35.41	10
南京	97890	32	30.05	15
西安	96400	33	30.83	14
沈阳	95373	34	20.23	28
邢台	95000	35	9.56	120
商丘	87545	36	11.23	85
潮州	85800	37	6.87	211
济南	84551	38	22.76	20
无锡	81818	39	21.35	23
南昌	79500	40	18.31	33
宿迁	72926	41	10.27	100
惠州	69156	42	14.06	53
徐州	690967	43	18.07	36
昆明	67069	44	18.23	35
湖州	64755	45	11.54	78
厦门	64120	46	24.68	18
哈尔滨	62470	47	16.67	43
福州	61652	48	22.69	21
漳州	57884	49	9.09	136
潍坊	57729	50	16.23	46

榜单四 2023年中国国际快递业务量前50位城市

城市	国际快递业务量(万件)	排名	城市物流竞争力指数	排名
深圳	105000	1	55.60	2
杭州	84000	2	39.10	9
上海	27000	3	29.98	1
东莞	19044	4	55.20	19
广州	17000	5	73.43	3
厦门	7055	6	26.92	18
金华	5005	7	28.77	27
福州	4859	8	39.36	21
北京	4089	9	25.83	4
佛山	3107	10	25.71	39
南宁	2137	11	38.70	45
泉州	1864	12	30.91	24
莆田	1802	13	13.91	162
苏州	1725	14	40.36	11
南昌	1600	15	18.28	33
宁波	1300	16	46.05	13
长沙	1137	17	35.43	16
郑州	1100	18	23.81	12
嘉兴	994	19	36.48	41
南阳	918	20	35.06	82
武汉	842	21	21.31	6
重庆	610	22	24.19	5
青岛	604	23	21.79	10
南京	575	24	40.45	15
哈尔滨	524	25	22.60	43
成都	500	26	15.73	8
合肥	500	27	33.20	17
鸡西	478	28	31.36	293
温州	477	29	37.60	44
珠海	411	30	18.02	51

续上表

城市	国际快递业务量(万件)	排名	城市物流竞争力指数	排名
中山	400	31	30.01	94
惠州	347	32	18.17	53
威海	270	33	25.63	119
绍兴	264	34	40.84	83
牡丹江	210	35	16.07	230
呼和浩特	210	36	24.42	67
无锡	207	37	22.61	23
肇庆	207	38	25.60	191
许昌	205	39	14.15	125
西安	196	40	23.60	14
太原	181	41	27.60	29
济南	175	42	19.63	20
龙岩	173	43	45.43	198
常州	145	44	16.50	40
南通	143	45	26.58	38
大连	138	46	22.78	25
江门	132	47	16.28	117
天津	123	48	19.07	7
汕头	115	49	18.29	134
烟台	102	50	13.21	26

榜单五 2023年中国常住人口前50位城市

城市	常住人口(万)	排名	城市物流竞争力指数	排名
重庆	3191	1	38.33	5
上海	2487	2	71.74	1
北京	2186	3	41.63	4
成都	2140	4	36.43	8
广州	1883	5	51.39	3
深圳	1779	6	52.62	2
武汉	1377	7	37.34	6
天津	1364	8	36.88	7
西安	1308	9	30.83	14
郑州	1301	10	31.89	12
苏州	1296	11	33.71	11
杭州	1252	12	36.36	9
石家庄	1123	13	19.50	30
临沂	1094	14	15.27	49
长沙	1051	15	24.93	16
东莞	1049	16	23.14	19
青岛	1037	17	35.41	10
哈尔滨	989	18	16.67	43
合肥	985	19	24.76	17
温州	976	20	16.44	44
宁波	970	21	31.38	13
佛山	962	22	17.71	39
南京	955	23	30.05	15
南阳	950	24	11.43	82
济南	944	25	22.76	20
潍坊	937	26	16.23	46
沈阳	920	27	20.23	28
邯郸	917	28	13.04	60
长春	910	29	17.05	42
保定	910	30	12.60	66

续上表

城市	常住人口(万)	排名	城市物流竞争力指数	排名
徐州	902	31	18.07	36
赣州	899	32	12.07	72
南宁	894	33	16.26	45
泉州	888	34	20.97	24
周口	867	35	9.25	129
菏泽	864	36	10.37	98
昆明	860	37	18.23	35
福州	847	38	22.69	21
济宁	824	39	12.73	64
阜阳	808	40	12.68	65
南通	775	41	17.89	38
唐山	772	42	21.88	22
商丘	766	43	11.23	85
大连	754	44	20.93	25
无锡	750	45	21.35	23
沧州	726	46	10.26	101
金华	716	47	20.47	27
洛阳	708	48	13.37	57
湛江	708	49	12.57	68
烟台	703	50	20.89	26

指标说明:常住人口指常居某地区的人口,户籍人口指在户籍管理机构登记了常住户口的人口,数据采集过程中,部分城市缺少常住人口指标,故选用户籍人口代替。本数据采集于2024年7月,部分城市2023年《国民经济和社会发展统计公报》尚未发布,故选取2022年数据代替。

榜单六 2023年中国综合交通覆盖人口规模前50位城市

城市	综合交通覆盖人口（万）	排名	城市物流竞争力指数	排名
武汉	121944	1	37.34	6
郑州	120010	2	31.89	12
驻马店	117208	3	9.69	114
许昌	117191	4	9.35	125
合肥	116084	5	24.76	17
濮阳	115370	6	7.86	175
信阳	114884	7	9.33	126
新乡	113839	8	9.23	132
石家庄	113202	9	19.50	30
安阳	112813	10	10.58	93
潜江	112673	11	6.38	234
洛阳	112631	12	13.37	57
岳阳	111993	13	14.50	52
南京	111594	14	30.05	15
邯郸	111074	15	13.04	60
咸宁	111039	16	8.69	151
长沙	110940	17	24.93	16
西安	110920	18	30.83	14
孝感	109847	19	9.06	138
焦作	109602	20	9.08	137
娄底	109388	21	8.99	143
北京	109353	22	41.63	4
荆州	108689	23	13.63	56
漯河	108674	24	9.21	133
湘潭	108258	25	10.13	103
徐州	107603	26	18.07	36
鹤壁	107444	27	7.75	184
商丘	107261	28	11.23	85
三门峡	107012	29	6.81	214
神农架地区	106961.00	30	5.33	264

续上表

城市	综合交通覆盖人口(万)	排名	城市物流竞争力指数	排名
宿迁	106511	31	10.27	100
六安	106194	32	10.81	90
淮南	105672	33	10.98	87
邵阳	105435	34	7.98	170
济南	104742	35	22.76	20
上饶	103934	36	10.72	92
长治	103625	37	9.05	141
南平	103507	38	7.46	195
随州	103212	39	6.75	218
周口	103021	40	9.25	129
怀化	102910	41	10.11	105
日照	102873	42	17.90	37
蚌埠	102868	43	10.14	102
重庆	102740	44	38.33	5
晋城	102686	45	8.05	169
南昌	102326	46	18.31	33
仙桃	102223	47	5.06	274
湖州	102107	48	11.54	78
襄阳	101541	49	12.74	62
廊坊	100865	50	13.68	55

指标说明:综合交通覆盖人口规模定义为从一个城市出发,使用公路或铁路或航空24小时内可以到达的目标城市的最大人口总和。其中,公路出行采用百度地图轻量级路线规划服务应用,铁路出行采用百度地图路线规划服务API查询进行数据爬取,航空出行采用航班管家网站所提供的航线数据,人口按照第七次人口普查常住人口计算得到。

榜单七 2023年中国铁路班列数发车前50位城市

城市	铁路班列数（列）	排名	城市物流竞争力指数	排名
上海	4155	1	71.74	1
南京	3964	2	30.05	15
郑州	3938	3	31.89	12
杭州	3431	4	36.36	9
广州	3230	5	51.39	3
北京	3098	6	41.63	4
武汉	3088	7	37.34	6
济南	2775	8	22.76	20
徐州	2746	9	18.07	36
长沙	2678	10	24.93	16
石家庄	2524	11	19.50	30
苏州	2368	12	33.71	11
无锡	2360	13	21.35	23
天津	2307	14	36.88	7
常州	2287	15	17.54	40
合肥	2224	16	24.76	17
南昌	2183	17	18.31	33
深圳	2039	18	52.62	2
沈阳	1975	19	20.23	28
金华	1583	20	20.47	27
蚌埠	1475	21	10.14	102
洛阳	1475	22	13.37	57
镇江	1456	23	12.73	63
长春	1450	24	17.05	42
嘉兴	1415	25	17.05	41
成都	1412	26	36.43	8
商丘	1403	27	11.23	85
衡阳	1367	28	11.00	86
德州	1351	29	10.33	99

续上表

城市	铁路班列数（列）	排名	城市物流竞争力指数	排名
唐山	1341	30	21.88	22
厦门	1325	31	24.68	18
保定	1304	32	12.60	66
福州	1291	33	22.69	21
东莞	1287	34	23.14	19
上饶	1280	35	10.72	92
西安	1266	36	30.83	14
信阳	1235	37	9.33	126
温州	1204	38	16.44	44
阜阳	1193	39	12.68	65
芜湖	1183	40	18.27	34
惠州	1140	41	14.06	53
青岛	1108	42	35.41	10
贵阳	1106	43	18.75	32
哈尔滨	1087	44	16.67	43
邯郸	1077	45	13.04	60
郴州	1072	46	9.06	139
重庆	1068	47	38.33	5
怀化	1064	48	10.11	105
新乡	1058	49	9.23	132
秦皇岛	1057	50	10.40	97

榜单八 2023年中国国内航班数起飞前50位城市

城市	国内航班数(列)	排名	城市物流竞争力指数	排名
上海	3520	1	71.74	1
成都	3091	2	36.43	8
广州	2488	3	51.39	3
深圳	2266	4	52.62	2
大连	2060	5	20.93	25
乌鲁木齐	2022	6	13.29	58
北京	2011	7	41.63	4
昆明	1839	8	18.23	35
哈尔滨	1793	9	16.67	43
重庆	1781	10	38.33	5
西安	1742	11	30.83	14
咸阳	1742	12	12.01	74
长春	1741	13	17.05	42
杭州	1641	14	36.36	9
厦门	1612	15	24.68	18
海口	1601	16	12.05	73
沈阳	1589	17	20.23	28
青岛	1368	18	35.41	10
长沙	1328	19	24.93	16
贵阳	1312	20	18.75	32
三亚	1230	21	8.14	167
武汉	1213	22	37.34	6
兰州	1091	23	13.74	54
郑州	1088	24	31.89	12
福州	1073	25	22.69	21
南宁	1025	26	16.26	45
珠海	1016	27	14.98	51
南京	981	28	30.05	15
廊坊	973	29	13.68	55

续上表

城市	国内航班数(列)	排名	城市物流竞争力指数	排名
烟台	948	30	20.89	26
济南	922	31	22.76	20
呼和浩特	913	32	12.57	67
揭阳	888	33	10.52	95
宁波	869	34	31.38	13
温州	800	35	16.44	44
银川	704	36	11.62	77
西宁	704	37	9.24	130
泉州	679	38	20.97	24
合肥	656	39	24.76	17
鄂尔多斯	649	40	10.43	96
南昌	600	41	18.31	33
天津	576	42	36.88	7
喀什地区	535	43	5.18	269
太原	497	44	19.70	29
无锡	440	45	21.35	23
苏州	440	46	33.71	11
榆林	439	47	9.62	115
阿克苏地区	433	48	3.85	311
巴音郭楞蒙古自治州	417	49	4.10	304
桂林	416	50	9.71	112

榜单九 2023年中国国际航班数起飞前50位城市

城市	国际航班数(列)	排名	城市物流竞争力指数	排名
上海	10693	1	71.74	1
北京	6618	2	41.63	4
广州	5777	3	51.39	3
深圳	2291	4	52.62	2
成都	2217	5	36.43	8
廊坊	1597	6	13.68	55
昆明	1536	7	18.23	35
青岛	1443	8	35.41	10
杭州	1441	9	36.36	9
厦门	1362	10	24.68	18
大连	752	11	20.93	25
南京	751	12	30.05	15
西安	674	13	30.83	14
咸阳	674	14	12.01	74
重庆	629	15	38.33	5
海口	584	16	12.05	73
天津	568	17	36.88	7
乌鲁木齐	491	18	13.29	58
沈阳	481	19	20.23	28
长沙	475	20	24.93	16
福州	434	21	22.69	21
哈尔滨	401	22	16.67	43
武汉	381	23	37.34	6
郑州	359	24	31.89	12
延边朝鲜族自治州	355.00	25	5.90	247
济南	327	26	22.76	20
南宁	313	27	16.26	45
烟台	268	28	20.89	26
宁波	232	29	31.38	13
三亚	193	30	8.14	167

351

续上表

城市	国际航班数(列)	排名	城市物流竞争力指数	排名
张家界	167	31	7.32	199
揭阳	162	32	10.52	95
泉州	160	33	20.97	24
长春	160	34	17.05	42
无锡	153	35	21.35	11
苏州	153	36	33.71	23
威海	145	37	9.57	119
温州	137	38	16.44	44
合肥	107	39	24.76	17
呼和浩特	90	40	12.57	67
桂林	87	41	9.71	112
南昌	74	42	18.31	33
常州	72	43	17.54	40
太原	70	44	19.70	29
绵阳	62	45	9.76	110
呼伦贝尔	58	46	7.63	190
德宏傣族景颇族自治州	55	47	3.56	320
丽江	54	48	4.59	290
兰州	51	49	13.74	54
贵阳	48	50	18.75	32

榜单十　2023年中国机场货邮吞吐量前50位城市

城市	机场货邮吞吐量(万t)	排名	城市物流竞争力指数	排名
上海	3803303.0	1	71.74	1
广州	2030522.7	2	51.39	3
深圳	1600347.7	3	52.62	2
北京	1359988.4	4	41.63	4
杭州	809668.4	5	36.36	9
成都	772445.6	6	36.43	8
郑州	607806.0	7	31.89	12
重庆	388918.7	8	38.33	5
南京	383521.1	9	30.05	15
昆明	350469.0	10	18.23	35
厦门	314405.1	11	24.68	18
西安	265793.0	12	30.83	14
青岛	260814.7	13	35.41	10
鄂州	245281.9	14	13.18	59
武汉	206446.0	15	37.34	6
沈阳	198461.9	16	20.23	28
南宁	189432.4	17	16.26	45
长沙	176818.1	18	24.93	16
海口	174904.8	19	12.05	73
乌鲁木齐	155133.0	20	13.29	58
大连	150113.0	21	20.93	25
济南	144013.6	22	22.76	20
宁波	142757.9	23	31.38	13
哈尔滨	131222.2	24	16.67	43
天津	126775.2	25	36.88	7
无锡	125555.7	26	21.35	23
合肥	114604.8	27	24.76	17
温州	106058.4	28	16.44	44
三亚	94725.8	29	8.14	167
福州	92593.5	30	22.69	21

续上表

城市	机场货邮吞吐量(万t)	排名	城市物流竞争力指数	排名
长春	92333.4	31	17.05	42
贵阳	91355.8	32	18.75	32
兰州	75240.2	33	13.74	54
烟台	75234.1	34	20.89	26
泉州	64251.5	35	20.97	24
石家庄	61077.4	36	19.50	30
南通	60228.1	37	17.89	38
南昌	59990.9	38	18.31	33
太原	50594.8	39	19.70	29
呼和浩特	47833.7	40	12.57	67
拉萨	41613.2	41	6.84	212
银川	40403.0	42	11.62	77
珠海	35114.0	43	14.98	51
西宁	31385.5	44	9.24	130
揭阳	30132.9	45	10.52	95
常州	21859.0	46	17.54	40
潍坊	21514.1	47	16.23	46
芜湖	20796.0	48	18.27	34
威海	19838.4	49	9.57	119
淮安	19073.5	50	15.09	50

榜单十一　2023年中国港口外贸货物吞吐量前50位城市

城市	港口外贸货物吞吐量(万t)	排名	城市物流竞争力指数	排名
青岛	45150	1	35.41	10
上海	38462	2	71.74	1
宁波	36560	3	31.38	13
日照	32751	4	17.90	37
唐山	30010	5	21.88	22
天津	29974	6	36.88	7
深圳	19519	7	52.62	2
舟山	19058	8	19.14	31
苏州	17964	9	33.71	11
烟台	15401	10	20.89	26
连云港	14468	11	15.76	47
广州	13681	12	51.39	3
大连	12311	13	20.93	25
湛江	10512	14	12.57	68
厦门	9482	15	24.68	18
营口	7152	16	10.75	91
福州	6222	17	22.69	21
钦州	5669	18	9.70	113
镇江	4391	19	12.73	63
珠海	4278	20	14.98	51
惠州	3547	21	14.06	53
南京	3272	22	30.05	15
东莞	3271	23	23.14	19
泰州	2714	24	12.13	69
揭阳	2435	25	10.52	95
盐城	2170	26	11.47	80
北海	1963	27	8.63	153
宁德	1725	28	8.60	155
嘉兴	1572	29	17.05	41
佛山	1562	30	17.71	39

续上表

城市	港口外贸货物吞吐量(万t)	排名	城市物流竞争力指数	排名
锦州	1531	31	8.65	152
丹东	1502	32	7.24	202
阳江	1497	33	6.24	240
汕头	1489	34	9.13	134
江门	1338	35	9.60	117
茂名	1321	36	6.68	222
扬州	1283	37	11.89	75
漳州	1197	38	9.09	136
台州	1144	39	12.11	70
常州	1133	40	17.54	40
威海	1096	41	9.57	119
汕尾	1039	42	7.04	208
马鞍山	987	43	9.53	123
盘锦	934	44	6.20	241
潮州	931	45	6.87	211
武汉	879	46	37.34	6
南通	854	47	17.89	38
黄石	784	48	11.76	76
潍坊	678	49	16.23	46
芜湖	499	50	18.27	34

榜单十二　2023年中国主要物流政策支持城市分布情况

年份	政策名称	主要支持城市
2016	《国家发展改革委关于开展现代物流创新发展城市试点工作的通知》	天津、沈阳、哈尔滨、上海、南京、青岛、厦门、武汉、广州、深圳、重庆、成都、西安、乌鲁木齐、郑州、保定、临沂、赣州、岳阳、义乌等
2018	《关于开展供应链创新与应用试点的通知》	北京、上海、张家港、杭州、宁波、青岛、武汉、广州、深圳等
2018	《关于组织开展城市绿色货运配送示范工程的通知》	天津、石家庄、邯郸、衡水、鄂尔多斯、苏州、厦门、青岛、许昌、安阳、襄阳、十堰、长沙、广州、深圳、成都、泸州、铜仁、兰州、银川、太原、大同等
2019	《关于进一步落实城乡高效配送专项行动有关工作的通知》	北京、天津、上海、重庆、承德、太原、吕梁、沈阳、松原、哈尔滨、齐齐哈尔、南京、无锡、徐州、温州、鹰潭、赣州、宜春、烟台、潍坊、淄博、武汉、黄石、湘潭、广州、东莞、成都、贵阳、黔南、兰州等
2019	《交通运输部关于公布第一批交通强国建设试点单位的通知》等	重庆、深圳、宁波、厦门、天津、上海等
2019	《国家邮政局办公室关于进一步推进"中国快递示范城市"创建工作的通知》	大连、苏州、杭州、宁波、厦门、泉州、合肥、青岛、武汉、揭阳等第一批10个城市保留"中国快递示范城市"称号，沈阳、无锡、义乌、台州、温州、芜湖、福州、晋江、南昌、临沂、漯河、鄂州、长沙、广州、西安等城市开展第二批"中国快递示范城市"创建工作
2020	《关于扩大跨境电商零售进口试点、严格落实监管要求的通知》等	上海、杭州、宁波、郑州、重庆、广州、深圳、福州、平潭、天津、合肥、成都、苏州、大连、青岛、北京、呼和浩特、沈阳、长春、哈尔滨、南京、南昌、武汉、长沙、南宁、海口、贵阳、昆明、西安、兰州、厦门、唐山、无锡、威海、珠海、东莞、义乌、石家庄、秦皇岛、廊坊、太原、赤峰、抚顺、营口、珲春、牡丹江、黑河、徐州、南通、连云港、温州、绍兴、舟山、芜湖、安庆、泉州、九江、吉安、赣州、济南、烟台、潍坊、日照、临沂、洛阳、商丘、南阳、宜昌、襄阳、黄石、衡阳、岳阳、汕头、佛山、北海、钦州、崇左、泸州、遵义、安顺、德宏、红河、拉萨、西宁、海东、银川、乌鲁木齐等
2020	《关于继续推进城乡高效配送专项行动有关工作的通知》	保定、唐山、通化、南昌、济南、临沂、郑州、洛阳、泸州、遂宁
2021	《"十四五"邮政业发展规划》	北京、天津、雄安、上海、南京、杭州、武汉（鄂州）、郑州、长沙、广州、深圳、成都、重庆、西安、南昌、南宁、西宁、大连、义乌

续上表

年份	政策名称	主要支持城市
2021	《"十四五"快递业发展规划》	北京、天津、上海、南京、杭州、郑州、广州、深圳、南宁、昆明、鄂州、海口、太原、长春、哈尔滨、济南、武汉、长沙、成都、贵阳、西安、兰州、乌鲁木齐、唐山、大连、延吉、绥芬河、黑河、苏州、徐州、宁波、温州、嘉兴、绍兴、舟山、芜湖、泉州、赣州、临沂、烟台、济宁、襄阳、宜昌、东莞、珠海、汕头、佛山、惠州、江门、湛江、钦州-北海-防城港、三亚、德宏、红河、保山、西双版纳
2021	《现代综合交通枢纽体系"十四五"发展规划》	北京、天津、上海、杭州、南京、广州、深圳、成都、重庆、沈阳、大连、哈尔滨、青岛、厦门、郑州、武汉、海口、昆明、西安、乌鲁木齐
2021	《综合运输服务"十四五"发展规划》	北京、天津、上海、杭州、南京、广州、深圳、成都、重庆、沈阳、大连、哈尔滨、青岛、厦门、郑州、武汉、海口、昆明、西安、乌鲁木齐
2021	《国家物流枢纽网络建设实施方案》	北京、天津、上海、杭州、南京、广州、深圳、成都、重庆、沈阳、大连、哈尔滨、青岛、厦门、郑州、武汉、海口、昆明、西安、乌鲁木齐
2022	《"中国快递示范城市"名单》	天津、石家庄、大连、哈尔滨、上海、杭州、宁波、合肥、福州、厦门、南昌、济南、青岛、郑州、武汉、广州、深圳、成都、西安、银川
2023	《国家邮政局关于开展交通强国邮政专项试点工作的通知》	北京、天津、河北、山西、辽宁、吉林、黑龙江、江苏、浙江、安徽、福建、江西、山东、河南、湖北、湖南、广东、广西、海南、四川、陕西、新疆
2023	《关于公布港口功能优化提升交通强国专项试点项目（第一批）的通知》	济宁、宜昌、青岛、烟台、厦门、唐山、天津、南京、枣庄、江阴广州、舟山
2024	《关于支持建设现代商贸流通体系试点城市的通知》	天津、石家庄、大连、哈尔滨、上海、杭州、宁波、合肥、福州、厦门、南昌、济南、青岛、郑州、武汉、广州、深圳、成都、西安、银川